Alkohol? Punkte? Drogen? MPU?

Verkehrspsychologisches Beratungsprogramm zur optimalen Vorbereitung auf die MPU

von Raimund Eising

MPU Beratung Eising

5. neu überarbeitete Auflage 2013

Eising, Raimund:

Alkohol? Punkte? Drogen?
MPU?
Verkehrspsychologisches Beratungsprogramm
zur optimalen Vorbereitung auf die MPU

Bitte besuchen Sie auch www.MPU-Beratung-Eising.de

MPU-Beratung Eising, 24405 Mohrkirch,
Mühlenstrasse 12
Tel.: 04646 / 990 408 Fax: 046 46 / 990 411
Raimund.Eising@web.de

ISBN 978-3-00-039237-5

INHALTSVERZEICHNIS

Kapitel 22 – 25 Alkohol und Drogen

Kapitel 26 – 30 Punktesammler

Anhang

Vorwort

Sie haben Ihren Führerschein verloren, ansonsten hätten Sie dieses Buch wahrscheinlich nicht gekauft.

Nach dem ersten Schock sind Ihnen sicher Fragen gekommen wie:

„Wie bekomme ich jetzt meinen Führerschein zurück?“
„Was ist zu tun?“
„Muss ich zur MPU und warum eigentlich?“
„Was ist eigentlich eine MPU – ein Idiotentest?“
„Wie läuft so eine Untersuchung ab?“
„Wie kann ich mich darauf vorbereiten?“

Viele Fragen!!

Für die meisten ist die MPU ein „Buch mit sieben Siegel“.

Keiner weiß so recht, was bei der MPU passiert.
Und wer schon einmal durchgefallen ist, versteht meist nicht, warum er eigentlich nicht bestanden hat.

Die MPU bzw. die Gutachten der Medizinisch-Psychologischen Untersuchungsstellen sind sehr oft der Kritik der Betroffenen ausgesetzt.

Die Durchfallquoten sind sicherlich sehr hoch.

Viele Betroffene haben oft schon einen langen Leidensweg hinter sich - ohne den für sie so wichtigen Führerschein.

Dieses Beratungsprogramm ist für die Selbstvorbereitung auf die MPU konzipiert und soll Ihnen sowohl mit sachlichen als auch transparenten Informationen helfen, damit Sie schnellstmöglich Ihren Führerschein zurückerlangen - und Ihnen auch ein wenig die Angst vor der MPU – die sicherlich kein „Idiotentest“ ist – nehmen.

Haben Sie das Gefühl, dennoch nicht richtig weiter zu kommen, oder es bleiben Unsicherheiten, sollten Sie auf jeden Fall einen kompetenten verkehrspsychologischen Berater aufsuchen.

Kompetente Fachberater sind nicht Fahrschulen, sogenannte MPU-Berater, selbsternannte Verkehrspädagogen oder MPU-Vorbereiter ohne einen akademischen Hintergrund, sondern kompetente Fachberater sind: Dipl. Sozialarbeiter, Dipl. Sozialpädagoge oder Dipl. Psychologen mit mehrjähriger Berufserfahrung auf dem Gebiet der Verkehrspsychologie.

Ihr Sachbearbeiter bei der Führerscheinstelle (Fahrerlaubnisbehörde) nennt Ihnen sicher gerne einen kompetenten Fachmann.

Selbstverständlich können Sie auch meine Telefonische MPU-Beratung (vgl. Seite 425) in Anspruch nehmen oder einen Termin bei mir persönlich im schönen Schleswig-Holstein - nahe der Ostsee - wahrnehmen.

Bedanken möchte ich mich herzlich an dieser Stelle bei

- dem Blau-Kreuz Verlag, Wuppertal für die Abdruckerlaubnis einiger Sachartikel und

- der Begutachtungsstelle für Fahreignung der Avus GmbH, Hamburg, für die Erlaubnis, ihre Fragenhefte zur MPU sowie ihre Fahreignungsgutachten (Medizinisch-Psychologische Gutachten) abdrucken zu dürfen.

Einleitung

Ca. 100.000 Autofahrer müssen sich jedes Jahr einer medizinisch-psychologischen Untersuchung (MPU) unterziehen – die meisten wegen Alkohol am Steuer.

Die Untersuchung erfolgt auf Veranlassung der zuständigen Fahrerlaubnisbehörde (Führerscheinstelle) und im Auftrag des Betroffenen.

Das zu erstellende Gutachten nennt sich „Verkehrspsychologisches Fahreignungsgutachten" und dient ausschließlich zur Vorlage bei der Fahrerlaubnisbehörde und dieser als Entscheidungshilfe - entsprechend der Fahrerlaubnis-Verordnung.

Bereits ab 0,5 Promille gibt es ein Fahrverbot von 1 Monat und 4 Punkte.
Beim zweiten Verstoß ab 0,5 Promille gibt es ein Fahrverbot von 3 Monaten und 4 Punkte - jeweils zusätzlich eine Geldstrafe.
Wenn Anzeichen von Fahrunsicherheit vorliegen oder es zu einem Verkehrsunfall kommt, führt dies zu einer härteren Strafe.

Bei einem Promillewert ab 1,1 kommt es zum Führerscheinentzug (Sperrfrist 6 Monate bis 5 Jahre oder auf Dauer), 7 Punkte und noch zusätzlich eine Geld- oder Freiheitsstrafe bis zu 5 Jahren.
(Stand: 01.02.2009)

Ab 1,6 Promille muss jeder zur MPU - im Wiederholungsfall schon früher.

Aber nicht nur alkoholauffällig gewordene Fahrer müssen sich einer MPU unterziehen, sondern auch diejenigen, die mehr als 18 Punkte in der Flensburger „Verkehrsünderkartei" zusammengetragen oder unter Drogeneinfluss ein Kraftfahrzeug gelenkt haben, vgl. hier auch das neue geplante Punktesystem im Anhang.

Im Einzelnen lassen sich folgende Gruppen unterscheiden:

1. Kraftfahrer, die unter Alkoholeinfluss gefahren sind.

2. Kraftfahrer, bei denen der Verdacht auf Drogenabhängigkeit

besteht, bzw. die im Besitz von Drogen angetroffen werden oder unter der Wirkung von Drogen gefahren sind.

3. Kraftfahrer, die wegen verschiedener Übertretungen der Straßenverkehrsordnung auffällig geworden sind - die sogenannten „Punktesammler“ (Rotlichtfahrer, überhöhte Geschwindigkeit, Nötigung wegen zu dichten Auffahrens etc.)

4. Kraftfahrer, die erhebliche Straftaten im Zusammenhang mit dem Straßenverkehr unter Nutzung eines Kraftfahrzeuges oder Straftaten mit einem hohen Aggressionspotential begangen haben.

5. Kraftfahrer, die wegen ihres hohen Alters, Krankheit, Behinderung oder nachlassender Leistung sich der MPU stellen müssen.

In den Augen der Gutachter gilt die Gruppe der alkoholauffällig gewordenen Kraftfahrer als Gefahr für die Allgemeinheit und – bezogen auf den Alkohol – als besonders rückfallgefährdet.

Tausende von Menschen sterben jährlich auf den Strassen wegen Alkohol am Steuer, Drogen oder zu schnellen Fahrens.

Dieses Verkehrspsychologisches Beratungsprogramm zur Vorbereitung auf die MPU will deshalb nicht nur einen guten Überblick über das Prüfungsverfahren vermitteln und Ihnen dabei helfen, sich bestmöglich auf die MPU vorzubereiten, sondern auch Gefahren und Wirkungen des Alkohols deutlich machen – auch dieses Wissen wird von Ihnen bei der MPU verlangt!!

Ausführlich behandelt dieses Beratungsprogramm die Frage, die sich wohl jeder Betroffene irgendwann stellt: Soll ich wieder zum „kontrollierten Trinken“ zurückkehren oder in Zukunft lieber abstinent leben? – Was „verlangt“ der MPU-Gutachter?

Und dann die Sache mit dem „Rückfall“ – ist man für alle Zeiten vor dem Alkohol sicher? – oder ist man in bestimmten Situationen rückfallgefährdet? Wie sieht das der MPU-Gutachter?

Drogen: In vielen Ratgebern für die MPU leider ein Randthema; prozentual steigt die Zahl derer, die wegen Drogenkonsums zur MPU müssen, immer mehr an. Ich möchte in diesem Beratungsprogramm für Betroffene – aber auch für Interessierte - einen Überblick geben über die wichtigsten bzw. meist konsumierten Drogen, deren Herkunft, Wirkung, Langzeitfolgen, Abbauzeiten, Drogentests (Drogenscreening) und die Auswirkungen auf die Verkehrstüchtigkeit.

„Wie sieht mich der MPU-Gutachter?“ „Was erwartet der MPU-Gutachter von mir als Drogenkonsument? – oder bei Medikamentenmissbrauch?“

Weiter: Wie sieht mich der Gutachter, wenn ich zu viele Punkte bei zu schnellem Fahren, zu dichtem Auffahren, überholen im Überholverbot „eingesammelt“ habe? – als einen uneinsichtigen, unbelehrbaren und aggressiven „Rowdy“?
Wie kann ich den MPU-Gutachter überzeugen, dass ich in Zukunft angepasst fahren werde? Was habe ich geändert? Welche Strategie habe ich entwickelt?

Wie sieht mich der MPU-Gutachter, wenn ich eine Straftat mit dem Auto begangen habe?
Wie kann ich ihm zeigen, dass ich mich geändert habe?

In meiner Praxis ist meistens eine der ersten Fragen von Betroffenen, die zur MPU müssen: Wie läuft eigentlich eine MPU ab? „Was passiert da eigentlich?“
Aus diesem Grunde habe ich eine Klientin gebeten – aus ihrer Sicht – ihren Tag bei der MPU zu schildern.

In einem anderen Kapitel habe ich aufgezeigt, wie „Ihr Weg zurück zum Führerschein in 15 Schritten“ aussehen könnte.

Und: Warum gibt es eigentlich eine MPU? – Gedanken dazu.

Ein Kapitel („Frauen und die MPU“) habe ich den Frauen gewidmet.
Werden Frauen bei der MPU anders gesehen?

Senioren: Ein Thema, dass immer aktueller wird.

Jeder von uns ist vielleicht schon einmal in einer bestimmten Situation etwas unsicher oder unachtsam gefahren; Senioren werden in gleichen Situationen bei Auffälligkeiten immer eher zur MPU „verdonnert".
Was erwartet die Senioren dort?

Sehr lehrreich sind meines Erachtens die vielen abgedruckten und kommentierten MPU-Gutachten. Aufgezeigt wird, wie viele Fehler bei dem MPU-Gespräch mit dem Psychologen gemacht werden können.
Lernen Sie aus den Fehlern anderer!

Ein Kapitel ist der Angst und der Sucht gewidmet.
Man schätzt, dass 10-12 % aller Menschen an Angstzuständen leiden und davon haben ca. 30% Probleme mit Alkohol und konsumieren ihn als vermeintliches Hilfsmittel.

Darüber hinaus werden noch die rechtlichen Vorraussetzungen und eventuellen Rechtswege angesprochen, die Ihnen verbleiben, wenn Sie die MPU nicht bestanden haben.

Wie alles anfing: „Die Polizeikontrolle"- leider für die meisten, die dieses Buch gekauft haben, schon Vergangenheit.
Trotzdem: Wie verhalte ich mich bei einer Polizeikontrolle? Muss ich pusten? Der Arzt fordert mich auf, nach der Blutentnahme Tests zu machen – muss ich das? Sollte ich das?

Welche psychologischen Tests muss ich bei der MPU machen? Sind sie ausschlaggebend?

Wie läuft eigentlich die medizinische Untersuchung bei der MPU ab?
Welche Werte muss ich im Vorfeld sammeln (Leberwerte oder EtG-Werte bei Alkohol? Drogenscreenings?).

Für den schnellen Überblick habe ich ein Kapitel über „Häufig gestellte Fragen"; Fragen von Klienten, die immer wieder gestellt werden – mit kurzen Antworten von mir.

Damit Sie sich optimal auf die MPU vorbereiten können, habe ich noch Fragebögen in einem Kapitel abgedruckt, die Sie bei der MPU - oder wenn

Sie Glück haben - vor der MPU ausfüllen müssen.

Ein kleiner Exkurs über eine eventuell vorhandene Prüfungsangst und deren Bewältigung schließt dieses Beratungsprogramm ab.

Eine Bitte noch: Glauben Sie nicht, dass die MPU ein Idiotentest ist, wie sie auch volkstümlich genannt wird – ansonsten gäbe es auch nicht diese hohe Durchfallquote.

Die Durchfallquoten aller Anlassgruppen (Alkohol, Punkte, Drogen, Mindestalter etc.) bei der MPU lagen z.B. im Jahr 2011 bei

- 55,10 % positive Gutachten
- 7,40 % negative Gutachten mit Kurszuweisung
- 37,50 % negative Gutachten

Die oben angegebenen 7,40 % könnte man auch als „bedingt positiv" bezeichnen. Hier wird eine Empfehlung zur Teilnahme an einen Kurs zur Wiederherstellung der Fahreignung nach § 70 Fahrerlaubnisverordnung ausgesprochen. In diesem Fall bekommt man die Fahrerlaubnis nach Teilnahme an einer solchen Maßnahme in der Regel wieder.

Die Zahlen, die manche unseriöse MPU-Vorbereiter in die Welt setzten, z.B. 90 % würden durchfallen, sind deshalb absolut falsch! – man kann dies nur als „Panikmache" bezeichnen. Diese unseriösen, selbsternannten MPU-Berater oder Verkehrspädagogen schüren noch die Angst vor der MPU, um möglichst viel Geld für eine meist unqualifizierte MPU-Vorbereitung zu verlangen.

Zu erwähnen wäre aber hier noch, dass noch vor ca. 10 Jahren die Durchfallquote sehr viel höher gewesen ist; trotzdem ist sie auch heute noch zu hoch!

Die Wahrscheinlichkeit, dass Sie ein positives Gutachten bekommen, hängt ausschließlich von einer sehr guten Vorbereitung ab.

Der MPU-Gutachter, ob er nun vom TÜV, AVUS oder beispielsweise von der DEKRA ist, will niemanden durchfallen lassen, auch wenn die obigen Zahlen etwas anderes vermuten lassen könnten – aber: Wer sich nicht auf die MPU vorbereitet bzw. nichts für sich tut, bekommt mit größter Wahrscheinlichkeit ein negatives Gutachten!

Sie bekommen nur eine positive Beurteilung bei der MPU, wenn Sie glaubhaft machen können, dass Sie sich intensiv mit Ihrer Vorgeschichte auseinandergesetzt haben und es dadurch zu einer Verhaltensänderung gekommen ist.

Sollten Sie meine Telefonische MPU-Beratung (vgl. Seite 425) in Anspruch nehmen, rufen Sie mich einfach an, damit wir einen Termin – auch abends – vereinbaren können.

Selbstverständlich können Sie auch – nach Terminabsprache - zu mir persönlich nach Mohrkirch in Schleswig-Holstein - nahe der Ostsee - kommen.

Für die MPU wünsche ich Ihnen alles Gute!

Kapitel 1
Der Anfang: Die Polizeikontrolle

Es gibt viele Möglichkeiten, in eine Polizeikontrolle zu geraten.

Die Wahrscheinlichkeit, in eine solche zu kommen, ist natürlich umso größer, je fortgeschrittener der Tag ist, also zur Abend- und Nachtzeit, an Ausfallstraßen, in der Nähe von beliebten Kneipen, Zeltfesten, Discos, weiter zur Karnevalszeit oder Sylvester, um nur einige Beispiele zu nennen.

Wie verhalte ich mich nun bei einer Polizeikontrolle?

Nun, erstmal Ruhe bewahren!
Zu ändern ist jetzt so und so nichts mehr.

Niemand gerät gerne in eine Polizeikontrolle.
Sofort kommen den meisten Gedanken wie: „Habe ich noch genug Profil auf den Reifen." „Wann ist eigentlich die ASU / TÜV fällig?" „Wo ist mein Verbandskasten?" „Hoffentlich ist die Lichtanlage meines Fahrzeuges in Ordnung?"
Auch wenn man ein gutes Gewissen hat, denkt wohl mancher von uns: „Irgendwas finden die ja immer!"

Vielleicht helfen hier gleich am Anfang ein paar Ratschläge der Polizei selber, um eine Polizeikotrolle ohne Missverständnisse zu überstehen, bevor wir zu Ihren Rechten bei einer Kontrolle kommen.

Die Polizei sieht sich – nach eigenen Angaben - durch die verstärkte Gewaltbereitschaft in unserer Gesellschaft - zu Recht - vermehrt betroffen.

<u>Die Landespolizei Schleswig-Holstein (nur ein Beispiel für alle Bundesländer) führt dazu folgendes aus:</u>

„Polizeikontrolle
Wir bitten um Ihre Aufmerksamkeit: So kontrolliert die Polizei.

Bei Kontrollen treffen die Polizeibeamtinnen und Polizeibeamten immer auch Maßnahmen zu ihrer eigenen Sicherheit. Dazu gehören z.B. das

Tragen von Schutzwesten und selbstverständlich das Mitführen einer Waffe. Um schnell genug reagieren zu können, legen die Beamtinnen und Beamten Hand an die Waffe oder kontrollieren mit gezogener Waffe. Auch kann in diesen Situationen die Durchsuchung von Personen und Fahrzeugen erforderlich sein.

Auch wenn Polizeikontrollen vor diesem Hintergrund sicherlich von mehr Vorsicht und Konsequenz geprägt sein werden, wird die Polizei bürgernah bleiben.

Missverständnisse

So vermeiden Sie, dass es bei Kontrollen zu Fehlinterpretationen kommt.

Jede Bürgerin und jeder Bürger kann bei einer Polizeikontrolle selbst viel dazu beitragen, dass Missverständnisse vermieden werden. Der überraschende Griff ins Handschuhfach kann aus Sicht der Polizeibeamtin oder des Polizeibeamten auch der Griff zur dort versteckten Waffe sein.
Vermeiden Sie Verhaltensweisen, die als Angriffsverhalten interpretiert werden können, so zum Beispiel:

- *Abruptes Abbremsen und Anhalten.*
- *Hastige oder unvorhergesehene Bewegungen.*
- *Schnelles Hineinfassen in die Bekleidung, Taschen usw.*
- *Verstecktes Hantieren.*
- *Das In-der-Hand-Halten von gefährlich wirkenden Gegenständen.*

Kooperation

Wir bitten Sie um Ihre Kooperation: So unterstützen Sie die Arbeit der Polizei bei Kontrollen.
Damit Polizeikontrollen sicher ablaufen können, beachten Sie bitte folgende Verhaltensregeln:

- *Befolgen Sie genau die Anweisungen von Polizeibeamtinnen und Polizeibeamten.*

- *Schalten Sie bei Dunkelheit die Innenbeleuchtung Ihres Fahrzeugs ein.*

- *Legen Sie nach dem Anhalten zunächst die Hände auf das Lenkrad.*

- *Weisen Sie unbedingt auf mitgeführte Waffen oder andere gefährliche Gegenstände hin.*

- *Kündigen Sie eigenes Verhalten an, z.B. den Griff nach den Ausweispapieren.*

Die Polizeibeamtinnen und Polizeibeamten kontrollieren auch mit zivilen Fahrzeugen oder in ziviler Kleidung. Sie zeigen Ihnen dann die Kripo-Marke oder weisen sich mit ihrem Polizei-Dienstausweis aus."

Soweit die Bitten der Polizei.
Quelle: www.Polizei.Schleswig-Holstein.de - Zugriff 15.04.2011

Nun zu Ihren Rechten und Pflichten bei einer Polizeikontrolle

Ihre Pflichten:

Diese können wir hier kurz abhandeln.
Sie müssen:

- Angaben zu Ihrer Person (Name, Vorname, Wohnort, Geburtstag und Geburtsort) machen.
- Ihre Papiere (Führerschein, Kfz-Schein, Personalausweis) vorzeigen.
- Sie haben eine „Duldungspflicht".

Das war`s dann eigentlich schon!
Selbstverständlich sollten Sie – damit es keine Missverständnisse gibt – die obigen Empfehlungen der Polizei befolgen.

Ihre Rechte:

Sie müssen nicht:

- Bei einer Polizeikontrolle aktiv mitwirken.
  Sie haben eine Duldungspflicht – aber keine Mitwirkungspflicht!

- Alkohol- oder Drogentests „vor Ort“ machen.

- Sich mit einer Blutprobe einverstanden erklären – dürfen aber auch keinen Widerstand diesbezüglich leisten.

- Angaben zur Sache machen.

- Sich mit einer Durchsuchung Ihres Fahrzeuges einverstanden erklären – dürfen hier aber diesbezüglich keinen Widerstand leisten.

Sie haben das Recht:

- Auf Aussageverweigerung! Dieses Recht darf Ihnen nicht negativ ausgelegt werden, egal, was die Polizeibeamten Ihnen auch evtl. bei der Polizeikontrolle sagen. Aussagen können Sie später evtl. nach Rücksprache mit Ihrem Rechtsanwalt nachholen.

- Nach Namen, Dienststelle oder Dienstnummer zu fragen und sich den Ausweis zeigen zu lassen. Polizei in Zivil muss Ihnen den Dienstausweis unaufgefordert zeigen.

Sie sollten nicht:

- Ein „lockeres“ Gespräch mit der Polizei führen – so nett diese vielleicht auch sind.

- Die Polizei beschimpfen oder verunglimpfen, dies kann sonst sehr teuer für Sie werden. Bleiben Sie ruhig und höflich.

- Aussagen zur Sache machen.

- Aussagen über evtl. Konsum von Drogen oder Alkohol machen.

- Fragen beantworten: wie viele Kilometer Sie schon (mit Alkohol / Drogen) gefahren sind, woher Sie gekommen sind, wie lange Sie getrunken haben und wie viel, welche Alkoholsorten oder Drogen Sie konsumiert haben etc.

- Nichts unterschreiben.

Sie fragen sich jetzt vielleicht – nach dem oben aufgeführten – was mache ich, wenn mich die Polizeibeamten „bitten“, einen Atemalkoholtest zu machen, also zu „blasen“.

Viele Autofahrer denken hier, dass sie mit diesem Test einverstanden sein müssen und überhören die "Frage" oder glauben, dass die Polizei nur höflich sein will.

Sollten Sie Alkohol getrunken haben, wäre es sehr überlegenswert, solch einen Test höflich aber bestimmt abzulehnen – evtl. noch mit der Begründung/dem Hinweis auf die Unzuverlässigkeit dieser Tests (Mundwasser, Reste von Alkohol im Mundbereich, Temperaturunterschiede u.a.).

Natürlich ist dann meist eine Blutprobe, eine Blutentnahme durch einen Arzt in einem Krankenhaus oder auf der Polizeiwache die Folge.

Der Vorteil kann hier für Sie sein, dass Sie, wenn Sie eine gut funktionierende Leber haben, vielleicht die entscheidenden Promillewerte (Zeit) gutmachen können.

Wieso? fragen Sie sich jetzt vielleicht.

Zwar wird von den Behörden die Alkoholkonzentration zum „Tatzeitpunkt“ bzw. zum Zeitpunkt der Polizeikontrolle zurückgerechnet – aber: der Abbau verläuft beim Einzelnen meist günstiger als bei einer amtlichen Berechnung (vgl. hier Kapitel 13.3).

Ein evtl. Nachteil darf hier aber auch nicht verschwiegen werden: Wenn der Alkoholkonsum noch nicht lange zurück liegt, also die sogenannte „Anflutungsphase“ noch nicht beendet ist, kann ein Atemalkoholtest „vor Ort“ vielleicht günstiger sein als bei einer Blutprobe.

Was ist nun richtig? – Am besten nicht alkoholisiert Auto fahren -
und keine Drogen!

Die Polizei bzw. der zuständige Richter ordnet nun eine Blutprobe an und der hinzugezogene Arzt will Tests mit mir machen – muss ich da mitmachen?

Vorab: Eine Blutprobe muss nur geduldet werden, wenn diese ein Arzt vornimmt.
Oft möchte dieser Arzt dann auch mit Ihnen Tests machen und damit Ihren Zustand (auch für die Behörden) festhalten, z.B. „Nase-Finger-Probe“, auf Strich gehen, Schreibproben, im Kreis drehen etc.

Denken Sie daran, dieser Arzt ist nicht Ihr Vertrauensarzt, sondern praktisch der sachverständiger Zeuge.

Wie schon oben angeführt, haben Sie nur eine Duldungspflicht und keine Mitwirkungspflicht!

Stellt z.B. der Arzt durch solche Tests fest, dass Sie mit 1,6 Promille sehr unauffällig sind, haben Sie bei der MPU dann einen sehr schweren Stand.

Für die Polizeikontrolle gilt ebenso wie bei der evtl. Befragung bei oder nach der Blutprobe (bei Verdacht auf Alkohol oder Drogen)

<u>„Wer nichts sagt, sagt jedenfalls nichts Falsches!“</u>

Kapitel 2
Entwicklung und Stand der gegenwärtigen MPU

Seit es Kraftfahrzeuge gibt, denkt man darüber nach, wer zum Führen eines Kraftfahrzeuges geeignet ist und wer nicht.

Der Arzt Paul NÖCKE war 1904 der Meinung, „dass der Mensch sich generell nicht fürs motorisierte Vorwärtskommen eignen würde; durch die Geschwindigkeit würde das Gehirn umnebelt, es würde zu rauschartigen Zuständen kommen".

1924 konnte festgestellt werden, dass die psycho-technisch geprüften Berliner Straßenbahnfahrer 40 – 50 % weniger Unfälle hatten, als die nicht geprüften.

In dieser Frühzeit der Verkehrsdiagnostik, in der die Eignung zum Berufskraftfahrer im Vordergrund stand, wurde vor allem Wert auf die Untersuchung der Sinnesorgane, auf Aufmerksamkeit und Konzentration gelegt.

Später wurde versucht, Theorien aus der Tiefenpsychologie zur Erklärung von Unfällen hinzuzuziehen (Theorien der Selbstbestrafung – Selbstzerstörung, Minderwertigkeitskompensation).
Diese Theorien bewirkten, dass diese Tests die Einseitigkeit der zuvor beschriebenen verloren.

Mit der heutigen MPU wurde ein besonderes Modell der Fahreignungsuntersuchung verwirklicht, in dem Psychologen, Mediziner und Sachverständige in Teamarbeit zusammenwirken.

Das erste Medizinisch-Psychologische Institut entstand 1952 in Stuttgart beim Technischen Überwachungsverein, kurz TÜV genannt.

Seitdem hat sich einiges geändert.

Die Gutachten über körperlich Leidende sind zurückgegangen.
Es hat sich die Vermutung bestätigt, dass körperliches Leiden durch besondere Zuverlässigkeit ausgeglichen werden kann.

Die Hörbehinderten z.B. sind in der Unfallstatistik prozentual nicht mehr vertreten als die normal Hörenden.

Anders bei den Alkoholsündern!
Jeder Dritte wird innerhalb von 5 Jahren erneut „erwischt“.

Ähnliche Statistiken gibt es von Rasern, Asphalt-Rambos, chronischen Rotlichtfahrern und solchen, die die Straßenverkehrsregeln nach ihren Ansichten interpretieren.

Gegenüber den Alkohol-Tätern machen diese anderen verkehrsauffällig gewordenen Personen bei der MPU aber nur den kleineren Teil aus.

Leider ist die Art der Erstellung der MPU-Gutachten immer noch umstritten.

Die Gutachten sind weiterhin oft unverständlich für Laien geschrieben und für diese nicht nachvollziehbar (vgl. auch Mustergutachten im Kapitel 4).

Dies hat auch schon der Deutsche Verkehrsgerichtstag 1992 festgestellt.
Trotzdem hat sich bisher nur wenig geändert.

So meinte z.B. das Amtsgericht München (AZ. 131 C 13453/90 vom 18.09.1990), dass das Gutachten gar nicht für den Laien verständlich sein muss, es genüge, dass es die Sachbearbeiter bei der Behörde verstehen würden, die im Umgang mit solchen Gutachten geübt seien!?

Dass aber der Untersuchte der Auftraggeber dieses Gutachtens ist und ein Recht hat, sein Gutachten nachvollziehen und es verstehen zu können, wird bei diesem Urteil wohl vergessen bzw. überhaupt nicht berücksichtigt!

Kapitel 3
Rechtliche Voraussetzungen

1. Die Fahrerlaubnis-Verordnung – (FeV)

Die rechtlichen Voraussetzungen sind eigentlich sehr interessant, aber leider etwas trocken zu lesen.

Vielleicht wollen Sie diese Paragraphen ja erst einmal überblättern und kommen später noch einmal hierher zurück. Ich hätte dafür Verständnis. Zu einem späteren Zeitpunkt werden diese Paragraphen wohl auch etwas verständlicher werden.

Die rechtlichen Voraussetzungen für die Anordnung eines medizinisch-psychologischen Fahreignungsgutachten (MPU) stehen in der

„Verordnung über die Zulassung von Personen zum Straßenverkehr (Fahrerlaubnis-Verordnung – FeV)

Für uns relevant sind vor allem folgende Paragraphen:

§ 11 Eignung
§ 12 Sehvermögen
§ 13 Klärung von Eignungszweifel bei Alkoholproblematik
§ 14 Klärung von Eignungszweifeln im Hinblick auf Betäubungsmittel und Arzneimittel

und noch zu „guter Letzt“ die Anlage 15 (zu § 11Abs. 5), „Grundsätze für die Durchführung der Untersuchungen und die Erstellung der Gutachten“

Ausfertigungsdatum: 18.08.1998 - in der Fassung vom 01.01.2011

§ 11 Eignung

(1) Bewerber um eine Fahrerlaubnis müssen die hierfür notwendigen körperlichen und geistigen Anforderungen erfüllen. Die Anforderungen

sind insbesondere nicht erfüllt, wenn eine Erkrankung oder ein Mangel nach Anlage 4 oder 5 vorliegt, wodurch die Eignung oder die bedingte Eignung zum Führen von Kraftfahrzeugen ausgeschlossen wird. Außerdem dürfen die Bewerber nicht erheblich oder nicht wiederholt gegen verkehrsrechtliche Vorschriften oder Strafgesetze verstoßen haben, so dass dadurch die Eignung ausgeschlossen wird. Bewerber um die Fahrerlaubnis der Klasse D oder D1 und der Fahrerlaubnis zur Fahrgastbeförderung gemäß § 48 müssen auch die Gewähr dafür bieten, dass sie der besonderen Verantwortung bei der Beförderung von Fahrgästen gerecht werden.

(2) Werden Tatsachen bekannt, die Bedenken gegen die körperliche oder geistige Eignung des Fahrerlaubnisbewerbers begründen, kann die Fahrerlaubnisbehörde zur Vorbereitung von Entscheidungen über die Erteilung oder Verlängerung der Fahrerlaubnis oder über die Anordnung von Beschränkungen oder Auflagen die Beibringung eines ärztlichen Gutachtens durch den Bewerber anordnen. Bedenken gegen die körperliche oder geistige Eignung bestehen insbesondere, wenn Tatsachen bekannt werden, die auf eine Erkrankung oder einen Mangel nach Anlage 4 oder 5 hinweisen. Die Behörde bestimmt in der Anordnung auch, ob das Gutachten von einem

1. für die Fragestellung (Absatz 6 Satz 1) zuständigen Facharzt mit verkehrsmedizinischer Qualifikation,
2. Arzt des Gesundheitsamtes oder einem anderen Arzt der öffentlichen Verwaltung,
3. Arzt mit Gebietsbezeichnung „Arbeitsmedizin“ oder der Zusatzbezeichnung „Betriebsmedizin“,
4. Arzt mit Gebietsbezeichnung „Facharzt für Rechtsmedizin“ oder
5. Arzt in einer Begutachtungsstelle für Fahreignung, der die Anforderungen nach Anlage 14 erfüllt,

erstellt werden soll.
Die Behörde kann auch mehrere solcher Anordnungen treffen. Der Facharzt nach Satz 3 Nr. 1 soll nicht zugleich der den Betroffenen behandelnde Arzt sein.

(3) Die Beibringung eines Gutachtens einer amtlich anerkannten Begutachtungsstelle für Fahreignung (medizinisch-psychologisches Gut-

achten) kann zur Klärung von Eignungszweifeln für die Zwecke nach Absatz 1 und 2 angeordnet werden,

1. wenn nach Würdigung der Gutachten gemäß Absatz 2 oder Absatz 4 ein medizinisch-psychologisches Gutachten zusätzlich erforderlich ist,
2. zur Vorbereitung einer Entscheidung über die Befreiung von den Vorschriften über das Mindestalter,
3. bei erheblichen Auffälligkeiten, die im Rahmen einer Fahrerlaubnisprüfung nach § 18 Abs. 3 mitgeteilt worden sind,
4. bei erheblichen oder wiederholten Verstößen gegen verkehrsrechtliche Vorschriften,
5. bei einer erheblichen Straftat, die im Zusammenhang mit dem Straßenverkehr steht oder bei Straftaten, die im Zusammenhang mit dem Straßenverkehr stehen,
6. bei einer erheblichen Straftat, die im Zusammenhang mit der Kraftfahreignung steht, insbesondere wenn Anhaltspunkte für ein hohes Aggressionspotential bestehen oder die erhebliche Straftat unter Nutzung eines Fahrzeuges begangen wurde,
7. bei Straftaten, die im Zusammenhang mit der Kraftfahreignung stehen, insbesondere wenn Anhaltspunkte für ein hohes Aggressionspotential bestehen,
8. wenn die besondere Verantwortung bei der Beförderung von Fahrgästen nach Absatz 1 zu überprüfen ist, oder
9. bei der Neuerteilung der Fahrerlaubnis, wenn
    a. die Fahrerlaubnis wiederholt entzogen war oder
    b. der Entzug der Fahrerlaubnis auf einem Grund nach Nummer 4 bis 7 beruhte.

Unberührt bleiben medizinisch-psychologische Begutachtungen nach § 2 Abs. 4. und 5. und § 4 Abs. 10 Satz 3 des Straßenverkehrsgesetzes sowie § 10 Abs. 2 und den §§ 13 und 14 in Verbindung mit den Anlagen 4 und 5 dieser Verordnung.

(4) Die Beibringung eines Gutachtens eines amtlich anerkannten Sachverständigen oder Prüfers für den Kraftfahrzeugverkehr kann zur Klärung von Eignungszweifeln für die Zwecke nach Absatz 2 angeordnet werden

1. wenn nach Würdigung der Gutachten gemäß Absatz 2 oder Absatz 3 ein Gutachten eines amtlich anerkannten Sachverständigen oder Prüfers zusätzlich erforderlich ist oder
2. bei Behinderungen des Bewegungsapparates, um festzustellen, ob der Behinderte das Fahrzeug mit den erforderlichen besonderen technischen Hilfsmitteln sicher führen kann.

(5) Für die Durchführung der ärztlichen und der medizinisch-psychologischen Untersuchung sowie für die Erstellung der entsprechenden Gutachten gelten die in der Anlage 15 genannten Grundsätze.

(6) Die Fahrerlaubnisbehörde legt unter Berücksichtigung der Besonderheiten des Einzelfalls und unter Beachtung der Anlagen 4 und 5 in der Anordnung zur Beibringung des Gutachtens fest, welche Fragen im Hinblick auf die Eignung des Betroffenen zum Führen von Kraftfahrzeugen zu klären sind. Die Behörde teilt dem Betroffenen unter Darlegung der Gründe für die Zweifel an seiner Eignung und unter Angabe der für die Untersuchung in Betracht kommenden Stelle mit, dass er sich innerhalb einer von ihr festgelegten Frist auf seine Kosten der Untersuchung zu unterziehen und das Gutachten beizubringen hat; sie teilt ihm außerdem mit, dass er die zu übersendenden Unterlagen einsehen kann. Der Betroffene hat die Fahrerlaubnisbehörde darüber zu unterrichten, welche Stelle er mit der Untersuchung beauftragt hat. Die Fahrerlaubnisbehörde teilt der untersuchenden Stelle mit, welche Fragen im Hinblick auf die Eignung des Betroffenen zum Führen von Kraftfahrzeugen zu klären sind und übersendet ihr die vollständigen Unterlagen, soweit sie unter Beachtung der gesetzlichen Verwertungsverbote verwendet werden dürfen. Die Untersuchung erfolgt auf Grund eines Antrages durch den Betroffenen.

(7) Steht die Nichteignung des Betroffenen zur Überzeugung der Fahrerlaubnisbehörde fest, unterbleibt die Anordnung zur Beibringung des Gutachtens.

(8) Weigert sich der Betroffene, sich untersuchen zu lassen, oder bringt er der Fahrerlaubnisbehörde das von ihr geforderte Gutachten nicht fristgerecht bei, darf sie bei ihrer Entscheidung auf die Nichteignung des Betroffenen schließen. Der Betroffene ist hierauf bei der Anordnung nach Absatz 6 hinzuweisen.

(9) Unbeschadet der Absätze 1 bis 8 haben die Bewerber um die Erteilung oder Verlängerung einer Fahrerlaubnis der Klassen C, C1. CE, C1E, D, D1, DE oder D1E zur Feststellung ihrer Eignung der Fahrerlaubnisbehörde einen Nachweis nach Maßgabe der Anlage 5 vorzulegen.

(10) Hat der Betroffene an einem Kurs teilgenommen, um festgestellte Eignungsmängel zu beheben, genügt in der Regel zum Nachweis der Wiederherstellung der Eignung statt eines erneuten medizinisch-psychologischen Gutachtens eine Teilnahmebescheinigung, wenn

1. der betreffende Kurs nach § 70 anerkannt ist,
2. auf Grund eines medizinisch-psychologischen Gutachtens einer Begutachtungsstelle für Fahreignung die Teilnahme des Betroffenen an dieser Art von Kursen als geeignete Maßnahme angesehen wird, seine Eignungsmängel zu beheben, und
3. die Fahrerlaubnisbehörde der Kursteilnahme nach Nummer 2 zugestimmt hat.

Wurde die Beibringung eines Gutachtens einer amtlich anerkannten Begutachtungsstelle für Fahreignung nach § 4 Absatz 10 Satz 3 des Straßenverkehrsgesetzes oder nach § 11 Absatz 3 Nummer 4 bis 7 angeordnet, findet Satz 1 keine Verwendung.

(11) Die Teilnahmebescheinigung muss

1. den Familiennamen und Vornamen, den Tag und Ort der Geburt und die Anschrift des Seminarteilnehmers,
2. die Bezeichnung des Seminarmodells und
3. Angaben über Umfang und Dauer des Seminars

enthalten. Sie ist vom Seminarleiter und vom Seminarteilnehmer unter Angabe des Ausstellungsdatums zu unterschreiben. Die Ausstellung der Teilnahmebescheinigung ist vom Kursleiter zu verweigern, wenn der Teilnehmer nicht an allen Sitzungen des Kurses teilgenommen oder die Anfertigung von Hausaufgaben verweigert hat.

§ 12 Sehvermögen

(1) Zum Führen von Kraftfahrzeugen sind die in der Anlage 6 genannten

Anforderungen an das Sehvermögen zu erfüllen.

(2) Bewerber um eine Fahrerlaubnis der Klassen A, A1, B, BE, M, S, L oder T haben sich einem Sehtest zu unterziehen. Der Sehtest wird von einer amtlich anerkannten Sehteststelle unter Einhaltung der DIN 58220 Teil 6, Ausgabe Januar 1997, durchgeführt. Die Sehteststelle hat sich vor der Durchführung des Sehtests von der Identität des Antragstellers durch Einsicht in den Personalausweis oder Reisepass zu überzeugen. Der Sehtest ist bestanden, wenn die zentrale Tagessehschärfe mit oder ohne Sehhilfe mindestens den in Anlage 6 Nr. 1.1. genannten Wert erreicht. Ergibt der Sehtest eine geringere Sehleistung, darf der Antragsteller den Sehtest mit Sehhilfen oder mit verbesserten Sehhilfen wiederholen.

(3) Die Sehteststelle stellt dem Antragsteller eine Sehtestbescheinigung aus. In ihr ist anzugeben, ob der Sehtest bestanden und ob er mit Sehhilfe durchgeführt worden ist. Sind bei der Durchführung des Sehtests sonst Zweifel an ausreichendem Sehvermögen für das Führen von Kraftfahrzeugen aufgetreten, hat die Sehteststelle sie auf der Sehtestbescheinigung zu vermerken.

(4) Ein Sehtest ist nicht erforderlich, wenn ein Zeugnis oder ein Gutachten eines Augenarztes vorgelegt wird und sich daraus ergibt, dass der Antragsteller die Anforderungen nach Anlage 6 Nr. 1.1. erfüllt.

(5) Besteht der Bewerber den Sehtest nicht, hat er sich einer augenärztlichen Untersuchung des Sehvermögens nach Anlage 6 Nr. 1.2. zu unterziehen und hierüber der Fahrerlaubnisbehörde ein Zeugnis des Augenarztes einzureichen.

(6) Bewerber um die Erteilung oder Verlängerung einer Fahrerlaubnis der Klassen C, C1, CE, C1E, D, D1, DE oder D1E haben sich einer Untersuchung des Sehvermögens nach Anlage 6 Nr. 2 zu unterziehen und hierüber der Fahrerlaubnisbehörde eine Bescheinigung des Arztes nach Anlage 6 Nr. 2.1. oder ein Zeugnis des Augenarztes nach Anlage 6 Nr. 2.2 einzureichen.

(7) Sehtestbescheinigung, Zeugnis oder Gutachten dürfen bei Antragstellung nicht älter als zwei Jahre sein.

(8) Werden Tatsachen bekannt, die Bedenken begründen, dass der Fahrerlaubnisbewerber die Anforderungen an das Sehvermögens nach Anlage 6 nicht erfüllt oder dass andere Beeinträchtigungen des Sehvermögens bestehen, die die Eignung zum Führen von Kraftfahrzeugen beeinträchtigen, kann die Fahrerlaubnisbehörde zur Vorbereitung der Entscheidung über die Erteilung oder Verlängerung der Fahrerlaubnis oder über die Anordnung von Beschränkungen oder Auflagen die Beibringung eines augenärztlichen Gutachtens anordnen. § 11 Abs. 5 bis 8 gilt entsprechend, § 11 Abs. 6 Satz 4 jedoch mit der Maßgabe, dass nur solche Unterlagen übersandt werden dürfen, die für die Beurteilung, ob Beeinträchtigungen des Sehvermögens bestehen, die die Eignung zum Führen von Kraftfahrzeugen beeinträchtigen, erforderlich sind.

§ 13 Klärung von Eignungszweifeln bei Alkoholproblematik

Zur Vorbereitung von Entscheidungen über die Erteilung oder Verlängerung der Fahrerlaubnis oder über die Anordnung von Beschränkungen oder Auflagen ordnet die Fahrerlaubnisbehörde an, dass

1. ein ärztliches Gutachten (§ 11 Abs. 2 Satz 3) beizubringen ist, wenn Tatsachen die Annahme von Alkoholabhängigkeit begründen oder
2. ein medizinisch-psychologisches Gutachten beizubringen ist, wenn
   a) nach dem ärztlichen Gutachten zwar keine Alkoholabhängigkeit, jedoch Anzeichen für Alkoholmissbrauch vorliegen oder sonst Tatsachen die Annahme von Alkoholmissbrauch begründen,
   b) wiederholt Zuwiderhandlungen im Straßenverkehr unter Alkoholeinfluss begangen wurden,
   c) ein Fahrzeug im Straßenverkehr bei einer Blutalkoholkonzentration von 1,6 Promille oder mehr oder einer Atemalkoholkonzentration von 0,8 mg/l oder mehr geführt wurde,
   d) die Fahrerlaubnis aus einem der unter Buchstabe a bis c genannten Gründe entzogen war oder
   e) sonst zu klären ist, ob Alkoholmissbrauch nicht mehr besteht.

Im Fall des Satzes 1 Nr. 2 Buchstabe b sind Zuwiderhandlungen, die ausschließlich gegen § 24 c des Straßenverkehrsgesetzes begangen worden sind, nicht zu berücksichtigen.

§ 14 Klärung von Eignungszweifeln im Hinblick auf Betäubungsmittel und Arzneimittel

(1) Zur Vorbereitung von Entscheidungen über die Erteilung oder die Verlängerung der Fahrerlaubnis oder über die Anordnung von Beschränkungen oder Auflagen ordnet die Fahrerlaubnisbehörde an, dass ein ärztliches Gutachten (§ 11 Abs. 2 Satz 3) beizubringen ist, wenn Tatsachen die Annahme begründen, dass

1. Abhängigkeit von Betäubungsmitteln im Sinne des Betäubungsmittelgesetzes in der Fassung der Bekanntmachung vom 1. März 1994 (BGBI. S. 358) zuletzt geändert durch Art. 4 des Gesetztes vom 26. Januar 1998 (BGBI. S. 160). in der jeweiligen geltenden Fassung, oder von anderen psychoaktiv wirkenden Stoffen,

2. Einnahme von Betäubungsmitteln im Sinne des Betäubungsmittelgesetzes oder

3. missbräuchliche Einnahme von psychoaktiv wirkenden Arzneimitteln oder anderen psychoaktiv wirkenden Stoffen

vorliegt.

Die Beibringung eines ärztlichen Gutachtens kann angeordnet werden, wenn der Betroffene Betäubungsmittel im Sinne des Betäubungsmittelgesetzes widerrechtlich besitzt oder besessen hat. Das ärztliche Gutachten nach Satz 1 Nr. 2 oder 3 kann auch von einem Arzt, der die Anforderungen an den Arzt nach Anlage 14 erfüllt, erstellt werden. Die Beibringung eines medizinisch-psychologischen Gutachtens kann angeordnet werden, wenn gelegentliche Einnahme von Cannabis vorliegt und weitere Tatsachen Zweifel an der Eignung begründen.

(2) Die Beibringung eines medizinisch-psychologischen Gutachtens ist für

die Zwecke nach Absatz 1 anzuordnen, wenn

1. die Fahrerlaubnis aus einem der in Absatz 1 genannten Gründe entzogen war,

2. zu klären ist, ob Abhängigkeit oder Einnahme nach Absatz 1 nicht mehr vorliegt oder

3. wiederholt Zuwiderhandlungen im Straßenverkehr nach § 24a des Straßenverkehrsgesetzes begangen wurden. § 13 Nr. 2 Buchstabe b bleibt unberührt.

Anlage 15 (zu § 11 Abs. 5) Grundsätze für die Durchführung der Untersuchungen und die Erstellung der Gutachten

(1) Die Untersuchung ist unter Beachtung folgender Grundsätze durchzuführen:

a) Die Untersuchung ist anlassbezogen und unter Verwendung der von der Fahrerlaubnisbehörde zugesandten Unterlagen über den Betroffenen vorzunehmen. Der Gutachter hat sich an die durch die Fahrerlaubnisbehörde vorgegebene Fragestellung zu halten.
b) Gegenstand der Untersuchung sind nicht die gesamte Persönlichkeit des Betroffenen, sondern nur solche Eigenschaften, Fähigkeiten und Verhaltensweisen, die für die Kraftfahreignung von Bedeutung sind (Relevanz zur Kraftfahreignung).
c) Die Untersuchung darf nur nach anerkannten wissenschaftlichen Grundsätzen vorgenommen werden.
d) Vor der Untersuchung hat der Gutachter den Betroffenen über Gegenstand und Zweck der Untersuchung aufzuklären.
e) Über die Untersuchung sind Aufzeichnungen anzufertigen.
f) In den Fällen der §§ 13 und 14 ist Gegenstand der Untersuchung auch das voraussichtliche künftige Verhalten des Betroffenen, insbesondere ob zu erwarten ist, dass er nicht oder nicht mehr ein Kraftfahrzeug unter Einfluss von Alkohol oder Betäubungsmitteln/ Arzneimitteln führen wird. Hat Abhängigkeit von Alkohol oder Betäubungsmitteln/ Arzneimitteln vorgelegen, muss sich die Untersuchung darauf erstrecken, dass die Abhängigkeit nicht mehr

besteht. Bei Alkoholmissbrauch, ohne dass Abhängigkeit vorhanden war oder ist, muss sich die Untersuchung darauf erstrecken, ob der Betroffene den Konsum von Alkohol einerseits und das Führen von Kraftfahrzeugen im Straßenverkehr andererseits zuverlässig voneinander trennen kann. Dem Betroffenen kann die Fahrerlaubnis nur dann erteilt werden, wenn sich bei ihm ein grundlegender Wandel in seiner Einstellung zum Führen von Kraftfahrzeugen unter Einfluss von Alkohol oder Betäubungsmitteln/ Arzneimitteln vollzogen hat. Es müssen zum Zeitpunkt der Erteilung der Fahrerlaubnis Bedingungen vorhanden sein, die zukünftig einen Rückfall als unwahrscheinlich erscheinen lassen. Das Gutachten kann empfehlen, dass durch geeignete und angemessene Auflagen später überprüft wird, ob sich die günstige Prognose bestätigt. Das Gutachten kann auch geeignete Kurse zur Wiederherstellung der Kraftfahreignung empfehlen.

g) In den Fällen des § 2a Abs. 4 Satz 1 und Abs. 5 Satz 5 oder des § 4 Abs. 10 Satz 3 des Straßenverkehrsgesetzes oder des § 11 Abs. 3 Nr. 4 oder 5 dieser Verordnung ist Gegenstand der Untersuchung auch das voraussichtliche künftige Verhalten des Betroffenen, ob zu erwarten ist, dass er nicht mehr erheblich oder nicht mehr wiederholt gegen verkehrsrechtliche Bestimmungen oder gegen Strafgesetze verstoßen wird. Es sind die Bestimmungen von Buchstabe f Satz 4 bis 7 entsprechend anzuwenden.

(2) Das Gutachten ist unter Beachtung folgender Grundsätze zu erstellen:

a) Das Gutachten muss in allgemeinverständlicher Sprache abgefasst sowie nachvollziehbar und nachprüfbar sein. Die Nachvollziehbarkeit betrifft die logische Ordnung (Schlüssigkeit) des Gutachtens. Sie erfordert die Wiedergabe aller wesentlichen Befunde und die Darstellung der zur Beurteilung führenden Schlussfolgerungen. Die Nachprüfbarkeit betrifft die Wissenschaftlichkeit der Begutachtung. Sie erfordert, dass die Untersuchungsverfahren, die zu den Befunden geführt haben, angegeben und, soweit die Schlussfolgerungen auf Forschungsergebnisse gestützt sind, die Quellen genannt werden. Das Gutachten braucht aber nicht im einzelnen die wissenschaftlichen Grundlagen für die Erhebung und Interpretation der Befunde wiedergeben.

b) Das Gutachten muss in allen wesentlichen Punkten - insbesondere im Hinblick auf die gestellten Fragen (§ 11 Abs. 6) - vollständig sein. Der Umfang eines Gutachtens richtet sich nach der Befundlage. Bei eindeutiger Befundlage wird das Gutachten knapper, bei komplizierter Befundlage ausführlicher erstattet.

c) Im Gutachten muss dargestellt und unterschieden werden zwischen der Vorgeschichte und dem gegenwärtigen Befund.

(3) Die medizinisch-psychologische Untersuchung kann unter Hinzuziehung eines beeidigten oder öffentlich bestellten und vereidigten Dolmetschers oder Übersetzers, der von der Begutachtungsstelle für Fahreignung bestellt wird, durchgeführt werden. Die Kosten trägt der Betroffene.

(4) Wer mit Unternehmen oder sonstigen Instituten vertraglich verbunden ist, die

- Personen hinsichtlich der typischen Fragestellungen in der Begutachtung von Begutachtungsstellen für Fahreignung im Sinne von § 66 zur Klärung von Zweifeln an der Fahreignung in Gruppen oder einzeln beraten, behandeln, betreuen oder auf die Begutachtung vorbereiten oder
- Kurse zur Wiederherstellung der Kraftfahreignung anbieten,

oder wer solche Maßnahmen in eigener Person anbietet, darf keine Personen zur Klärung von Zweifeln an der Kraftfahreignung in Begutachtungsstellen für Fahreignung untersuchen oder begutachten.

Soweit die „trockenen“ aber wichtigen Paragraphen.

Kapitel 3
2. Allgemeines

Die Fahreignungsgutachten werden, wie aus dem Paragraphen des FeV hervorgeht, anerkannt, wenn sie von einer amtlichen Medizinisch-Psychologischen Untersuchungsstelle durchgeführt werden – z.B. vom TÜV, AVUS, DEKRA, BAD etc.

Die Kosten für diese Prüfung betragen ca. 350 – 755 EURO - ohne extra Laboruntersuchungen (vgl. Anhang).
Natürlich – niemand kann Sie zu einer MPU zwingen. Aber – nach der Rechtsprechung beweisen Sie dadurch nur Ihre Nichteignung.

Die Weigerung wird als Uneinsichtigkeit bewertet bzw. bisherige behördliche Bedenken verdichten sich.
Die Behörde nimmt an, dass Sie „Mängel“ an Ihrer Person verschweigen wollen, die zu einer Nichteignung für den Straßenverkehr führen könnten.

Der Antrag auf Erteilung der Fahrerlaubnis wird somit abgelehnt.

Also – wenn Sie den Führerschein wiederhaben wollen, führt an einer MPU kein Weg vorbei!

Noch einiges in kurzen Sätzen:

- Der Betroffene ist Auftraggeber des Gutachtens.
  Das Gutachten dient der Fahrerlaubnisbehörde, also der Führerscheinstelle, als Hilfsmittel für deren eigenes Urteil. Sie prüft selbständig und entscheidet auf Grundlage des Gutachtens.

- Jeder darf sich die amtlich anerkannte Begutachtungsstelle für Fahreignung selbst aussuchen.
  Ein Hamburger darf sich also ohne weiteres in München begutachten lassen (obwohl dies kaum sinnvoll ist).

- Jeder hat das Recht, sein Gutachten erst mal „anzuschauen“ und dann zu entscheiden, ob er es der Verwaltungsbehörde, also der Führerscheinstelle übergibt.

- Die Ärzte und Psychologen bei der MPU unterliegen der Schweigepflicht gem. § 203 Strafgesetzbuch (StGB).

- Für strittige Fälle bestehen an manchen psychologischen-medizinischen Universitäten Obergutachtenstellen.
  Die Zahl dieser Gutachten fällt – prozentual gesehen – kaum ins Gewicht.
  Allerdings ist mit der neuen Fahrerlaubnisverordnung von 1999 die bundeseinheitliche Rechtsgrundlage der Obergutachtenstellen weggefallen. In manchen Bundesländern sind diese deshalb nicht vorhanden (vgl. hier aber Kapitel 4 meines Beratungsprogramms).

- Das Gutachten muss so erstellt sein, dass die Behörde, also die Führerscheinstelle, wie auch der Untersuchte, sich ein Urteil über die Eignung bilden können.

- Das Gutachten muss nachvollziehbar und nachprüfbar sein.

- Sie haben ein Recht darauf, dass die Fragen des Gutachters und Ihre Antworten wörtlich mitgeschrieben werden, oder dass das Gespräch auf Tonband aufgenommen wird.
  Sehr oft hört man, ...„das habe ich ja gar nicht so gesagt, so war das ja gar nicht“... usw. Also - soll das Gutachten für Sie nachvollziehbar und überprüfbar sein, verlangen Sie, dass Fragen und Antworten festgehalten werden. Mancher Ärger kann so von vornherein vermieden werden.
  Natürlich hält sich die Begeisterung bei einigen Gutachtern für solch eine Bitte/Forderung manchmal in Grenzen.

- Die Aufzeichnungen der Untersuchung unterliegen den Bestimmungen des Datenschutzgesetzes, bzw. den Datenschutzvorschriften der Länder. Sie werden entsprechend aufbewahrt und müssen nach Ablauf festgelegter Fristen vernichtet werden.

Wie schon erwähnt, hat jeder das Recht, sein Gutachten – bevor es der Verwaltungsbehörde, also der Führerscheinstelle – übergeben wird, erst mal „anzuschauen“ und dann zu entscheiden, ob es weitergegeben werden soll.

Ist dies ratsam?
Grundsätzlich – Ja!
Oft wird man Sie nachdrücklich „bitten", die Vollmacht,...dass Sie zustimmen, dass das Gutachten sofort an die Fahrerlaubnisbehörde übersandt wird..." zu unterschreiben.

Tun Sie dies nicht!
Wenn Sie es trotzdem getan haben, widerrufen Sie dies!
Nachteile haben Sie dabei nicht. Sie können, wenn Sie das Gutachten in Händen haben, entscheiden, ob Sie es weitergeben oder nicht.

Wenn Sie der Ansicht sind, dass dieses Gutachten Ihnen mehr schaden als nützen würde, ziehen Sie „einfach" Ihren Führerscheinantrag zurück und stellen – nach gegebener Zeit, d.h. nach entsprechender Vorbereitung – einen neuen Antrag.

Am besten ist es, Sie fragen einen Fachmann um Rat, wenn Sie sich nicht sicher sind, ob das Gutachten „positiv" ausgefallen ist oder nicht und ob Sie es weitergeben sollen oder nicht.

Oft stehen auch „nur" Auflagen bzw. Empfehlungen im Gutachten, mit deren Erfüllung Sie letztendlich doch leben können.
Endgültig entscheidet die Fahrerlaubnisbehörde. Sie muss der Empfehlung des Gutachters nicht folgen, tut es aber fast immer.

Wenn Sie das Gutachten nicht abgeben wollen, brauchen Sie trotzdem nicht zu befürchten, dass die Fahrerlaubnisbehörde vom Gutachter „inoffiziell" hört – dieser würde dann nämlich strafrechtlich belangt werden können.

Als Ergänzung zu diesem Kapitel, lesen Sie bitte auch das Kapitel 36 "Häufig gestellte Fragen zur MPU und die Antworten hierzu."

Kapitel 4

Obergutachten - Obergutachter

Obergutachter werden von den oberen Landesbehörden benannt.

Wie schon im vorigen Kapitel beschrieben, gibt es heute (seit der neuen Fahrerlaubnisverordnung 1999) nicht mehr in allen Bundesländern Obergutachterstellen.

Der Obergutachter muss die entsprechende Fachausbildung haben, Erfahrung in der medizinischen und psychologischen Begutachtung und auch eigene Forschungen auf dem Gebiet der Verkehrsmedizin bzw. Verkehrspsychologie durchgeführt haben. Obergutachter sind meistens an einer Universität zu finden.

Obergutachten können von der Fahrerlaubnisbehörde angefordert werden oder vom Führerscheinbewerber –inhaber, wenn z.B.

- das schon vorliegende Gutachten oder mehrere solcher Gutachten nicht ausreichen oder für nicht ausreichend gehalten werden für eine Entscheidung,
- wenn der Untersuchte erheblich erscheinende Einwände gegen das Ergebnis des Gutachtens erhebt,
- angeblich fehlerhafte Interpretation von Befunden (z.B. Leberwerte) vorliegen,
- ärztliche (fachärztliche) Berichte, die den gutachterlichen Feststellungen widersprechen vorhanden sind,
- oder sogar ein Gutachter die Einholung eines Obergutachtens anregt.

Darüber hinaus sollte es auch nach den sehr bekannten Rechtsanwälten Himmelreich/Janker (Juristischen Leitfaden zur psychologischen Fahreignung, „MPU Begutachtung“) dem Betroffenen als „Herr des Verfahrens“ möglich sein, in etwas schwierigeren Fällen sofort ein Obergutachten zu wählen bzw. einzuholen.

Obergutachter sind aber nicht unbedingt dazu da, die Gutachten der Begutachtungsstelle zu überprüfen, sondern sie erstellen zu der Frage der

Fahreignung eigene Gutachten, sie bewerten die Vorgutachten nicht.

Prüft der Obergutachter nun anders?

Nein, eigentlich nicht. Es werden dieselben Fragen und Probleme erörtert, nur gründlicher. Wenn ein Gespräch vielleicht beim TÜV etc. 50 Minuten dauert, nimmt der Obergutachter sich wesentlich mehr Zeit, so dass der zu Untersuchende auch wirklich alles vorbringen kann, was für ihn wichtig ist.
Auch die gesundheitliche Untersuchung und die Tests sind meist gründlicher bzw. weitreichender.

Ein Klient hatte zum Beispiel zu mir gesagt: „So gründlich bin ich noch nie von einem Arzt untersucht worden!“

Bei den Testverfahren wird oft „volles Programm“ gefahren.

Zum Beispiel Persönlichkeitstest und Intelligenztest (vgl. Kapitel 9.2.3f), auf die schon viele Jahre bei normalen Begutachtungsstellen verzichtet worden ist, werden beim Obergutachten selbstverständlich weiterverwendet.

Von Vorteil ist es natürlich, dass der Obergutachter nicht in eine Institution eingebunden ist wie z.B. der TÜV–Psychologe, sondern meist an einer Universität mit mehr methodischen Freiheiten arbeitet.

Allerdings – und hier kommt der Wermutstropfen – kosten Obergutachten oft das 3 – 4 fache von „normalen“ Gutachten, dazu kommt manchmal auch noch eine sehr lange Wartezeit.

Ist es nun immer empfehlenswert, einen Obergutachter aufzusuchen?

Es kommt immer auf den Einzelfall an, oft ist es einfacher und schneller, nach einer gewissen Zeit einen erneuten Anlauf (zum Beispiel beim TÜV, AVUS, DEKRA etc.) zu machen, und sich das nächste Mal besser darauf vorzubereiten.

Die Obergutachten nehmen nur einen sehr kleinen Teil an den Gesamtgutgutachten ein.

Nach einer Untersuchung von Bode/Winkler kam es in 60 % der Fälle - die sie untersucht haben - bei einem Obergutachten zum gleichen Ergebnis wie vorher bei dem „normalen“ Gutachten. Demzufolge kam es bei 40 % zu einem vom Vorgutachten abweichenden Ergebnis.

Allerdings möchte ich zu dieser Untersuchung bemerken, dass die meisten Betroffenen beim zweiten Anlauf, auch wenn sie „nur“ zu einer „normalen“ Begutachtungsstelle für Fahreignung (AVUS, TÜV etc.) gehen, sich einfach besser darauf vorbereiten und so die Aussichten, auch dort ein positives Gutachten zu bekommen, wesentlich günstiger sind.

Das Landratsamt Augsburg (Zugriff am 01.08.2012) führt in seiner Internetseite – ohne Anspruch auf Seriosität, Qualität, Vollständigkeit und Empfehlung - folgende Obergutachtenstellen auf:

- Institut für Rechtsmedizin der Universität München
  Dr. Michael Bedacht, Obergutachter
  Nußbaumstr. 26, 80336 München
  Tel. 089 / 18 07 30 11

- Institut für Rechtsmedizin der Universität München
  Prof. Dr. W. Eisenmenger, Obergutachter
  Nußbaumstr. 26, 80336 München
  Tel. 089 / 18 07 30 11

- Interdisziplinäres Zentrum für Verkehrswissenschaft an der Universität Würzburg
  Prof. Dr. Hans-Peter Krüger, Obergutachtenstelle
  Röntgenring 11, 97070 Würzburg
  Tel. 0931 / 31 26 53

- Dr. Dieter Spazier, Obergutachter
  Pelargonienweg 16, 22549 Hamburg
  Tel. 040 / 800 36 18

- Prof. Dr. Egon Stephan, Obergutachter
  Mundenheimer Str. 131, 67061 Ludwigshafen
  Tel. 0621 / 58 70 580

Kapitel 5
Ein Tag bei der MPU – Bericht einer Betroffenen

In meiner Sprechstunde ist meistens einer der ersten Fragen von Betroffenen, die zur MPU müssen: „Wie läuft eigentlich so eine MPU ab?“ „Was passiert da?“ „Was muss ich da machen?“

Für die meisten ist die MPU ein „Buch mit sieben Siegeln“. Keiner weiß so richtig, was bei der MPU passiert.
Manche erzählen von Bäumchen malen und Kugeln übereinander setzen.

Aus diesem Grunde habe ich eine Klientin von mir gebeten aus ihrer Sicht – ihren Tag bei der MPU zu schildern.

Hier nun ihr Bericht:
„Beim Aufstehen heute morgen scheint schon die Sonne, mir aber kommt der Himmel eher grau vor.

Ich muss heute zur MPU wegen Trunkenheitsfahrt! Was für ein Wort!

Obwohl ich doch gut vorbereitet bin (mein Sachbearbeiter bei der Führerscheinstelle und auch mein Rechtsanwalt haben mir dazu geraten und auch einen sehr guten MPU-Berater empfohlen!) bin ich jetzt doch aufgeregt. Hoffentlich geht alles gut!

Nach dem Frühstück prüfe ich, ob ich auch alles, was ich brauche, eingepackt habe (Ausweis, Beleg über die Zahlung, wichtige Unterlagen, Leberwerte, Bescheinigung vom MPU-Berater über meine Stunden, Brille). Dann geht’s los.

Ich habe den TÜV gewählt, ist für mich am besten zu erreichen – muss ja mit den öffentlichen Verkehrsmitteln fahren. Die Durchfallquoten wären bei den Begutachtungsstellen überall etwa gleich hoch, hat man mir gesagt, es wäre mehr oder weniger eine reine „Bauchentscheidung“ – meistens wenigstens.

Beim TÜV angekommen, muss ich mich erst anmelden (Personalausweis!), dann bekomme ich einige Unterlagen (Fragebögen, Untersuchungsmerkblatt) und es wird mir der Untersuchungsablauf erklärt. Dann heißt es, warten!

Zuerst muss ich zur medizinischen Untersuchung.
Na ja, wohl das übliche: Blutdruck messen, Bauch abtasten, Haut ansehen, Finger zur Nase führen etc. Dann Blut für die festzustellenden Leberwerte abgeben, Fragen nach meinem Gesundheitszustand, ob ich Medikamente einnehme, Fragen nach meinen Trinkgewohnheiten, Prüfung meiner Reflexe. Die ärztliche Untersuchung geht eigentlich schnell vorbei.

Dann der Leistungstest.
An einem Computergerät werden meine Wahrnehmung, Konzentration und Reaktion überprüft. Es wird mir alles genau erklärt, wie und wann ich die bunten Knöpfe drücken muss.
Fehler, sagte man mir, macht praktisch hier jeder, man darf nur nicht zu viele machen.
Es hat ganz gut geklappt, glaube ich.

Wieder das Wartezimmer.
Der wichtigste Teil (wie man mir sagte), der Hauptbestandteil der MPU, steht mir noch bevor: Das Gespräch mit dem Psychologen, dem MPU-Gutachter.

Das Psychologengespräch.
Als ich nach nur kurzer Zeit (meiner Meinung nach aber doch schon länger) aufgerufen werde, wird mir doch etwas leicht übel.

Der Psychologe, zu dem ich ins Zimmer komme, sieht allerdings gleich, dass ich wahnsinnig aufgeregt bin und versucht, mich durch Reden über alles Mögliche zu beruhigen, was ihm auch zum Teil gut gelingt.

Nach kurzer Abfrage meiner persönlichen Daten erklärt er mir, dass er Fragen stellen werde und ich diese dann ganz ehrlich beantworten solle.

Schon bei der ersten Frage lege ich los und rede, was das Zeug hält.
Der Psychologe unterbricht mich ab und zu und fragt nach und schreibt alles (?!) in seinen Computer.

Ich sage ganz ehrlich, warum ich früher zuviel getrunken habe, was ich in der Zwischenzeit ganz klar erkannt habe, und dass ich in Zukunft beim Autofahren nichts mehr trinke.

Der Psychologe fragt nach und will wissen, was ich mache, wenn ich in eine Situation komme, wo es mir fast unmöglich ist, das Trinken abzulehnen.
Ich bleibe aber fest bei meiner Meinung und ich denke auch, dass ich den Psychologen überzeugt habe.

Dank meiner sehr guten Vorbereitung auf dieses Gespräch kann ich sagen, dass ich mich, je länger es dauert, immer sicherer fühle und auch überzeugend wirke.

Nur so ist es zu erklären, dass nach ca. 45 Minuten (waren es wirklich schon 45 Minuten?!?) mir der Psychologe sagt, dass ich ihn erstaunt hätte mit meinen ehrlichen Antworten, und dass auch er jetzt überzeugt sei, dass ich mit dem Umgang mit Alkohol in Zukunft wohl klar komme und seiner Meinung nach auch nicht mehr alkoholisiert fahre.

Deshalb könne er ein positives Gutachten schreiben!!

Wie soll ich meine Gefühle nach diesem Gespräch beschreiben? Euphorisch? Überzeugt von mir? Glücklich?
Wohl alles zusammen – aber in erster Linie sehr, sehr dankbar meinem MPU-Berater, dass er mich so gut auf dieses Gespräch vorbereitet hat!

Ihn würde ich jetzt – wenn er da wäre – am liebsten küssen!

Vielen, vielen Dank nochmals an ihn!!

Kapitel 6
Warum überhaupt eine MPU? – Gedanken dazu

Keiner geht gerne zu einer MPU!
Die meisten meiner Klienten sehen auch die MPU am Anfang unseres Gespräches als eine weitere Strafe an.

Wie oft höre ich Vergleiche wie: Jemand, der einen anderen verprügelt oder einen „Bruch“ (Diebstahl) begeht, wird nicht so hart bestraft als derjenige, der „nur“ einmal mit Alkohol erwischt worden ist.

Ja, bei manchen Betroffenen ist viel „Wut im Bauch“ – bei anderen einfach nur Unverständnis oder sie bezeichnen die „Institution MPU“ als „Geldmacherei“, um Autofahrer noch weiter „zur Kasse zu bitten“ oder „abzuzocken“.

Solche Gedanken kann ich bei den Betroffenen sehr wohl nachvollziehen.

Jemand, der den Führerschein verloren hat und ihn beruflich sehr nötig braucht, ist oft der Verzweiflung nahe.
Sein Job oder seine selbständige Tätigkeit sind in Gefahr; denken wir hier nur an einen Handwerker im Außendienst, an einen Handelsvertreter oder an einen selbständigen Geschäftsmann.

Möglicherweise ist der Verdienst eingeschränkt, er kommt vielleicht durch seine Immobilität gar nicht mehr zur Arbeit oder ist durch den Verlust des Führerscheines sogar arbeitslos geworden.

Die Freizeit, die Hobbys sind eingeschränkt.
Die Kinder meckern vielleicht, weil sie nicht mehr zum Sport oder zu ihren Freunden gefahren werden können.
Der Einkauf ist schwieriger geworden.

Ja, ich kann diese Gedanken schon nachvollziehen!

Aber: **Warum gibt es überhaupt eine MPU?**

Wer unter Alkohol- oder Drogeneinfluss Auto fährt, wer aggressiv oder zu schnell Auto fährt, riskiert nicht nur sein Leben, sondern das Leben anderer!

Die MPU-Psychologen sind dazu da, dass nur jemand seinen Führerschein wiederbekommt, der sein Problem – sei es nun Alkohol, Drogen oder zu schnelles Fahren – in den „Griff bekommen“ hat und keine Gefahr mehr für die Allgemeinheit darstellt.

Die MPU – wenn sie schon nicht zu vermeiden ist – sollten Sie als Chance für einen Neuanfang verstehen!

Sie werden jetzt vielleicht denken, der hat gut reden, so was kann man leicht sagen.

Sicher, leicht ist dies tatsächlich nicht! – aber: Jeder kann es schaffen, egal, wie alt er ist.
Ziel ist es, den Führerschein wieder zu bekommen und ihn dann auch dauerhaft zu behalten!

Kapitel 7
Ihre 15 Schritte zurück zum Führerschein

Wenn Sie in diesem Buch vielleicht schon etwas herumgeblättert haben, wissen Sie jetzt, wie eine MPU abläuft, und dass von Ihnen eine Menge verlangt wird.

Ein Idiotentest – wie die MPU auch volkstümlich genannt wird - ist sie sicher nicht.

Sobald Sie Ihren Führerschein verloren haben, spätestens aber, wenn Sie erfahren haben, dass Sie ohne eine MPU Ihren Führerschein nicht wiederbekommen, sollten Sie handeln!

Ihre einzelnen Schritte könnten folgendermaßen aussehen:

1. Kontakt zur Führerscheinstelle

Klären Sie mit Ihrem Sachbearbeiter bei der Führerscheinstelle (Fahrerlaubnisbehörde), ob Sie überhaupt zur MPU müssen.

Ihr Sachbearbeiter allein hat alle Informationen über Sie und entscheidet alles Weitere. Fragen Sie ihn, wie er die Sachlage bei Ihnen sieht.

Aber: Erzählen Sie Ihrem Sachbearbeiter nicht zu viel von sich, z.B. über Ihren Alkohol- oder Drogenkonsum usw.

Alles, was in Ihrer Führerscheinakte ist bzw. kommt, liest auch später Ihr MPU-Gutachter! – Davon müssen Sie wenigstens ausgehen.

Vielleicht sollten Sie auch aus diesem Grunde vor dem Gespräch mit dem Sachbearbeiter den hier aufgezeigten 2. Schritt vor dem 1. Schritt machen.

Selbstverständlich können Sie hier auch Hilfe die eines Rechtsanwaltes für Verkehrsrecht in Anspruch nehmen.

2. MPU - Vorab-Informationen

Verschaffen Sie sich einen Überblick über die MPU, indem Sie die für Sie in Frage kommenden Kapitel lesen.

Was wird von Ihnen erwartet? Wo stehen Sie? Was müssen sie noch in Angriff nehmen?

Wenn Sie Zweifel haben, dass Sie es trotz dieses Ratgebers nicht alleine schaffen, scheuen Sie sich nicht, eine persönliche Beratung bei einem kompetenten verkehrspsychologischen Berater in Anspruch zu nehmen. Fragen Sie hier am besten Ihren Sachbearbeiter bei der Führerscheinstelle, und fallen Sie nicht auf irgendeine „tolle“ Werbung und haltlose Versprechungen von einem selbsternannten Verkehrspädagogen (ohne jegliche Hochschulausbildung oder sonstigen Qualifikationen) herein!

Lassen Sie nicht wertvolle Zeit verstreichen – schieben Sie nichts auf! Versäumte Zeit ist nicht wieder zurückzuholen. Je später Sie handeln, umso später bekommen Sie Ihren Führerschein zurück.

Haben sie schon ein negatives Gutachten, lesen Sie es gründlich und fragen Sie sich immer wieder, was schief gelaufen ist.

Sie können Ihr altes Gutachten auch mir zur Analyse zusenden und meine Telefonische MPU-Beratung in Anspruch nehmen (vgl. "Mein Angebot zur Vorbereitung auf die MPU", Seite 425).

3. Leberwerte – Alkoholabstinenznachweis (ETG) - Drogenscreenings

Wenn Sie wegen Alkohol oder Drogen zu einer MPU müssen, „sammeln“ Sie unbedingt Ihre Werte! (vgl. Kapitel 9, Die medizinische Untersuchung).

4. MPU-Vorbereitung

Mit einer guten Vorbereitung erhöhen Sie die Chance, ein positives Gutachten zu bekommen, drastisch.

Die Durchfallquoten sind wohl nicht so hoch, wie von einigen selbsternannten Fachleuten im Internet behauptet (vgl. Einleitung, S.16f.) wird, aber: Ohne eine gute Vorbereitung schafft es kaum jemand, die MPU positiv zu bestehen.

Studieren Sie dieses Beratungsprogramm gründlich und immer wieder – und: Bei Zweifel oder Unsicherheiten nehmen Sie eine persönliche Beratung in Anspruch.

5. Umsetzen des Erlernten

Das Gelernte (aus Punkt 4) sollte nicht nur in der Theorie beherrscht, sondern auch im Alltag umgesetzt werden können.

Der MPU-Gutachter möchte, dass es bei Ihnen zu einer Verhaltensänderung im Alltag – ob bei Alkohol, Drogen, Punkten oder Straftaten - gekommen ist.

6. Antrag auf Neuerteilung der Fahrerlaubnis

Den Antrag stellen Sie bei Ihrer Fahrerlaubnisbehörde, Ihrer Führerscheinstelle.
Dem Antrag beizufügen ist zum Beispiel ein Führungszeugnis, ein Auszug aus der Flensburger „Verkehrssünderkartei", Sehtest, bei Alkohol oder Drogen Ihre „gesammelten Werte" (vgl. Kapitel 9.1) – falls vorhanden (können Sie aber noch bei der Begutachtungsstelle selber bei Ihrem Termin abgeben) und - wenn vorhanden - Teilnahmebestätigung über eine erfolgte MPU-Vorbereitung oder Therapie.

Ihr Sachbearbeiter bei der Führerscheinstelle wird Ihnen hier sicher gerne helfen, besonders, wenn Sie ihm – oder ihr - höflich gegenübertreten.

7. Auswahl der MPU-Begutachtungsstelle

Sie erklären gegenüber der Führerscheinstelle Ihr Einverständnis für eine

Begutachtung und benennen eine von Ihnen ausgesuchte Begutachtungsstelle (TÜV, AVUS, DEKRA, BAD etc.) - meistens eine „Bauchentscheidung“.

8. Ihre Führerstelle sendet Ihre Akte an die ausgesuchte Begutachtungsstelle

9. MPU-Untersuchungsgebühr

Von der Begutachtungsstelle bekommen Sie jetzt ein Schreiben mit der Bestätigung, dass Ihre Akte dort eingegangen ist und mit der Bitte, die Gutachtergebühr im Voraus zu überweisen.

10. Abschlusstraining

Kurz vor der MPU sollten Sie alles noch einmal aufarbeiten, oder wenn Sie einen Berater in Anspruch genommen haben, ein sogenanntes MPU-Abschlusstraining, eine Generalprobe, absolvieren.

Aus meiner langjährigen Erfahrung heraus weiß ich, dass oft genug das Gelernte aufgefrischt werden sollte.

11. Untersuchungstermin

Nach Eingang der MPU-Begutachtungsgebühr bekommen Sie – meist sehr kurzfristig – einen Termin zur Begutachtung.

12. MPU-Termin

Ablauf der MPU vgl. u.a. Kapitel 5,"Ein Tag bei der MPU – Bericht einer Betroffenen."

13. Gutachten wird zugesandt

Nach ca. 10-14 Tagen bekommen Sie von der Begutachtungsstelle Ihr MPU-Gutachten, das sogenannte Fahreignungsgutachten, zugesandt.
Ihre Führerscheinakte wird zurück an die Führerscheinstelle gesandt.

14. Positives Gutachten bei der Führerscheinstelle abgeben

15. Geschafft!!

Kapitel 8
Beispiele für negative und ein positives Gutachten

Bevor ich näher auf die medizinisch-psychologische Untersuchung eingehe, möchte ich Ihnen im Folgenden einige Fallbeispiele zum Lesen bzw. Studieren anbieten.

Leider verweigerten mir die von mir befragten Begutachtungsstellen – mit einer Ausnahme - die Erlaubnis, „ihre“ Gutachten abzudrucken, ob zu Recht oder Unrecht, sei dahingestellt, deshalb bezeichne ich diese Institute mit x, xy, xyz.
Positiv herauszustellen ist hier aber die AVUS; mit der Erlaubnis, ihre Gutachten zu veröffentlichen, schrieb das Institut mir:

„... begrüßen wir alle Initiativen, die zu einer sachlichen Information über die MPU, einer größeren Transparenz und damit zur einer sinnvollen Vorbereitung im Sinne einer Aufarbeitung des Fehlverhalten beitragen können.“

Selbstverständlich habe ich alles, was auf eine bestimmte Person hinweisen könnte, verändert, so z.B. Beruf, Wohnort, Namen, Ortschaften, Datum etc.

Ich möchte Ihnen bei der Darstellung der Gutachten vermitteln und deutlich machen, worauf es bei der MPU ankommt und wie Sie sich darauf einstellen können.

Ratsam ist es, wenn Sie die Gutachten zweimal lesen – einmal jetzt gleich und einmal, wenn Sie das ganze Beratungsprogramm gelesen haben – hauptsächlich Kapitel 10-13 bei Alkohol, Kapitel 14-21 bei Drogen und Kapitel 26-30 bei Punkten

Bitte nehmen Sie sich Zeit, die Gutachten zu lesen (studieren!).

Folgende Gutachten sind abgedruckt:

Dass hier vier negative Gutachten abgedruckt worden sind und nur ein positives, hat absolut nichts mit einer Bewertung eines Instituts zu tun, nur denke ich, dass man aus Fehlern, die andere wegen mangelnder Vorbereitung gemacht haben, am besten lernen kann.

Medizinisch-Psychologisches Institut Musterhausen
Begutachtungsstelle für Fahreignung

Frau
Susanne Mustermann
Musterhauser Str. 1

12345 Musterhausen

1234567800 AA/XX 01.02.2008

Medizinisch-Psychologisches Gutachten

zur Vorlage bei der Führerscheinstelle
der Stadt Beispielhausen
für

Frau Susanne Mustermann

Geboren: 11.11.1971 in: Musterhausen

Strasse: Musterhauser Str. 1

Ort: 12345 Musterhausen

Untersuchungstag: 15.01.2008

Gutachterliche Fragestellung

Ist zu erwarten, dass die Untersuchte Frau Mustermann auch zukünftig ein Kraftfahrzeug unter Alkoholeinfluss führen wird und/oder liegen als Folge eines unkontrollierten Alkoholkonsums Beeinträchtigungen vor, die das sichere Führen eines Kraftfahrzeuges der Klassen A und BE in Frage stellen?

Das vorliegende Gutachten soll der Verwaltungsbehörde als Entscheidungshilfe dienen für die eigene Urteilsbildung. Anforderungen, die sich aus der Verordnung über die Zulassung von Personen im Straßenverkehr (Fahrerlaubnis-Verordnung) und den Begutachtungs-Leitlinien zur Kraftfahrereignung des Gemeinsamen Beirats für Verkehrsmedizin ergeben, wurden bei der Begutachtung berücksichtigt.

Die Untersuchung erfolgte ausschließlich im Auftrage von Frau Mustermann, um die von der Verwaltungsbehörde geltend gemachten Zweifel an der Fahreignung auszuräumen.

Aktenanalyse

Als Grundlage der Untersuchung wurde uns von der Fahrerlaubnisbehörde die Führerscheinakte zur Verfügung gestellt.
Folgende Daten sind für die Untersuchung bedeutsam:

11.11.2006 um 19 Uhr 11 Trunkenheitsfahrt mit einer Blutalkoholkonzentration (BAK) von 1,6 Promille um 19 Uhr 41.

Weiter lag folgende Bescheinigung vor:
Bescheinigung des xyz Institut Hamburg vom 02.01.2008: Frau Mustermann habe im Zeitraum vom März 2007 bis August 2007 insgesamt 10 verkehrspsychologische Beratungsgespräche absolviert.

Zur Bedeutung der Vorgeschichtsdaten

Lt. „Begutachtungs-Leitlinien zu Kraftfahrereignung“ (Berichte der Bundesanstalt für Straßenwesen, Heft M 1156, Febr. 2000) können bereits Blutalkoholkonzentrationen mit Werten von 0,3 Promille „zu einer Herabsetzung der Reaktionsfähigkeit und zur Veränderung der Stimmungslage mit Kritikminderung führen, so dass ein erhöhtes Verkehrsrisiko von derart beeinflussten Kraftfahrern ausgeht. Bei 0,8 Promille liegt das Risiko in der Regel um das Vierfache höher als bei nüchternen Verkehrsteilnehmern. Fahruntüchtigkeit liegt bei jedem Kraftfahrzeugfahrer mit Werten höher als 1 Promille vor. Werden Werte um oder über 1,5 Promille bei Kraftfahrern im Straßenverkehr angetroffen, so ist die Annahme eines chronischen Alkoholkonsums mit besonderer Gewöhnung und Verlust der kritischen Einschätzung des Verkehrsrisikos anzunehmen.“
(BLzK S. 42)

Eine positive Prognose nach den „Begutachtungs-Leitlinien zur Kraftfahrereignung“ (BLzK, S. 40 f) kann nur erfolgen, wenn die Vorraussetzung zum Führen eines Kraftfahrzeuges wieder hergestellt ist, d. h., wenn nicht mehr mit einer erhöhten Wahrscheinlichkeit mit einer Fahrt unter Alkoholeinfluss zu rechen ist. Davon ist auszugehen „wenn die folgende Vorraussetzungen gegeben sind:

a) Das Trinkverhalten wurde ausreichend geändert. Das ist der Fall,

- wenn Alkohol nur noch kontrolliert getrunken wird, so dass Trinken und Fahren zuverlässig getrennt werden können, oder
- wenn Alkoholabstinenz eingehalten wird. Diese ist zu fordern, wenn aufgrund der Lerngeschichte anzunehmen ist, das sich ein konsequenter Umgang mit alkoholischen Getränken nicht erreichen lässt.

b) Die vollzogene Änderung im Umgang mit Alkohol ist stabil und motivrational gefestigt. Das ist anzunehmen, wenn folgende

Feststellungen getroffen werden können:

- Die Änderung erfolgte aus einem angemessenen Problembewusstsein heraus; das bedeutet auch, dass ein angemessenes Wissen zum Bereich des Alkoholtrinkens und Fahrens nachgewiesen werden muss, wenn das Änderungsziel kontrollierter Alkoholkonsum ist.
- Die Änderung ist nach genügend langer Erprobung und der Erfahrensbildung (in der Regel ein Jahr, mindestens aber 6 Monate) in das Gesamtverhalten integriert.
- Die mit der Verhaltensänderung erzielten Wirkungen werden positiv erlebt.
- Der Änderungsprozess kann nachvollziehbar aufgezeigt werden.
- Eine dem Alkoholmissbrauch evtl. bedingte Persönlichkeitsproblematik wurde erkannt und entscheidend korrigiert.
- Neben den inneren stehen auch die äußeren Bedingungen (Lebensverhältnisse, berufliche Situation, soziales Umfeld) einer Stabilisierung des geänderten Verhaltens nicht entgegen.

c) Es lassen sich keine körperlichen Befunde erheben, die auf missbräuchlichen Alkoholkonsum schließen lassen bzw. hindeuten. Wenn Alkoholabstinenz zu fordern ist, dürfen keine körperlichen Befunde vorliegen, die zu einem völligen Alkoholverzicht im Widerspruch stehen.

d) Verkehrsrelevante Leistungs- und Funktionsbeeinträchtigungen als Folgen früheren Alkoholmissbrauch fehlen.

e) (..)

f) Nach Begutachtung in einer amtlich anerkannten Begutachtungsstelle für Fahreignung wird die Wiederherstellung der Fahreignung angenommen, wenn sich die noch feststellbaren Defizite durch einen anerkannten und evaluierten Rehabilitationskurs für alkoholauffällige Kraftfahrer beseitigen lassen.“

Leistungspsychologische Untersuchung

Aus dem Untersuchungsanlass, der Aktenanalyse bzw. den Untersuchungsbefunden ergab sich die Notwendigkeit, zu prüfen, inwieweit die für das Führen von Kraftfahrzeugen erforderlichen Leistungsvoraussetzungen vorliegen. Hierfür wurde eine testpsychologische Abklärung vorgenommen, deren Ergebnis in Prozentrangwerten (PR) angegeben wird. Ein Prozentrang sagt aus, wie viele Personen einer vergleichbaren Stichprobe schlechtere Leistungen erzielen als Frau Mustermann. Der PR für die bestmöglichste Leistung ist 100, für die geringste Leistung 0.

Wiener Determinationstest (WDG)

Es handelt sich hier um einen komplexen Mehrfachreiz-Reaktionstest am Wiener Testsystem. Als zentraler Messgegenstand gelten die „reaktive Belastbarkeit" sowie die damit verbundene Reaktionsgeschwindigkeit. Die Testergebnisse geben Aufschluss über Arbeitsablauf, Dauerbelastbarkeit, Stressfähigkeit, Leistungsgrenzen und evtl. auch über das Risikoverhalten.

Insgesamt sind 10 optische Reize in den Farben weiß. gelb, rot, grün und blau gegeben, die mit fünf diesen Farben zugeordneten Reaktionstasten zu beantworten sind. Zwei weitere optische Reize erfordern die Betätigung des linken oder rechten Fußpedals. Zwei akustische Reize von deutlich verschiedenen Tonhöhen sind zwei Tontasten zugeordnet.

RR-PR (Reaktionstempo)	41-50
FR-PR (Reaktionssicherheit)	51-60

Testzeit: 08.44 bis 9.01 Uhr

Medizinische Untersuchungsbefunde

Die Untersuchung erfolgte anlassspezifisch und entsprechend der Fragestellung.
Bei der verkehrsmedizinischen Untersuchung wurden die wesentlichen Hinweise aus den vorliegenden Unterlagen sowie die eigenen Angaben zur Gesundheit überprüft.

Krankheitsvorgeschichte:

keine Medikamenteneinnahme in den letzten 3 Monaten

Untersuchungsbefunde:

Alter: 36 Jahre
Gewicht: 61 kg
Größe: 164 cm

Blutdruck: 125/75 mmHg und eine Pulfrequenz von 78 Schlägen/Minute.

Neurologischer Befund: unauffälliger grob-neurologischer Befund

Bewegungsorgane: Kein auffälliger Befund

Frau Mustermann gibt an, dass sie seit Juni 2007 keinen Alkohol mehr getrunken habe.

Externe Befunde (Leberwerte)

Laboruntersuchung	Gamma-GT	10 U/L (Norm bis 39 U/L)
	GOT	20 U/L (Norm 10 bis 35)
	GPT	19 U/L (Norm 10 bis 35)

Untersuchungszeit: 09.42 bis 09.58 Uhr.

Exploration

Frau Mustermann gab an, nach der Schule Schneiderin gelernt zu haben. Ab 2002 bis 2006 habe sie ihre Gesellenjahre als Schneiderin absolviert. Zwischen 2005 und 2006 habe sie ihre Ausbildung als Meisterin abgeschlossen. Sie arbeite jetzt selbständig, allerdings ohne eigenes Geschäft, sondern mache das von zu Hause aus. Das praktiziere sie seit ca. einem Jahr. Sie habe Stammkundschaft.
Frau Mustermann gab an, getrennt zu leben. Sie habe 1997 das erste Mal geheiratet. 1996 sei ihr Sohn geboren. Die Ehe sei 2000 geschieden worden. Das zweite Mal habe sie 2002 geheiratet. Seit 2006 lebe sie von ihrem Mann getrennt.

1) Gutachter: Was sie beim Institut in Hamburg gelernt habe?

Gutachter will mit dieser Frage wissen, ob Frau Mustermann ihre Vergangenheit aufgearbeitet und über den Alkohol ausreichend nachgedacht hat.

„Dort ist viel über das Privatleben gesprochen worden. Dass man mit Alkohol keine Probleme lösen könne und über Beziehungsprobleme. Das hat mir gut getan. Die decken auch auf, warum man was tut."

2) Gutachter: Was man in Bezug ihrer Person hat aufdecken können?

„Ich habe gelernt, dass ich zu leichtsinnig mit Alkohol war, dass ich mir zu wenig Gedanken gemacht habe, was alles hätte passieren können."

Eigentlich wollte der Gutachter wissen, wie es dazu gekommen ist, dass sie soviel Alkohol getrunken hat, welche Probleme etc. dafür zugrunde lagen.

3) Gutachter: Ob sie wisse, warum sie in der Vergangenheit soviel Alkohol getrunken habe?

Jetzt fragt der Gutachter direkt nach. Einer der wichtigsten Fragen bei der MPU: „Warum haben Sie soviel getrunken?“

„Soviel habe ich ja nicht getrunken, das war nur eine kurze Phase nach der Trennung. Ich lernte dann einen Freund kennen, der sehr viel trank und ich trank dann mit, vielleicht auch deshalb, weil ich dachte, dass das Probleme erleichtern würde.“

Die erste Chance nicht genutzt. Sie steht nicht zu ihrem Alkoholproblem. Sie versucht sich „schön“ darzustellen und bagatellisiert. „So viel habe ich ja nicht getrunken“, nur eine kurze Phase.“ – Schade! Wahrscheinlich denkt der Gutachter jetzt schon, dass er wohl wahrscheinlich ein negatives Gutachten schreiben muss!

4) Gutachter: Von welchen Problemen sie denn da spreche?

„Trennungsprobleme, wir hatten heftige Streitereien. Es kam dann auch zu Handgreiflichkeiten von Seiten meines Mannes damals. Ich hatte auch Schlafprobleme. Der Alkohol hat mich in den Schlaf begleitet eine Zeitlang.“

5) Gutachter: Wann diese Zeit gewesen sei?

„Das waren nur Wochen, im Ganzen sechs Wochen, vor der Trunkenheitsfahrt. Vorher trank ich gemäßigt Alkohol und nur am Wochenende und nie in größeren Mengen. Das kam alle paar Jahre mal vor, dass man zuviel getrunken hatte.“

In nur sechs Wochen verstärkten Alkoholkonsums kommt man nicht so ins „Training“ bzw. wird man nicht so „Giftfest“, dass man mit 1,6 Promille noch 60 km „fahren“ kann. Sie muss sehr viel länger mehr getrunken haben!

6) Gutachter: Wie denn in den sechs Wochen vor ihrer Trunkenheitsfahrt, von denen sie gerade gesprochen habe, ihr Alkoholkonsum ausgesehen habe?

Gutachter fragt nach.

„Da war ein Freund da, der war mir sympathisch, das war aber keine Liebe. Dieser Mann trank sehr viel und ich in meiner damaligen Verfassung trank mit. Ich hoffte auf Erleichterung."

7) Gutachter: Ob sie das konkreter – mengenmäßig – schildern könne, wie ihr Alkoholkonsum in den sechs Wochen ausgesehen habe?

Gutachter will es genau wissen.

„Das ist schwierig, das war Wein oder Sekt. Ich kann das aber schon beschreiben. Ca. sechs bis sieben Gläser, nein das ist zuviel, das waren vier Gläser Sekt und Grappa dazu. Ich war aber in der Lage, am nächsten Tag zur Arbeit zu gehen."

Bagatellisiert wieder.

8) Gutachter: Wie groß denn diese Gläser Sekt gewesen seien, von denen sie gesprochen habe?

„Ganz normale"

9) Gutachter: Ob sie damit 0,1 Liter – bzw. eine Trinkeinheit meine?
„Richtig"

10) Gutachter: Wie groß die Grappa gewesen seien, von denen sie gesprochen habe, und wie viele es gewesen seien?

„Das waren so zwei Grappa – die einfachen"

11) Gutachter: Wann sie in dieser Zeit Alkohol getrunken habe?

„Das war abends nach der Arbeit. Wir hörten Musik, wir redeten, ich weinte sehr viel und trank halt Alkohol.“

Das Wort „halt“ drückt hier aus: War doch nicht so schlimm!

12) Gutachter: Die von ihr genannten Mengen, die sie damals getrunken habe, erklärten bei weitem nicht, wie sie am Tage ihrer Trunkenheitsfahrt eine BAK von 1,6 Promille habe erreichen können. Was sie dazu meine?“

Gutachter sagt ihr jetzt klar (mit anderen Worten), dass er ihr nicht glaubt. Bekommt Chance zur Berichtigung, um das Steuer noch herumzureißen!“

„Die vom Hamburger Institut haben mir das auch gesagt. Die haben gesagt: Sie müssen mehr getrunken haben, weil die Statistik besagt, bei 1,6 Promille müsse das mehr sein. Das beweise, dass es nicht wahr sein könne, dass ich nie mehr getrunken habe. Und ich soll mehr sagen, aber das kann ich nicht, weil es nicht wahr ist, das ich mehr getrunken habe.“

Möglichkeit zum einlenken wieder verpasst. – Schade!

13) Gutachter: Wie oft sie in diesen sechs Wochen vor der Trunkenheitsfahrt Alkohol getrunken habe?

„Fast jeden Tag.“

14) Gutachter: Wie viel es damals in diesen sechs Wochen geworden sei, wenn es mal richtig viel gewesen sei?

„Das war auch schon mal am Wochenende mehr.“

15) Gutachter: Von welcher Menge spreche sie da?

„Das kann ich auch nicht sagen. Es können auch sieben bis acht Gläser Sekt gewesen sein, Sekt oder verteilt mit Grappa."

16) Gutachter: Ob sie meine, dass es damals bei einzelnen Anlässen höchstens acht Gläser – Sekt und Grappa zusammen gerechnet – gewesen seien?

„Ja."

17) Gutachter: Wie es zur Trunkenheitsfahrt im November 2006 gekommen sei?

„Ich fuhr nach Ulm, ich war bei Bekannten, dort wurde mir ein Schnaps mit einer Wurzel angeboten. Das sollte gesund sein. Ich trank und wollte eigentlich übers Wochenende bleiben. Ich hatte nicht die Absicht mit dem Auto zu fahren. Dann bekam ich einen Filmriss und ich kann mich nicht mehr daran erinnern, wie ich in das Auto stieg. Meine Erinnerung kam erst zurück, als ich auf der Strecke nach München war."

Alkohol gesund? Filmriss?

18) Gutachter: Aus welchen Grund sie angehalten worden sei?

„Ich war wohl Schlangenlinien gefahren. Und da hat mich ein Autofahrer angezeigt."

19) Gutachter: Wie viel sie an diesem Abend denn getrunken habe?

„Ca. 16 Gläser Sekt, wenn man das umrechnet."

20) Gutachter: Aus dem, was sie vorher gesagt habe, sei zu schließen, dass

das dann aber Schnaps gewesen sei. Ob dieser Eindruck richtig sei?

„Ja, wie viel Prozent der hatte, kann ich aber nicht sagen.“

21) Gutachter: Ob sie schon vorher schon einmal einen Filmriss erlebt habe?

„Nein, ich weiß nicht, ob dazu etwas mit Drogen kam, vielleicht wurde mir etwas ins Glas geschüttet. Das war so ein Discobesitzer und die haben so mit solchen Sachen wie Drogen zu tun. Mir kommt es merkwürdig vor, dass ich mich nicht erinnern kann.“

Jetzt versucht sie die Schuld auf einen Dritten abzuwälzen.
Klientin sagte mir aber später, als sie zu mir kam, um das negative Gutachten zu besprechen, dass sie zu diesem Zeitpunkt durch das intensive Nachfragen sich in die Ecke gedrängt gefühlt und Unsinn erzählt habe.

22) Gutachter: Wie ihr Alkoholkonsum vor den von ihr genannten sechs Wochen ausgesehen habe?

„Am Wochenende habe ich manchmal gar keinen Alkohol getrunken. Bei Feiern war es dann auch mal mehr. Es konnte auch schon einmal eine dreiviertel Flasche Wein sein oder ich teilte sie mit jemand, zum Beispiel mit meinem Mann einen Liter Lambrusco.“

23) Gutachter: Wie die Höchstmengen damals im Zeitraum zwischen 2004, 2005 bis 2007 gewesen seien?

„Vielleicht kam es vor, dass ich zu Hause hinterher noch einen Wein oder zwei Gläser getrunken habe. Wir waren halt verliebt damals. Da kam es auch manchmal vor, dass ich hinterher gespuckt habe.“

Wenn man verliebt ist, trinkt man mehr Alkohol?

24) Gutachter: Wie oft sie in dem genannten Zeitraum gespuckt habe?

„Zweimal."

25) Gutachter: Sie habe bei der Ärztin angegeben, dass sie seit einem Jahr keinen Alkohol mehr trinke. Ob das richtig ist?

„Ja."

Wenn das Alkoholproblem sehr groß gewesen ist, eine sehr gute Entscheidung, abstinent leben zu wollen! Nur hat sie ihr Alkoholproblem bisher mehr oder weniger geleugnet.

26) Gutachter: Ob es mal eine Ausnahme gegeben habe?

Sollten eigentlich nicht vorkommen!

„Einmal bin ich in ein Cafe und wollte mich mit einem Mann treffen. Den fand ich sympathisch. Das war vor einem halben Jahr. Obwohl wir verabredet waren, stand er da und flirtete ganz heftig mit einer anderen Dame. Darauf bestellte ich mir einen Sekt, nippte daran und fragte mich im selben Augenblick: Was machst Du da, er ist es nicht wert. Ich nahm meine Tasche und ging.

Ah, denkt der Gutachter jetzt, wenn es Problem etc. gibt, wird sie schwach – Rückfallgefahr. Sie ist wahrscheinlich noch nicht stabil genug. Will mit der nächsten Frage wissen, ob sich sein Verdacht erhärtet.

27) Gutachter: Ob es noch weitere Ausnahmen gegeben habe?

„Nein."

Prima!

28) Gutachter: Wie lange sie abstinent leben möchte?

„Ich möchte ganz abstinent leben."

Sehr gut!

29) Gutachter: Was sie mit abstinent meine?

„Ja, natürlich alkoholfrei. Schon allein deshalb, weil ich morgens, ich weiß aus Erfahrung, dann hatte ich dann Kopfschmerzen – schon bei kleinen Mengen Alkohol. Meine Augen waren dann gerötet, meine Haut schaute nicht gut aus. Es gibt eine Menge positiver Gründe, den Alkohol nachzulassen."

Hat Frage nicht ganz richtig verstanden. Gutachter fragt deshalb mit Frage Nr. 30 nach.

30) Gutachter: Ob denn etwas gegen eine kleine Menge Alkohol – zum Beispiel anlässlich einer Feier beim Zuprosten – in Zukunft für sie einzuwenden wäre?

Jetzt wird es gefährlich!
Prüft wieder ihre Motivation zur Abstinenz.

„Also, wenn es eine kleine Menge Alkohol – zum Beispiel anlässlich einer Feier, ein kleiner Likör zum Beispiel, dann denke ich nicht, dass ich dabei ein Problem bekommen würde. Aber ich will mir sagen: Ich trinke keinen Alkohol. Ich halte das durch. Das macht mir Mut. Das ist wie beim Rauchen, das ich vor zehn Wochen aufgegeben habe, das ist eine Frage der Willensstärke."

Letzte Chance vertan. Ihre Motivation ist nicht stark genug, hat ihre Alkoholproblematik auch nicht genügend erkannt. Jetzt ist dem Gutachter klar, dass er ein negatives Gutachten schreiben muss, wenn nicht noch was entscheidendes passiert.

31) Gutachter: Ob sie schon früher versucht habe, das Rauchen aufzugeben?

Will ihre oben angegebene Willensstärke prüfen.

„Ja, dass hat aber nie lange geklappt."

Ein schlechtes Beispiel von ihr: Es sei eine „Frage der Willensstärke" mit dem Alkohol aufzuhören, wie beim Rauchen.
Aber – mit dem Rauchen hat es ja auch nie geklappt!!!

32) Gutachter: Im Fragebogen habe sie auf die Frage: Falls Sie völlig auf den Genuss von Alkohol verzichten, schreiben Sie bitte die Gründe und Erlebnisse auf, die Sie zu diesem Schritt veranlasst haben, geschrieben: „Da ich weiß, dass bei mir schon eine geringe Menge Alkohol ausreicht, die bei mir zu Kontrollproblemen führen, lasse ich den Alkohol weg." Diese Antwort stehe im Widerspruch zu ihrer eben gemachten Aussage, dass sie mit einer kleinen Menge kein Problem bekommen würde. Ob sie dazu noch irgendetwas sagen könne?

„Nein, ich würde das dann nicht annehmen. Ob ich damit ein Problem hätte, betrunken – von nippen oder beim Anprosten bei einem Geburtstag, um freundlich zu sein – nein, das wäre schon zu viel, nein, das würde ich nicht machen. Man kann auch mit Sprudel zuprosten."

Widersprüche
Gutachter hat mehr als ausreichend Gründe für ein negatives Gutachten.

Frau Mustermann wurde noch das voraussichtliche Untersuchungsergebnis mitgeteilt und erläutert.

33) Gutachter: Ob sie noch etwas ergänzen wolle?

Allerletzte Chance?

„Also mit dem Likör: Ich meinte damit einfach, dass ich auch auf einer Feier keinen Alkohol nehmen würde, auch nicht zum Anstoßen. Aber wenn Sie mich fragen, wenn ich jetzt ein Gläschen mittrinken würde zum Anstoßen, was ich nicht tun würde, aber ich glaube nicht, dass mich das dann umhauen würde, wenn ich das trinken müsste. So habe ich die Frage verstanden. Ich habe die Frage so verstanden, ob ich denke, dass mich ein Glas umhauen würde. Aber ich würde es nicht annehmen. Bei einem Alkoholiker – die würden bei einem Glas wieder rückfällig werden und auch bei Leuten, die nicht viel trinken. Ich bezeichne mich als Nicht-Alkoholiker. Ich denke nicht, dass ich schlechter bin als alle anderen. Ich brauche meinen Führerschein für meinen Beruf. Sie würden mir einen schweren Schaden zufügen mit einem negativen Gutachten. Ich weiß nicht, ob das im Sinne eines Psychologen ist."

Zu durcheinander um noch klare Gedanken fassen zu können und das Blatt noch mal zu wenden. Die Vorbereitung war unzureichend. Sie hat ihre Alkoholproblematik und ihre Vergangenheit nicht ausreichend aufgearbeitet. Vgl. auch die Begründung des Gutachters für sein negatives Gutachten (weiter unten).

Explorationszeit: 10.15 bis 11.01 Uhr

Aus der schriftlichen Befragung:

Die Frage nach dem laufenden Verfahren, welche im Untersuchungszusammenhang von Bedeutung sein könnten, wurde von Frau Mustermann verneint.

Feier mit Freunden. (Wie haben Sie sich danach gefühlt?) Fast besinnungslos, als ich dann in ……… angehalten wurde, bedudelt, gleichgültig".

Wie viele Kilometer fuhren Sie, bevor Sie aufgefallen sind? „ca. 60 km."

Zusammenfassende Befundwürdigung

Im Rahmen der verkehrsmedizinischen Untersuchung wurden keine im Sinne der Fragestellung relevanten Befunde festgestellt. Die hier ermittelten Leberparameter lagen im Normbereich. Dieser Befund schließt Alkoholkonsum jedoch nicht aus, da alkoholbedingte Körperschäden vielfach auch nach jahrzehntelangem Alkoholmissbrauch nicht nachzuweisen sind. Das gilt auch für Leberschäden.

Das experimentell ermittelte Leistungsvermögen reicht zum sicheren Führen eines Kraftfahrzeugs der beantragten Klasse aus.

Das Schwergewicht der Beurteilung lag allerdings im Persönlichkeitsbereich. Das Untersuchungsgespräch ergab mehrere ungünstige Aspekte, so dass eine positive Verkehrsprognose derzeit nicht gestellt werden kann.
Zunächst ist festzuhalten, dass die Angaben, die Frau Mustermann zu ihrem Trinkverhalten in der Vergangenheit machte, nicht die Alkoholtoleranz erklären, die bei ihr angesichts ihre BAK von 1,6 Promille und einer langen unfallfrei zurückgelegten Strecke am Tage ihrer Trunkenheitsfahrt vorgelegen haben muss.

So schrieb sie auf die Frage, wie viele Kilometer fuhren Sie, bevor Sie aufgefallen sind: „ca. 60 km."

Erfahrungsgemäß kann eine Person, die nicht alkoholgewöhnt ist, mit einer BAK von 1,6 Promille eine solche Strecke nicht ohne massive Ausfallerscheinungen zurücklegen.

Frau Mustermann schildert ihren Alkoholkonsum allerdings als eher mäßig

Zu ihrem Trinkverhalten im Zeitraum vor ihrer Trunkenheitsfahrt gab sie an, nur über einen kurzen Zeitraum im Zusammenhang mit ihrer Trennung getrunken zu haben: „Das waren nur Wochen, im Ganzen sechs Wochen vor der Trunkenheitsfahrt. Vorher trank ich gemäßigt Alkohol und nur am Wochenende und auch nicht jedes Wochenende und die größeren Mengen. Das kam alle paar Jahre mal vor, dass man zu viel getrunken hatte.“ Sie meinte zwar, dass sie in diesen Wochen „fast jeden Tag“ getrunken habe, nannte aber Trinkmengen, die an die bei ihr festgestellte BAK von 1,6 Promille nicht herankommen. Danach befragt, wie ihr Alkoholkonsum in diesen sechs Wochen ausgesehen habe, meinte sie: „Das ist schwierig, das war Wein oder Sekt. Ich kann das aber schon beschreiben. (…) Ca. sechs bis sieben Gläser, nein ist das zu viel, das waren vier Gläser Sekt (0,1 l) und Grappa (so 2 Grappa, die einfachen) dazu. Ich war aber in der Lage, den nächsten Tag zur Arbeit zu gehen. Es waren nie so große Mengen, dass ich nicht zur Arbeit hätte gehen können.“
Nach Höchstmengen in diesem Zeitraum vor ihrer Trunkenheitsfahrt befragt, gab Frau Mustermann an: „Das kann ich auch nicht sagen. Es können auch sieben bis acht Gläser Sekt gewesen sein, Sekt oder verteilt mit Grappa.“ Nachgefragt, ob sie meine, dass es damals bei einzelnen Anlässen höchstens acht Gläser – Sekt und Grappa zusammengerechnet – gewesen seinen, sagte sie: „Ja“.

Diese Angaben zeigen, dass Frau Mustermann entweder keinen realistischen Überblick über ihren Alkoholkonsum in der Vergangenheit besitzt oder dazu neigt, ihren Alkoholkonsum vor sich oder Anderen zu bagatellisieren. Beide Haltungen sind mit einer positiven Verkehrsprognose nicht zu vereinbaren.

Erschwerend kommt hinzu, dass Frau Mustermann wenig realistische Angaben machen konnte, obwohl sie ausweislich einer Bescheinigung vom Institut in Hamburg zehn verkehrspsychologische Beratungsgespräche absolviert hat. Sie meinte selbst, man habe ihr das auch bereits beim Institut gesagt, dass die von ihr angegebenen Trinkmengen nicht realistisch erscheinen („Die vom Institut haben mir das auch gesagt. Die haben gesagt: Sie müssen mehr getrunken haben, weil die Statistik besagt, bei 1,6 Promille müsse das mehr sein.
Das beweise, das haben die mir beim Institut auch gesagt, dass es nicht wahr sein könne, dass ich nie mehr getrunken habe. Und ich soll mehr

sagen, aber das kann ich nicht, weil es nicht wahr ist, dass ich mehr getrunken habe.“).
Dass sie von den Beratungsgesprächen offenbar nicht profitieren konnte, deutet darauf hin, dass es Frau Mustermann offenbar sehr schwer fällt, einen realistischen Blick auf ihren Alkoholkonsum in der Vergangenheit zu richten. Dieses ist ungewöhnlich und kann ein Hinweis sein, dass bei Frau Mustermann ein Alkoholproblem vorliegt.

Mehrere Aussagen von ihr selbst sprechen weiter dafür, dass sie in der Vergangenheit durchaus häufiger die Erfahrung von Alkoholüberkonsum gemacht hat. So begründete sie ihre Entscheidung, alkoholfrei leben zu wollen, mit entsprechenden Erfahrungen: „Schon allein deshalb, weil ich morgens, ich weiß aus Erfahrung, da hatte ich dann Kopfschmerzen – schon bei einer kleinen Menge Alkohol. Meine Augen waren dann gerötet, meine Haut schaute nicht gut aus.“ Auf die Frage, wie die Höchstmengen damals gewesen seien, meinte sie: „(…) Da kam es dann auch manchmal vor, dass ich hinterher gespuckt habe.“

Prognostisch ungünstig ist weiter, dass deutlich wurde, dass Frau Mustermann offenbar Alkohol dazu eingesetzt hat, emotionale Probleme und belastende Gefühle zu dämpfen und sich zu beruhigen. So berichtete sie, dass sie aufgrund von Problemen Alkohol getrunken habe: „Trennungsprobleme, wir hatten heftige Streitereien. Es kam dann auch zu Handgreiflichkeiten von Seiten meines Mannes damals. Ich hatte Schlafprobleme. Der Alkohol hat mich in den Schlaf begleitet eine Zeitlang.“

Nun macht Frau Mustermann geltend, alkoholabstinent zu leben und äußert auch, dieses beibehalten zu wollen. Diese Angabe ist vor dem Hintergrund unauffälliger Leberwerte nicht zu widerlegen. Damit wäre eine wesentliche Voraussetzung für eine positive Verkehrsprognose gegeben. Allerdings ergaben sich im Untersuchungsgespräch Zweifel darüber, ob diese Abstinenz bei Frau Mustermann, sofern sie stattfand, auf eine angemessene Problemeinsicht und auf eine ausreichende Motivation gegründet ist. Einerseits begründet Frau Mustermann ihre Abstinenzentscheidung mit Kontrollproblemen, andererseits wird aber auch deutlich, dass sie es durchaus für möglich hält, mal wieder anlässlich einer Feier Alkohol zu trinken, dass sie also offenbar nicht wirklich klar entschieden ist, eine

strikte Abstinenz einzuhalten.
So schrieb sie in der schriftlichen Befragung auf die Frage: Falls Sie völlig auf den Genuss von Alkohol verzichten, schreiben Sie bitte die Gründe und die Erlebnisse auf, die Sie zu diesem Schritt veranlasst haben: „Da ich weiß, dass bei mir schon eine geringe Menge Alkohol ausreicht, die bei mir zu Kontrollproblemen führt, lasse ich den Alkohol weg."
Andererseits antwortete sie auf die Frage, ob denn etwas gegen eine kleine Menge Alkohol – zum Beispiel anlässlich einer Feier beim Zuprosten – in der Zukunft für sie einzuwenden sei: „Also, wenn es eine ganz kleine Menge ist, ein kleiner Likör zum Beispiel, dann denke ich nicht, dass ich damit ein Problem bekommen würde."
Zwar meinte sie, dass sie dennoch dabei bleiben wolle, zu sagen: „ich trinke keinen Alkohol. Ich halte das durch." Dennoch bleibt, dass Frau Mustermann ausdrücklich sagte, dass sie das „nicht umhauen" würde, wenn sie auf einer Feier mal zum Zuprosten ein Glas Alkohol mittrinken würde: „Also mit dem Likör: Ich meine damit einfach, dass ich auch auf einer Feier keinen Alkohol annehmen würde, auch nicht zum Anstoßen. Aber wenn sie mich fragen, wenn ich jetzt ein Gläschen Alkohol mittrinken würde zum Anstoßen, was ich nicht tun würde, aber ich glaube nicht, dass mich das umhauen würde, wenn ich das trinken müsste."
Vor diesem Hintergrund entstand der Eindruck, dass die Abstinenzentscheidung von Frau Mustermann bislang nicht auf eine klare Motivation gegründet ist. Insofern muss – insbesondere auch vor dem Hintergrund unzureichender Angaben zum eigenen Trinkverhalten – festgestellt werden, dass sich eine Verkehrsprognose für Frau Mustermann bislang nicht auf eine klare Strategie im Umgang mit Alkohol stützen kann.

Inwieweit Abstinenz für Frau Mustermann der richtige Weg ist, muss offen bleiben. Um hier zu einer Einschätzung zu kommen, müsste sie die Vorgeschichte ihrer Trunkenheitsfahrt klären – auch hinsichtlich ihres Trinkverhaltens. Es ist Frau Mustermann zu raten, zur Klärung dieser Fragen professionelle Hilfe (Verkehrstherapie) in Anspruch zu nehmen, auch um ggf. bei einer neuen Begutachtung bessere Chancen zu haben. Gutachterlicherseits kann – alle Aspekte zusammen genommen – nicht gesagt werden, woraus Argumente für die Prognose zu gewinnen wären, dass es bei Frau Mustermann nicht wieder zu Alkoholmissbrauch und in diesem Zusammenhang nicht wieder zu erneuten Trunkenheitsfahrten kommen wird.

Gutachterergebnis

Zwar liegen als Folge eines unkontrollierten Alkoholkonsums keine Beeinträchtigungen vor, die das sichere Führen eines Kraftfahrzeuges der Klasse B in Frage stellen.

Es ist allerdings zu erwarten, dass Frau Mustermann auch zukünftig ein Kraftfahrzeug unter Alkoholeinfluss führen wird.

Diplom Psychologin   Dr. med. Ärztin

Nach einer guten Vorbereitung hat Frau Susanne Mustermann im zweiten Anlauf die MPU bestanden und ihren Führerschein zurück bekommen!

Abschrift

Avus

Gesellschaft für Arbeits-, Verkehrs-
und Umweltsicherheit MBH

Medizinisch-Psychologisches Gutachten
für
Herrn Richard Mustermann

Geboren:	xxxx (42 Jahre)
Straße:	Musterstr. 1
Ort:	12345 Musterhausen
Aktenführende Stelle:	Stadt Musterhausen
Kundennummer:	12 / 345 / 678 / xy

Akteneingang:	Untersuchung am:	Gutachtenversand:
17.12.2002	10.01.2003	20.01.2003

Gutachterliche Fragestellung

Ist zu erwarten, dass Herr Mustermann auch zukünftig ein Kraftfahrzeug unter Alkoholeinfluss führen wird und/oder liegen als Folge eines

AVUS . Adresse ..... Tel. ..... Fax.......
e-mail:info@avus-mpu.de, Internet: www.avus-mpu.de
Geschäftsführer Dipl. .... Handelsregister ....
Steuernummer .....
Bankverbindung ....

unkontrollierten Alkoholkonsums Beeinträchtigungen vor, die das sichere Führen eines Kraftfahrzeuges in Frage stellen?
Herr Mustermann beantragt eine Fahrerlaubnis der Klasse C1E.
Das vorliegende Gutachten soll der Verwaltungsbehörde als Entscheidungshilfe für die eigene Urteilsbildung dienen. Anforderungen, die sich aus der Verordnung über die Zulassung von Personen zum Straßenverkehr (Fahrerlaubnis-Verordnung) und den Begutachtungs-Leitlinien zur Kraftfahrereignung des Gemeinsamen Beirats für Verkehrsmedizin ergeben, wurden bei der Begutachtung berücksichtigt.

„Da alle aufgeführten Beurteilungsleitsätze und –begründungen sehr eingehende Beratungen unter Einbeziehung aktueller Stellungnahmen aller relevanten medizinischen und psychologischen Fachgesellschaften und gutachterlichen Erfahrungen zur Grundlage haben, kann sich der Gutachter im Einzelfall auf diese Begutachtungs- Leitlinien beziehen und muss nicht jede gutachtliche Schlussfolgerung eingehend erläutern.“ (Begutachtungs-Leitlinien zur Kraftfahreignung Seite 16, Berichte der Bundesanstalt für Straßenwesen Heft M 115,2000)

Aktenanalyse

Als Grundlage der Untersuchung wurde uns die Führerscheinakte zur Vergütung gestellt. Diese haben wir eingesehen. Folgende Daten sind für den Untersuchungszusammenhang bedeutsam:

- 07.02.2004 Fahrlässige Trunkenheit im Verkehr mit einer Blutalkoholkonzentration (BAK) von 1,77 Promille zur Tatzeit um 18:26 Uhr.

Bedeutung der Vorgeschichtsdaten

„Missbrauch liegt vor, wenn ein Bewerber oder Inhaber einer Fahrerlaubnis das Führen eines Kraftfahrzeuges und einen die Fahrsicherheit beeinträchtigenden Alkoholkonsum nicht hinreichend sicher trennen kann, ohne bereits alkoholabhängig zu sein. In einem solchen Falle ist der Betroffene nicht in der Lage, den gestellten Anforderungen zum Führen von Kraftfahrzeugen zu entsprechen.“ (BLzK S. 40)

Ein Schwerpunkt der verkehrspsychologischen Forschung der vergangenen Jahre lag auf der Überprüfung der Aussagekraft von Blutalkoholkonzentration für das Trinkverhalten von Trunkenheitstätern. Über den Zusammenhang von Trinkverhalten und Höhe der Blutalkoholkonzentration liegen inzwischen folgende gesicherte Erkenntnisse vor:

- Rund 25 bis 30 Prozent der Bevölkerung sind Nicht- oder Selten-Trinker, etwa 60 bis 95 Prozent der Bevölkerung erreichen beim Trinken im gesellschaftlich üblichen Rahmen Werte bis zu 0,6/0,7 Promille mit einer deutlichen Häufung um 0,3/0,4 Promille.
- Bei Werten über 1,0 Promille, die nur von ca. 10 Prozent der Bevölkerung erreicht werden, liegt der Verdacht nahe, dass das Trinkverhalten außerhalb des gesellschaftlich Üblichen liegt (Krüger, 1992)
- Blutalkoholkonzentrationen über 1,3 Promille sind mit Angaben, die einen Alkoholkonsum in normalen Rahmen beschreiben, nicht zu vereinbaren.
- Blutalkoholkonzentrationen von mehr als 1,3 Promille, mit Sicherheit aber ab 1,6 Promille, setzen eine durch den regelmäßigen Genuss großer Mengen Alkohols erworbene hohe Alkoholtoleranz voraus.
- Blutalkoholkonzentrationen von 2,5 Promille und darüber werden in aller Regel nur bei Personen festgestellt, deren Trinkverhalten sich zumindest im Vorfeld des Alkoholismus bewegt.

Die Blutalkoholkonzentration von 1,77 Promille von Herrn Mustermann kann somit als Anzeichen für eine – zumindest für den Zeitraum der Trunkenheitsfahrt bestehende – überdurchschnittliche Alkoholgewöhnung und damit auch als ein Hinweis auf normabweichend überhöhte Trinkgewohnheiten gewertet werden. Zudem ist von einer gewohnheitsmäßigen Koppelung von Trinken und Fahren auszugehen, da Trunkenheitsfahrten in der Regel keine Ausnahme ist, das alkoholisierte Führen eines Kraftfahrzeuges vielmehr als erprobtes und verfestigtes Verhaltensmuster betrachtet werden kann. Dies erklärt auch die hohe Rückfallquote erstmals alkoholauffälliger Kraftfahrer in ein erneutes Trunkenheitsdelikt.

Voraussetzungen für eine positive Prognose

Eine stabile und tragfähig begründete Änderung des Alkoholtrinkverhaltens ist anzunehmen, wenn

- die Änderung aus einem angemessenen Problembewusstsein heraus folgte
- der Änderungsprozess nachvollziehbar aufgezeigt werden kann
- die Änderung ausreichend (in der Regel 12, mindestens jedoch 6 Monate) erprobt und in das Gesamtverhalten integriert ist
- die mit der Verhaltensänderung erreichten Wirkungen positiv erlebt werden
- eine Persönlichkeitsproblematik, die den Alkoholmissbrauch eventuell bedingt hat, erkannt und entscheidend korrigiert wurde
- auch die äußeren Bedingungen (Lebensverhältnisse, berufliche Situation, soziales Umfeld) einer Stabilisierung des geänderten Verhaltens nicht entgegen stehen. (vgl. BLzK S. 41)

Außerdem dürfen sich keine medizinischen Hinweise auf aktuell betriebenen Alkoholmissbrauch ergeben und keine alkoholbedingten Folgeschäden nachweisbar sein.

Untersuchungsbefunde

Die im folgenden dargelegten Befunde stützen sich auf die in der Führerscheinakte enthaltenen Angaben, schriftlich erhobene Fragebogedaten, handschriftlich festgehaltene Aufzeichnungen, während des psychologischen Untersuchungsgepräches sowie auf die medizinische Untersuchung in unserer Begutachtungsstelle für Fahreignung.

Medizinische Untersuchung

Die ärztliche Untersuchung erfolgte anlassspezifisch und unter spezieller Berücksichtigung der von der Verwaltungsbehörde mitgeteilten Zweifel an der Eignung. Die Vorgeschichte wurde aufgenommen, und es wurden gezielte anamnestische Erhebungen zur Ermittlung von Krankheiten und

Symptomen durchgeführt, die mit den anlassgegebenden Tatsachen in Zusammenhang stehen könnten. Die körperliche Untersuchung hat die anamnestische Erhebung abgesichert. Sie diente ferner zur Feststellung eventuell vorhandener alkoholbedingter Symptome und Syndrome. Insbesondere wurde nach Störung der Leberfunktion, nach Schädigungen weiterer alkoholempfindlicher innerer Organe, des Vegetativums, des zentralen und des peripheren Nervensystems und nach Veränderungen der Haut gesucht. Anhand von laborchemischen Blutuntersuchungen wurde abgeklärt, ob eine alkoholtoxische Leberschädigung vorliegt. Nachfolgend werden auch solche Befunde dargestellt, die der Anlage 4 FeV Rechnung tragen, im Sinne der Fragestellung für die Beurteilung der Fahreignung aus medizinischer Sicht jedoch nicht von Bedeutung sind.

Bei Herrn Mustermann (42 Jahre), 178 cm groß, bei 72 kg) maßen wir einen Blutdruck von 140/ 80mmHg und eine Pulsfrequenz von 78 Schlägen/ Minute.

Kein Anhalt für das Vorliegen einer Farbsinnstörung.

Laboruntersuchung:	Gamma-GT	39	U/I (Norm bis 66 U/I)
	GOT	32	U/I (Norm 10 bis 50 U/I)
	GPT	18	U/I (Norm 10 bis 50 U/I)

Herr Mustermann gab an, circa viermal pro Woche ein bis drei Biere á 0,3 l zu trinken. In den Monaten vor der Trunkenheitsfahrt sei dass ein ähnlicher Konsum gewesen, keine größere Mengen und auch nur Bier.

Untersuchungszeit: 09:15 Uhr bis 09:30 Uhr.

Psychologische Exploration

Das verkehrspsychologische Untersuchungsgespräch orientiert sich nach Inhalt, Ablauf und Zielsetzung an dem vorgegebenen Untersuchungsanlass. Herrn Mustermann wurde zu Beginn das Vorgehen erklärt sowie das Ziel erläutert, Anhaltspunkte und Befunde zu erheben, welche eine positive Prognose zukünftigen Verhaltens gestatten.

Herr Mustermann berichtete über sich, eine Lehre als Mechaniker für Motorräder mit Abschluss gemacht zu haben.

Er habe auch den Meister gemacht. Jetzt sei er Geschäftsführer in einem großen Motorradgeschäft im Ruhrgebiet in der Stadt xy.
Er sei ledig und lebe in Partnerschaft.

Welches der Trinkanlass am Tag der Trunkenheitsfahrt gewesen sei?
Er habe an einen sehr guten Kunden ein schweres Motorrad mit vielen Extras verkauft. Der Kunde hätte bei der Übergabe des Motorrads aus lauter Freude einen ausgegeben.

Wann Trinkbeginn gewesen sei?
Das sei gegen 15:30 Uhr an einem Samstag nach Ladenschluss gewesen.

Ob er vorgehabt habe, in großen Mengen Alkohol zu trinken?
„Nein, eigentlich wollte ich nur ein bis zwei Bier trinken und dann nach Hause fahren."
Er habe Warsteiner Bier getrunken á 0,3 l aus dem Automaten.

Wieviel Bier er getrunken gehabt habe?
„Sechs bis sieben, wenn es viel ist, acht." 35 Flaschen würden in den Automaten passen und sie seien fünf Männer gewesen, er würde das jetzt so schätzen. Die Männer hätten Bier getrunken, die Frauen Sekt.

Ob es möglich sei, dass er noch Restalkohol im Blut gehabt habe?
Es sei ein Samstag gewesen. Am Freitagabend habe er Alkohol getrunken, die Gutachterin solle ihn nicht nach der Menge fragen, es sei schwer zu schätzen.

Wie er sich bei Trinkende gefühlt habe?
Dass man ein bisschen betrunken gewesen sei, sei ganz normal gewesen. Er sei nicht getorkelt. Das Fahren sei kein Problem gewesen, er sei ohne Unfall gefahren, er sei übervorsichtig gefahren.

Ob er gewusst habe, dass er zu viel getrunken habe, um noch fahren zu dürfen?
„Ja, man sagt, bei drei Bier ist die Höchstgrenze."

Wie er der Polizei aufgefallen sei?
Er sei einen Kilometer gefahren bis zur Autobahnauffahrt, in einer S-Kurve sei die Polizei gestanden, ohne Beleuchtung. Er sei auf die Autobahn gefahren und die Polizei sei hinter ihm hergefahren. Die hätten ihn angehalten. Er sei circa sieben Kilometer weit gefahren.

Wie er die Fahrt erlebt habe?
Er sei ein bisschen unsicher gefahren.

In welcher Häufigkeit und in welcher Menge er in den Jahren vor der Trunkenheitsfahrt Alkohol konsumiert habe?
Er habe täglich zwei bis drei Biere á 0,3 l getrunken. Wenn er abends essen gegangen sei, habe es ein bisschen mehr werden können, noch zwei bis drei Biere á 0,3 l mehr.

Welche Höchstmengen es bei besonderen Anlässen gewesen seien?
Beim Grünkohlessen vor einem Jahr seien es 15 bis 20 Biere á 0,3 l gewesen, von 19:00 Uhr bis 04:00 Uhr.

Wie oft es vorgekommen sei, dass er in ähnlicher Größenordnung wie am Tag der Auffälligkeit Alkohol zu sich genommen habe?
Das sei ein- bis zweimal im Jahr so gewesen.

Wie er sich danach gefühlt habe?
Nach dem Grünkohlessen sei er sturzbetrunken gewesen.

Was für ihn das Positive an der Wirkung des Alkohols gewesen sei?
Wenn man so viel unterwegs sei – das sei die gemütliche Atmosphäre mit dem Kunden.

Was er geschätzt habe an der Wirkung des Alkohols?
Im Volksmund sei es so, dass Bier durstlöschend sei. Nach einer langen Fahrt schmecke ein Bier gut.

Ob er phasenweise den Eindruck gehabt habe, zu viel zu trinken?
„Nein."

Wie er selbst seinen damaligen Umgang mit Alkohol beschreiben würde?
Manchmal sei es ein bisschen mehr gewesen. Es sei unmöglich gewesen, morgens beim Kunden eine Fahne zu haben.

Ob er der Auffassung sei, dass sein Alkoholkonsum vor der Trunkenheitsfahrt in Ordnung oder nicht in Ordnung gewesen sei?
Wenn man mal eine Feier habe, bei der man sturzbetrunken sei – so was könne man sich zweimal erlauben.

Ob es Hinweise bezüglich seines Alkoholkonsums gegeben habe?
„Nein."

Ob es Filmrisserlebnisse gegeben habe?
„Nein."

Was seine Freundin zu seinem Alkoholkonsum gesagt habe?
Die sei natürlich nicht so ganz begeistert gewesen, die sei an dem besagten Tag nicht da gewesen.

Wie sie mit Alkohol umgehe?
Die trinke schon weniger.

Ob es Veränderungen seit der Trunkenheitsfahrt gäbe?
Es sei nicht mehr und auch nicht weniger geworden. Die Trunkenheitsfahrt sei natürlich überflüssig gewesen.

Welches seit der Trunkenheitsfahrt maximale Trinkmengen bei besonderen Anlässen gewesen seien?
„Bis auf eine Geburtstagsparty, wo es deutlich mehr war, Anfang Oktober, identisch."

Was er unter „deutlich mehr“ verstehe?
„Es gab Fassbier, was schwer zu schätzen ist. Den ganzen Abend bis morgens über zehn Bierchen.“

Ob das Biere à 0,3 l gewesen seien?
„Ja.“

In welchem Zeitraum er circa zehn Biere getrunken habe?
Das sei von 19:00 Uhr oder 19:30 bis 02:00 Uhr oder 03:00 Uhr gewesen.

Wie hoch dann seine Blutalkoholkonzentration um 03:00 Uhr gewesen sei?
Das könne er nicht sagen.

Wie er sich gefühlt habe?
Er habe gut einen sitzen gehabt, er sei mit dem Taxi nach Hause gefahren.

Ob er an dem Abend vorgehabt habe, in der Größenordnung zu trinken?
„Das war eine gemütliche Geburtstagsparty – ja – mit 25 bis 30 Leuten.

Ob das für ihn so in Ordnung gewesen sei?
„Ja, die Stimmung war gut, lustig, ich war gut drauf.“

Wo für ihn in Zukunft die obere Trinkgrenze liegen werde?
„Das ist, glaube ich, eine gute Frage.“ Er habe nur die eine Chance, er sei selbständig, er würde zum Sozialfall werden.

Auf Wiederholung der Frage:
„Maximal ein Bier am Tag.“

Wo für ihn bei besonderen Anlässen die obere Trinkgrenze liegen werde?
„Das muss ich mir verkneifen.“.

Auf Wiederholung der Frage:
„Maximal ein Bier – das würde ich auch noch fast verneinen.“

Wieso für ihn die obere Grenze bei einem Bier liegen werde?
Bei zwei Bier würde er das Risiko eingehen, seinen Führerschein zu verlieren.

Wie er die Wahrscheinlichkeit einschätze, beim Trinken erneut in hohe Promillebereiche zu gelangen?
„Gar nicht aufgrund der beruflichen Situation.“

Ob er dem Gespräch noch etwas hinzufügen wolle?
„Nein.“

Herr Mustermann wurde das voraussichtliche negative Gutachtenvotum mitgeteilt und begründet. Er wurde hinsichtlich der Verbesserung seiner Eignungsvoraussetzungen beraten.

Dauer der Exploration: 10:42 Uhr bis 11:20 Uhr.

Aus der schriftlichen Befragung:
Die Frage nach laufenden Verfahren, welche im Untersuchungszusammenhang von Bedeutung sein könnten, wurde von Herrn Mustermann verneint.

Psychophysische Leistungstests:

Um abschätzen zu können, inwieweit die für das Führen von Kraftfahrzeugen erforderlichen Leistungsvoraussetzungen vorliegen, wurde im Rahmen der verkehrspsychologischen Eignungsuntersuchung das nachstehend aufgeführte Testverfahren durchgeführt, dessen Ergebnisse in Prozentrangwerten (PR) einer altersunabhängigen Normstichprobe angegeben werden.
Ein Prozentrang sagt aus, wie viel Prozent der in der Gesamtnorm erfassten Personen schlechtere Leistungen erzielen als Herr M. Der PR für die bestmögliche Leistung ist 100, für die geringste Leistung 0. Bei einer Fahrerlaubnis für Kraftfahrzeuge der Gruppe 1 ist in der Regel ein Prozentrang von 16 zu erreichen. Wenn es dagegen um Kraftfahrzeuge der Gruppe 2 geht, dann sollte kein Wert unter 16 sein und 50% aller Testwerte müssen mindestens den Prozentrang 33 haben. Bei Normwertunterschreitungen ist dann von einem ausreichenden Leistungsvermögen auszugehen, wenn diese Grenzwertunterschreitungen situationsbedingt und damit als nicht aussagekräftig anzusehen sind oder

wenn durch Ergänzungsverfahren bzw. eine Wiederholungsuntersuchung eine ausreichende Leistungsfähigkeit nachgewiesen werden kann. Die Kompensierbarkeit fortbestehender Leistungsdefizite kann, bei sonst positiven Befunden, durch eine Fahrverhaltensbeobachtung nachgewiesen werden.

Wiener Determinationstest (DT/S4)

Es handelt sich um einen komplexen Mehrfach-Wahl-Reaktionstest am Wiener Testsystem. Als zentrale Messgegenstände gelten die „reaktive Belastbarkeit“ sowie die damit verbundene Reaktionsgeschwindigkeit.
Der Test besteht aus zwei Teilen, wobei im ersten Subtest (Modus Aktion) innerhalb von 300 Sekunden auf möglichst viele optische und ein akustisches Signal (5 Farbsignale, 2 weiße Lichtsignale für die Fußtasten, 1 Ton) durch möglichst schnelle Betätigung der jeweils zugehörigen Taste reagiert werden muss. Im zweiten Subtest (Modus Reaktion) werden 360 Reize in maximal 308 Sekunden zeitgesteuert in verschiedenen Tempos vorgegeben. Als zusätzliche Anforderung darf auf die Signale Grün und Rot nicht mehr reagiert werden.

Testergebnis	Prozentrang
Modus Aktion:	
Median Reaktionszeit	39
Richtige	41
Modus Reaktion:	
Median Reaktionszeit	48
Zeitgerechte	34
Verspätete	11
Falsche	79
Ausgelassene	57

Wiener Determinationstest (DT/S5)

Es handelt sich um einen komplexen Mehrfach-Wahl-Reaktionstest am Wiener Testsystem. Als zentraler Messgegenstand gelten die „reaktive Belastbarkeit“ sowie die damit verbundene Reaktionsgeschwindigkeit.
Der Test besteht aus drei Teilen, wobei in jedem Abschnitt die gleiche Sequenz von optischen und akustischen Signalen (5 Farbsignale, 2 weiße Lichtsignale für die Fußtasten, 2 Töne) mit vorgegebener Frequenz bzw. zeitgesteuert dargeboten wird. Auf alle Signale ist durch möglichst schnelle Betätigung der jeweils zugehörigen Taste zu reagieren. Die Signalabfolge der drei Testteile ist unterschiedlich, wodurch der langsame 1. Teil als „Einübungsphase“, der schnelle 2. Teil als „Belastungsphase“ und der wiederum etwas leichtere 3. Teil als „Erholungsphase“ gekennzeichnet ist.

Testergebnis	Prozentrang
Median Reaktionszeit	44
Zeitgerechte	42
Verspätete	29
Falsche	95
Ausgelassene	63
Richtige	69

Dauer der psychophysischen Leistungstests: 09:51 Uhr bis 10:09 Uhr und 12:53 Uhr bis 13:07 Uhr.

Zusammenfassende Befundwürdigung

Herr Mustermann beantragt die Erteilung einer Fahrerlaubnis der Klasse C1E. Aufgrund einer Trunkenheitsfahrt bestehen jedoch Zweifel, ob er die Eignung zum Führen eines Kraftfahrzeuges besitzt.

In der medizinischen Untersuchung ergaben sich keine eignungsausschließenden Befunde. Die hier erstellten Laborwerte befanden sich im Normbereich.

Bei der Besprechung der Trunkenheitsfahrt wird erkennbar, dass die von

Herrn M. geltend gemachte Trinkmenge nicht ausreichend den festgestellten hohen Promillewert von 1,77 zu erklären vermag (sechs bis sieben Flaschen Bier à 0,3 l). Selbst wenn Herr M. größere Trinkmengen in der Zeit vor der Auffälligkeit erwähnt und er angibt, ein- bis zweimal im Jahr in ähnlicher Menge wie am Tag der Trunkenheitsfahrt Alkohol zu sich genommen zu haben, so sind diese Mengenangaben nicht hinreichend geeignet, die hohe Trinkfestigkeit, die in dem erreichten Promillewert von 1,77 am Tag des Deliktes zum Ausdruck kommt, zu begründen.

Auch wenn Herr Mustermann auf Nachfrage angibt, einmal beim Grünkohlessen „sturzbetrunken" gewesen zu sein, so entsteht nicht der Eindruck, dass er ein angemessenes Problembewusstsein entwickelt hat (Wenn man mal eine Feier habe, bei der man sturzbetrunken sei – so was könne man sich zweimal erlauben.).
Als problematisch ist die Tatsache zu bewerten, dass Herr M. angibt, den Alkoholkonsum auch nach der Trunkenheitsfahrt nicht verändert gehabt zu haben (Ob es Veränderungen seit der Trunkenheitsfahrt gäbe? Es sei nicht mehr und auch nicht weniger geworden.) und er davon berichtet, zuletzt im Oktober 2004 circa 10 Biere à 0,3 l getrunken zu haben. Dies ist ein Hinweis auf einen fortgesetzten Alkoholüberkonsum bis in die jüngste Vergangenheit.

Eine Auseinandersetzung mit den früheren Trinkmotiven hat derzeit nicht stattgefunden, wenn Herr Mustermann angibt, wegen des Geschmacks getrunken zu haben und davon berichtet, dass man sage, Bier sei ein Durstlöscher. Selbst wenn Herr Mustermann seine Absicht kundtut, in Zukunft maximal ein Bier am Tag und auch bei Anlässen nur ein Bier zu trinken, so ist aufgrund des fortgesetzten Alkoholüberkonsums bis in die jüngste Vergangenheit die Gefahr eines erneuten hohen Alkoholkonsums und damit einhergehend die Gefahr einer erneuten alkoholbedingten Auffälligkeit im Straßenverkehr als hoch einzuschätzen.

Da somit die negativen Konsequenzen seiner Trunkenheitsfahrt noch nicht einmal ansatzweise zu irgendwelchen Verhaltsänderungen, einem Mindestmaß an Problemverständnis und einer Auseinandersetzung mit den eigenen Fehlverhaltensweisen geführt haben, kann hier eine Korrektur der bestehenden Mängel durch Teilnahme an einem Kursus zur Wiederherstellung der Kraftfahreignung nicht erwartet werden. Zudem steht das uneinsichtige Verhalten von Herrn Mustermann, welches voraussichtlich unbeeinflussbar ist und somit die erforderliche Einstellungs- und Verhaltensänderung verhindert, einer Teilnahme am Kurs entgegen.

Von einer Verbesserung seiner Verhaltensvoraussetzungen ist erst dann auszugehen, wenn eine grundlegende Auseinandersetzung mit der eigenen Person und dem eigenen Verhalten, auch in Bezug auf den Alkoholkonsum, erreicht worden ist.
Herrn Mustermann wird geraten, sich mit den Ursachen und Hintergründen seines Problemverhaltens auseinander zu setzen. Hierbei ist eine fachkundige Hilfe anzuraten.

Gutachtenergebnis

Es wurden zwar keine Beeinträchtigungen der körperlichen und geistigen Leistungsfähigkeit festgestellt, aber es ist derzeit noch zu erwarten, dass Herr Mustermann zukünftig ein Kraftfahrzeug unter Alkoholeinfluss führen wird.

Diplom-Psychologin　　　　　　　　Ärztin

Kommentar zum AVUS Gutachten des Herrn Richard Mustermann

1. zur Medizinischen Untersuchung

Seite 84
Herr Richard Mustermann gab an, dass er viermal die Woche nur ein bis drei Bier à 0,3 l trinke. In den Monaten vor der Trunkenheitsfahrt sei das ein ähnlicher Konsum gewesen, keine größeren Mengen und auch nur Bier.

Kommentar:
Diese Aussage ist vollkommen unglaubwürdig. Wenn jemand mit 1,77 Promille noch einigermaßen gerade stehen kann, setzt das eine große Gewöhnung bzw. Giftfestigkeit mit Alkohol voraus.

2. Psychologische Exploration

Seite 85 – 6 Abschnitt
Herr Mustermann sagt: „... eigentlich wollte ich nur ein bis zwei Bier trinken und dann nach Hause fahren."

Kommentar:
Der Gutachter bei der MPU akzeptiert im Gegensatz zum Gesetzgeber nur 0,00 Promille beim Führen eines Kraftfahrzeuges.

Seite 85 – vorletzter Abschnitt
Er hätte (am Tag der Trunkenheitsfahrt) „sechs bis sieben, wenn es viel ist, acht" Bier (à 0,3 l) getrunken.

Kommentar:
8 Bier x 0,3 = 2,4 l Bier.
Diese Trinkmenge kann unmöglich stimmen (vgl hier Kapitel 13.3, „Wie viel darf ich trinken? - Berechnung).
Herr Mustermann bagatellisiert gleich am Anfang und versucht, die Trinkmenge zu beschönigen. Leider weiß kaum jemand, der sich nicht gut auf die MPU vorbereitet hat, dass der Gutachter die Trinkmenge, die der

Betroffene getrunken haben muss, ganz gut ausrechnen kann (vgl. hier wieder Kapitel 13.3).

Seite 85 – letzter Abschnitt
Der Gutachter fragt, ob er noch Restalkohol gehabt hätte?
Herr Mustermann verneint dies nicht. Er habe am Freitagabend getrunken.

Kommentar:
Wenn er tatsächlich noch Restalkohol am Samstag um 15.30 Uhr von Freitagabend gehabt hätte, rutscht Herr Mustermann jetzt wohl in den Augen des Gutachters in Richtung „Alkoholikerecke"! – Das Gespräch fängt für Herrn Mustermann nicht gut an.

Seite 86 – 1. Abschnitt
Gutachter fragt, wie er sich bei Trinkende gefühlt habe.
Herr Mustermann antwortet: „Das Fahren sei kein Problem gewesen….."

Kommentar:
Wer sich noch mit 1,77 Promille fahrtüchtig fühlt, zeigt, dass er in der Vergangenheit sehr viel Alkohol getrunken haben muss (was Herr Mustermann bisher gegenüber dem Gutachter bestritten hat) und dadurch sehr ins „Training" gekommen bzw. „Giftfest" geworden ist.
Zudem lässt Herr Mustermann durch diese Antwort klar erkennen, dass er bis zum MPU-Termin die Unfallgefahr bei Alkohol vollkommen unrealistisch einschätzt.

Spätestens zu diesem Zeitpunkt denkt der Gutachter wohl, dass er ein negatives Gutachten schreiben muss, falls es nicht noch zu einer vollkommenen Wendung durch Herrn Mustermann kommt.

Seite 86 – unten
In Sachen „Grünkohlessen" – vgl. die Befundwürdigung des Gutachters auf Seite 92

Seite 87 – 2. Abschnitt
Gutachter fragt, ob er phasenweise den Eindruck gehabt habe, zuviel zu trinken.
Herr Mustermann antwortet: „Nein."

Kommentar:
Wieder eine Chance verpasst, das Blatt vielleicht doch noch zu wenden.
Mit anderen Worten sagt Herr Mustermann, dass er ganz normal in der Vergangenheit getrunken hätte. Wer denkt, dass er ganz normal trinkt, wird auch sein Trinkverhalten in der Zukunft wohl kaum ändern. Die Gefahr, dass Herr Mustermann wieder alkoholisiert Auto fährt, ist somit dramatisch hoch!
Herr Mustermann muss in Sachen Alkohol etc. einiges aufarbeiten, was dann auch der Gutachter am Ende des Gutachtens vorschlägt.

Seite 87 – Abschnitt 4
Der Gutachter fragt, ob er der Auffassung sei, dass sein Alkoholkonsum vor der Trunkenheitsfahrt in Ordnung oder nicht in Ordnung gewesen sei.
Herr Mustermann antwortet: „... so was könne man sich zweimal erlauben."

Kommentar:
Herr Mustermann sagt mit anderen Worten, dass man sich zweimal erlauben darf, andere Menschen in Gefahr zu bringen!
Jeder, der wegen Alkohol am Steuer zur MPU muss, hat in der Vergangenheit andere Menschen in Gefahr gebracht. Der Gutachter will wissen, wie nun der zu Begutachtende heute darüber denkt, ob er genügend über sich, über die Vergangenheit, den Alkohol etc. nachgedacht hat und es dadurch zu einer Einstellungsänderung gekommen ist.
Bei Herrn Mustermann ist es leider noch nicht zu einer Aufarbeitung gekommen und er ist vollkommen unvorbereitet in die MPU gegangen.

Seite 87 – vorletzter Abschnitt
Gutachter fragt, ob es zu einer Veränderung seit der Trunkenheitsfahrt gekommen sei.
Herr Mustermann antwortet: Es sei nicht mehr und auch nicht weniger

geworden. Die Trunkenheitsfahrt sei natürlich überflüssig gewesen.

Kommentar:
Es hat sich also absolut nichts geändert.
Herr Mustermann zieht seine (falsche) Strategie weiter durch und versucht, sich als einen ganz normalen Durchschnittsbürger darzustellen, der ganz normal ab und zu sein „Bierchen“ trinkt und es auch mal, im Ausnahmefall passieren kann, dass man mal mit ein „bisschen“ zu viel Alkohol fährt.
Schlechter kann es eigentlich für Herrn Mustermann bei diesem Gespräch nicht laufen.

Seite 88 – 4. Abschnitt
Gutachter fragt, wie hoch denn seine Alkoholkonzentration (bei der Gartenparty) gewesen sei.
Herr Mustermann antwortet, dass er das nicht sagen könne.

Kommentar:
Bei der MPU wird auch Wissen über Alkohol verlangt, über Gefahren, Wirkungen, Berechnung etc.

Seite 88 – 7. Abschnitt
Gutachter fragt, ob es das für ihn so in Ordnung gewesen sei (soviel zu trinken).
Herr Mustermann antwortet: „Ja.....“

Kommentar:
Für den Gutachter ist es vollkommen klar, dass Herr Mustermann ein Alkoholproblem hatte und noch hat. Herr Mustermann sagt, dass die Trinkmenge vollkommen in Ordnung sei! Herr Mustermann weicht von seiner (falschen) Strategie kein bisschen ab.

Seite 9 – 10. Abschnitt
Gutachter fragt, wo für ihn bei besonderen Anlässen die obere Trinkmenge liegen würde.
Herr Mustermann antwortet: „Das muss ich mir verkneifen“.

Kommentar:
Die Antwort, die Trinkmenge in der Zukunft wegen des MPU-Gutachtens verkneifen?
Der einzige Grund für Herrn Mustermann, evtl. weniger zu trinken, liegt beim Führerschein, vgl. auch folgende Fragen und Antworten.
Dies ist selbstverständlich für den Gutachter nicht akzeptabel (vgl. auch hier Kapitel 10, „Wie sieht mich der Psychologe / MPU-Gutachter?)

Das negative Gutachten, das Herr Mustermann – leider – bekommen hat, ist absolut in Ordnung. Der Gutachter hätte auch bei bestem Willen kein positives Gutachten schreiben können.

Beim zweiten Anlauf klappte es dann auch bei Herrn Richard Mustermann nach einer gründlichen Aufarbeitung der Alkoholproblematik.

Negatives Gutachten (Institut xy), Frau mit 0,79 Promille und Unfall

Beim folgenden Gutachten des Instituts xy für Frau Anna Mustermann habe ich nur die wesentlichen Teile des Gutachtens abgedruckt, also hier vor allem die psychologische Untersuchung (Exploration).

Die medizinische Untersuchung ist mehr oder weniger unauffällig gewesen. Erwähnenswert wären vielleicht ein leichtes Übergewicht und eine etwas vergrößerte Leber. Die Leberwerte waren unauffällig.

Die psychologische Untersuchung im Leistungsbereich war etwas unterdurchschnittlich; besonders der Intelligenztest befriedigte nicht.
Frau Mustermann sagte mir, als sie mit diesem negativen Gutachten zu mir kam, dass sie einfach mit diesem Intelligenztest nicht zurecht gekommen und ihr dieser zu abstrakt gewesen sei. Nachdem ich ihr den Test in Ruhe erklärte, erzielte sie bei mir wesentlich bessere Ergebnisse.

Leider ist das Gutachten von diesem Institut xy nicht so aufgebaut wie z.B. beim vorigen Gutachter der AVUS, d.h. in Frage- und Antwort-Form, so wie ein Gutachten eigentlich heute sein sollte – eindeutig, nachvollziehbar und nachprüfbar! – vgl. hier auch Kapitel 3.2 meines Beratungsprogramms.

Dieses Gutachten ist schon ein wenig älter, trotzdem ist dieses Institut bis heute noch nicht dazu übergegangen – mit wenigen Ausnahmen – diese Selbstverständlichkeit zu beachten.

Trotz der Mängel ist das Gutachten ohne Zweifel zu Recht negativ ausgefallen.

Zum Gutachten

Eigene Angaben:

Sie sei als erste von drei Kindern bei ihrer Mutter und ihrem Adoptivvater aufgewachsen. Nach dem Hauptschulabschluss habe sie eine Ausbildung als Industriekauffrau begonnen, welche sie abgebrochen habe. Es habe Probleme mit dem Buchhalter gegeben. Später habe sie sich in einer anderen Firma weiterbilden lassen. Ihr sei gesagt worden, dass ein Abschluss nicht nötig sei. Sie habe dann in der Produktion gearbeitet. Seit 1964 sei sie als Industriekauffrau in ein und demselben Betrieb tätig. Diese Beschäftigung gefalle ihr.

Nach langjähriger Ehe sei sie geschieden worden. 6 Jahre habe sie mit ihrem Freund zusammen gelebt, an Pfingsten dieses Jahres sei diese Beziehung zu Ende gegangen, gegenwärtig sei sie alleine. Sie habe noch eine Tochter, mit welcher sie wenig Kontakt habe.
In ihrer Freizeit beschäftige sie sich gerne mit Garten, Handarbeiten usw.

Ihre gesamte Fahrleistung schätze sie auf 100.000 – 150.000 km. Seit … 1991 sei sie nicht mehr im Besitz einer Fahrerlaubnis.

Ernsthaft krank gewesen sei sie nicht, sie fühle sich gesund und leistungsfähig. Verletzungen mit verkehrsrelevanten Folgen habe sie nicht erlitten, sie sei zurzeit in Behandlung wegen Ischiasbeschwerden. Medikamente benötige sie nicht.

Aktenangaben:

Am … 1991 gegen 16.35 Uhr mit dem Pkw in Meinerzhagen Fahrlässige Gefährdung des Straßenverkehrs; hatte um 18.09 Uhr eine BAK von 0, 79 Promille.

Angaben der Untersuchten dazu:

Zuvor sei sie in ihrem Garten gewesen, dort sei es kalt gewesen, so dass sie sich mehrmals im Haus Glühwein gemacht habe, 2-3 kleine Tassen habe sie ab ca. 13.00 Uhr bzw. 13.30 Uhr getrunken. Gegen 16.00 Uhr habe sie mit dem Arbeiten aufgehört. Eigentlich habe sie vorgehabt, daheim zu bleiben. Schließlich habe sie doch zu ihrer Schwester 15-18 km fahren wollen, um nicht allein zu sein. Vor Fahrtantritt habe sie nicht gedacht, dass es so viel Alkohol sei. Ein bisschen habe sie diesen gespürt, auch habe sie gemeint, dass der Glühwein nicht so viele Prozente habe.

Kommentar:
Wer mit 0,8 Promille den Alkohol nur ein „bisschen spürt, ist sehr den Alkohol gewöhnt bzw .im „Training“, oder unschöner ausgedrückt „Giftfest“.

Nach 10 km habe sie überlegt, wo sie lang fahre. Auf einer Brücke in einer Linkskurve sei ihre Tasche auf dem Beifahrersitz hin- und hergerutscht, so dass sie sie auf den Rücksitz geschleudert habe. Ein Fahrzeug habe sie auf der Straße nicht gesehen, als es die Kuppe hochgegangen sei, habe sie einen anderen Pkw gestreift, durch das Gebüsch sei die Sicht behindert gewesen. An beiden Pkws sei Schaden entstanden.

Kommentar:
Frau Mustermann sagt hier mit anderen Worten, dass das Gebüsch an ihrem Unfall Schuld sei und nicht der von ihr konsumierte Alkohol.

Sie habe sich bei dem Unfall den Fuß verletzt, sinnes- und fahrtüchtig sei sie gewesen.

Kommentar:
Frau Mustermann zeigt hier eine vollkommen unrealistische Einschätzung. Das Risiko, an einem Unfall beteiligt zu sein, also nicht unbedingt selber einen Unfall zu verursachen, liegt bei 0,8 Promille bereits 34 x höher!! (vgl. Kapitel 13 meines Beratungsprogramms)

Fahrfehler anderer Verkehrsteilnehmer hätte sie ggf. noch schnell und sicher ausgleichen können.

Kommentar:
Jetzt behauptet Frau Mustermann sogar noch, dass sie mit 0,8 Promille Fahrfehler von anderen Verkehrsteilnehmern hätte ausgleichen können!
Nach Untersuchungen hat ein „Durchschnittstrinker" mit 0,8 Promille schon folgende Symptome: Beeinträchtigung der Bewegungskoordination, Abbau von Hemmungen, deutliche Angetrunkenheit, schwankender Gang, Orientierungsschwierigkeiten. (vgl. hier Kapitel 13.2)

Besser wäre es gewesen, wenn sie angehalten hätte, um die Tasche wegzutun, auch hätte sie auf den Alkoholkonsum verzichten sollen. Sie habe sich vorgenommen, keinen Alkohol mehr zu trinken, wenn sie mit dem Auto fahre.

Kommentar:
Warum will sie jetzt auf Alkohol verzichten, wenn sie der Meinung ist, mit 0,8 Promille noch fahrtüchtig zu sein und sogar Fahrfehler anderer noch ausgleichen zu können. Hier widerspricht sich Frau Mustermann.

Angaben zur Alkoholbeziehung:

Den letzten Alkohol habe sie im Juni diesen Jahres zu Pfingsten getrunken, da sei mit ihrem Freund Schluss gewesen, sie habe 3 Bier und 2 Viertele Wein innerhalb von 2 Tagen konsumiert, mehr nicht. Im…..1991 habe sie ein fremder Mann auf einem Bahnhof geschlagen, sie habe gedacht, dass dieser sie umbringen wolle, nach dem Überfall sei sie einige Tage im Krankenhaus gewesen. Kurze Zeit darauf habe ihr wohl derselbe Mann die Handtasche weggenommen, so dass sie am Abend ein Viertele Wein und 2 Weizenbier getrunken habe.
Schließlich sei sie zu einem Arzt in Meinerzhagen gegangen, welcher ihr einen Aufenthalt im psychiatrischen Landeskrankenhaus empfohlen habe,

Kommentar:
Wenn ein Arzt hier einen Aufenthalt in einem Psychiatrischen Landeskrankenhaus empfiehlt, liegt der Verdacht eines massiv vorhandenen Alkoholproblems sehr nahe.

2-3 Tage sei sie dort gewesen und die Ärzte hätten sie dort gefragt, ob sie länger bleiben möchte. Sie habe Medikamente wegen des Alkohols erhalten.

Kommentar:
Frau Mustermann hat in der Klinik sogar Medikamente wegen ihres Alkoholkonsums

bekommen. Handelte es sich hier um Medika-, mente, um einen körperlichen Entzug zu unterstützen?

Lebensphasen mit vermehrtem Alkoholkonsum habe es nicht gegeben, sie habe keinen Alkohol seit Pfingsten mehr zu sich genommen. Im Jahr vor der Trunkenheitsfahrt habe sie wenig Alkohol zu sich genommen, 1-2 Flaschen Bier die Woche oder mal eine Weinschorle beim Essen. Die größte Menge habe 3-4 Viertele Wein betragen, zuletzt vor 2 Jahren.

Kommentar:
Alle Angaben, die Frau Mustermann jetzt über ihren angeblich sehr niedrigen Alkoholkonsum macht, wirken nach der letzten Aussage (Klinik) noch unglaubwürdiger.

Sie halte sich weder für alkoholgefährdet, noch für alkoholabhängig.

Kommentar:
Frau Mustermann streitet jegliches Alkoholproblem für ihre Person ab. Sie zeigt im ganzen Gespräch mit dem Gutachter kein Problembewusstsein. Keine gute Vorraussetzung für ein positives Gutachten.

Es sei leicht gewesen, auf den Alkoholkonsum zu verzichten, dadurch fühle sie sich wohler, sie wolle überhaupt keinen Tropfen Alkohol wegen des Unfalles

Kommentar:
Warum will sie auf Alkohol verzichten, wenn sie doch bei der alkoholisierten Fahrt angeblich fahrtüchtig war?

Sie sei in der Vergangenheit schon ganz schön unter Druck gesetzt worden. Ihr Schwiegersohn habe sie in die Pfanne gehauen.

Kommentar:
Ist jetzt der Schwiegersohn an ihrer Situation Schuld?

Im Alkoholfragebogen:

Sie habe schon früher mehrmals versucht, gänzlich ohne Alkohol zu leben, 1989, 1990, 1991 und jetzt, weil sie sich wohler fühle.

Kommentar:
Frau Mustermann hat in der Vergangenheit immer wieder versucht, ohne Alkohol zu leben

(jetzt gibt sie doch indirekt zu, Probleme mit Alkohol gehabt zu haben).
Leider blieb es immer nur bei Versuchen, geschafft hat sie es nie.
Wie soll es, denkt wahrscheinlich hier der Gutachter, denn aktuell klappen? Hier kann der Gutachter eigentlich nur eine Therapie empfehlen, bevor Frau Mustermann sich wieder zur MPU anmeldet!

Wenn sie mehr als jetzt Alkohol getrunken habe, sei dies bei Feiern und Geburtstagen gewesen. In der Vergangenheit habe es keine Schwierigkeiten durch ihren Alkoholkonsum gegeben.

Kommentar:
Frau Mustermann versucht sich wieder „schön" darzustellen und zeigt wieder kein Problembewusstsein.

In den letzten Wochen vor der Trunkenheitsfahrt habe sie weniger Alkohol getrunken als der Durchschnittsbürger.

Kommentar:
Vollkommene Verkennung der Realität. Frau Musterman hat sicher sehr viel mehr

getrunken als der Durchschnittsbürger.

Tagsüber trinke sie keinen Alkohol.
Früher habe sie nicht viel Alkohol vertragen können.
Am…..1992 habe sie das letzte Mal wegen des Psychoterrors, des Raubüberfalles und eines Familienstreites ihrer Meinung nach zu viel getrunken.

Kommentar:
Wenn es zu Problemen bei Frau Mustermann kommt oder zu belastenden Situationen, kommt es zu verstärktem Alkoholkonsum. Wie will Frau Mustermann mit solchen Situationen in Zukunft umgehen? Diese Angaben hat Frau Mustermann auf Fragen im Alkoholfragebogen gemacht. Sie sehen hier, wie wichtig es eigentlich ist, einen solchen Fragebogen mit Ruhe und Bedacht auszufüllen.
(Vgl. hier Kapitel 37, „MPU-Fragebögen“)

Psychologische Beurteilung:

Die Ergebnisse der funktionspsychologischen Untersuchungen lassen in den meisten der für die Verkehrsteilnahme bedeutsamen Leistungsbereichen genügende Leistungsmöglichkeiten erkennen.
Negativ normabweichende Befunde waren hinsichtlich des Orientierungs-, Konzentrations- und Reaktionsvermögens nicht zu erheben. Im Bereich der Wahrnehmungsleistungen (TAVT) waren zwar gewisse Auffälligkeiten feststellbar, diese sind jedoch nicht so schwerwiegend, dass sie als kritisch beurteilt werden müssten.

Bei der Untersuchung der geistigen Leistungsfähigkeit mit verschiedenen Verfahren ergaben sich teils ausreichende, teils unzulängliche Ergebnisse.
So lag das Ergebnis des Intelligenztestes nach RAVEN – 60 Aufgaben in fünf Serien zu 12 Aufgaben mit jeweils ansteigendem Schwierigkeitsgrad – deutlich unterhalb der unteren Normgrenze. Beim Mosaiktest aus dem Hamburg-Wechsler-Intelligenztest zur Untersuchung des Kombinations- und Kritikvermögens genügte Frau Anna Mustermann den zu stellenden Anforderungen.

Die Auswertung des Fragebogens für verkehrsauffällige Kraftfahrer (FVK) erbrachte Hinweise dahingehend, dass Frau Mustermann zu unkritischer Selbstdarstellung und Abwehrhaltungen neigt (grenzwertiger Befund der Skala V).
In psychischer Hinsicht bot sich das Bild eines ausreichend differenzierten

weitgehend unreflektierten Menschen, der Merkmale einer Kontaktschwäche und einer erhöhten Stimmungslabilität aufweist. Die Selbst- und Verhaltenskritik ist in Teilbereichen beeinträchtigt. Durch die genannten Persönlichkeitszüge wird eine erhöhte Bereitschaft zu Schwankungen der intentionalen Steuerung und der Selbstdisziplinierung bedingt. Die Vorgeschichte weist auf eine problematische Alkoholbeziehung hin. Besonders in als belastend erlebten Situationen neigt Frau Anna Mustermann dazu, vermehrt Alkohol zu sich zu nehmen. Die mit dem Alkoholgenuss verbundenen Risiken hat sie noch nicht ausreichend durchschaut. Die Angaben zum jetzigen Alkoholverzicht wirken wenig überzeugend. Unterstellt man allerdings deren Richtigkeit, so kann wegen der Kürze der Zeit noch nicht von einer überdauernden und verlässlichen Verhaltensänderung ausgegangen werden. Bagatellisierungs- und Verdrängungstendenzen erschweren das Zustandekommen einer besser wirksamen Erfahrungsbildung. Erschwerend kommt hinzu, dass die Untersuchte die bisherigen Geschehnisse und Erlebnisse zu wenig verarbeitet und aufgearbeitet hat. Im Fall der Wiedererteilung der Fahrerlaubnis würden somit mit hoher Wahrscheinlichkeit im Laufe der Zeit zumindest zeitweilig frühere Fahr- und Trinkgewohnheiten erneut aufleben.

Stellungnahme:

Durch die hier erhobenen Befunde und Beobachtungen werden die durch die Vorgeschichte bedingten Eignungsbedenken nicht ausgeräumt sondern verstärkt.

Daraus ergibt sich eine hohe einschlägige Rückfallwahrscheinlichkeit.
Frau Anna Mustermann ist deshalb als derzeit nicht geeignet zum Führen von führerscheinpflichtigen Kraftfahrzeugen anzusehen.
Gegenwärtig ist zunächst von einer starken Verfestigung der zugrundeliegenden Fehlhaltungen auszugehen.

Wir empfehlen Frau Mustermann, sich intensiv um eine Aufarbeitung der Hintergrundbedingungen ihrer Alkoholproblematik zu bemühen. Dabei könnte es sich für sie günstig auswirken, wenn sie fachliche Hilfe in Anspruch nähme.

Arzt
Dipl. Psychologin

Dieser o.a. Empfehlung ist Frau Anna Mustermann nachgekommen und bekam nach einer ambulanten Therapie ein positives Gutachten.

Positives Gutachten (Institut xyz), Mann mit 1,6 Promille

Beim folgenden Gutachten habe ich wieder nur die wesentlichen Teile des Gutachtens abgedruckt, also die psychologische Untersuchung (Exploration).

Wie ein vollständiges Gutachten aussieht, können Sie den ersten zwei Gutachten entnehmen, allerdings hat jede Begutachtungsstelle einen etwas anderen Stil.

Die Aktenangaben ergaben folgendes:

1994	Teilnahme an einem Aufbauseminar für alkoholauffällige Kraftfahrer LEER (aufgrund einer Alkoholfahrt mit 1,15 Promille)
August 2002	Trunkenheit im Straßenverkehr Blutalkoholkonzentration (BAK) 1,6 Promille

Die medizinische Untersuchung ergab eine leichte Herzerkrankung und einen leicht erhöhten Blutdruck, Gewicht 86 kg.

Seit Dezember 2002 lebe Herr Hans Mustermann abstinent,
vorher hätte er 3-4 Flaschen Bier à 0,5 l täglich getrunken.

Seit der letzten Trunkenheitsfahrt hat Herr Mustermann psychologische Beratung bei einem Diplom Soz.-Arb. in Mohrkirch Anspruch genommen.

Die Leberwerte waren im Normbereich.

Die Stimmung war freundlich zugewandt.

Herr Mustermann ist Rentner, zuvor wäre er Flaschner gewesen.

Seit 40 Jahren verheiratet.

Die Leistungstests waren unauffällig.

Zum Gutachten

Explorationszeit 15:18 Uhr bis 16:15 Uhr

Zur Kursteilnahme (1994 Modell LEER, Main77)

Gutachter: Was er dort gelernt habe?

„Ich bin freiwillig dort hin. Ich war damals bei der Sanitär und Klempner Firma xy in Hamburg beschäftigt, und habe dort gemeldet, dass ich mit der Trunkenheitsfahrt 1994 mit 1,15 Promille aufgefallen war. Ich habe den Kurs dann gemacht, um die Sperrzeit zu verkürzen. Aus heutiger Sicht sehe ich das so, dass wenn jemand Alkoholiker ist, kann er niemals kontrolliert trinken, das habe ich ja bei mir gesehen."

Kommentar:
Herr Mustermann sagt mit dieser Aussage indirekt, dass er sich als Alkoholiker sieht. Seine Aussage, dass ein Alkoholiker nicht mehr zum „kontrollierten Trinken" zurückkehren kann, ist richtig (vgl. Kapitel 10, „Wie sieht mich der der MPU-Gutachter"

Gutachter: Ob er jemals an einer Begutachtung teilgenommen habe?

„Nein."

Zu der letzten Alkoholauffälligkeit im Straßenverkehr

August 2002: Trunkenheit im Straßenverkehr gegen 1.29 Uhr; Blutalkoholkonzentration (BAK): 1,6 Promille um 0.10 Uhr.

Gutachter: Wie es dazu gekommen sei?

„Ich hatte an diesem Tag den Makler bestellt, weil ich mein Haus verkaufen wollte, er kam und kam nicht, ich saß schon auf glühenden Kohlen, er war auch nicht zu erreichen. Ich machte mich dann auf die Suche in seiner Stammwirtschaft, habe dort 2 Flaschen Bier (0,5 l) per Sturztrunk getrunken. Ich erfuhr dann, dass er mich betrogen hat, aus Zorn, Wut, Enttäuschung habe ich dann getrunken. Als er dann kam, gab es einen Disput."

Gutachter: Wie viel er dann getrunken habe?

„Ich habe bis 24 Uhr insgesamt 6 Bier (0,5 l) und 2 Schnaps getrunken."

Kommentar:
Ob diese Trinkmenge bei einem Mann mit 86 kg und 1,6 Promille langt?

Gutachter: Wann er denn mit dem Trinken angefangen habe?

„Trinkanfang war um 21 Uhr."

Gutachter: Ob er evtl. auch mehr getrunken habe?

Kommentar:
Gutachter zweifelt auch ein bisschen.

„Es könnte auch mehr gewesen sein, das will ich nicht ausschließen.“

Kommentar:
Prima, Herr Mustermann bleibt ehrlich!

Gutachter: Ob er sich fahrtüchtig gefühlt habe?

„Nein, mir war sauschlecht, ich hatte nur noch einen Gedanken, weg von der Stelle und nach Hause.“

Kommentar:
Wenn Herr Mustermann hier gesagt hätte, dass er sich noch fahrtüchtig gefühlt hätte, wäre es wohl zu einem negativen Gutachten gekommen.

Gutachter: Ob er häufiger, als aktenkundig sei, unter Alkoholeinfluss gefahren sei?

„Ja, ich bin 2000 mit 0,86 Promille aufgefallen.“

Kommentar:
Herr Mustermann gibt hier sogar eine alkoholisierte Fahrt an, die nicht in der Akte steht. Der Gutachter wird dies in seiner Beurteilung weiter unten positiv kommentieren. Ob es aber immer sinnvoll ist, mehr zuzugeben, als in der Akte steht?

Zu den früheren Trinkgewohnheiten

Gutachter: Welche Rolle der Alkohol in seinem Leben gespielt habe?

„Ich habe früher, ab 1989/ 1990 viel und gerne getrunken, durch meine vielen Vereinstätigkeiten, dort wurde viel getrunken. Die Trinkmenge bei der Trunkenheitsfahrt 2002 war da keine Ausnahme.

Kommentar:
Herr Mustermann bleibt weiter ehrlich. Lt. Statistik kann man mehrere hundert Male alkoholisiert Auto fahren, bis man einmal erwischt wird! Das weiß natürlich auch der Gutachter.

Gutachter: (fragt nach)

„Es wurde allabendlich getrunken, ich war viel unterwegs, ich hatte Glück, sonst wäre ich häufiger erwischt worden. Ich bin bestimmt täglich mit ungefähr 3 Flaschen Bier zu dieser Zeit durch die Gegend gefahren.“

Gutachter: Warum so viel getrunken?

Kommentar:
Wer viel getrunken hat, muss wissen warum!! – Ansonsten braucht man gar nicht erst zur MPU zu gehen. Der Gutachter erwartet, dass man über seine Vergangenheit, sein Alkoholproblem etc nachgedacht und dies aufgearbeitet hat, nur dann bekommt man ein positives Gutachten.

„Ich wollte mit den anderen mithalten, so viel vertragen wie die anderen und anerkannt werden, wenn man was vertragen konnte, galt man bei denen was.“

Gutachter: (fragt nach)

„Nach 1994 wurde es weniger, habe vielleicht 1, 2 Bier am Tag getrunken, außer im Oktober 1994, als meine Mutter verstorben war. Ich habe dann auch Magenprobleme bekommen.“

Gutachter: (fragt nach)

„Die Trinkmenge im Jahr 2002 bei der Trunkenheitsfahrt war eine Ausnahme, so viel habe ich sonst nach 1994 nie mehr erreicht.

Kommentar:
Na, dass kann ja wohl nicht ganz stimmen! Hätte Herr Mustermann jahrelang „nur“ ein bis zwei Bier am Tag getrunken, hätte er am Tag seiner alkoholisierten Fahrt mit 1,6 Promille (als Ausnahme) wohl sein Auto nicht mehr gefunden Der Gutachter „akzeptiert“ hier aber die Antwort und fragt nicht nach. Vielleicht auch deshalb nicht, weil er sich wohl schon zu diesem Zeitpunkt entschlossen hat, ein positives Gutachten zu schreiben.

Zu den Trinkmotiven der Vergangenheit

Gutachter: Wie es gekommen sei, dass er so viel getrunken habe?

„Ich habe auch zur Erleichterung, zur Entlastung getrunken, wenn mich z.B. etwas geärgert hat.“

Gutachter: Andere Menschen haben auch solcherlei Probleme und trinken nicht, warum er denn im Vergleich zu denen, die nicht deswegen trinken, deshalb trinken müsse?

„Ich hatte meine Emotionen nicht im Griff, die plötzlichen Wallungen, wenn mich etwas geärgert hat, dann ging ich hoch. Ich habe dann getrunken, um wieder entspannter zu werden.“

Kommentar:
Der Gutachter müsste hier eigentlich sofort nachfragen, wie Herr Mustermann heute mit seinen Emotionen – ohne Alkohol - umgeht! Wenn er es bis heute nicht gelernt hat, mit

seinem Ärger etc. richtig umzugehen, wäre die Rückfallgefahr sehr hoch (vgl. Kapitel 23)

Zu dem heutigen Umgang mit Alkohol

Gutachter: Wie er heute mit dem Alkohol umginge?

„Ich trinke seit dem 01.12.2002 keinen Alkohol mehr, ich habe mich zur Abstinenz entschlossen."

Kommentar:
Sehr gut. Da Herr Mustermann schon auf die erste Frage zugegeben hat, Alkoholiker zu sein, gibt es hier keine andere Antwortmöglichkeit, die der Gutachter akzeptieren würde.

Gutachter: Warum er heute überhaupt keinen Alkohol mehr trinke?

„Ich weiß heute, dass ich mit Alkohol nicht umgehen kann."

Kommentar:
Sehr gut.

Gutachter: Was er damit meine?

„Wenn ich Alkohol getrunken habe, könnte es sein, dass ich nicht mehr aufhören könnte."

Gutachter: Warum Abstinenz und nicht mal ein Bier?

Kommentar:
Gutachter will prüfen ob die Motivation zu Abstinenz auch hoch genug ist.

„Wenn ich ein Bier trinke, könnte es sein, dass ich mich wieder steigere."

Kommentar:
Gut. Herr Mustermann hätte auch noch sagen können, dass er die Fähigkeit, überhaupt mal wieder kontrolliert mit Alkohol umzugehen, verloren hätte.

Zur psychologischen Beratung

Gutachter: Warum er Beratung in Anspruch genommen habe?

„Mein Hausarzt hat mir dazu geraten, weil ich ihm anvertraut hatte, dass ich es alleine nicht packe."

Kommentar:
Gut

Gutachter: (fragt nach)

„Wenn ich es ihm nicht anvertraut hätte, hätte er es mir nicht sagen können."

Zu den erlebten Veränderungen

Gutachter: Ob ihm die Veränderung leicht gefallen sein?

„Am Anfang nicht, man war schon Versuchungen ausgesetzt, viele aus der Familie wussten ja nicht, dass ich mich zur Abstinenz entschlossen habe, ich habe sie aber aufgeklärt, auch dass ich kein Alkoholfreies Bier trinke."

Kommentar:

Herr Mustermann bleibt auch weiterhin ehrlich. Er sagt auch, dass es ihm am Anfang schwer gefallen sei, ganz auf Alkohol zu verzichten. Was anderes würde der Gutachter auch kaum glauben.

Gutachter: Was sich in seinem Leben durch den Alkoholverzicht geändert habe?

Kommentar:
Eine ganz wichtige Frage. Wenn jemand viel Alkohol getrunken hat und dann mit dem Trinken aufhört, ändert sich gewöhnlich eine ganze Menge.

„Ich bin ein freier Mensch, ich weiß, was ich zu tun habe, ich akzeptiere mich so, wie ich bin. Ich habe keine gesundheitlichen Probleme mehr. Ich fühle mich rundherum zufrieden, kann mit meinen Emotionen besser umgehen, habe durch die Gruppe und durch die Gespräche mit dem Psychologen meine Emotionen im Griff."

Kommentar:
Seht gut.

Zur Rückfallprävention

Gutachter: Selbstkontrollstrategien zur Vermeidung eines erneuten Alkoholkonsums?

„Ich besuche seit September 2003 (Nachweise lagen vor) die Selbsthilfegruppe. Ich habe in der Gruppe neue Kontakte geknüpft, ich verbringe mit ihnen die freie Zeit, wir unterstützen uns gegenseitig, und stehen uns zur Seite.

Kommentar:
Gut.

Gutachter: Zum Alkohol alternative Problemlösestrategien?

„Heute überlege ich mit klarem Kopf, gewisse Sachen bespreche ich sofort. Wenn es schwierig wird, hole ich mir fachlichen Rat, wenn es sein muss beim Therapeuten oder beim Arzt.“

Kommentar:
Gut. Natürlich keine allgemeingültige Antwort.

Gutachter: Ob alles Wichtige besprochen worden sei?

„Ja.“

Psychologische Beurteilung

Folgende Befunde haben sich als beurteilungsrelevant herausgestellt:

Bei Erörterung der Entstehungsbedingungen des maßgeblichen Alkoholdeliktes kann sich Herr Mustermann bei der heutigen Untersuchung von den konkreten Tatumständen lösen, und berichtet offen von einem seinerzeit regelmäßig vermehrten Alkoholkonsum.

So konnte Herr Mustermann die Trinkmenge am Tage der Alkoholauffälligkeit sowie seine üblichen Trinkgewohnheiten realistisch benennen.

Da die angegebene Trinkmengen mit der gemessenen BAK (Blutalkoholkonzentration) übereinstimmen, ist davon auszugehen, dass Herr Mustermann seinen Alkoholkonsum nicht beschönigt. Dies ist als prognostisch günstig zu bewerten.

Herr Mustermann macht sogar Aussagen, die ihn selbst belasten und kann eine Dunkelziffer einräumen, was aber umso mehr für die Nachvollziehbarkeit und Offenheit der Darstellung seiner früheren Alkoholproblematik spricht.

(Auf Nachfrage: Es wurde allabendlich getrunken, ich war viel unterwegs, ich hatte Glück, sonst wäre ich häufiger erwischt worden.)

Über die Befähigung zur nachvollziehbaren Selbstbeschreibung hinausgehend muss (auch gemäß der Begutachtungs-Leitlinien zur Kraftfahrereignung) die Fähigkeit, den persönlichen Umgang mit Alkohol realistisch zu bewerten, als eine weitere Voraussetzung für eine angemessene und stabile Verhaltensänderung betrachtet werden. Ein diesbezüglich realitätsgerechtes Problembewusstsein konnte vom Untersuchten dargestellt werden.

Herr Mustermann hat fachliche Unterstützung in Anspruch genommen und konnte sich im Rahmen seiner Möglichkeiten im Wesentlichen mit den zugrundeliegenden inneren und äußeren Bedingungen auseinandersetzen. So kann er einen Zusammenhang zu Belastungssituationen sowie zu einem gruppenkonform vermehrten Trinkverhalten herstellen.

Darüber hinaus kann Herr Mustermann seinen Veränderungsprozess nachvollziehbar darstellen, da die Veränderung von verfestigten Gewohnheiten erfahrungsgemäß mit erheblichen Schwierigkeiten einher geht.

(Ob ihm die Veränderung leicht gefallen sei? –Am Anfang nicht, man war schon Versuchungen ausgesetzt…)

Es ist eine Erweiterung seiner problemlösenden Kompetenzen (durch Inanspruchnahme fachlicher Hilfe) erkennbar.

(Zum Alkohol alternative Problemlösestrategien? –Heute überlege ich mit klarem Kopf, gewisse Sachen bespreche ich sofort. Wenn es schwierig wird, hole ich mir fachlichen Rat, wenn es sein muss beim Therapeuten oder beim Arzt.)

Ferner wurde deutlich, dass Herr Mustermann sich mit Maßnahmen zur Rückfallprävention auseinander gesetzt hat.
(Selbstkontrollstrategien zur Vermeidung eines erneuten Alkoholkonsums? –Ich besuche seit September 2003 (Nachweise lagen vor) die Selbsthilfe-

gruppe. Ich habe in der Gruppe neue Kontakte geknüpft, ich verbringe mit ihnen die freie Zeit, wir unterstützen uns gegenseitig, und stehen uns zur Seite.)

Es wurde deutlich, dass die alkoholabstinente Lebensführung problemangemessen ist (da aufgrund der Angaben von Herrn Mustermann nicht davon ausgegangen werden kann, dass ihm ein kontrollierter Umgang mit Alkohol gelingen wird.)

Die alkoholabstinente Lebensführung des Herrn Mustermann wird durch positive Lebenserfahrungen gestützt, welche Herrn Mustermann auch in Zukunft (im Sinne einer Stabilisierung, wie auch gemäß der Begutachtungs-Leitlinien zur Kraftfahrereignung gefordert) darin bestärken können, die eingeleitete Veränderungen, dauerhaft beizubehalten.

(Was sich in seinem Leben durch den Alkoholverzicht geändert habe? –Ich bin ein freier Mensch, ich weiß, was ich zu tun habe, ich akzeptiere mich so, wie ich bin. Ich habe keine gesundheitlichen Probleme mehr. Ich fühle mich rundherum zufrieden, kann mit meinen Emotionen besser umgehen, habe durch die Gruppe und durch die Gespräche mit den Psychologen meine Emotionen im Griff.)

Insofern kann er sich glaubhaft von dem seinerzeit unreflektierten, auch gruppenkonform vermehrten Trinkverhalten distanzieren und eine nachhaltige Einstellungs- und Verhaltensänderung plausibel machen.

Somit können die Bedenken der Führerscheinstelle auch aus psychologischer Sicht ausgeräumt werden.

Kommentar:
Es hat sich für Herr Mustermann gelohnt, etwas für sich zu tun und sich gut vorzubereiten.

Beantwortung der Fragestellung (und Empfehlungen)

Die uns von der Behörde gestellten(n) Frage(n) beantworten wir daher folgendermaßen:

Es ist nicht zu erwarten, dass Herr Mustermann auch künftig ein Kraftfahrzeug unter Alkoholeinfluss führen wird und es liegen als Folge eines unkontrollierten Alkoholkonsums keine Beeinträchtigungen vor, die das sichere Führen eines Kraftfahrzeugs der beantragten Klassen A, BE, M, L in Frage stellen.

Herr Mustermann wurde unmittelbar in Anschluss an die Begutachtung über das vorläufige Ergebnis (unter dem Vorbehalt evtl. noch ausstehender Untersuchungsbefunde) informiert.

Kommentar:
Leberwerte müssen vor allem noch ausgewertet werden.

Heute müsste Herr Mustermann - bei Abstinenz - EtG-Untersuchungsergebnisse vorlegen!
Vgl. hier Kapitel 9.1

Arzt Dipl. Psychologe

Negatives Gutachten wegen Drogen, Punkte und Alkohol

Beim nun folgendem Gutachten des Institut wxyz des Kai Mustermann (30 Jahre) sind gleich drei Fragestellungen von den Gutachtern des Instituts - vorgegeben von der Fahrerlaubnisbehörde – zu beantworten.

Ich lasse auch hier wieder den „Vorspann" des Gutachtens weg und beginne den Einstig in das Gutachten gleich bei den Fragestellungen.

Zum Gutachten

Die Fragestellungen im Einzelnen:

1. Kann der Betroffene trotz des festgestellten / vermuteten Drogenkonsums ein Kraftfahrzeug der Fahrerlaubnisklasse 2 sicher führen?

2. Ist zu erwarten, dass der Untersuchte auch zukünftig ein Kraftfahrzeug unter Alkoholeinfluss führen wird und / oder liegen als Folge eines unkontrollierten Alkoholkonsums Beeinträchtigungen vor, die das sichere führen eines Kraftfahrzeuges der Klasse 2 in Frage stellen?

3. Ist zu erwarten, dass der Untersuchte auch zukünftig erheblich gegen verkehrsrechtliche Bestimmungen verstoßen wird?

Die Zweifel der Verkehrsbehörde an der Eignung von Herrn Kai Mustermann zum Führen von Kraftfahrzeugen ergeben sich wegen folgende Auffälligkeiten:

00.00.1996	Unerlaubter Erwerb von BTM in Tateinheit mit Unerlaubtem Handeltreiben von BTM (2 Jahre, 9 Monate Freiheitsstrafe)
00.00.2002	Rotlichtmißachtung
00.00.2002	04.05 Uhr Fahrlässige Trunkenheit im Verkehr, BAK 1,73 o/oo

Die Trunkenheitsfahrt von Herrn Mustermann ist auch im Hinblick auf seine zukünftige Verkehrsbewährung ungünstig zu bewerten.

Nach wissenschaftlichen Erhebungen, z.B. STEPHAN, 1984, liegt das Risiko für einen durch Trunkenheit aufgefallenen Kraftfahrer, innerhalb der nächsten 5 Jahre nach Wiedererteilung der Fahrerlaubnis erneut ein Trunkenheitsdelikt zu begehen, bei 34, 5 %. Es ist damit um das 5 – 6 fache höher als bei einem bisher unauffälligen Kraftfahrer.

Besonders ungünstig ist die Kombination von Trunkenheitsdelikten, sonstigen Verkehrsauffälligkeiten und Straftaten zu sehen, denn aus ihr ergibt sich eine höhere Rückfallwahrscheinlichkeit für eine erneute Trunkenheitsfahrt, als bei einem Kraftfahrer, der allein wegen Trunkenheit im Verkehr bestraft worden ist. (Kunkel 1977)

Aus psychologischer Sicht sind mehrere Faktoren für die erhöhte Rückfallwahrscheinlichkeit in Betracht zu ziehen:

Bei Trunkenheitsfahrten muss von einer sehr hohen Dunkelziffer ausgegangen werden. Eine folgenlos verlaufende Fahrt unter Alkoholeinfluss bestärkt den Fahrer in der Einstellung, dass sein Verhalten nicht veränderungsbedürftig ist. Auf diese Weise kommt es zur Bildung von ungünstigen Gewohnheiten, die sich verfestigen und dann trotz Bestrafung nur schwer zu verändern sind. Bei Personen mit erhöhter Alkoholverträglichkeit besteht bezüglich Trunkenheitsfahrten oft kaum ein Problembewusstsein. Aufgrund der hohen Alkoholgewöhnung gehen sie fälschlicherweise davon aus, sie seien noch fahrtauglich, zumal ihnen ihre BAK – Werte bei unentdeckten Fahrten ja nicht bekannt sind.

Eine besondere Gefährdung sowie ein erhöhtes Rückfallrisiko ergibt sich aus der Tatsache, dass Alkohol ein beträchtliches Suchtpotential hat. Eine hohe BAK weist auf einen in der Vergangenheit betriebenen Alkoholmissbrauch hin, der zunächst zu einer behandlungsbedürftigen Alkoholproblematik, in fortgeschrittenen Fällen zu psychischer oder auch zu einer Kombination von psychischer und körperlicher Abhängigkeit führen kann.

Da für eine Trunkenheitsfahrt immer falscher Umgang mit Alkohol verantwortlich zu machen ist, liegt die Voraussetzung für eine günstige Prognose des zu erwartenden Verkehrsverhaltens in einer glaubhaft gemachten Veränderung des Umgangs mit Alkohol. Die Veränderung muss von ihrer Art her geeignet sein, erneute Trunkenheitsfahrten auszuschließen.

Bei der Untersuchung ist daher zu prüfen, welcher Art des falschen Umgangs mit Alkohol die bekannt gewordene Trunkenheitsfahrt zuzuordnen ist.

In weniger schweren Fällen ist es ausreichend, dass der Betroffene zum einen seinen Alkoholkonsum grundsätzlich einschränkt, um nicht durch Alkoholgewöhnung und die damit einhergehenden Einstellungsveränderungen die Fähigkeit zur richtigen Einschätzung seiner Fahrtauglichkeit zu beeinträchtigen. Zum andern ist zu fordern, dass durch konsequente Selbstkontrolle Alkoholkonsum in Situationen, in denen Fahrbereitschaft (bzw. Fahrnotwendigkeit) besteht oder zu erwarten ist, weitestgehend eingeschränkt oder auch ganz vermieden wird.

Bei schwerwiegenderem Alkoholmissbrauch in der Vergangenheit, der bereits zu einer behandlungsbedürftigen Alkoholproblematik geführt hat, ist dem Betroffenen kontrollierter Umgang mit Alkohol oftmals zwar noch vorübergehend, nicht jedoch auf Dauer möglich. Voraussetzung zur Wiederherstellung der Kraftfahreignung ist daher in diesem Fall vollständige Abstinenz. (STEPHAN, 1998)

Hat der Betroffene seinen Umgang mit Alkohol in geeigneter Weise geändert, ist weiterhin zu prüfen, ob sich die Veränderung hinreichend stabilisiert hat und ob eine ausreichende innere Aufarbeitung der Alkoholauffälligkeit stattgefunden hat.

Ein positiv verändertes Trinkverhalten bietet erst dann die Möglichkeit zu einer günstigen Prognose, wenn es sich bereits gefestigt hat und wenn die Motivation zur Veränderung nicht nur vordergründig auf Wiedererlangung der Fahrerlaubnis gerichtet ist.

Ist es in der Vergangenheit zu Verstößen gegen sonstige Verkehrsvorschriften gekommen, muss dieses ungeachtet sonstiger misslicher Begleitumstände ebenfalls mit ungünstigen Einstellungen und Gewohnheiten erklärt werden. Voraussetzung für eine positive Beurteilung der Kraftfahreignung ist daher, dass die den Auffälligkeiten zugrundeliegenden Bedingungen inzwischen ihre Wirksamkeit verloren haben.

Die Bedenken an der Kraftfahreignung, die sich aus dem Verdacht des Drogenmissbrauchs ergeben, begründen sich mit der bewusstseinsverändernden Wirkung dieser Drogen, die im Zustand der Intoxikation die Eignung zum Führen von Kraftfahrzeugen ausschließt.

Zudem ist bei Drogenkonsum von einem großen Abhängigkeitsrisiko auszugehen, woraus sich eine schwere Beeinträchtigung der rationalen Verhaltenssteuerung ergeben kann.

Voraussetzung für eine positive Beurteilung der Kraftfahreignung ist daher vollständige Drogenabstinenz sowie eine psychische Aufarbeitung der Abhängigkeitsproblematik, sofern es zu erheblichem Drogenmissbrauch in der Vergangenheit gekommen ist.

Medizinische Untersuchung

In der Befragung zur Vorgeschichte nannte Herr Mustermann keine verkehrsmedizinisch bedeutsamen Erkrankungen.

Die Einnahem von Medikamenten oder Drogenkonsum zum jetzigen Zeitpunkt wurde verneint. Er habe jedoch früher 1 – 2 Mal monatlich Haschisch geraucht. Seit 5 Jahren jedoch völlig damit aufgehört.

Bezüglich der Alkoholanamnese gab Herr Kai Mustermann an, nur gelegentlich Alkohol zu trinken, dann maximal 6 – 8 Weinschorle.

Die zentrale Sehschärfe betrug beiderseits mit Glas 1,1. Farbsehen und Stereosehen waren nicht gestört. Das Gesichtsfeld war bei einfacher Prüfung nicht eingeschränkt.
Die Augenmotilität erwies sich als normal. Das Hörvermögen war für Flüstersprache auf 5 m nicht beeinträchtigt.

Der Blutdruck betrug 160/95 mm Hg, der Ruhepuls 84/min bei regelmäßigem Herzschlag.

Kommentar: *Für einen gesunden, jungen Mann ein bisschen hoch. Optimal wäre ca. 120 / 80. Aber: Bei der MPU ist aber der Blutdruck bei den meisten etwas höher.*

Die körperliche Untersuchung erbrachte keine bedeutsamen Befunde bei den inneren Organen, insbesondere keine Vergrößerung und Verhärtung der Leber sowie keinen Ikterus. Die Bewegungsorgane wiesen keine Einschränkung der Beweglichkeit auf. Weder neurologisch noch psychopathologisch fanden sich Besonderheiten.

Die laborchemische Untersuchung erbrachte:

MCV	93 FL	Normwert 78 – 98
Bilirubin gesamt	0,60 mg/dl	Normwert bis 1,1
Alkalische Phosphatase	103 U/L	Normwert 60 – 180
Gamma – Gt	17 U/L	Normwert bis 28
GOT	13 U/L	Normwert bis 18
GPT	11 U/L	Normwert bis 24

Kommentar: *Der MCV ist zwar im Normbereich, aber für die MPU könnte er etwas besser sein. (vgl. hier Kapitel 9.1 Die medizinische Untersuchung – Leberwerte)*

Die Laboruntersuchung des Urins auf Glucose, Blut, Eiweiß, Urobilinogen und korpuskuläre Bestandteile war negativ.

Die Urinuntersuchung auf Cannabinoide brachte ein negatives Ergebnis.

Zusammenfassende Stellungnahme:

Der körperliche und laborchemische Untersuchungsbefund war unauffällig. Hinweise auf einen fortgesetzten Haschischkonsum fanden sich nicht. Zusammenfassend lassen sich somit aus medizinischer Sicht Bedenken gegen die Wiedererteilung der beantragten Fahrerlaubnis nicht rechtfertigen.

Im Hinblick auf die notwendige innere Aufarbeitung der Suchtproblematik und die Rückfallgefährdung, insbesondere bei fortgesetztem Alkoholkonsum, wird auf den psychologischen Teil des Gutachtens verwiesen.

Der Führerschein sollte folgende Eintragung enthalten:

Beim Führen von Kraftfahrzeugen müssen geeignete Korrekturgläser getragen werden.

Psychologische Untersuchung

1. Beschreibung der verwendeten Leistungsverfahren

Zur Überprüfung der psychophysischen Leistungsvoraussetzung wurden folgende Verfahren eingesetzt:

Standard Progressive Matrices nach RAVEN

> Dieser Test prüft die Fähigkeit zur Wahrnehmung und richtigen Einordnung optischer Darbietungen. Er dient der Erfassung des allgemeinen Intelligenzniveaus.

Labyrinth-Test nach CHAPUIS

> Geprüft wird die Fähigkeit zur Orientierung und Entscheidungsfindung in visuell komplexen Situationen. Die Auswertung erfolgt sowohl nach Geschwindigkeit (GPR) als auch Sicherheit in Bezug auf die Vermeidung von Fehlern (SPR) bei der Aufgabenlösung.

Die Art der Linienführung bei der Aufgabenerledigung bietet Hinweise auf eventuell vorhandene Störungen der Feinmotorik.

Zahlensymbol-Test (ZS) aus dem Hamburg-Wechsler Intelligenztest.

Geprüft werden die Aufnahme- und Lernfähigkeit hinsichtlich optischer Darbietungen sowie die Umsetzung des Gelernten in visuell-motorische Koordinationsleistungen.

Die Ergebnisse werden in Prozenträgern (PR) angegeben, wobei der bestmögliche Wert ein PR von 100 ist. Als Mindestanforderung gilt im Allgemeinen ein PR – Wert von 25. Sofern in einem Verfahren schwächere Leistungen gemessen werden, ist im Einzelfall zu prüfen, ob eine Möglichkeit zur Kompensation vorhanden ist.

2. Ergebnisse der Leistungsverfahren:

RAVEN	PR:	95
Labyrinth	GPR:	75
ZS	PR:	100

Kommentar: *Herr Mustermann hat hier gute bis sehr gute Ergebnisse erzielt. „Leider" sind bei diesen Leistungstest sehr gute bis ausreichende Ergebnisse nur die Grundvoraussetzung für ein positives Gutachten.*

3. Vorgeschichte:

Zur Vorgeschichte gab Herr Mustermann an, er sei in Würzburg geboren und aufgewachsen. Er habe die Hauptschule bis zum Abschluss besucht. Danach habe er den Beruf des Dachdeckers erlernt, in dem er jedoch nicht mehr tätig sei.
Von 1995 bis 2001 habe er als Kraftfahrer gearbeitet. Seitdem sei er arbeitslos.

Er sei ledig.

Die Fahrerlaubnis Klasse 3 habe er erstmals 1991 erworben. Eine Erweiterung auf die Klasse 2 sei 1993 erfolgt. Seine jährliche Fahrpraxis mit dem PKW habe zuletzt 10.000 Kilometer, mit dem LKW 30.000 Kilometer betragen.

4. Schilderung der Auffälligkeiten durch den Probanden

Die Art, in der ein Betroffener seine Tatauffälligkeiten beschreibt, bietet dem psychologischen Gutachter wichtige Hinweise auf die Entstehungsbedingungen, aber auch auf die innere Verarbeitung des Geschehens.

Kommentar: Dieser Hinweis vom Gutachter ist ganz, ganz wichtig!!
Der Gutachter will durch die eigene Beschreibung der Tatauffälligkeiten „heraushören", wie und was unser Herr Mustermann heute denkt und welche Einstellung er heute hat.
So wie er heute denkt, wird er auch morgen handeln.

Wir geben im Folgenden die Angaben von Herrn Mustermann zu seinen Auffälligkeiten wieder.

00.00.1996
Unerlaubter Erwerb von BTM in Tateinheit mit unerlaubtem Handeltreiben von BTM; 2 Jahre, 9 Monate Freiheitsstrafe:

Insgesamt habe er damals 5 kg Haschisch gekauft und wiederverkauft. Das sei lukrativ gewesen, er habe das aus finanziellen Gründen gemacht. Er habe nicht weiter darüber nachgedacht. Er sei dann nicht mehr davon weggekommen, bis er erwischt worden sei.

Kommentar: *Herr Mustermann sagt, dass der Handel mit illegalen Drogen lukrativ gewesen sei.*
Leider verliert er kein Wort darüber, wie er heute darüber denkt.
Wahrscheinlich – so denkt der Gutachter – tut es Herrn Mustermann nur leid, dass er erwischt worden ist. – Kein guter Anfang des Gespräches.

00.00.2002 Rotlichtmissachtung

Er sei ein bissel zu schnell gefahren,

Kommentar: *Ein „bissel schnell".*
Herr Mustermann verharmlost die „Tat" und zeigt schon mit diesen zwei Worten, dass er heute noch so über die Sache denkt wie früher.

er sei auch von einem anderen Auto geblendet worden.

Kommentar: *Ah, jetzt sagt Herr Mustermann indirekt, dass er ja eigentlich nichts dafür könne, dass er bei Rot über die Ampel gefahren sei, er sei ja geblendet worden.*

er habe einen Moment lang nicht aufgepasst.

Kommentar: *Kann ja jeden mal passieren, will er wohl damit sagen.*

So sei er noch schnell über die rote Ampel „geflitzt".

Kommentar: Herr Mustermann sagt mit dieser Aussage: „Was soll`s, war doch nicht so schlimm, warum unnötig auf die Bremse treten?"

Einen bestimmten Grund, so schnell zu fahren, habe er nicht gehabt.

Kommentar: Herr Mustermann sagt hier eigentlich: „Ich fahre eigentlich immer so schnell!"

Er habe in dem Moment auch eigentlich keine Bedenken gehabt, jeder sei sicher mal zu schnell gefahren.

Kommentar: Herr Mustermann zeigt mit dieser Aussage wieder, dass er überhaupt noch nicht über sein früheres riskantes Verkehrsverhalten nachgedacht hat; zudem verallgemeinert er und will sagen, dass alle Autofahrer eigentlich zu schnell fahren.

Es sei halt passiert,

Kommentar: Das Wort „halt" gibt hier wieder seine Meinung, seine Einstellung wieder bzw. zeigt, dass er sein früheres Verkehrsverhalten noch nicht einmal ansatzweise aufgearbeitet hat.
Schon zu diesem Zeitpunkt hat Herr Mustermann wohl keine Chance mehr, ein positives Gutachten zu bekommen.

er wisse nicht, was er sonst noch dazu sagen sollte. Zum Bremsen hätte es wahrscheinlich nicht mehr gereicht.

Kommentar: *Ja, wenn es wahrscheinlich nicht mehr langt, fährt man einfach mal bei rot über die Ampel.*

00.00.2002 04.05 Uhr Fahrlässige Trunkenheit im Verkehr, BAK 1,7 o/oo:

Damals habe die Freundin mit ihm Schluss gemacht, sein Opa und sein Cousin seien zuvor gestorben und er habe ein bis zwei Monate lang mehr getrunken als sonst.

Kommentar: *Hier schwindelt Herr Mustermann .Um vom normalem Trinken, vom „kontrollierten Trinken (vgl. Kapitel11, „Kontrolliertes Trinken")zum übermäßigen Trinken (1,7 Promille) zu kommen, braucht es schon etwas länger.*

An dem Tag habe er anlässlich einer Geburtstagsfeier ab 19 Uhr etwa 8 Weinschorle, pro Glas 0,2 Liter Wein, und 2 Gläser Sekt getrunken.

Kommentar: *Hier schwindelt Herr Mustermann schon wieder! Mit „nur" 1,6 Liter Weinschorle = 0,8 Liter Wein und 2 Glas Sekt erreicht Herr Mustermann keine 1,7 Promille (vgl. Kapitel 13.3 Wie viel darf ich trinken – Berechnung).*

Er habe zu einem Bekannten 1 ½ km weiter fahren wollen. Eine Alkoholwirkung habe er verspürt. Er habe eigentlich auch gewusst, dass es nicht mehr gehe, so betrunken wie er gewesen sei.

Kommentar: *Wenn er es noch gewusst hat, dass es nicht mehr geht, warum ist er dann noch gefahren? Hier hätte er eine sehr selbstkritische Antwort geben müssen. Es zeigt sich auch hier wieder, dass eine Aufarbeitung nicht stattgefunden hat.*

Er habe jedoch nicht weiter gedacht. Nach 500 m habe ihn die Polizei gestoppt. Aufgefallen sei er durch unsichere Fahrweise. Er habe auch selbst gespürt, dass der Alkohol sich negativ auf die Fahrweise ausgewirkt habe.

5. Schilderung des früheren und gegenwärtigen Umgangs mit legalen und illegalen Drogen

Befragt zu seinem Umgang mit alkoholischen Getränken machte Herr Mustermann folgende Angaben:

Er habe mit 15 Jahren begonnen, Alkohol zu trinken.

Kommentar: Herr Mustermann hat früh mit Alkohol trinken angefangen. Je früher jemand anfängt und je länger jemand getrunken hat, umso kritischer sieht es der MPU-Gutachter!

Damals habe er ein Bier getrunken. Bier vertrage er jedoch nicht mehr, irgendwann habe er dann Wein konsumiert. Am Wochenende in der Diskothek habe er 3 – 5 Weinschorle á 0,4 l getrunken.

Die Trinkmenge habe sich im Laufe der Zeit nicht gesteigert. Sein Konsum sei eher zurückgegangen.

Kommentar: Herr Mustermann schwindelt weiter.

Früher, in der Clique, habe er ein bisschen mehr getrunken. Auf nähere Nachfrage meinte Herr Mustermann, so extrem sei es nicht gewesen, es sei vielleicht von der Häufigkeit mehr gewesen. Er sei nicht unbedingt ein

Freund von Alkohol.

Kommentar: Kein Freund von Alkohol?!
Wer 1,7 Promille einmal erreicht hat, ist dem Alkohol wohl sehr „freundschaftlich“ verbunden gewesen.
Herr Mustermann versucht, alle Vorfälle (Drogen, Punkte, Alkohol) herunter zu spielen und zu bagatellisieren.

In der Diskothek trinke halt jeder Mal was.

Kommentar: Wieder versucht Herr Mustermann zu verallgemeinern; es trinken doch alle (so viel).

Nach der Bundeswehr 1995 habe er fast gar keinen Alkohol mehr zu sich genommen. Das habe sich so ergeben durch die Freundin, die Clique habe es nicht mehr gegeben.

Bei besonderen Anlässen, wie Geburtstagsfeiern, habe er vielleicht 2 – 3 Gläser Sekt getrunken. Das sei etwa drei- bis fünfmal im Jahr vorgekommen. An Neujahr habe er vielleicht ähnlich viel getrunken wie bei seinem Alkoholdelikt. So eine Trinkmenge sei vielleicht auch noch an Fasching vorgekommen.

Auf die Frage, weshalb er dann so viel Alkohol konsumiert habe, gab Herr Mustermann an, auf den Partys seien fast alle betrunken gewesen. Er habe jedoch nicht regelmäßig getrunken. 6 – 7 Gläser Wein á 0,2 l in der Zeit von 19 Uhr bis 05 Uhr morgens seien nicht so viel.

Vor dem Alkoholdelikt habe er 1 bis 1 ½ Monate lang mehr getrunken. Er habe nicht täglich Alkohol konsumiert, sondern am Wochenende. Es sei nicht immer so viel gewesen wie bei dem Trunkenheitsdelikt, vielleicht drei- bis viermal in der Zeit.

Kommentar: Die weiteren Aussagen wirken nach wie vor nicht glaubhaft.

Herr Mustermann wurde dann darauf angesprochen, dass die von ihm berichteten Trinkgewohnheiten zu gering sind, um das Erreichen der bei ihm festgestellten BAK erklären zu können. Er gab dazu an, er wisse es nicht. Beim Straßenverkehrsamt habe man ihm das auch schon gesagt, es sei aber so gewesen.

Kommentar: Herr Mustermann weicht nicht von seiner Strategie (alles zu bagatellisieren, alles zu verharmlosen) ab, obwohl der Gutachter ihm hier mit klaren Worten gesagt hat, dass seine Angaben nicht stimmen können.

Noch einmal darauf angesprochen, dass die bei dem Delikt festgestellte BAK nur erreicht werden kann, wenn eine entsprechende Alkoholgewöhnung und dadurch erworbene Trinkfestigkeit vorliegt, weil ansonsten sich der Körper gegen die Aufnahme so hoher Alkoholmengen wehrt, erklärte Herr Mustermann, es könne nicht sein, dass er mehr Alkohol gewöhnt gewesen sei. Er habe nur in dem Monat „ein bissel mehr" getrunken, ansonsten nicht. So schlecht wie in den 1 ½ Monaten sei es ihm noch nie gegangen, er sei ziemlich deprimiert gewesen. Sonst habe er nicht vermehrt getrunken, wenn er Probleme gehabt habe.

Beim Straßenverkehrsamt habe man ihm gesagt, er solle zu den Anonymen Alkoholikern gehen, sonst habe er keine Chance für die Medizinisch-Psychologischen-Untersuchung hier. Er habe bei einer Beratungsstelle angerufen, der Kurs koste aber 300 Euro und das könne er sich nicht leisten.

Kommentar: Durch die MPU zu fallen ist noch teurer, als sich gut vorzubereiten – ganz einmal abgesehen vom Zeitverlust!

Er wolle da sowieso nicht hin, dann müssten auch 70 Millionen andere dort hingehen.

Kommentar: Herr Mustermann unterstellt hier mit anderen Worten, das eigentlich alle so übermäßig trinken wie er. Aber bei dieser Aussage war Herr Mustermann wohl schon sehr „genervt" von der Nachfragerei des Gutachters.

Er habe kein Problem mit dem Alkohol. Das Delikt sei halt passiert, so etwas komme nicht mehr vor.

Kommentar: Wieder das Wort „halt", das hier aussagt, es kann doch wieder einmal passieren.

Auf die BAK angesprochen meinte Herr Mustermann, die sei ihm auch ein bissel hoch vorgekommen.

Kommentar: Jetzt sagt Herr Mustermann mit anderen Worten, dass die BAK wohl falsch gemessen worden sei.

Auf die Frage, ob er nach dem Trunkenheitsdelikt Konsequenzen gezogen habe, erklärte Herr Mustermann, er werde niemals mehr trinken, wenn er mit dem Auto fahre. Noch einmal nachgefragt, ob er an seinen Trinkgewohnheiten etwas geändert habe, äußerte Herr Mustermann „ja klar". Seit einem halben Jahr habe er eine Freundin und da trinke er so gut wie gar nicht mehr. Er nehme Alkohol etwa in dem Ausmaß zu sich wie vor den 1 ½ Monaten vor dem Alkoholdelikt.

Dazu befragt, wie er zukünftig ähnliche Situationen vermeiden wolle, dass er bei Frust doch wieder vermehrt trinke und Auto fahre, gab Herr Mustermann an, er wolle heiraten, er treibe regelmäßig Sport mit der

Freundin (Squash und Fitness), da passe Alkohol nicht dazu. Er trinke auch weniger Alkohol als vorher. Bevor er die Freundin kennen gelernt habe, habe er auch schon reduziert. Das sei für ihn kein Problem gewesen.

Veränderungen seit der Reduzierung seines Alkoholkonsums gebe es nicht. Noch einmal ausdrücklich zu seinen Lebensgewohnheiten oder seinem Befinden befragt gab Her Mustermann an, es komme jetzt nicht mehr vor, dass es ihm nach Alkoholkonsum schlecht gehe.

Zukünftig wolle er bei Geburtstagsfeiern und an Neujahr schon etwas trinken, so wie vorher auch. Trinkmengen wie bei seinem Alkoholdelikt könnten dann schon mal vorkommen. Dann werde er aber das Auto nicht mitnehmen, wenn er davon ausgehe, dass er etwas trinke.

Befragt zu seinem Umgang mit Drogen machte Herr Mustermann folgende Angaben:

Erstmals habe er mit 15/ 16 Jahren in der Clique Kontakt mit Haschisch bekommen. Da habe jeder mal was geraucht und er habe es auch probiert.

Kommentar: Herr Mustermann zieht auch hier bei den Drogen wie vorher schon beim Alkohol und Punkten, seine (falsche) Strategie durch und verallgemeinert wieder. Es hätten ja alle geraucht....

Eigentlich habe es ihm nicht gefallen, er sei eher müde davon geworden. Deshalb habe er auch nicht so viel Sinn darin gesehen, zu rauchen. Bis zu seinem 18. Lebensjahr habe er ab und zu mitgezogen, vielleicht ein- bis zweimal im Monat. Das sei es dann gewesen.

Kommentar: Auch wenn diese Aussage stimmen würde, dass er „nur“ so wenig geraucht hätte, sind ca. 3 Jahre – und das in so wichtigen Entwicklungsjahren – eine ganze „Menge Zeit“!

Bei der Bundeswehr habe er auch noch ein bisschen geraucht,

Kommentar: *Ah, also doch noch länger!*
Jetzt sind wir schon bei ca. 4 – 5 Jahren!

danach aber nicht mehr. Die Freundin habe das nicht gewollt.

Kommentar: *Herr Mustermann sollte nicht wegen seiner Freundin aufhören Drogen zu konsumieren, sondern weil er es selber will.*

Als er wegen des Handelns aufgefallen sei, habe er selbst nicht mehr konsumiert. Er habe kein Interesse daran gehabt.

Kommentar: *Wenn man davon überzeugt ist, dass Drogen für einen selber schädlich sind, sollte man diese auch nicht an andere verkaufen und damit noch ein Geschäft machen.*

Darauf hingewiesen, dass aus dem Urteil hervorgeht, dass sich sein Haschischkonsum Anfang Juli 1990 gesteigert habe, gab Herr Mustermann an, das habe andere Hintergründe. Sein Rechtsanwalt habe ihm damals geraten, Eigenkonsum anzugeben, dann falle sein Urteil milder aus. Eigenkonsum sei nicht strafbar. Der Rechtsanwalt habe den Handel unter 2 kg drücken wollen, dann wäre er mit einer Bewährungsstrafe davongekommen.

Darauf angesprochen, dass es schwer nachzuvollziehen sei, dass er selbst nichts konsumiert habe, wenn er mit entsprechenden Leuten zusammen gewesen sei, blieb Herr Mustermann dabei, dass er nicht geraucht habe. Auch andere Drogen habe er nicht genommen. Er habe allerdings auch Alkohol und Haschisch zusammen konsumiert.

Ende 1995 habe er endgültig auf Haschisch verzichtet, wegen der Freundin. Auf die Frage, weshalb er sich dann auf Handel eingelassen habe, gab Herr Mustermann an, das habe finanzielle Gründe gehabt, er habe schlecht nein sagen können. Vielleicht habe er zwischendurch mal etwas auf einer Party mitgezogen, was ihm jetzt nicht einfalle.

Ganz sicher nehme er seit bestimmt 5 Jahren kein Haschisch mehr zu sich.

Kommentar: Jetzt sind wir schon bei 10 Jahren! Herr Mustermann ist 30 Jahre alt und hat bis vor 5 Jahren geraucht (mindestens!)

Der Verzicht sei kein Problem gewesen, verändert habe sich dadurch nichts. Er habe ja nicht in dem Maße konsumiert, dass er süchtig davon geworden sei. Wenn man zwei- bis dreimal mitziehe, merke man fast gar nichts. Er habe mitgezogen, weil das jeder gemacht habe. Damals seien das seine Freunde gewesen, mittlerweile nicht mehr.

Auch zukünftig wolle er auf Drogen verzichten, er habe mit Drogen nichts mehr „am Hut" und wolle es auch nicht. Sein Cousin und ein Freund seien an harten Drogen gestorben. Auf die Frage, was nach seiner Ansicht dagegen spreche, ab und zu an einem Joint mitzuziehen, gab Herr Mustermann an, es bringe ihm nichts. Früher sei er labiler gewesen und nicht so gefestigt. Heute könne er nein sagen und er habe auch die entsprechenden Kontakte nicht mehr.

Kommentar: Na, das klingt ja jetzt etwas positiver. Nur hätte er hier ein bisschen mehr erzählen und vertiefen müssen. Es kommt aber ein wenig so rüber, als hätte er dies nur wegen der MPU gesagt. Mit dem vorher Gesagten wenig glaubwürdig.

Darauf angesprochen, welche Gedanken er sich gemacht habe, dass er mit Alkohol und Haschisch aufgefallen sei, erklärte Herr Mustermann, den

Handel habe er bereut, er habe seine Strafe abgebüßt. Er wolle, dass so etwas niemals mehr vorkomme. Auf die Frage, was er dazu tun könne, meinte Herr Mustermann, hinsichtlich Drogen müsse er nichts tun, er wisse, dass er nichts nehme. Alkohol trinke er sowieso nicht, wenn er mit der Freundin zusammen sei,

Kommentar: Es hängt also eine ganze Menge von der Freundin ab. Herr Mustermann sollte „Halt" in sich selber finden, der Alkoholkonsum darf nicht von jemand anderes abhängen.

und wenn das auseinander gehe, werde er mit Sicherheit nicht mehr den Fehler machen und mit dem Auto fahren, wenn er Alkohol getrunken habe.

Kommentar: Herr Mustermann sagt hier mit anderen Worten, wenn er seine Freundin verliere (seinen Halt), werde er wohl (verstärkt) Alkohol trinken, aber nicht Auto fahren.
Herr Mustermann hat ein Drogen- und ein Alkoholproblem (gehabt?). Es muss eigentlich vollständige Abstinenz gefordert werden.

Er glaube auch nicht, dass er noch einmal so depressiv „drinhängen" würde.

Dauer der psychologischen Exploration: 09.17 Uhr – 10.15 Uhr

6. Beurteilung

Wir prüften zunächst die Glaubwürdigkeit der Angaben von Herrn Mustermann zu seinem früheren und gegenwärtigen Trinkverhalten.

Dabei fiel auf, dass die von Herrn Mustermann angegebenen allgemeinen

Alkoholtrinkgewohnheiten nicht mit der bei ihm festgestellten BAK zu vereinbaren sind.

Personen mit nur mäßigem Alkoholkonsum erreichen auch bei besonderen Gelegenheiten, z.B. ausgedehnten Feierlichkeiten, kaum BAK Werte über 0,8–1o/oo. Dies wurde in zahlreichen wissenschaftlich beobachteten Trinkversuchen festgestellt und kann als gesicherte Erkenntnis gelten. Bei BAK–Werten ab 1,3o/oo muss schon von normabweichendem Trinkverhalten ausgegangen werden (KUNKEL 1985). Ein BAK-Wert ab 1,5o/oo ohne gleichzeitiges Vorliegen auffälliger Alkoholisierungsmerkmale ist nach der Definition des US National Council of Alcoholism ein deutlicher Hinweis auf Alkoholkonsum.

Herr Mustermann nahm Alkohol bis zu einer BAK von 1,73 o/oo auf. Dennoch konnte er anschließend ein Kraftfahrzeug in Gang setzen. Dies lässt eindeutig auf eine stärkere Alkoholgewöhnung schließen, als Herr Mustermann sie hier einräumte. Vermehrter Alkoholkonsum über einen lediglich vierwöchigen Zeitraum, wenn vorher nur in geringem Ausmaß Alkohol konsumiert wurde, erklärt nicht die hohe Alkoholgewöhnung.

Angesichts der unrealistischen Angaben von Herrn Mustermann zu seinem Alkoholkonsum in der Vergangenheit können auch die Angaben zum derzeitigen Trinkverhalten nicht in positiver Weise berücksichtigt werden, sondern sie sind nicht weiter zu verwerten.

Vor allem machte Herr Mustermann erst auf wiederholte ausdrückliche Nachfrage eine Veränderung im Alkoholkonsum geltend. Probanden, die ihren Alkoholkonsum tatsächlich verändert haben, sind bestrebt dies auch möglichst bald im Gespräch zu erwähnen.

Auffällig ist auch, dass Herr Mustermann angab, die Einschränkung des Alkoholkonsums sei kein Problem gewesen. Tatsächlich ist es jedoch immer schwer, eingefahrene Gewohnheiten zu ändern, insbesondere dann, wenn es um den Verzicht auf psychotrop wirkende Stoffe geht.

Auch ist die Frage nach den sonstigen Veränderungen, die die Einschränkung des Alkoholkonsums mit sich gebracht hat, ein wichtiges

Kriterium dafür, wieweit die Aussage bezüglich der Veränderung des Trinkverhaltens als glaubwürdig angesehen werden kann.

Herr Mustermann gab hierzu an, eigentlich habe sich seit der Reduzierung seines Alkoholkonsums ansonsten nichts Wesentliches geändert.

Eine ernsthaft in Angriff genommene Einschränkung eines zuvor betriebenen stärkeren Alkoholkonsums bringt umfassende Veränderungen in der gesamten Lebensführung mit sich und muss dies auch tun, wenn sie wirklich von Dauer sein soll.

Von zentraler Bedeutung für die Prognose des zukünftigen Verkehrsverhaltens ist die Art der inneren Aufarbeitung der Trunkenheitsfahrt.

Trotz der Empfehlung durch die Verkehrsbehörde hat Herr Mustermann jedoch bislang keine therapeutische Hilfe bei der Bewältigung seines früheren unkontrollierten Umgangs mit Alkohol in Anspruch genommen.

Erfahrungsgemäß gelingt jedoch die Aufarbeitung der Verhaltens- und Einstellungsdefizite, die zum Alkoholmissbrauch geführt haben, nur unter fachkundiger Hilfe.

Weitere erhebliche Bedenken ergeben sich vor allem, da Herr Mustermann auch zukünftig zu besonderen Anlässen Trinkmengen in ähnlicher Höhe wie beim Alkoholdelikt zu sich nehmen will. Bei so hoher Alkoholaufnahme ist zu erwarten, dass die Droge Alkohol erneut seine Fähigkeit zur rationalen Verhaltenskontrolle außer Kraft setzen wird.

Angesichts der mangelnden inneren Aufarbeitung der Alkoholauffälligkeit sowie des Fehlens glaubwürdiger Angaben zu einer ausreichenden Verhaltensänderung im Umgang mit Alkohol muss auch heute von den gleichen ungünstigen Bedingungen ausgegangen werden, wie sie zum Zeitpunkt der Trunkenheitsfahrt vorlagen und diese erst ermöglicht haben.

Ein erneutes Auffälligwerden ist somit wahrscheinlich.

Zu den sonstigen verkehrsrechtlichen Auffälligkeiten

Bei der Besprechung des Deliktes zeigte sich, dass Herr Mustermann bezüglich dieses Vorfalls kaum ein Problembewusstsein entwickelt hat und die Ursache teils bei äußeren ungünstigen Umständen sieht (geblendet worden).

Seine Einstellung, jeder sei sicher mal zu schnell gefahren, lässt nicht erkennen, dass eine selbstkritische Auseinandersetzung mit dem Fehlverhalten erfolgt wäre und ist nicht geeignet, die Voraussage zu ermöglichen, es werde in Zukunft nicht zu weiteren Vergehen kommen.

Zu der Drogenauffälligkeit

Bezüglich des früheren Drogenmissbrauchs ist vollständige Abstinenz zu fordern, das die regelmäßige Einnahme von Drogen zu Wahrnehmungs- und Persönlichkeitsveränderungen führt, die die Fähigkeit zum sicheren Führen eines Kraftfahrzeuges erheblich beeinträchtigen.

Auch wenn das hier durchgeführte Drogenscreening keinen Hinweis auf derzeitige Drogeneinnahme ergab, bleiben immer noch erhebliche Bedenken bestehen aufgrund der deutlichen Verdeckungstendenzen bei der Besprechung seines früheren Drogenkonsums.

Herr Mustermann war offensichtlich bemüht, das Ausmaß seines früheren Umgangs mit Drogen herunterzuspielen (eigentlich habe es ihm nicht gefallen; ab und zu mitgezogen u.ä.).

Zudem ist nicht nachzuvollziehen, dass Herr Mustermann kein Haschisch mehr konsumiert hat, lediglich aus dem Grund, weil die Freundin es nicht mehr gewollt hat, obwohl er massiven Handel betrieben, weil er nicht habe nein sagen können, ist es nicht wahrscheinlich, dass Herr Mustermann beim Haschischkonsum konsequent abgelehnt hat.

Weiter fiel auf, dass Herr Mustermann auch keine Veränderungen, bedingt durch den Verzicht auf Haschisch, festgestellt hat. Ebenso wie beim Alkohol wären Veränderungen in der Lebensführung zu erwarten, wenn eine dauerhafte Distanz zur Droge gewahrt wird.

Voraussetzung für eine positive Beurteilung der Eignung zum Führen von Kraftfahrzeugen

Die starken Verdeckungstendenzen bei der Besprechung des Umgangs mit Alkohol und Drogen lassen es nicht zu, eine eindeutige Feststellung darüber zu treffen, welches Ausmaß der Gefährdung bei Herrn Mustermann vorliegt. Da Herr Mustermann neben dem Alkoholdelikt in der Vergangenheit auch mit Haschisch auffiel, muss eine Abhängigkeitsproblematik in Betracht gezogen werden.

Hinsichtlich des Drogengebrauchs ist wie bereits oben begründet vollständige Abstinenz zu fordern.

Zur Abklärung der Problematik empfehlen wir Herrn Mustermann, sich an eine verkehrspsychologische Beratungsstelle oder eine Suchtberatungsstelle zu wenden.

Wir möchten allerdings darauf hinweisen, dass eine Abklärung nur möglich ist, wenn Herr Mustermann die Bereitschaft zeigt, offener als es hier der Fall war, über Art und Umfang seines bisherigen Umgangs mit Alkohol und Haschisch zu sprechen.

Bezüglich des Verkehrsdeliktes ist es erforderlich, dass Herr Mustermann sich mit den in der eigenen Person liegenden Ursachen seiner Auffälligkeit selbstkritischer auseinandersetzt, um so sein Verhalten in geeigneter Weise ändern zu können.

7. Zusammenfassung

Nach den hier erhobenen Untersuchungsbefunden ist zu erwarten, dass Herr Mustermann auch zukünftig ein Kraftfahrzeug unter Alkoholeinfluss führen wird, da es zu einer einschneidenden Verhaltensänderung und tiefgreifenden Aufarbeitung der Problematik bei ihm noch nicht gekommen ist.

Aufgrund der Verdeckungstendenzen können die Bedenken hinsichtlich weiterer Verstöße gegen das BTM–Gesetz nicht ausgeräumt werden.

Auch muss mit weiteren Verstößen gegen sonstige verkehrsrechtlichen Bestimmungen gerechnet werden.

gez. Dipl. Psychologin Ärztin

Auch diese Gutachten ist (leider) vollkommen in Ordnung.
Nach einer guten Vorbereitung und Aufarbeitung seiner Alkohol- und Drogenproblematik und seines verkehrsauffälligen Verhaltens hat Herr Mustermann die MPU im zweiten Anlauf ohne Schwierigkeiten geschafft.

Kapitel 9
Die medizinisch-psychologische Untersuchung (MPU)

Die medizinisch-psychologische Untersuchung befasst sich mit unterschiedlichen Auffälligkeiten, so z.B. mit Alkohol, Punkten, Drogen.

Die Untersuchungsstellen (BfF) haben nun die Aufgabe von der Verwaltungsbehörde (Fahrerlaubnisbehörde) bekommen, diese Auffälligkeiten unter folgenden Fragestellungen (Gesichtspunkten) zu prüfen:

Die Fragestellung bei Alkohol könnte so gestaltet sein:

> *„Ist zu erwarten, dass der Untersuchte auch zukünftig ein Kraftfahrzeug unter Alkoholeinfluss führen wird und / oder liegen als Folge eines unkontrollierten Alkoholkonsums Beeinträchtigungen vor, die das sichere Führen eines Kraftfahrzeuges in Frage stellen?“*

Die Fragestellung für „Drogenkonsumenten“ könnte so gestaltet sein:

> *„Ist zu erwarten, dass der Untersuchte auch künftig ein Kraftfahrzeug unter Drogeneinfluss führen wird und/ oder liegen als Folge eines Drogenkonsums Beeinträchtigungen vor, die das sichere Führen eines Kraftfahrzeugs in Frage stellen?“*

Die Fragestellung für „Punktesammler“ könnte so gestaltet sein:

> *„Ist zu erwarten, dass der Untersuchte auch zukünftig erheblich gegen verkehrsrechtliche Bestimmungen verstoßen wird?“*

Die Fragestellung bei Straftaten könnte so gestaltet sein:

> *"Ist aufgrund der Straftaten zu erwarten, dass der Untersuchte auch gegen verkehrsrechtliche Bestimmungen verstoßen wird und / oder künftig allgemeine Straftaten im Zusammenhang*

mit dem Straßenverkehr begehen wird?"

Die Fragestellung bei einem hohen Aggressionspotential könnte so gestaltet sein:

> *"Ist trotz der Anhaltspunkte für ein hohes Aggressionspotential (Verurteilung wegen gefährlicher Körperverletzung) zu erwarten, dass Frau xxx die körperlichen und geistigen Anforderungen an das sichere Führen eines Kraftfahrzeugs der Gruppe ... im Verkehr erfüllt?"*

Die Fragestellung bei Gesundheitsstörungen oder Krankheit könnte so gestaltet sein:

> *"Liegt bei dem Untersuchten eine Gesundheitsstörung oder Krankheit vor, die für die Eignung erheblich ist"*
>
> *"Kann der Untersuchte trotz Gesundheitsstörung oder Krankheit ein Kraftfahrzeug der Klasse B ... führen?"*

Jedes zu erstellende Gutachten enthält im Prinzip folgende Elemente:

I. Anlass und Fragestellung der Untersuchung
II. Überblick über die Vorgeschichte (Aktenlage)
III. Untersuchungsbefunde
Medizinische Befundlage: Anamnese und Befunde
Psychologische Befundlage: Psychophysische Testverfahren
Diagnostisches Gespräch - Exploration
IV. Bewertung der Befunde
V. Beantwortung der Fragestellung und Empfehlungen

Die MPU untergliedert sich daher grob in die medizinische Untersuchung, in die Psychophysische Testverfahren sowie in die psychologische Untersuchung (Gespräch mit dem Gutachter).

Vergleichen Sie hier unter diesen Gesichtspunkten auch bitte die abgedruckten und kommentierten Gutachten in Kapitel 8 (Seite 57-148).

Kapitel 9
1. Die medizinische Untersuchung bei der MPU

- **wie wichtig sind meine Leberwerte?**
- **Haar- und Urinuntersuchung bei Alkohol (EtG) und Drogen**

Nach der Anmeldung in der Begutachtungsstelle beginnt – vielleicht nach einer gewissen Wartezeit – die Untersuchung oft mit einer medizinischen Examinierung.

Hier wird die Funktionsfähigkeit der Sinnesorgane, also der Augen, Ohren, überprüft.
Weiter werden die inneren Organe, die Bewegungsorgane und das Nervensystem untersucht.

Das hört sich schlimmer an als es ist.
Bei der medizinischen Untersuchung scheitert kaum jemand.
Den meisten bereitet diese Untersuchung keine Schwierigkeiten.

Allerdings, wenn der Alkohol bzw. die Drogen den Körper geschädigt haben oder altersbedingt große körperliche oder geistige Beeinträchtigungen vorhanden sind, bereitet diese Untersuchung evtl. doch Probleme.

Dies ist aber selten der Fall. Aus den o.a. Gründen befassen wir uns auch nicht weiter mit dieser Art von Untersuchung.

Nähere Informationen über den Ablauf der medizinischen Untersuchung können Sie auch aus den Mustergutachten im Kapitel 8 entnehmen.

Nun kommen wir aber - für sehr viele Betroffene (Alkohol, Drogen, Medikamente), auf ein sehr unangenehmes Thema - auf die Laboruntersuchungen zu sprechen:

Labordiagnostik zur Erfassung des Alkoholkonsums / Abstinenz

Wenn Sie zu einer MPU wegen Alkohol müssen, verlangt der MPU-Gutachter von Ihnen - abhängig von der gemessenen Alkoholkonzentration (Promille) und anderen Faktoren - entweder

1. eine Rückkehr zum "Kontrollierten Trinken" (normales Trinken)
   oder
2. eine totale Abstinenz!

Der Nachweis, dass es bei Ihnen zu einer Veränderung des Alkoholkonsums gekommen ist (siehe Punkt 1 und 2), muss von Ihnen geführt werden!

Bitte beachten Sie aber, dass solch ein Nachweis nur die Grundvoraussetzung ist, die MPU zu bestehen!!

Nachweisführung, dass Sie (wahrscheinlich) zum kontrollierten Trinken bzw. zu einem unschädlichen Alkoholkonsum zurückgekehrt sind.

Hier muss man auch auf die „berühmten und gefürchteten" **Leberwerte** zu sprechen kommen.
Der Alkohol wird zu ca. 95 % durch die Leber abgebaut. (Näheres hierzu auch in Kapitel 13 („Was muss ich über Alkohol wissen und warum?")

Übermäßiger Alkoholkonsum führt zu einer Überlastung der Leber und die Leberzellen werden geschädigt. Die Folge kann auch sein, dass das „Gift Alkohol" nicht mehr vollständig abgebaut werden kann.

Der Zustand der Leber kann durch die Leberwerte/Leberfunktionswerte bestimmt werden.
Zum Ausschluss eines körperlich schädlichen Alkoholkonsums werden bei der MPU Leberenzyme (GOT, GPT, Gamma-GT) bestimmt.

Die Werte lauten wie folgt:

Leberparameter bis	Normbereich Männer Männer	Normbereich Frauen
Gamma-GT	60 U/L	40 U/L
GOT	50 U/L	35 U/L
GPT	50 U/L	35 U/L
MCV	78 – 98 fl	78 – 98 fl

Die Werte bei der MPU sollten erheblich unter den zuvor angegebenen Grenzwerten liegen.

Gamma-GT
Dieser Wert steigt bei Alkoholkonsum relativ schnell an, besonders, wenn die Leber bereits vorgeschädigt ist.
Bei Alkoholabstinenz normalisiert sich dieser Wert meist innerhalb einiger Tage bis zu 2 Monaten.
Der Gamma-GT kann als kurzfristiger Wert bezeichnet werden.

GPT und GOT
sind insgesamt „träger“ – sowohl nach oben wie auch nach unten.

MCV
Der MCV ist eigentlich kein Leberwert; er kann aber auch eine alkoholbedingte Veränderung im Blutbild wiederspiegeln.

Natürlich können erhöhte Leberwerte auch eine andere Ursache haben, z.B. Medikamente, Infektionen - aber auch Übergewicht und ungesunde Ernährung etc. Deshalb sollten Sie schon vor der MPU Ihre Leberwerte von Ihrem Hausarzt bestimmen lassen und ggf. die Frage klären, welche anderen Ursachen für Ihre eventuell höheren Leberwerte verantwortlich sind.

Der MPU-Gutachter geht meist davon aus – wenn Sie ihm nichts anderes sagen können – dass diese nicht normalen Leberwerte auf überhöhten Alkoholkonsum zurückzuführen sind.

Insbesondere kann auch der Gamma-GT durch Medikamenteneinnahme, Übergewicht, falsche Ernährung etc. erhöht sein.

CDT-Wert
Ein besonderer Wert bei den sogenannten Alkoholmissbrauchsmarken ist der CDT (kohlehydratdefizientes Transferrin).

Obwohl es in der Fachwelt Meinungsverschiedenheiten darüber gibt, wird dieser Wert in der Regel als sichere Methode zum Nachweis von regelmäßigem Alkoholkonsum angesehen. Dieser Wert normalisiert sich bei

Alkoholabstinenz bei einer Halbwertzeit von ca. 15 Tagen.

Ein CDT-Wert von über 20 U/L gilt als sicherer Hinweis auf erhöhten Alkoholkonsum, vor allem, wenn gleichzeitig der Gamma-GT erhöht ist.

Die ganze MPU kann für Sie bestens laufen:
Die Tests machen Ihnen keine Schwierigkeiten, das Gespräch mit dem Psychologen läuft blendend, Sie können ihn davon überzeugen, dass Sie zum kontrollierten Trinken zurückgekommen sind - nur, wenn sich dann herausstellt, dass Ihre Leberwerte schlecht bzw. nicht im Normalbereich sind, nimmt der Psychologe/Gutachter meist an, Sie hätten ihn angelogen.

Lassen Sie deshalb Ihre Leberwerte durch Ihren Hausarzt lange vorher bestimmen und fragen Sie nach möglichen Ursachen bei überhöhten Werten.
Trinken Sie nach Möglichkeit lange Zeit vor der MPU keinen oder nur wenig Alkohol!

Falls vorhanden, bringen Sie auch die früheren Laborbefunde über Ihre Leberwerte zur MPU mit. Wenn sich diese im Normalbereich befinden, wird Ihre Aussage über eine positive Veränderung Ihrer früheren Trinkgewohnheiten dadurch noch untermauert.

Vorteilhaft wären Leberwerte in Abständen von ca. 6 Wochen über eine Laufzeit von einem halben bis zu einem Jahr.

Zu erwähnen ist noch, dass sich Ihre Leberwerte im unteren bzw. mittleren Bereich der „Normalwerte“ befinden sollten, um glaubwürdig zu sein.

Natürlich gibt es auch hier Ausnahmen (vgl. oben).

Zur Beschleunigung der Normalisierung der Leberwerte gibt es bestimmte Mineralstoff- und Vitaminpräparate. Bitte fragen Sie in einer Apotheke Ihres Vertrauens danach!

Ansonsten „freut“ sich Ihre Leber über viel Obst, Gemüse, Salat – nach Möglichkeit im Rohzustand. Viel Fleisch und vor allem tierische Fette belasten Ihre Leber!

Nachweisführung einer totalen Abstinenz

Hier gibt sich der MPU-Gutachter immer weniger (oder gar nicht mehr) mit der Vorlage von Leberwerten zufrieden!

Es gibt folgende "neue" Verfahren der Labordiagnostik, mit denen Sie Ihre Alkoholabstinenz nachweisen können und auch sollten (müssen)!!

1. Urinuntersuchung auf Etylglucuronid

2. Haaruntersuchung auf Etylglucuronid

Urinuntersuchung auf Etylglucuronid (EtG)

Der neue Alkohol-Abstinenz-Check

Voraussetzungen für diesen Check sind:

1. Wirkliche Abstinenz (auch kein so genanntes alkoholfreies Bier!!)
2. Noch mindestens ½ bis 1 Jahr Zeit bis zur MPU und
3. Ganz kurzfristig auf Abruf abkömmlich

Die Möglichkeit bietet für diesen Abstinenz-Nachweis die Messung von Etylglucuronid (EtG) – eines direkten Abbauprodukts des Alkohols im Urin.

Wird bei mehrfachen Kontrollen kein EtG gefunden, ist dies ein sehr sicherer Hinweis von Abstinenz.

Am Tag der Kontrolle - sowie am Vortag - sollten Sie keine größeren Flüssigkeitsmengen zu sich nehmen und keine harntreibende Getränke wie Kaffee, Tee oder Cola.
Begründung: Eine zu starke Verdünnung des Urins kann die Verwertbarkeit Ihrer Probe beeinträchtigen und die Urinuntersuchung auf EtG ist somit wertlos und nicht mehr verwendbar!!
Die Verwertbarkeit der Probe ist abhängig davon, wie hoch der Kreatinin-Wert ist. Ist er zu niedrig, ist die Probe nicht verwertbar und wird für Sie negativ ausgelegt!

Im Anhang finden Sie weitere Informationen über EtG und Kreatinin.

Wer an diesem Check teilnehmen möchte, kann (muss) sich über ein halbes Jahr viermal oder über ein Jahr sechsmal testen lassen.

Nachteil:
Zum Test wird sehr kurzfristig, innerhalb eines Tages für den Folgetag(!!) eingeladen, damit dieser stichhaltig ist. Der Grund hierfür liegt darin, dass EtG eine recht kurze Halbwertzeit hat und nur ca. 3 Tage nach dem Konsum nachweisbar ist.

Also: Wer nicht kurzfristig abkömmlich ist und einen Termin verpasst, bei dem war meist „alles für die Katz'".

Haaruntersuchung auf Etylglucuronid (EtG)
Wer nicht von heute auf morgen abkömmlich ist, dem empfehle ich die Haaranalyse.

Allerdings kommt eine Haaranalyse im Rahmen eines Alkoholholabstinenz-Kontrollprogramms nur in Frage, wenn die Haare nicht chemisch behandelt worden sind - also nicht gebleicht oder gefärbt und auch kein alkoholisches Haarwasser benutzt worden ist!!

Des Weiteren ist zu beachten, dass EtG nur höchstens 3 Monate nachweisbar ist, d.h., bei einer Untersuchung werden ca. 3 - 4 cm Haare an der Kopfhaut abgeschnitten.

Müssen/wollen Sie also 6 Monate Alkoholabstinenz nachweisen, müssen Sie zweimal im Abstand von 3 Monaten eine solche Haaranalyse durchführen lassen.

Müssen/wollen Sie 1 Jahr nachweisen (oft verlangt!), müssen Sie entsprechend öfter diese Haaranalyse durchführen lassen.

Näheres zu den EtG-Werten bei einer Haaruntersuchung finden Sie in der Anlage!

Wo sollten Sie Ihre Leberwerte bestimmen und wo eine Haar- oder Urinuntersuchung durchführen lassen?

Leberwerte können Sie bei Ihrem Hausarzt bestimmen lassen.
Achten Sie aber darauf, dass das Laborergebnis von Ihrem Arzt gestempelt und unterschrieben ist!

Haar- und Urinuntersuchungen sollten Sie **nur** bei einer amtlich anerkannten Begutachtungsstelle für Fahreignung (AVUS, TÜV, BAD etc.) oder beim Gesundheitsamt durchführen lassen - bitte **nicht** bei Ihrem Hausarzt, Krankenhaus etc!!!
Nur amtlich anerkannte Laboruntersuchungen genügen den Ansprüchen!

Muss ich dem TÜV-Gutachter evtl. vorhandene ärztliche Gutachten zugänglich machen?

Sie sind zur aktiven Mitarbeit verpflichtet und müssen alle Gutachten, ärztliche Berichte oder auch z.B. evtl. laufende strafrechtliche Verfahren angeben bzw. einreichen.

Sollte erst dann – nachdem Sie ein für Sie positives Gutachten bekommen haben – die Fahrerlaubnisbehörde bzw. die Gutachterstelle von zuvor Genanntem Kenntnis erhalten, kann das Gutachten widerrufen werden, was sogar manchmal vorkommt.

Wägen Sie also genau ab, ob Sie dieses Risiko eingehen wollen!

Drogenscreenings

Drogenscreenings werden bei oder für die MPU gemacht, damit eine Drogeneinnahme/ Konsum ausgeschlossen werden kann.

Unter Drogenscreening versteht man Tests, die wie Filter oder Netz (Screen) die Menschen herausfiltern sollen, die Drogen konsumieren.

Proben können aus Blut, Speichel, Urin, Haare oder Fingernägeln entnommen werden.

Die Untersuchung von Blut und Urin ist am gängigsten.
Für einen längerfristigen Nachweis-Zeitraum werden vor allem die Haare der Untersuchung zugeführt.

Drogenscreenings werden von den Behörden nur anerkannt, wenn sie rechtsmedizinischen Qualitätsmaßnahmen genügen. Also auch hier: Nur bei einer amtlich anerkannten Begutachtungsstelle für Fahreignung oder beim Gesundheitsamt!

Bitte - zu Ihrer Sicherheit - keine Drogenscreenings beim Hausarzt oder einem anderen niedergelassenen Arzt!!!

Urinuntersuchung

Die Urinproben müssen unter Aufsicht asserviert werden, d.h., dass die Abgabe des Urins unter Aufsicht „vor Ort" erfolgen muss, um eine Manipulationsmöglichkeit auszuschließen,
z.B. durch

- Probenvertauschung
- Abgabe von drogenfreiem „Freund-Urin"
- Verdünnung des Urins
- Zusatz von bestimmten Störsubstanzen
  (Kochsalz, Flüssigseife, Vitaminpräparate, Toilettenreiniger etc.)

Im Urin wird das gesamte Drogenspektrum untersucht.

Kosten für Urinscreening auf Drogen: ca. 110 Euro.

Auch bei dieser Untersuchung müssen Sie kurzfristig auf Abruf abkömmlich sein (vgl. EtG-Check oben bei Alkohol). Wer nicht zur bestellten Untersuchung kommt, dem kann keine drogenfreie Zeit bescheinigt werden.

Verzichten Sie bitte während des Kontrollzeitraums auf den Verzehr von mohnhaltiger Nahrung. Meiden Sie Orte wo z.B. Cannabisprodukte geraucht werden. Nichtraucher sind Mitraucher!

Nachweismöglichkeit

Die Abbauzeiten / Nachweiszeiten / Ausscheidungszeiten hängen von verschiedenen Faktoren ab, wie z.B.:

- gesundheitlicher Zustand (Krankheit etc.)
- Menge der aufgenommenen Droge – Gewöhnung
- Absorptions- (Resorptions-) Verhältnisse
- Alter
- Flüssigkeitsaufnahme
- usw.

Haaranalyse bei Drogen

Wenn die Zeit bis zur MPU für mehrere Urinuntersuchungen nicht mehr ausreichend ist, kann auch eine Haaranalyse gemacht werden.

Wird eine drogenfreie Zeit von 6 – 12 Monaten von Ihnen verlangt, sollten, diese, da die Haare im Monat ca. 1 cm wachsen, mindestens 6 – 12 cm lang sein. Auch hier gilt: Die Haare dürfen nicht gebleicht, gefärbt oder anderweitig chemisch behandelt sein!
Bei der Haaranalyse wird Ihnen z.B. bei einer Begutachtungsstelle für Fahreignung ein etwa bleistiftdickes Haarbündel dicht um Ihre Kopfhaut herum abgeschnitten.

Die Haare werden dann auf das gesamte Drogenspektrum untersucht. Gleichzeitig müssen Sie oft noch eine Urinprobe für die „aktuelle Zeit“ abgeben. Kosten für eine Haaranalyse ca. 220 Euro.

<u>Beim Nachweis von Drogenabstinenz bitte dringend beachten!!</u>
Die AVUS Hamburg bittet in ihrem Flyer (2012) "Informationen zu Ihrer Drogenabstinenz bei der AVUS", folgendes dringend zu beachten:

"Um eine Beeinflussung der Drogenanalysen auszuschließen, nehmen Sie bitte während des gesamten Zeitraums des Drogenkontrollprogramms keine hanf- oder mohnhaltigen Nahrungsmittel (z.B. Öle, Flocken, Mohnkuchen, Mohnsamen im Müsli etc.) zu sich.

Vermeiden Sie auch die Anwendung von hanfhaltigen Pflegeprodukten (z.B. Haarwaschmittel, Cremes).

Auch sollten Sie eine notwendige Medikamenteneinnahme sorgfältig prüfen. Relevant sind vor allem codein- und morphinhaltige Medikamente wie z.B. Hustenmittel, Methadon und andere Substitutionsmittel, Cannabisstoffe in Medikamentenform, amphetaminhaltige Präparate oder solche, die beim Abbau in Amphetamin oder ähnliche Stoffe umgewandelt werden sowie Psychopharmaka oder Hypnotika/Sedativa (u.a. Barbiturate, Benzodiazepine).

Es liegt in Ihrer Verantwortung, alles zu vermeiden, was Ihren Drogenabstinenznachweis gefährden könnte. Wir sind gerne bereit, Ihnen hierbei zu helfen."

Soweit die Hinweise der AVUS.

Über die unterschiedlichen Nachweiszeiten der Drogen bitte ich unter folgenden Kapiteln nachzuschlagen:

Kapitel 17: Pflanzliche Drogen
Kapitel 18: Pilzdrogen
Kapitel 19: Synthetische und halbsynthetische Drogen

Kapitel 9
2. Die psychologische Untersuchung der MPU

Die psychologische Untersuchung ist für die meisten Betroffenen der wichtigste Teil. Die Testverfahren nehmen im psychologischen Gutachten einen breiten Raum ein, sind aber nicht so schwerwiegend, wie die Exploration (gezieltes diagnostisches Gespräch).

Der Prüfling muss den Gutachter davon überzeugen, dass er nicht mehr betrunken Auto fahren bzw. nicht mehr verkehrsauffällig wird.

Die Schwierigkeit hierbei ist, dass der Prüfling meist nicht weiß, worauf es ankommt.

Mehr hierzu unter den entsprechenden Kapiteln.

Die gesamte psychologische Untersuchung unterteilt sich wie folgt:

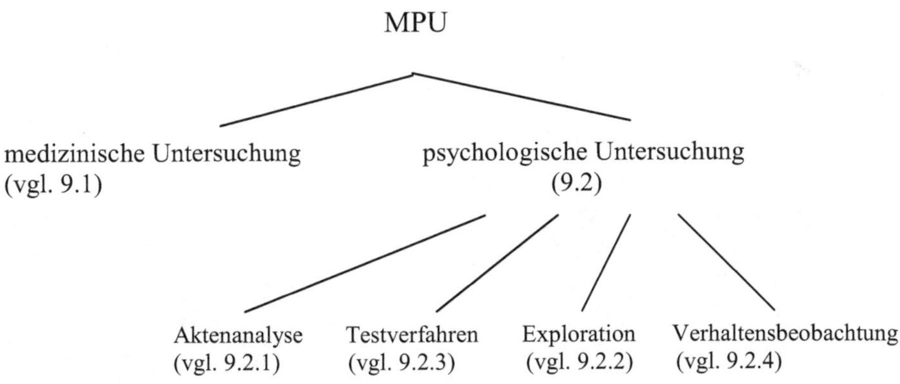

Kapitel 9
2.1 Die Aktenanalyse

Was steht in Ihrer Fahrerpersonalakte?

Bevor Sie der MPU-Gutachter zum „Gespräch“ bittet, hat dieser schon Ihre „Fahrer-Personalakte“ (Führerschein-Akte), die er von der Fahrerlaubnisbehörde zugesandt bekommen hat, durchgelesen und eine Analyse Ihrer Vorgeschichte durchgeführt.

Was aber steht nun in Ihrer Akte?
Eigentlich alles, was sich bei Ihnen in den Jahren in Sachen Verkehrswidrigkeiten so angesammelt hat - in allen Einzelheiten; selbstverständlich auch z.B. Ihre letzte alkoholisierte Fahrt nebst Polizeibericht, evtl. Zeugenaussagen, Bericht des untersuchenden Arztes bei der Blutabnahme etc.

Weiterhin ein Auszug aus der Flensburger Verkehrssünderkartei, ein Auszug aus dem Berliner Strafregister (Führungszeugnis), evtl. Gerichtsurteile etc., natürlich auch alte MPU-Gutachten.

Puh, denken Sie vielleicht, dann könnte meine Führerscheinakte aber ganz schön dick sein!

Was hat ein evtl. früherer Ladendiebstahl, den man vielleicht in der Jugend begangen hat, mit meiner Befähigung, ein Kraftfahrzeug zu führen, zu tun?

Der Gutachter sieht Ihren Lebenslauf als einen „roten Faden“ und macht sich so ein „Bild“ von Ihnen. Er bildet sich schon ein Urteil von Ihnen, ohne dass er Sie überhaupt gesehen hat. Leider manchmal auch ein Vorurteil, bzw. Hypothesen, aufgrund objektiver Daten zur Schlussfolgerung aufgebaut.

Allgemein kann davon ausgegangen werden, dass, je dicker Ihre Akte ist, es umso schwieriger wird, den Gutachter zu überzeugen, dass man sich geändert hat.

Wichtig ist, dass Sie wissen, was alles in Ihrer Führerscheinakte steht.

Manchmal wird die Akte durch den Sachbearbeiter bei der Fahrerlaubnisbehörde ohne Prüfung von evtl. Verjährungsfristen zu der MPU-Untersuchungsstelle gesandt.

Bevor Sie der Fahrerlaubnisbehörde Ihr Einverständnis geben, Ihre Akte an den MPU-Gutachter zu senden, sollten Sie oder Ihr Rechtsanwalt Einsicht in Ihre Akte nehmen und prüfen, ob Teile dieser dem Verwertungsverbot unterliegen.
Wenn dies der Fall sein sollte, bitten (fordern) Sie, dass diese Teile aus Ihrer Akte genommen werden.

Kapitel 9
2.2 Die Exploration

Sammlung Ihrer Daten als Grundlage für eine Diagnose

Was ist eigentlich eine Exploration?
Fachleute, egal ob Mediziner, Techniker oder eben Psychologen, verwenden gerne Fremdwörter, um mit einem Wort einen ganzen Sachverhalt etc. zu beschreiben, erklären und so weiter.

Das Wort Exploration kommt eigentlich aus dem Medizinischen und bedeutet das Eruieren psychopathologischer Erscheinungen mittels Befragung der Patienten.
Schon wieder Fremdwörter, die ein „Außenstehender“ kaum versteht.

Also mit ganz einfachen Worten: Der Gutachter will wissen, ermitteln, welche psychischen (geistig, seelische) Vorgänge bei Ihnen ablaufen. Man könnte das Wort Exploration auch vielleicht mit Interview übersetzen – aber das klingt vielleicht zu einfach – oder?! Die Exploration wird auch als diagnostische Methode verwendet.

Die Exploration ist - wie schon erwähnt – der wichtigste Teil der gesamten Prüfung. Hier werden Daten ergänzt, die nicht aus der Fahrer-Personalakte (vgl. Kapitel 9.2.1) zu entnehmen sind, aber auch schon vorhandene Daten werden hier auf die Richtigkeit geprüft.

Das Fehlverhalten des „Prüflings“ in der Vergangenheit, also das Fahren unter Alkoholeinfluss oder sonstiges verkehrsauffälliges Fahren wird mit gelerntem Verhalten interpretiert.

Der Gutachter will nun herausfinden, inwieweit sich dieses Fehlverhalten (z.B. Trinken und Autofahren) verfestigt hat. Weiter: Ob und wie weit bzw. wodurch diese Fehlverhaltensweisen aufrecht erhalten werden.

Die Aufgabe der Exploration ist es also, möglichst viele Informationen über die vergangene Fahrpraxis zu erhalten.
(Näheres hierzu vgl. Kapitel 10 „Wie sieht mich der MPU-Gutachter? – Strategien (Alkohol), bzw. Kapitel 21 (Drogen) und Kapitel 26 (Punkte).

Der Gutachter setzt hier auch gerne „Fragebögen zur persönlichen Situation“ ein.

Solch einen Fragebogen müssen Sie bei der MPU ausfüllen bzw. Sie bekommen ihn manchmal vor der MPU zugesandt und können ihn in Ruhe zu Hause ausfüllen.

Der Sinn dieser Fragebögen ist es demnach, die schon vorliegenden biographischen Daten aus der Führerscheinakte zu ergänzen.

Der psychologische Zusammenhang aller Daten gibt die Anamnese (Gesamtheit der Informationen, die über eine Person gesammelt werden).

Der Gutachter prüft, ob und inwieweit sich aus der Lebens- und Verkehrsvorgeschichte Verhaltensauffälligkeiten, Einstellungen etc. ergeben haben.

In der psychologischen Untersuchung klärt der Gutachter ab, ob die Bedingungen, die zu diesem Fehlverhalten (hier: verkehrsauffälliges Verhalten, Alkohol etc.) führten, noch bestehen oder nicht, und ob der „Prüfling“ Mittel und Wege gefunden hat, um ein entsprechendes Verhalten mit großer Wahrscheinlichkeit für sich in Zukunft zu vermeiden.

Hieraus ergibt sich dann seine Prognose, also seine Einschätzung für das weitere Verhalten des „Prüflings“.

Der persönliche Fragebogen ist deshalb aus dem oben Gesagten ein wichtiger Bestandteil in der MPU, aus dem sich der Gutachter ein „rundes Bild“ vom „Prüfling“ machen kann.

In Kapitel 37, (MPU-Fragebögen) finden Sie Muster, wie solche Fragebogen aussehen.
Jede Institution (TÜV, AVUS, DEKRA etc.) verwendet zwar einen ähnlichen, aber anders gestalteten Fragebogen.

Wenn Sie eine Telefonberatung bei mir in Anspruch nehmen, besprechen Sie den Fragebogen im Zweifelsfall mit mir, bevor Sie ihn ins „Reine“ schreiben.

Kapitel 9
2.3 Die Testverfahren

Bei den Testverfahren handelt es sich im Wesentlichen um Leistungsproben, Fragebogenverfahren und projektive Verfahren.
Letztere werden kaum noch verwendet, weil sie zu sehr umstritten sind.

Welche der folgenden Testverfahren für den Prüfling in Frage kommt, entscheidet der Psychologe im Einzelfall aufgrund der Aktenanalyse. Es kann auch vorkommen, dass der Psychologe nur die Exploration durchführt – aber dies ist die Ausnahme.

Sich auf alle nur möglichen Tests vorzubereiten ist unmöglich!
Zu groß ist die Anzahl der Tests, unter denen der Psychologe wählen kann.

Ich kann Ihnen nur die aufzeigen, die häufig genommen werden.
Leider darf ich diese nicht im Original abdrucken - aus Gründen des Urheberrechts – dies ist ja wohl auch verständlich, denn welchen Nutzen hätten diese Tests dann noch?

Gehen Sie möglichst „locker" an die Tests heran. So schwer sind sie gar nicht. Die Angst zu versagen, nicht zu bestehen, ist hier Ihr größter Feind.

Wenn Sie glauben, bei einem Test schlecht abgeschnitten zu haben – keine Aufregung! Andere bessere Testergebnisse gleichen dies wieder aus.

Oft wird die Frage nach der Wichtigkeit dieser Tests beim MPU-Gutachten gestellt.
Hier gilt folgendes: Müssen Sie die MPU wegen Leistungsmängel machen, also z.B. im fortgeschrittenen Alter – sind diese Tests entscheidend.

Müssen Sie die MPU wegen alkoholisierten Fahrens machen, spielen die Tests eine weniger wichtige Rolle. Nur wenn die Ergebnisse weit unter dem Durchschnitt liegen, spielen die Tests eine entscheidende Rolle. Hier nimmt dann der Gutachter an, dass der Alkohol die Leistungsminderung verursacht hat, z.B. mangelhaftes Reaktionsvermögen etc.
Bei längerer Abstinenz können sich aber die Ergebnisse durchaus wieder verbessern lassen. Der „Kopf" kann sich wieder erholen.

Die geistigen Fähigkeiten können wieder zurückkehren – leider aber nicht immer oder nicht immer vollständig.

Also – die Tests sind eigentlich nicht „so“ wichtig, wie man vielleicht denkt.
Wenn jemand ein negatives Gutachten bekommt, dann fast immer, weil er am Gespräch mit dem Gutachter scheitert.

Können Sie die Testverfahren vorher üben?
Die einzelnen Testverfahren sind im Handel nicht frei erhältlich. Falls Sie ein bisschen Computerwissen besitzen, ist es sicherlich hilfreich, wenn Sie sich mit einigen Computerspielen vertraut machen und solche Spiele bevorzugen, bei denen eine schnelle Reaktion erforderlich ist. Besonders diejenigen, die sich schon in einem fortgeschrittenen Alter befinden, sollten schon einige Wochen vor der MPU ihr Konzentration- und Reaktionsvermögen üben, um ihre psychophysische Leistungsfähigkeit zu erhöhen.

Nun zu einzelnen Leistungstests:

a) Progressive Matrizen nach Raven

Die Standardform des Tests besteht aus 60 Aufgaben, die in 5 Gruppen, A – E, zu je 12 gleichartigen Aufgaben angeordnet sind.

In jeder Gruppe nimmt die Schwierigkeit zu, es wird also die Aufgabe von Gruppe A zu E „progressiver“.

Die „Matrizen“ selbst stellen abstrakte Muster, Zeichnungen und Folgen von Zeichnungen dar, bei denen jeweils ein Test ausgespart ist.

Die Aufgabe ist es, aus einem Angebot von 6 verschiedenen Mustern die richtigen herauszusuchen.
Die leichteren lassen sich durch Unterscheiden und Vergleichen lösen, die schwierigeren durch Denkoperationen.

Dieser Test ist ein Intelligenztest. Im Gegensatz zu früheren Jahren wird dieser Test aber nur noch selten verwendet.

Die Zeitdauer beträgt etwa 45 – 60 Minuten.
Im nachfolgenden 2 Beispiele:

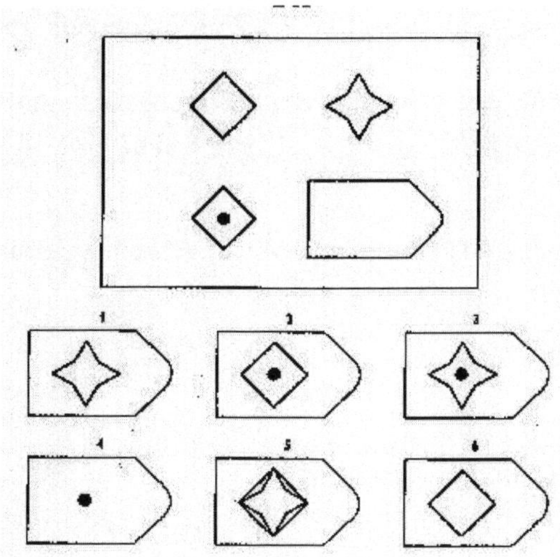

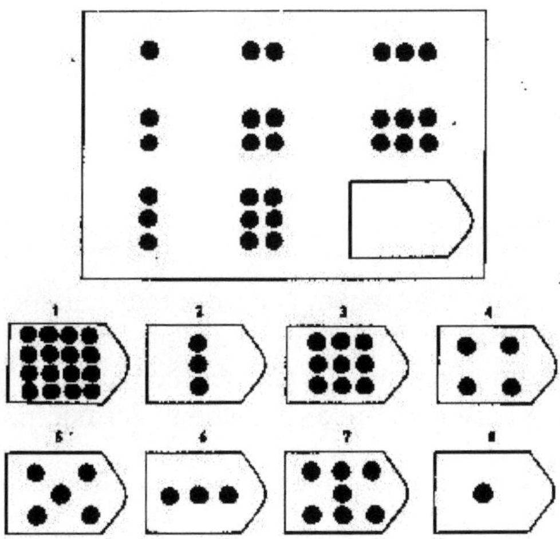

Lösung:
Im ersten wie im zweiten Beispiel ist die Nr. 3 richtig.

b) *Adaptiver Tachistoskopischer Verkehrsauffassungstest (ATAVT)*

Hier werden Bilder mit bestimmten Verkehrssituationen kurz auf einem Bildschirm gezeigt. Nach jedem Bild muss der Prüfling eingeben, was er gesehen hat.
Der Test dient der Überprüfung der visuellen Beobachtungsfähigkeit und der Überblicksgewinnung sowie der visuellen Orientierungsleistung und der Auffassungsgeschwindigkeit.

Auf den 20 Bildern sollen Sie jeweils erkennen, welche verkehrsrelevanten Details zu sehen waren.

Sie haben die Auswahl zwischen

1. Fußgänger
2. Kraftfahrzeugen (Autos, Lastwagen)
3. Zweiradfahrzeugen (Radfahrer, Motorrad)
4. Verkehrszeichen/ Verkehrsschilder
5. Verkehrsampel

Jedes Bild enthält mindestens ein verkehrsrelevantes Detail.

Die Lösung bzw. das, was Sie gesehen haben, geben Sie einfach ein.

Die Bilder zeigen wirklichkeitsgetreue Verkehrssituationen; die einzige Schwierigkeit ist, dass jedes Bild nur sehr kurz zu sehen ist.

Durchführungszeit: Ca. 10 Minuten

Am besten üben Sie zu Hause ein wenig, indem Sie mit einer Hilfsperson ähnliche Bilder (oder auch ganz andere) nehmen, zudecken und für ca. 1 Sekunde aufdecken und sich dann erinnern, was Sie gesehen haben.
Mit ein bisschen Übung können Sie sich an viele Einzelheiten erinnern.

c) *Der Linienverfolgungs-Test (LVT)*

Der Prüfling muss hier verwirrende, in sich verschlungene Kurvenverläufe von Anfang bis zum Ende verfolgen.

Sind die Lösungen ausreichend, wird ihm bescheinigt, dass seine selektive Aufmerksamkeit und visuelle Orientierung intakt ist.

Der Prüfling sieht auf einem Bildschirm 9 in sich verschlungenen Kurvenverläufen.

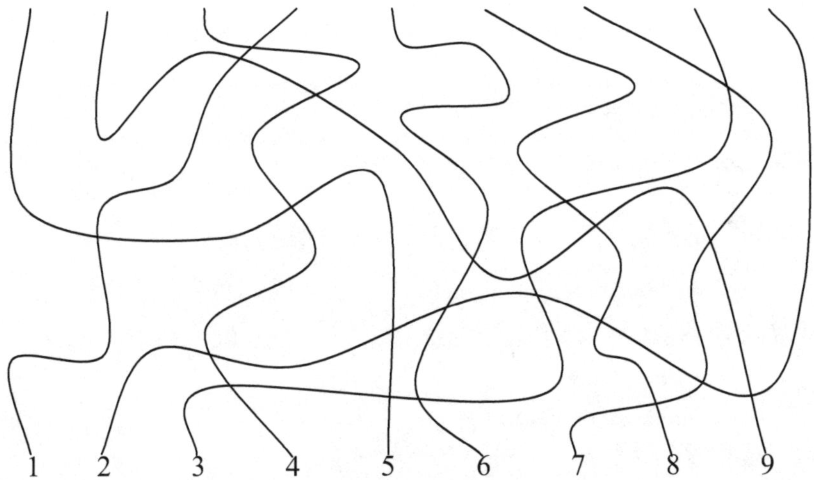

Die Aufgabe ist es nun, die erste Linie (links oben) mit den Augen zu verfolgen und die richtige Lösung (hier die Zahl 5) anzuklicken.

Ist die Zahl angeklickt zeigt ein Pfeil auf die nächste Linie (zweite Linie von links oben). Hier geht die Linie nach der Zahl 9. Diese wird wieder angeklickt - danach zeigt ein Pfeil auf die nächste Linie usw.

Durchführungszeit: Ca. 10 Minuten

d) Cognitrone (COG)

Bei diesem Test werden einfache geometrische Figuren mit vier

Vergleichsfiguren und auf Übereinstimmung oder Nichtübereinstimmung beurteilt.
Hauptvariable ist hier die mittlere Zeit für die Entscheidung. Entscheidend bei diesem Test ist also nicht nur die Anzahl der richtig oder falsch beurteilten Vergleichsfiguren nach Übereinstimmung, sondern auch die benötigte Zeit für die jeweiligen Aufgaben.

Erklärungsbild mit freundlicher Genehmigung der Schuhfried GmbH

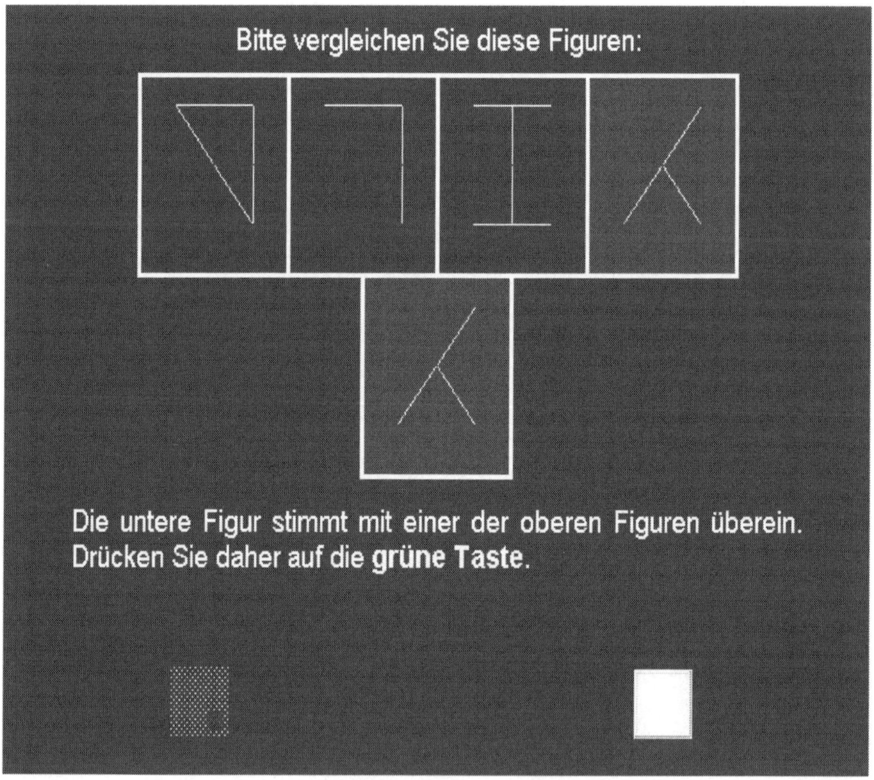

rote Taste grüne Taste

Nach der Antworteingabe wird automatisch zur nächsten Aufgabe weitergeschaltet.

Die Bearbeitungszeit für ein Bild liegt bei etwa zwei Sekunden.

Dieser Test dient der Erfassung von Aufmerksamkeit und Konzentration.

e) Das Wiener Determinationsgerät (WDG)

Für die Festlegung der im Verkehr notwendigen Eigenschaften sind Reaktionstests sehr beliebt.
Beispielsweise müssen Sie beim Aufleuchten verschiedenartiger Lämpchen verschiedene Knöpfe drücken.

Das bekannteste Testgerät - aber wohl ein Auslaufmodell - ist hier wohl das Wiener Determinationsgerät.

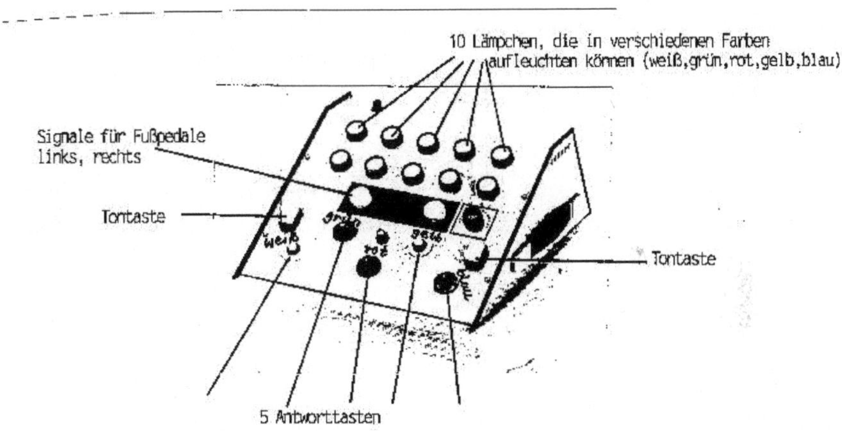

*)Abbildung des Fotos mit frdl. Genehmigung des Verlages für Psychologie Dr.Hogrefe,Göttingen

Es ist ein Testgerät zur Erfassung des Reaktionsverhaltens auf komplexe Reizsituationen.
Die Testergebnisse geben Aufschluss über Arbeitsverlauf, Dauerbelastbarkeit, Stressfähigkeit, Leistungsgrenzen und evtl. auch über das Risikoverhalten.

Das Wiener Determinationsgerät soll vom Prüfling mit beiden Händen bedient werden.
Unter dem Gerät, das auf dem Tisch steht (wie eine Schreibmaschine), befinden sich zwei Pedale, die mit den Füßen zu bedienen sind.

Insgesamt sind 10 optische Reize in den Farben Weiß, Gelb, Rot, Grün und Blau gegeben, die mit den fünf diesen Farben zugeordneten Reaktionstasten zu bestätigen sind.
Zwei weitere optische Reize erfordern die Betätigung des linken oder rechten Fußpedals.

Zwei akustische Reize von deutlich verschiedenen Tonhöhen sind den beiden rechteckigen Tontasten zugeordnet.

Selbstverständlich werden Sie mit dem Gerät vertraut gemacht, indem man Ihnen das Gerät erklärt und auch die Aufgabe erläutert.
Außerdem beginnt der Test mit einem Übungslauf in der langsamsten Geschwindigkeit.

Aktuell gibt es verschiedene Ausführungen von Reaktionstestgeräten. Moderne Reaktionstestgeräte sind PC-gestützte Geräteversionen. Dem Prinzip nach aber ähnlich.

f) Reaktionstest (RT)

Bei diesem Reaktionstestgerät wird der Prüfling angewiesen, den Zeigefinger seiner Schreibhand dauerhaft auf einen goldenen Knopf zu legen, der mit einem Sensor für Berührung ausgestattet ist.

Auf dem Bildschirm werden jetzt aufleuchtende Kreise in gelb und rot gezeigt.

Der kritische Reiz ist das Aufleuchten des gelben Kreises und das gleichzeitige Ertönen eines Tones. Bei diesem Reiz muss der Prüfling mit seinem Zeigefinger so schnell wie möglich den goldenen Knopf verlassen und eine schwarze Taste drücken.

Manchmal reicht auch eine Überprüfung der einfachen akustischen Reaktionszeit aus, da es ja darum geht, wie schnell der Prüfling reagiert.

g) Freiburger Persönlichkeitsinventar (FPI)

Bei Persönlichkeitstests ist ein „Lernen" fast unmöglich. Man müsste schon alle Fragen (und Antworten) aller Tests auswendig lernen; dies ist aber absolut unmöglich und warum auch? Jeder Mensch hat eine andere Persönlichkeit und beantwortet die Fragen deshalb jeweils anders.

Das „Freiburger Persönlichkeitsinventar" hat z.B. 138 Fragen.

In diesem Test sind „Lügenfallen" eingebaut. Diese Lügenfallen bzw. der „Lügenmesswert" zeigt an, ob der Test überhaupt auswertbar ist.

Also, wenn Sie zu oft „gelogen" haben, absichtlich oder unabsichtlich, kann der Test nicht ausgewertet werden. Er ist ungültig – sagt aber dann etwas über Sie aus – nämlich, dass sie nicht alle Fragen ehrlich beantwortet haben.

Aber wie auch immer dieser Test ausfallen sollte – ein Test allein entscheidet nicht, ob Sie die MPU bestehen oder nicht!

Trotzdem – wenn eine normabweichende Persönlichkeitsstruktur festgestellt wird, kann es möglich sein, dass der Gutachter die Bedingungen für das alkoholisierte Fahren etc. nicht in äußeren Umständen (Ehe, Beruf, usw.) sucht, sondern in Ihrer Person.

Die einzelnen Konzepte des Tests geben Auskünfte über

- Lebenszufriedenheit
- Soziale Orientierung
- Leistungsorientierung

- Gehemmtheit
- Erregbarkeit
- Aggressivität
- Beanspruchung
- Körperliche Beschwerden
- Gesundheitssorgen
- Offenheit

Zusätzlich gibt der Test noch Auskunft darüber, ob Sie eher extrovertiert oder introvertiert sind, also kurz gesagt, nach „außen“ aus sich herausgehen oder eher verschlossen, nach „innen“ gewendet sind.

Die Durchführungszeit beträgt ca. 20 – 25 Minuten. Es ist aber kein Zeitlimit vorgegeben.
Die Fragen sollten jedoch – so sieht es der Test vor – ohne groß zu überlegen, also spontan mit „stimmt“ oder „stimmt nicht“ beantwortet werden.

Die Auswertung erfolgt mit einer Schablone innerhalb kürzester Zeit.

<u>Fragenbeispiele</u>

	stimmt	stimmt nicht
Ich würde kaum zögern, auch alte und schwerbehinderte Menschen zu pflegen	O	O
Ich habe häufig Kopfschmerzen	O	O
Ich bin leicht am Ehrgeiz zu packen	O	O
Lieber bis zum Äußersten gehen, als feige zu sein	O	O

Jeder Mensch beantwortet solche Fragen anders.

Sie können bei einer kleinen Anzahl Fragen Ihre Persönlichkeit beiseite schieben und versuchen, sich zu verstellen, aber bei 138 Fragen gelingt Ihnen dies doch nicht immer

Denken Sie an den „Lügenmesswert“ und die daraus sich ergebenden Folgen!

Aktuell wird dieser Test aber bei einer „normalen“ Begutachtungsstelle nicht mehr genommen; nicht, weil dieser schlecht ist – ganz im Gegenteil – sondern weil er zu sehr unter Kritik gekommen und man der Ansicht ist, dass dieser in einer MPU nichts zu suchen hat.

Manche bezeichneten diesen Persönlichkeitstest auch als „Seelenstriptease“.

Im Obergutachten (vgl. Kapitel 4) findet dieser Test aber weiterhin seine Verwendung.

h) Test d2 (von R. Brickenkamp)
- ein Aufmerksamkeitsbelastungstest –

Der Test misst die visuelle Aufmerksamkeitsspannung und die Konzentrationsfähigkeit. Der Test ist durch seine hohe Zuverlässigkeit/ Gültigkeit sehr beliebt bei den Gutachtern.

Die reine Durchführungszeit beträgt ca. 5 Minuten.
Der Test ist ein Durchstreichtest und ist von der Intelligenz weitgehend unabhängig.

Die Aufgabe besteht nun darin, in 14 Buchstabenreihen bestimmte Buchstaben mit bestimmten Zeichen/Merkmalen durchzustreichen.

Die Reihen bestehen nur aus den Buchstaben d und p.

Die Aufgabe lautet, alle Buchstaben „d“ mit zwei Strichen durchzustreichen, also mit zwei Strichen oben oder zwei Strichen unten oder einem Strich oben und einem unten.

Ein Beispiel:

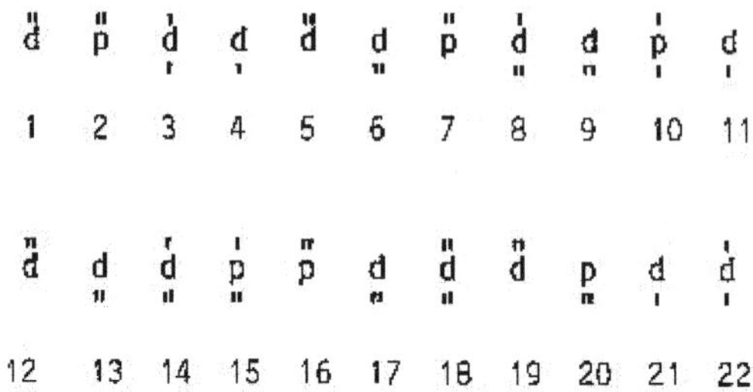

Also durchgestrichen werden müssten die Nr. 1, 3, 5, 6, 9, 12, 13, 17, 19 und 22.
Für jede Zeile mit jeweils 47 Zeichen haben Sie jeweils 20 Sekunden Zeit. Insgesamt gibt es 14 Zeilen. Wichtig ist hierbei, sich nur auf die d mit 2 Strichen zu konzentrieren – mit etwas Übung geht es eigentlich ganz leicht.

Trotzdem – kaum jemand schafft es ohne Fehler, was auch nicht gefordert wird.

Nach der Bearbeitungszeit prüft der Testleiter mit einer Schablone.

Bewertet wird die Gesamtzahl der bearbeiteten Zeichen, die Gesamtzahl der richtig durchgestrichenen Zeichen und die Fehlerverteilung (Anfang – Mitte – Schluss).

Natürlich ist die Fehlerzahl zum Schluss hin meist höher – die Konzentration lässt nach – nur, wenn die Fehlerzahl zum Ende hin zu sehr zunimmt, könnte der Gutachter den Schluss ziehen, dass die Konzentration auch im Straßenverkehr nach einer gewissen Zeit zu sehr abnimmt.

i) Verkehrs – Verständnis – Test (VVT) (von A. Müller)

Bei diesem Test beziehen sich die Fragen auf die Erfassung der Urteilsfähigkeit und der Einstellungen, Kenntnisse und Erfahrungen, soweit sie sich auf Probleme der Sicherheit und sozialen Anpassung im Straßenverkehr beziehen. Ein Test eigentlich nur für „Punktesammler“.

Die Durchführungszeit beträgt ca. 30 Minuten.

Der Gutachter stellt u.a. die Frage, wie sich der Betroffene in gefährlichen Situationen verhält, z.B. bei

- Glatteis
- Nebel
- Alkohol
- Geschwindigkeit
- Rollsplitt etc.

bzw., was die Gefährlichkeit in solchen Situationen ausmacht.

Leider darf ich aus juristischen Gründen auch hier keine genauen Fragen und Antworten abdrucken.

Andere Verkehrs-Wissens-Tests behandeln ähnliche Fragen, aber auch zum Teil solche, wie Sie sie bei der Führerscheinprüfung schon beantworten mussten.

Haben Sie bei solchen Fragen Schwierigkeiten, besorgen Sie sich doch einfach bei einer Fahrschule ein paar Übungsbögen.

j) Fragebogen zur Erfassung von Aggressivitätsfaktoren (FAF) (von R. Hampel und H. Selg)

Dieser Fragebogen wird gerne bei "Punktesammlern" benutzt die mit ihrem aggressiven Verhalten im Straßenverkehr aufgefallen sind oder bei Straftätern, die zu einer MPU müssen.

Das Ziel des FAF ist nach Aussage von Hampel und Selg eng beschrieben: "Er soll nur Aussagen über Bereitschaften zu einigen aggressiven Verhaltensweisen bei Erwachsenen und Jugendlichen ... ermöglichen.

Diese Bereitschaft lassen sich unter folgenden Begriffen gebündelt darstellen:

1. spontane Aggressivität
2. reaktive Aggressivität
3. Erregbarkeit (mit Qualitäten Ärger und Wut)
4. Depressivität mit Selbstaggressivität
5. Gewissensstrenge mit Aggressionshemmungen"

Die spontane Aggressivität bezieht sich auf fantasierte verbale und körperliche Aggression gegen Menschen und Tiere.

Bei der reaktiven Aggressivität handelt es sich um gesellschaftlich weitgehend sanktionierte Aggressivität.

Hohe Werte bei der Erregbarkeit sprechen für vermehrte Ärger-, Zorn- oder Wuterlebnisse, für einen Mangel an Affektsteuerung und eine niedrige Frustationstoleranz.

Unter Selbstaggression sind depressive Stimmungen, Selbstvorwürfe Ressentiments und Misstrauen zu verstehen.

Aggressionshemmung: beschreibt Aggressionshemmung und allgemeine Gehemmtheit.

Der Test besteht aus insgesamt 77 Fragen.

Fragenbeispiele

	stimmt	stimmt nicht
Mein Motto ist: Vertraue Fremden nie!	O	O
Ich glaube, ich könnte ein leidenschaftlicher Jäger sein.	O	O

Testzeit: ca. 10-20 Minuten

Hier noch mal für alle Tests:
Diese bitte nicht überbewerten!
Sie sind eher „Beigabe“ für den Gutachter. Sie können evtl. Diagnosen festigen, sie entscheiden aber nicht über das Bestehen oder Nichtbestehen der MPU, außer sie sind weit unter den Durchschnittswerten.

Auch die MPU-Gutachter wissen, nicht jeder ist ein „Prüfungstyp“.

Der wichtigste Teil bei der MPU ist das Gespräch mit dem Psychologen/ Gutachter.

Wenn die Testergebnisse trotz allem nicht ausreichen -
aber die medizinische Untersuchung und das Gespräch mit dem Psychologen ist positiv verlaufen , kann eine

Fahrverhaltensprobe

angezeigt sein. Hier kann aufgezeigt werden, ob die Leistungsmängel beim praktischen Fahren ausgeglichen werden können und so eine sichere Teilnahme am Straßenverkehr zu erwarten ist.

Die Fahrverhaltensprobe läuft ähnlich ab, wie bei der Führerscheinprüfung mit einem Fahrschulwagen und einem Fahrlehrer. Die Fahrverhaltensbeobachtung geschieht durch einen mitfahrenden Verkehrspsychologen der MPU-Stelle.

Der mitfahrende Verkehrspsychologe achtet vor allem auf Spur- und Geschwindigkeits-, Kommunikations- und Abstandsverhalten, des Weiteren auf sicherndes Verhalten und Art der Fahrbahnbenutzung.

Weitere Punkte auf die der Psychologe achtet sind: Risikoverhalten, Partner- und Konfliktverhalten, auf die Aufmerksamkeit des Prüflings im Straßenverkehr und auf die Orientierung und Anpassung.

Meine Leistungsübersicht über Testverfahren finden Sie im Anhang.

Kapitel 9
2.4 Verhaltensbeobachtung

Beobachtung ist eine Bezeichnung für eine zielgerichtete und kontrollierte Wahrnehmung von Objekten, Ereignissen und Prozessen und eine grundlegende Methode zur Datengewinnung in den Erfahrungswissenschaften - auf die MPU übertragen die Beobachtung persönlichkeitsspezifischer Verhaltensweisen, Verhaltensstörungen und abnormer Verhaltens- und Erlebnisreaktionen.

Klingt ein bisschen kompliziert – oder?

Ganz allgemein kann gesagt werden, dass der Psychologe/Gutachter bemerken wird, ob Sie unter Stress (z.B. bei den Tests) nervös werden oder gar in Panik geraten, ob Sie sich bewusst selbstsicher geben oder am liebsten ins nächste „Mausloch“ verschwinden würden, ob Ihr Händedruck fest oder kraftvoll ist, feucht, kalt oder warm usw.

Geben Sie sich am besten ganz normal!

Dass Sie evtl. nervös sind, ist ganz normal! Es „hängt ja eine ganze Menge von der MPU“ ab. Nicht jeder Mensch ist ein Prüfungsmensch – dies weiß auch der Psychologe.

Kommen Sie ausgeruht und pünktlich zur MPU.
Nehmen Sie sich den ganzen Tag Zeit.

Kommen Sie von weiter her oder wird auf komplizierte Verkehrsverbindungen hingewiesen, überlegen Sie, ob eine Übernachtung „vor Ort“ nicht sinnvoll wäre.

Sie sollen sich wohl fühlen – wenigstens so wohl, wie es eben bei einer Prüfung, bei einer MPU, möglich ist.

Kommen Sie deshalb nicht in Kleidung, die nicht zu Ihnen passt, nicht in einem neuen Anzug oder neuen Schuhen, schon gar nicht, wenn Sie ansonsten in Jeans herumlaufen. Auch die MPU-Gutachter laufen oft in Jeans herum.

Die Kleider sollten sauber und gepflegt sein, genauso wie Ihr Äußeres.

Und noch einmal – wenn Sie aufgeregt und nervös sind, dann sind Sie es eben! – Das ist kein Grund, Sie durchfallen zu lassen.

Kommen Sie gut vorbereitet zu Ihrer MPU. Je mehr Sie sich mit Ihrem "Fall" auseinandergesetzt und ihn aufgearbeitet haben, umso ruhiger werden Sie bei der MPU sein.

Kapitel 10
Wie sieht mich der MPU-Gutachter als „Alkoholsünder“?

Strategien:

- Was soll ich sagen und was nicht?
- Wie kann ich den Psychologen überzeugen, dass ich in Zukunft nicht mehr alkoholisiert Auto fahren werde?
- Mein Lebenslauf – Was sagt er aus? Wie sieht ihn der Psychologe?
- Totale Abstinenz? – Was „verlangt“ der MPU-Gutachter?

Die Schwierigkeit bei der MPU ist, – wie schon erwähnt - dass der Prüfling den MPU-Gutachter überzeugen muss, dass er sich nicht mehr alkoholisiert ans Steuer setzt. Dass dies nicht leicht ist, beweist die sehr hohe Durchfallquote.

Der Psychologe hat meist schon – bevor er den Prüfling überhaupt gesehen hat – ein vorgefasstes Bild anhand der Aktenunterlagen (vgl. Kapitel 9.2.1, „Die Aktenanalyse“) und hat sich – davon ausgehend – seine Fragen zusammengestellt.

Worauf es bei der Beantwortung ankommt, wissen die Prüflinge meist nicht.

Um sich in ein positives Licht zu stellen, übertreiben die meisten und erklären so z.B.

„ich habe noch nie viel getrunken“,
„das war eine Ausnahme“.

Diese „Ausrede“ nimmt natürlich kein Gutachter ab. Er kennt den Prüfling ja bereits aus der Akte, in der nicht nur die letzte Alkoholfahrt steht, sondern auch alle vorherigen Verstöße – auch oft diejenigen, die bereits in Flensburg getilgt sind.

Sogar Straftaten, (z.B. Diebstahl o.ä.), stehen mit in der Akte.

Wer mit 1,6 Promille erwischt worden ist und dann bei der MPU behauptet, „ich habe noch nie viel getrunken“, der schwindelt ganz einfach. Wer mit

1,6 oder gar 2 Promille noch einigermaßen Auto fahren kann, der kann einiges vertragen und ist Alkohol gewöhnt.

Das „einiges vertragen können“ ist hier nicht positiv gemeint. Vor Freunden wird wohl oft geprotzt: „5 Halbe, die steck’ ich lässig weg – Auto fahren, kein Problem!"

Der Psychologe sieht das anders.
Es ist auch eine vorgefasste Meinung von denen, die alkoholisiert Auto fahren, dass ein Delikt wie Trunkenheit im Straßenverkehr von den Bürgern und auch teilweise von den Gerichten und Medien zufällig aus der Mehrheit der „trinkenden“ Kraftfahrer wahrgenommen wird.

Viele Kraftfahrer glauben, dass nur sie Pech gehabt haben, nur sie erwischt worden sind …“es fahren doch alle alkoholisiert Auto – nur ich habe Pech gehabt!"
Die MPU-Psychologen bezeichnen dies als *„Pechvogelmentalität“*.

Wie schon besprochen, ist derjenige, der mit 1,6 Promille „herumfahren“ kann bzw. konnte, Alkohol gewohnt und trinkt mehr oder weniger regelmäßig und mehr als der Durchschnittsbürger. Mit Pech hat dies wahrlich nichts zu tun.

Untersuchungen haben gezeigt, dass nur sehr wenige Menschen überhaupt exakt über Alkohol Bescheid wissen.
Allgemein wird angenommen, dass die 0,5 Promille-Verordnung ein hartes Gesetz sei, und dass man nur sehr wenig trinken könne.

Setzt man eine „normale“ Trinkzeit voraus, kann z.B. ein 75 kg-Mann ca. 2 Halbe trinken, ehe er die 0,5 Promille erreicht. Wer dann sogar 1,3 oder sogar 1,6 Promille erreicht, bei dem hat dies nichts mit Zufall oder Pech zu tun.
Der MPU-Gutachter „unterstellt“ hier sehr schnell ein Alkoholproblem oder mehr.

Man geht auch davon aus, dass jemand, der überhaupt mal über 1 Promille „erreicht“ hat und sich noch einigermaßen „auf den Beinen halten konnte bzw. unauffällig“ dabei war, so im „Training“ ist, dass er / sie wahrschein-

wahrscheinlich ein Alkoholproblem hat.

Das Wort „Training“, das ich hier benutzt habe, klingt sehr positiv und sollte in diesem Zusammenhang vielleicht nicht benutzt und durch das Wort „Giftfestigkeit“ ersetzt werden.

Also – Darstellungen wie „ich habe noch nie viel getrunken“, nimmt der Psychologe nicht ab.
„Ich rühre nie wieder Alkohol an“, von dieser Behauptung muss der Psychologe erst überzeugt werden.

Jemand, der z.B. mit 2 Promille erwischt worden und dabei vielleicht noch unauffällig gefahren ist, wird vom Psychologen als ein sogenannter „Vieltrinker“ mit einem Alkoholproblem angesehen, das nicht von heute auf morgen zu lösen ist.

Im Durchschnitt haben die meisten Menschen bei 0,3 – 0,5 Promille einfach genug – und mit 0,8 Promille mehr als genug.

Der Prüfling muss schon genau deutlich machen und erklären, wie er in den vergangenen Monaten (seitdem der Führerschein weg ist), vom Alkohol losgekommen ist.
Eine „halbseidene“ Darstellung nimmt kein Psychologe ab.

Manchmal reicht es auch aus, dem Psychologen zu erklären, dass man zum sogenannten „kontrollierten Trinken“ (vgl. nächstes Kapitel „Kontrolliertes Trinken – ein Wunschtraum?“) übergegangen ist.
Das heißt z.B. auf das Auto bezogen: „Wenn Auto – dann kein Alkohol“!

Aber – der Trend der Gutachter geht dahin, dass jemand, der mit 2 Promille Auto gefahren ist (und dies noch "konnte"), oder jemand, der mehrfach alkoholisiert Auto fuhr, gänzlich abstinent sein muss, um seinen Führerschein wieder zu bekommen und dies auch glaubwürdig nachweisen muss.

Kann er dies nicht, heißt es wie z.B. bei einem alkoholauffällig gewordenen Kraftfahrer, der mit 2,1 Promille in eine Kontrolle geraten ist und kaum einen betrunkenen Eindruck machte, in einem MPU-Gutachten des TÜV:

"...raten wir Herrn X., sich zu Klärung seiner Alkoholbeziehung an eine Suchtberatungsstelle zu wenden und sich unter fachlicher Anleitung mit den persönlichen und situativen Bedingungen seines Alkoholkonsumverhaltens auseinander zu setzen.
Da bei dem Probanden von einem langjährigen chronischen Alkohol-Missbrauch auszugehen ist, halten wir aus verkehrspsychologischer Sicht zur Vermeidung von Trunkenheitsfahrten eine völlige und langfristige Alkoholabstinenz für erforderlich."

Soweit die Empfehlung eines TÜV-Psychologen.

Ein Urteil (AZ. 4 L 215/91, 3 A 103/91 v. 11.03.1992) des Oberverwaltungsgerichts Schleswig-Holstein vertritt sogar bereits 1992 die Ansicht, dass schon bei einer Blutalkoholkonzentration von 1,6 Promille eine totale Abstinenz gefordert werden kann.

Dies ist natürlich „Wasser auf die Mühlen“ der Begutachterstellen.

Das Urteil auszugsweise:

„Schon eine einzige Trunkenheitsfahrt kann genügen, um die Eignung zum Führen von Kraftfahrzeugen zu verneinen.

....es steht jedenfalls fest, dass allein das Erreichen hoher Blutalkoholkonzentrationen ein Beleg dafür ist, dass es sich bei dem Betroffenen um einen an Alkohol gewöhnten Menschen handelt.

....ein Mensch erreicht eine Blutalkoholkonzentration von 1,6 Promille nur dann, wenn er jahrelang im Umgang mit erheblichen Mengen geübt ist.

....ein derart zu charakterisierender Gewohnheitstrinker ist zum Führen von Kraftfahrzeugen grundsätzlich ungeeignet“.

Das Gericht verlangt weiter „eine absolute Abstinenz, die auf einer unabhängig von der Frage der Erlangung der Fahrerlaubnis bestehenden Motivation beruht, welches das Führen eines Kraftfahrzeuges unter Alkoholeinfluss mit einiger Wahrscheinlichkeit ausschließt.

….Dazu gehört zum einen eine längere Abstinenzzeit von in der Regel wenigstens sechs Monaten. Um dies glaubhaft zu machen, ist eine Überprüfung der Leberfunktionswerte (vgl. Kapitel 9.1) in monatlichem Abstand erforderlich….." (Anmerkung: Heute EtG-Alkohol-Check)

Sie merken: Bevor Sie bei einer sehr hohen Alkoholkonzentration nicht glaubhaft nachweisen können, dass Sie längere Zeit vollkommen abstinent gewesen sind, brauchen Sie gar nicht erst zur MPU „antreten".

Unter langfristig verstehen die Gutachter ca. ½ - 1 Jahr – je nach „Fall".
Wird z.B. wie im vorgenannten Fall beim Gespräch mit dem Gutachter angegeben, man trinke ab und zu noch ein „Bierchen", so legt der Psychologe es so aus, dass die Alkoholproblematik noch nicht aufgearbeitet worden ist und der zu Begutachtende als (noch) stark rückfallgefährdet anzusehen ist.

Also noch einmal:
Der Gutachter will wissen, ob Sie Ihr Fehlverhalten – z.B. Trinken und Autofahren – weiterhin aufrecht erhalten werden oder nicht.
Er will allerdings auch wissen, ob Sie in den vergangenen Monaten weiterhin kräftig getrunken haben bzw. ob Sie das „kontrollierte" Trinken (siehe nächste Kapitel)gelernt haben oder ob Sie ganz abstinent geblieben sind, was – wie gesagt – immer mehr verlangt wird!

Er will wissen, ob Sie eine kritische Haltung zu Ihrem eigenen Verhalten bekommen und ein realistisches Selbstbild entwickelt haben.

Eine hohe Punktezahl in Flensburg bzw. mehrmaliges alkoholisiertes Fahren bedeutet für die Gutachter (aufgrund von Statistiken) fast immer eine „hohe Rückfallquote".

Bußgeldstrafen wirken sich hier nur begrenzt aus; Strafen wirken sich nicht verhaltensändernd aus – so lauten die Ergebnisse vieler empirischer (auf geprüfter Erfahrung beruhender) Untersuchungen/Statistiken.

Dagegen wissen die Psychologen, dass jedes Fehlverhalten im Straßenverkehr, das "erfolgreich" abgeschlossen worden ist, die Wahrscheinlichkeit für weitere Fehlverhalten erhöht; „man" hat am

„Erfolg“ gelernt.

Mit anderen Worten: Wenn jemand betrunken Auto gefahren ist und nicht „erwischt“ wurde, ist es zu einem „Erfolg“ gekommen. Dieser „Erfolg“ erhöht die Wahrscheinlichkeit, dass derjenige wieder und öfter betrunken Auto fährt.

Soweit zur „Lernpsychologie“.

Jetzt ist auch zu verstehen, warum der Psychologe von Ihnen wissen will, ob dieses „Lernen“ bei Ihnen unterbrochen worden ist.

Wieder möchte ich hier die Statistik anführen:
Laut dieser endet nur jede dreihundertste alkoholisierte Fahrt vor dem Richter.
Laut neuerer Statistiken wird sogar nur jede 6-700ste Fahrt von der Polizei entdeckt!
Das wissen auch die Gutachter und begegnen deshalb dem Prüfling meist mit einem negativen Bild.
Der Prüfling muss also – wie schon zuvor erwähnt – überzeugen.
Antworten wie „ich habe noch nie viel Alkohol getrunken“ etc. glaubt der Psychologe meist nicht.

Ein weiterer Punkt – das *Bagatellisieren.*

Der Psychologe stellt Fragen wie „wie kam es zu dem Delikt? Sehen Sie im Nachhinein die alkoholisierte Fahrt als gefährlich an? Waren Sie Ihrer Meinung nach noch fahrtüchtig?“

Oft wird dann vom Prüfling die Sache harmlos dargestellt: „Das war ja gar nicht so schlimm, ich habe noch gut Auto fahren können, ich kann einiges vertragen.“

Diese Antworten werden vom Psychologen ganz anders ausgelegt, als der Prüfling glaubt. Er geht nämlich von der Voraussetzung aus, dass das Bagatellisieren, das harmlose Darstellen, keine Basis für eine selbstkritische Auseinandersetzung mit dem Geschehenen ist. Es zeigt also dem Psychologen, dass der Prüfling sich anscheinend nicht geändert hat, dass er nicht zur Einsicht gekommen ist.

Der Psychologe will davon überzeugt werden, dass eine sachliche, selbstkritische Aufarbeitung der Vergangenheit beim Prüfling stattgefunden hat.

Also – wenn man betrunken Auto gefahren ist, nicht mit fadenscheinigen Erklärungen bagatellisieren, sondern diese Fahrt selbst sehr kritisch sehen.

Im Nachhinein und nach Überlegungen sind Sie zu dem Ergebnis gekommen, dass diese Fahrt nicht zu verantworten war!

Unangemessene Beurteilung des eigenen Verhaltens muss der Psychologe als sehr ungünstig bewerten, denn sie stellt eine unerwünschte Erlebnisverarbeitung dar, da das Fehlverhalten aufrechterhalten und weiter verstärkt wird.

Aus diesem Grund kann nicht oft genug darauf hingewiesen werden, dass der Psychologe überzeugt werden will (und muss), dass das Fehlverhalten, durch welches es zum Führerscheinentzug gekommen ist, jetzt sehr kritisch von einem selbst gesehen wird.

Eine Bagatellisierung des damaligen Verhaltens wirkt sich sehr ungünstig aus!!

Weiterhin könnte eine Frage vom Psychologen so gestellt werden, dass Sie zur Antwort geben: „Ich fahre bestimmt nicht mehr alkoholisiert Auto, denn wenn ich noch einmal erwischt werde, ist mein Führerschein vielleicht endgültig weg.“

Sollten Sie die Frage so beantworten, ist dies für den Psychologen auch wiederum ein Zeichen, dass Sie noch nicht zur Einsicht gekommen sind. Denn: Ein verantwortungsbewusster Autofahrer fährt aus Verantwortung heraus nicht mit dem Auto, wenn er alkoholisiert ist, und nicht, um nicht erwischt zu werden!
Darüber hinaus glaubt Ihnen der Psychologe doch nicht, wenn Sie ihm sagen, dass Sie aus Angst, wieder erwischt zu werden, nicht mehr

alkoholisiert Auto fahren werden.

Die Statistik sagt nämlich hierzu, dass Fahrer, die eine mögliche Strafe als Haupthindernis für alkoholisiertes Fahren ansehen, häufiger unter Alkoholeinfluss fahren als die übrigen Fahrer.

Also, Ihre Antwort (und Ihre Einsicht) kann nur heißen:
„Ich fahre nicht mehr alkoholisiert Auto, weil ich das Leben anderer und auch mein eigenes nicht mehr gefährden möchte. Das ist mir in den letzten Monaten bewusst geworden“.

Eine optimale Strategie kann vom Betroffenen oft nicht selbst erstellt werden. Die eigene Person wird oft anders gesehen, als sie der Gutachter/Psychologe sieht.

Wenn Sie Zweifel oder Unsicherheiten haben, vereinbaren Sie am besten einen Termin mit einem qualifizierten Fachmann, den Ihnen gerne der Sachbearbeiter bei Ihrer Führerscheinstelle nennen kann. Zur ersten Abklärung können Sie auch mein Angebot der Telefonischen MPU-Beratung wahrnehmen. (vgl. Seite 425)
In einem persönlichen Gespräch können wir die wesentlichen Fragen Ihrer Situation besprechen, gemeinsam Ihre ganz private Strategie für die MPU suchen und eine psychologisch abgestimmte Lösung erarbeiten.

An dieser Stelle darf ich Sie nochmals auf meine absolute Diskretion hinweisen.
Nach § 203 Strafgesetzbuch unterliegt der staatl. anerkannte Dipl.-Soz.-Arb./Dipl.-Soz.-Päd.(FH), Heilpraktiker wie auch der Dipl. Psychologe, Psychotherapeut oder Arzt der Schweigepflicht.

Alles, was einem unter Schweigepflicht Stehenden in Ausübung seiner Tätigkeit anvertraut wird, darf er keinem Dritten weitersagen, auch nicht der besorgten Familie oder Ehefrau / Ehemann!

Mein Lebenslauf – Was sagt er aus? – Wie sieht der Psychologe mich?

„Wer seine Vergangenheit nicht kennt, ist verurteilt, sie zu wiederholen!"

sagt ein Sprichwort.

Was bedeutet dieser Satz?
Gemeint ist – um etwas weiter auszuholen: Wir sind zum großen Teil das, was wir in der Vergangenheit gemacht, erlebt, gelernt und gedacht haben.

Wir sind Menschen, die aus der Vergangenheit kommen, in der Gegenwart leben und in die Zukunft gehen.
Die Vergangenheit hat uns zum großen Teil zu dem gemacht, was wir heute sind.
Wir haben aber nur etwas von unserer Vergangenheit gelernt, wenn wir diese kennen.

Natürlich kenne ich meine Vergangenheit, werden Sie jetzt einwenden.

Mit „kennen" ist aber hier „verarbeiten" gemeint, aus unseren Erfahrungen (auch wenn diese schlecht waren) etwas gelernt zu haben, selbstkritisch gewesen zu sein, die Vergangenheit aufgearbeitet zu haben.
Wer dies nicht gemacht hat und dies ist mit dem ersten Satz gemeint –
„…ist verurteilt, sie zu wiederholen."

Der Gutachter will wissen, ob Sie Ihre „Fehler", die Sie in der Vergangenheit gemacht haben, selbstkritisch aufgearbeitet haben.

Mit „Fehler" ist hier vor allem die alkoholisierte Fahrt gemein. Sehen Sie die Fahrt bzw. Ihre Vergangenheit nicht in sehr kritischem Licht, geht der Psychologe davon aus, dass Sie Ihre Vergangenheit nicht aufgearbeitet, nichts gelernt haben und aus diesem Grund mit großer Wahrscheinlichkeit die gleichen Fehler noch mal machen, also nochmals alkoholisiert Auto fahren werden.

Dies kann hier gar nicht deutlich genug gesagt werden!

Bestrafungen alleine nutzen bzw. helfen nicht.

Laut Statistiken ist die Wahrscheinlichkeit, dass ein Promille-Fahrer rückfällig wird, also wieder alkoholisiert Auto fährt, sehr hoch:
Zum Beispiel:

nach der 1. Bestrafung werden über 30 % wieder rückfällig,
nach der 2. Bestrafung werden ca. 60 % und
nach der 3. Bestrafung über 70 % wieder rückfällig!!

Das weiß natürlich auch der MPU-Psychologe. Deshalb will er wissen, ob Sie zur „Einsicht“ gekommen sind und Ihre Fehler sehr selbstkritisch sehen. Nur dann fallen Sie nicht in die o.a. Statistik.

Sie müssen also gegenüber dem Psychologen Überzeugungsarbeit leisten – aber das haben wir ja schon ausführlich besprochen.

Wieder zum Lebenslauf zurück:
Die Vergangenheit kennen Sie, der Psychologe ebenfalls; er weiß, dass Sie alkoholisiert Auto gefahren sind, daran gibt es nichts mehr zu rütteln.
Allgemeine Entschuldigungen akzeptiert der Psychologe nicht.

Er sucht Verhaltensänderungen, er will wissen, was heute ist. Er will wissen, ob der Punkt bei Ihnen gekommen ist, an dem Sie Ihr Leben geändert haben – und wann dieser Punkt bei Ihnen eingetreten ist.
Und natürlich will er auch wissen, warum dieser Punkt gekommen ist.

Mit „Punkt“ ist hier ganz konkret gemeint, ob, wann und warum Sie zur Einsicht gekommen sind und Ihr Trinkverhalten geändert haben.

Dieser Punkt ist ein sehr bedeutungsvoller Schritt in Ihrem Leben gewesen.

Wenn der Psychologe nach diesem Punkt fragt bzw. wissen will, wann Sie Ihre „guten Vorsätze“ gefasst haben und Sie zur Antwort geben, „…so genau weiß ich das nicht mehr“, so geht er davon aus, dass es Ihnen wohl auch nicht so wichtig damit war.
Solch ein Datum weiß man, denn es ist ein wichtiges Datum in Ihrem Leben.

Nun zu den einzelnen Abschnitten in Ihrem Lebenslauf:

Der Psychologe will herausfinden, wann, wo und weshalb Sie in der Vergangenheit zu unkontrolliertem Trinken – Fahren übergegangen sind und ob die dazu führenden Umstände, Probleme etc. heute noch aktuell sind.

Er wird Sie eventuell nach Ihren einzelnen Lebensabschnitten befragen, nach Ihrem Elternhaus, Ihrer Kindheit. Wenn sie eine wohlgeordnete, glückliche Kindheit hatten, liebe Eltern, dann ist dies super und okay für den Psychologen.

Die Probleme für Ihr späteres Trinken könnte er im Folgenden vermuten:
Eventuelle Scheidung der Eltern, ungeordnete Verhältnisse, schwere Krankheiten etc.

Beim Abschnitt Schule/Beruf wird sehr positiv vermerkt, wenn Sie beides ohne viel Umwege oder Sackgassen hinter sich gebracht und auch jeweils mit einer Prüfung abgeschlossen haben.

Haben Sie oft den Beruf bzw. dic Stellung gewechselt? Wenn nein, dann vermerkt es der Psychologe positiv.
Oft werden häufige Veränderungen als sprunghaft bezeichnet, man „hält es nirgends aus“ usw.
Selbstverständlich gibt es auch Berufe, wo es notwendig ist, oft zu wechseln.

Beim Abschnitt Soziale Verhältnisse, Heirat/Partnerschaft vermerkt es der Psychologe positiv, wenn Sie in stabilen Familienverhältnissen leben.

Sind Sie frisch geschieden oder haben Sie Ihre Partnerschaft gerade gelöst, wirkt dies nach Ansicht des Psychologen nicht als stabilisierender Faktor in Ihrer aktuellen Situation.

Leben Sie noch bei Ihren Eltern, obwohl Sie eigentlich schon die notwendige Reife hätten, sich loszulösen, auf „eigenen Beinen“ zu stehen?

Haben Sie finanzielle Probleme, Ärger/Streit mit dem Partner, eine angeschlagene Gesundheit, einen Beruf, der Ihnen keine Freude macht, haben Sie keine Freunde? usw. usw. Dies alles würde nicht dazu beitragen, den Psychologen davon zu überzeugen, dass Sie Ihr Leben und Ihre Probleme „im Griff“ haben – schon gar nicht Ihr Alkoholproblem.

Die Rückfallgefahr würde er zudem als erhöht betrachten (vgl. hier Kapitel 23, „Thema Rückfall“).
Sie können natürlich der Meinung sein, „all dies geht den Psychologen doch einen „feuchten Dreck“ an, wie ich lebe und mein Leben gestalte.“

Vielleicht haben Sie recht, manche Fragen gehen vielleicht etwas zu weit, aber der Psychologe entscheidet bzw. gibt die Empfehlung, ob Sie Ihren Führerschein wiederbekommen sollen oder nicht.

Sie müssen Fragen nach Ihrem Lebenslauf und Ihren jetzigen sozialen Verhältnissen beantworten.

Spätestens jetzt wissen Sie, warum, aus welchem Grund er dies fragt. Stellen Sie sich darauf ein. Gehen Sie Ihren Lebenslauf durch. Schreiben Sie sich, wenn Sie es noch nicht getan haben, Daten heraus. Versuchen Sie, das Positive in Ihrem Leben herauszustellen, und prägen Sie sich die wichtigsten Daten ein.

Versuchen Sie, Ihr Leben bzw. das Leben positiv zu sehen!

Kapitel 11
„Kontrolliertes Trinken“ – ein Wunschtraum?

Der Wunsch oder das Ziel vieler Menschen ist es, nachdem sie ihr Alkoholproblem erkannt haben, oft auch nach einer Alkoholabstinenz, wieder wie jeder andere normal trinken - "Kontrolliert Trinken" - zu können.

Ist dies möglich?

Wie schon unter Kapitel 10 dargestellt, kann der MPU-Gutachter schon ab 1,6 Promille totale Abstinenz „verlangen“ (z.B. bei einem unauffälligen Verhalten bei dieser Promille).

Es wird angenommen, dass derjenige schon so weit mit dem Alkohol gekommen ist, dass er wohl nie wieder kontrolliert mit Alkohol umgehen kann.

Genauso kritisch wird es gesehen, wenn bei der alkoholisierten Fahrt um die 2 Promille oder sogar 2,5 Promille und mehr gemessen worden ist.
Das gleiche gilt für jemanden, der schon zum zweiten Mal mit Alkohol auffällig geworden sind.

Die einzige Chance für den Betroffenen ist hier sehr oft nur die totale Abstinenz! Eine Rückkehr zum "normalen" Trinken ist hier meist nicht mehr möglich!

Für die MPU heißt dies:
Mindestens ½ bis 1 Jahr vor der MPU keinen Tropfen Alkohol und danach auch nie wieder im Leben!!

Warum so lange keinen Alkohol, könnten Sie fragen, sind nicht auch ein paar Wochen ausreichend? – NEIN!

Meist ist man langsam zum Alkohol gekommen, der Geist (Psyche), die Seele und der Körper haben sich langsam an den Alkohol gewöhnt und genauso braucht der Geist, die Seele und der Körper eines Menschen eine längere Zeit, vom Alkohol wieder loszukommen.

Vorher ist die Rückfallgefahr einfach zu hoch!

Ähnlich ist es ja auch mit dem Rauchen.
Hört jemand mit dem Rauchen auf, ist die „Rückfallgefahr“ in den ersten Tagen am größten. Nach ein paar Wochen geht es schon besser und nach spätestens einem Jahr fängt der Rauch einer Zigarette an zu „stinken“.

Ist man noch nicht „so weit“ mit dem Alkohol gekommen und hat vor allem nicht viele Jahre übermäßig Alkohol konsumiert, ist es manchmal noch möglich, zum „kontrollierten Trinken“ zurückzukehren.

Leichter dürfte es aber für viele sein, ganz mit dem Trinken aufzuhören!

Beim kontrollierten Trinken müssen doch viele immer wieder mit sich kämpfen, nicht über das „Maß“ hinaus zu trinken - oft ist es mehr eine Qual als ein Nutzen.

Und: Wenn man immer wieder mit sich kämpfen muss, ist das mit Sicherheit kein kontrolliertes Trinken mehr!

Irgendwann wird dieser Kampf verloren. Besonders in Situationen, in denen man emotional aufgewühlt ist; zum Beispiel ein Streit mit seinem/ seiner Partner/Partnerin, Ärger und Stress am Arbeitsplatz, finanzielle oder gesundheitliche Probleme usw.

Kontrolliertes Trinken heißt auch, ohne „Willensanspannung“ zu trinken.
Das heißt, man trinkt niemals mehr, als man sich vorgenommen hat (das gesellschaftliche Trinken heißt hier etwa 0,3 – 0,5 Promille), ohne danach immer wieder zu überlegen, ob man etwa noch trinken soll oder will - also ohne Willensanspannung!

In Nachfolge habe ich kurz zusammengefasst, was ich als „Kontrolliertes Trinken“ betrachte:

Kontrolliertes Trinken

- Immer im gesellschaftlichen Rahmen bleiben (0,3 – 0,5 Promille allerhöchstens 0,6); also nur soviel trinken, dass auf keinen Fall alkoholtypische Auswirkungen zu befürchten sind!

- Trinken ohne „Willensanspannung“ - ohne mit sich "kämpfen" zu müssen nur begrenzte Mengen trinken (vgl. hier die Erklärung der letzten Seite)

- Nicht jeden Tag trinken

- Nicht alleine trinken

- Nicht über den Tag verteilt trinken – nur abends

- Nur zu besonderen Anlässen trinken (Geburtstage, mit dem Partner bei Kerzenlicht, Sylvester etc.)

- Nicht alkoholisiert Auto fahren – nur bei 0,00 Promille!!

- Durst nie mit alkoholischen Getränken löschen

- Nicht in Situationen trinken, die kritisch werden könnten (ausgelassene Stimmung, Party mit trinkfesten Gästen etc.)

- Das Glas nicht in der Hand halten, am besten nach dem Trinken weiter weg stellen

- Nicht bei Trinkrunden mitmachen

- Nicht bei emotionaler „Aufwühlung“ (Wut, Stress, Streit oder auch Langeweile) trinken

- Ablehnungstechniken beherrschen – „Nein“ sagen können

- Keine harten Sachen trinken (Schnaps, Whiskey, etc.) - das Suchtpotential ist hier wesentlich höher

- Beschränkung auf eine Alkoholsorte (Bier oder Wein), nicht durcheinander trinken; Bier und Wein auch einmal mit Wasser verdünnen

- Nach Möglichkeit keine Mischgetränke trinken (z.B. Cola-Rum)

- Trinkgeschwindigkeit: Langsam und beherrscht, nicht hastig; Alkohol nur aus kleinen Gläsern trinken

- Bewusst sein, dass kontrolliertes Trinken oft schwerer ist, als ganz aufzuhören

- Erkennt man, dass es zu schwierig ist (Kontrolliertes Trinken), wenn man zu sehr und immer wieder mit sich kämpfen muss – rechtzeitig vollkommen auf Alkohol verzichten und abstinent leben!

Ganz allgemein gesagt, bedeutet Kontrolliertes Trinken, sein eigenes Trinkverhalten in Grenzen zu halten. Programme zum kontrollierten Trinken bieten hier Unterstützung.

Schritt für Schritt wird hier an dem Ziel des "Kontrollierten Trinkens" gearbeitet. Es findet eine aktive Auseinandersetzung mit dem eigenen Trinkverhalten statt mit dem Ziel, den Alkoholkonsum langsam zu drosseln.
In ca. 10 - 20 Stunden individuell abgestimmten Einzelsitzungen wird hier an diesem Ziel gearbeitet, ohne dass Sie ganz auf das Genussmittel verzichten müssen.

Bei Interesse fragen Sie Ihren Sachbearbeiter bei der Führerscheinstelle nach einem seriösen Therapeuten. Bei Fragen rufen Sie mich einfach an!

Überblick über das 10-Schritte-Programm des Prof. Körkel siehe Anlage.

Zur Beachtung: Der Gutachter möchte/verlangt hier, dass das "Kontrollierte Trinken" schon seit mindestens 6 Monaten praktiziert wird und - dass es in dieser Zeit zu keinen Rückfällen ins alte Trinkverhalten gekommen ist!

Kapitel 12

Abstinenz – Ende der Selbstzerstörung? - Wie sieht das der MPU-Gutachter? –

Abstinenz ist der völlige Verzicht auf Alkohol.

Der MPU-Gutachter geht davon aus, dass – wenn eine Blutalkoholkonzentration von über 1,6 Promille ohne gravierende Ausfallerscheinungen erreicht wurde – eine starke Alkoholgewöhnung vorliegt, die nur durch häufigen und/oder erheblichen Alkoholkonsum erworben werden kann.
(vgl. hier auch Kapitel 10, „Wie sieht mich der Psychologe / MPU-Gutachter“)

Bei schwerwiegendem Alkoholmissbrauch (der MPU-Gutachter sieht das sehr „eng“) ist dem Betroffenen – so der MPU-Gutachter – kontrollierter Umgang mit Alkohol oftmals noch vorübergehend, nicht jedoch auf Dauer möglich.

Die Voraussetzung zur Wiederherstellung der Kraftfahrteignung ist in diesem Fall nur die „vollständige Abstinenz“.

Der Gutachter unterstellt in einem solchen Fall (oft schon ab 1,6 Promille!), dass man die Fähigkeit verloren hat, jemals wieder kontrolliert mit dem Alkohol umgehen zu können - und das bis zum Lebensende!!

"Mitschuld" ist hier auch, dass der Betroffene ein sogenanntes "Suchtgedächtnis" gebildet hat (vgl. hier auch Kapitel 24, "Die Bedeutung des Suchtgedächtnisses bei Rückfällen").

Also – aufgrund der individuellen „Lerngeschichte“ ist vom Gutachter dann Abstinenz des Betroffenen zu fordern, wenn ein konsequenter kontrollierter Umgang mit Alkohol sich sonst nicht erreichen lässt!

Ein positives Gutachten kann vom Psychologen erst dann geschrieben werden, wenn die Änderung nach genügend langer Erprobung und Erfahrensbildung (6 – 12 Monate, je nach Höhe der Alkoholkonzentration, der Trinkzeit. d.h., wie viele Jahre schon verstärkt getrunken wurde, in welchem Lebensalter angefangen worden ist etc.) in das Gesamtverhalten integriert worden ist.

Die Abstinenz, die Verhaltensänderung, muss für den Betroffenen befriedigend erlebt werden.

Abstinenz – ja oder nein? –

Für viele Betroffene eine ganz entscheidende Frage!

Jeder muss diese für sich erst mal selber entscheiden.
Kann ich noch zum „Kontrollierten Trinken“ zurückkehren (vgl. hier Kapitel 11) oder ist eine Abstinenz angeraten?

Ab einer gewissen Alkoholkonzentration etc. ist dies für den MPU-Gutachter keine Frage – er fordert totale Abstinenz – ohne „wenn und aber!“

Leichter ist es auch meistens, ganz auf Alkohol zu verzichten – der ständige Kampf „soll ich noch eins trinken oder nicht?“ – entfällt.

Vielleicht ist die Abstinenz auch ein

„Ende der Selbstzerstörung“!

Fragen, die sich jeder selbst stellen sollte:

„Wie sieht mein Leben mit Alkohol aus – und wie sieht es ohne Alkohol aus?“

„Wie erleben meine Freunde, Bekannten, Familie, Ehepartner mich mit – und ohne Alkohol?“

„Wie sehen meine Kinder mich? Bin ich ihnen noch ein Vorbild?“

Die Abstinenz muss positiv erlebt werden.

Wird Alkoholmissbrauch betrieben oder ist man schon süchtig – in gewissem Grad wenigstens – ist dies ein Ausdruck von Selbstzerstörung.

Wie viel wurde wegen des Alkohols schon "kaputt" gemacht?

Man denke nur an die Familie, den Beruf, die Gesundheit, das Geld und letztendlich auch an den Führerschein.

Sicher trifft dies nicht auf alle zu – aber den Führerschein haben Sie ja bereits verloren, ansonsten hätten Sie dieses Beratungsprogramm zur Vorbereitung auf die MPU wohl nicht erworben.

Welche Gründe führten zum Alkohol?

Waren es Trinkfreude, maßlose Feste? – oder aber Probleme in der Partnerschaft, Geldsorgen, Enttäuschungen, Scheidung, Verlust eines lieben Menschen, Gefühl der Sinnlosigkeit oder Ängste, dic mit Alkohol bctäubt werden? - vgl. meine Homepage: www.Angst-besiegen.de

Die Aufzählung dieser Fragen könnte fast endlos weitergehen.

Aber - mit Alkohol können keine Probleme gelöst werden, man kann sie höchstens für eine gewisse Zeit betäuben; dann aber sind sie wieder da – meistens sogar verstärkt!

Alkoholmissbrauch führt früher oder später in die Selbstzerstörung!

Maßloser Alkoholkonsum macht auf Dauer Körper, Geist und Seele „kaputt“!
(vgl. hier Kapitel 13.5 „Welche körperlichen und geistigen Schäden kann der Alkohol verursachen?“)

Der Weg in die vollständige Abstinenz ist sicher nicht leicht – aber er lohnt sich für die meisten!

Kapitel 13
Was muss ich bei der MPU über Alkohol wissen und warum?

Forschungsergebnisse und Erfahrungen bei der diagnostischen Arbeit mit alkoholauffällig gewordenen Kraftfahrern haben ergeben, dass eine falsche Einschätzung der Alkoholgefahr eine positivere Verhaltensänderung verhindert.

Alkoholauffällig gewordene Kraftfahrer unterschätzen die Alkoholgefahr bei Unfällen, sie glauben, hier würde maßlos übertrieben, und wenn sie doch an die Gefährlichkeit glauben, so beziehen sie dies meist nicht auf sich „...Ich? Ich kann noch gut Auto fahren!"

Glauben auch Sie, dass die Bedeutung von Alkohol bei Unfällen übertrieben wird?

Das Risiko, an einem Unfall beteiligt zu sein, also nicht unbedingt selber einen Unfall zu verursachen, ist bei *

0,5 Promille 8 x höher!!

0,6 Promille 16 x höher!!

0,8 Promille 34 x höher!!

1,0 Promille 85 x höher!!

1,2 Promille 100 x höher!!

1,5 Promille 115 x höher!!

Sind diese Zahlen nicht erschreckend?

So sieht es auch der Psychologe/ MPU-Gutachter.

* lt. TÜV SÜD - Alkohol und Stra(ss)enverkehr – Stand 2008

Wenn Sie nicht genau über Alkohol Bescheid wissen, über die Wirkungen, Folgen, Unfallrisiko, Abbau des Alkohols im Blut usw., haben Sie keine große Chance, die MPU zu bestehen.

Lesen Sie bitte deshalb auch die folgenden Kapitel (Unterkapitel 13.1 - 13.5) gründlich, besonders aber Kapitel 13.3, „Wie viel darf ich trinken? – Berechnung“.

Kein Autofahrer kann sich z.B. „guten Gewissens“ hinters Lenkrad setzen, wenn er seine Promillezahl nicht kennt bzw. nicht ausrechnen kann.

Am besten und am verantwortungsvollsten ist es, beim Autofahren gar nichts zu trinken!
Dies ist auch die Meinung des Gutachters. Er akzeptiert nur 0,00 Promille beim Fahren!!!

Kapitel 13
13.1 Alkohol in unserer Kultur

In Deutschland und in ähnlichen Kulturkreisen ist der Genuss/Konsum von alkoholischen Getränken seit Jahrtausenden akzeptiert.
Denken wir hier nur an die alten Germanen und ihren Met.

Schon in prähistorischer Zeit hatten unsere Vorfahren entdeckt, dass durch Gärungsprozesse mancher Lebensmittel Alkohol entstand bzw. Getränke, die berauschten.

Im Mittelalter stellten wahrscheinlich die Araber die ersten „harten" Getränke her, indem sie Wein destillierten und diese Flüssigkeit nannten sie dann „Alkohol" (das Feinste von etwas).

Später glaubte man sogar in Europa, dass Alkohol ein Lebensmittel sei.

Schnell erkannte man aber, dass Alkohol bei übermäßigem Konsum schwere Schäden körperlicher und geistiger Natur verursacht (vgl. hier auch Kapitel 13.5 des Beratungsprogramms).

In den zwanziger Jahren des vorigen Jahrhunderts verbot man aus diesem Grunde in den USA sogar den Alkohol ganz.
Die Prohibition (1919 -1933) zeigte aber, dass Verbote bei Alkohol nichts nutzen – man trank zum Teil mehr als vorher und besorgte sich den Alkohol eben auf dem Schwarzmarkt.

Eine gewisse Hilflosigkeit zeigte sich gegenüber der „Droge" Alkohol nicht nur in Amerika, sondern auch in Europa.

Wie sollte man mit Alkohol in Zukunft umgehen?

Seit „Menschengedenken" wird bei uns Alkohol konsumiert. Fast überall und zu jeder passenden und unpassenden Gelegenheiten wird Alkohol angeboten. Bei kaum einer Feier fehlt Alkohol.
Als akzeptierte „Volksdroge" gibt es diesen eben überall und zu jeder Zeit rund um die Uhr zu kaufen – in Supermärkten, Gaststätten, Kneipen, Tankstellen etc.

Man prostet sich zu, stößt bei vielen Gelegenheiten miteinander an, wünscht sich mit einem Glas Sekt in der Hand ein schönes, neues Jahr, trinkt nach einem reichhaltigen Essen einen Magenbitter oder Schnaps, um die Verdauung zu beschleunigen (was medizinisch natürlich Unsinn ist).

Wer in bestimmten gesellschaftlichen Kreisen ein alkoholisches Getränk ablehnt, stößt oft auf Unverständnis und wird ausgegrenzt.

Der Alkohol ist auch ein bedeutender Wirtschaftsfaktor.

Nach Schätzungen der Weltgesundheitsorganisation (WHO) machen die Produktionskosten in Europa knapp 2 % des Bruttosozialproduktes aus.

Die Steuern, die die betreffenden Staaten hieraus einnehmen, sind gewaltig.

Aber - die Krankheitsausgaben, die für übermäßigen Alkoholkonsum zu leisten sind, übersteigen die Einnahmen bei weitem!

Ca. 5 – 6 Prozent des Bruttosozialproduktes geben der Staat, die Länder, Krankenkassen, Rentenanstalten etc. für die Folgen überhöhten Alkoholkonsums aus.

Der normale Konsum ist unauffällig und gesellschaftlich akzeptiert.
Doch wo fängt der Missbrauch an?

Der Übergang vom „Kontrollierten Trinken“ (vgl. Kapitel 11 des Beratungsprogramms) zum übermäßigen Trinken bzw. zum Alkoholmissbrauch ist fließend.

Anfangs spürt man beim Trinken schon die Wirkung von einem Bier. Irgendwann trinkt man dann zwei – und wenn man lange genug zwei getrunken hat – also lange genug „trainiert“ hat – kann man fünf und sechs oder sogar 10 Bier á 0,5 Ltr. trinken, ohne groß aufzufallen, man ist „Giftfest“ geworden.

Oft merkt man gar nicht, dass man durch dieses Übermaß ein Alkoholproblem bekommen hat.

Die Kontrolle beim Konsum schwindet immer mehr und mehr, der Alkohol nimmt immer mehr Platz in unserem Leben ein und bestimmt das Denken, Fühlen und Handeln.

Langsam – wenn keine „Notbremse“ gezogen wird, wenn man nicht durch irgendeinen „Zwischenfall“ (vielleicht durch Führerscheinverlust) „wach“ geworden ist - wird aus übermäßigem Konsum eine Alkoholabhängigkeit.

Oft dauert es Jahre bis dahin – aber irgendwann werden wir dann durch unser „Suchtgedächtnis“ gesteuert (vgl. Kapitel 24, „Die Bedeutung des Suchtgedächtnisses bei Rückfällen“).

Kapitel 13
13.2 Symptome und Wirkung – Trinkmenge und Promille

Die Tabelle* auf den nächsten zwei Seiten zeigt bei der zu sich genommenen Trinkmenge Alkohol (Promille) die jeweiligen Symptome der Wirkung.

Bei der Sparte „Menge“ heißt es natürlich jeweils Bier o d e r Wein o d e r Whisky und nicht u n d !

In der letzten Spalte sind 15 Glas Bier (= 7 Halbe) angegeben – ergibt somit 2 Promille. Die Symptome bei 2 Promille u.a. „ ….er kann sich nicht mehr alleine an- und ausziehen, vielfach kann der Urin nicht mehr gehalten werden. Der Mensch ist auf die Hilfe anderer angewiesen“.

Das heißt für den MPU-Gutachter: Wer mit 2 Promille im Blut noch Autofahren "kann" – und vielleicht auch noch unauffällig – ist sehr trinkfest und ständig im „Training“ – was hier absolut nicht positiv gemeint ist!!!

Das Wort „Training“ ist also eher durch das Wort „Giftfestigkeit“ zu ersetzen.

Wer mit 2 Promille „erwischt“ worden ist und dann noch gegenüber dem MPU-Gutachter behauptet, „ich habe noch nie viel getrunken“, der lügt den Psychologen einfach an (vgl. Kapitel 10, „Wie sieht mich der MPU-Gutachter?“)

Die Tabelle geht von einem Durchschnittsgewicht von 75 kg aus. Wer mehr wiegt, muss zurechnen, wer weniger wiegt, muss was abziehen.

Selbstverständlich kommt hier bei der Rechnung noch die Trinkzeit hinzu. Pro Stunde baut sich ca. 1 Glas Bier ab. Wer also z.B. 6 Stunden gefeiert hat, muss 6 Glas Bier oder 3 Halbe dazurechnen – aber hierzu später noch mehr (vgl. Kapitel 13.3, „Wie viel darf ich trinken? – Berechnung“)

**Abschrift mit freundlicher Genehmigung des Blaukreuz – Verlages Wuppertal aus „Handbuch für die Suchtkrankenhilfe“*

Alkoholische Getränke
Trinkmenge und Promille – Symptome und Wirkung

Menge	Alkohol im Blut nach einer halben Stunde	Symptome
1 Glas Bier oder 1 Whisky (0,05 l) oder 0,2 l Wein	0,2 o/oo	Wärmegefühl; leicht beeinträchtigte Genauigkeit bei Körperbewegungen, bei Handgriffen, beim Gehen.
2 Glas Bier oder 0,5 l Bier	0,3 o/oo	Deutlich sichtbare Unsicherheit,Beeinträchtigung der Bewegungsabläufe sind gestört).
3 Glas Bier oder 0,75 l Bier oder 0,50 l Wein	0,5 o/oo	Abbau der Hemmungen, Anzeichen von Mitteilungsbedürfnis, Schwatzhaftigkeit
4 Glas Bier oder 1 Liter Bier oder 3 Whisky (0,15 l) oder 0,6 l Wein	0,6 o/oo	Beginnender Verlust des Gleichgewichtes, Verlangsamung der Muskelreflexe. Jeder 4. beginnt bei diesem Promillegehalt zu torkeln.

5 Glas Bier oder 1,25 l Bier oder 4 Whisky (0,2 l) oder 0,8 l Wein	0,8 o/oo	Deutliche Angetrunkenheit schwankender Gang, Orientierungsschwierigkeiten
6-7 Glas Bier oder 1,5-1,7 l Bier oder 5 Whisky (0,25 l) oder 1 l Wein	1,0 o/oo	Dauerreden, Selbstgespräche, unzusammenhängende Sätze, torkelnder Gang, unsichere Handbewegungen, plumpe Reaktionen
10 Glas Bier oder 2,5 l Bier oder 7-8 Whisky (0,35 l) oder 1,5 l Wein	1,5 o/oo	Starke Anzeichen von Betrunkenheit, benommenes Stottern, 2 von 3 Menschen in diesem Zustand erbrechen.Nur jeder 12. kann sich bei diesem Promillegehalt noch einigermaßen sicher auf den Beinen halten.
15 Glas Bier oder 3,75 l Bier oder 10 Whisky (0,5 l) oder 2 l Wein	2,0 o/oo	Der Betrunkene kann die Körperbewegungen nur noch in ganz geringem Umfang koordinieren. Er kann sich nicht mehr allein an- und ausziehen. Vielfach kann der Urin nicht mehr gehalten werden. Der Mensch ist auf Hilfe anderer angewiesen!

In Folge ist eine ausführliche Auflistung der BAD-GmbH über Gefahren im Straßenverkehr abgedruckt. Die BAD-GmbH ist auch eine zugelassene Begutachtungsstelle für Fahreignung (MPU).

"Welche Alkoholwirkungen sind beim Autofahren besonders gefährlich?

Durch Alkoholeinfluss kommt es infolge von Veränderungen der Stimmung und des Körpers zu

- gehobener Stimmungslage und Selbstbewusstsein
- verringerter Selbstkritikfähigkeit
- Enthemmung, Aggressivität, erhöhter Risikobereitschaft
- erhöhter Bereitschaft zu spontanen Entscheidungen und zum Eingehen von Risiken
- Störungen in den Bewegungsabläufen, Gleichgewichtsstörungen
- Müdigkeit, Verlängerung der Reaktionszeit
- Störungen der Konzentration, schwankender Aufmerksamkeit
- Störungen der optischen Wahrnehmungen, insbesondere schlechtere Hell-Dunkel-Anpassung, erhöhter Blendempfindlichkeit, gestörtem Dämmerungssehen, Tunnelblick, Doppelt-Sehen

Nachlassende Kritikfähigkeit und erhöhte Risikobereitschaft führen zu

- schnellem Fahren

- aggressivem Fahrstil (Drängeln und Schneiden anderer Verkehrsteilnehmer, rücksichtsloses Verhalten gegenüber Fußgängern)
- Überholen in unübersichtlichen Verkehrssituationen, Kurvenschneiden

Konzentrations- und Aufmerksamkeitsstörungen sowie verlängerte Reaktionszeit führen zu

- einseitiger Orientierung, Nichtbeachten anderer Verkehrsereignisse
- Unfähigkeit, mehrere Gefahrenmomente zu erfassen
- spätem Erkennen von riskanten Situationen mit verzögerter Bremsreaktion
- Versagen bei besonderer Verkehrsdichte (Auffahrunfälle bei relativ geringer Geschwindigkeit)
- Auffahren auf stehende Fahrzeuge
- unerklärlichem Nichterkennen von Baustellen, Kreuzungen, Lichtzeichenanlagen
- fehlender Reaktion auf Haltezeichen
- Einschalten des Blinkers beim Abbiegen oder das Einschalten des Fahrlichts wird vergessen

Störungen von Bewegungsabläufen führen zu

- typischem Schlangenlinienfahren
- Abkommen von der Fahrbahn ohne ersichtlichen Grund
- Schwierigkeiten beim Einlegen der Gänge oder beim Anlassen des Fahrzeuges
- starker oder zu geringer Beschleunigung (ruckartiges Fahren)

Störungen der optischen Wahrnehmung führen zu

- Übersehen von Fußgängern und Radfahrern in der Dämmerung und bei Nachtfahrten
- unmotiviert starkem Bremsen beim Erkennen von Hindernissen oder bei Blendung durch entgegenkommende Fahrzeuge
- falschem Einschätzen von Entfernungen, Abständen, Geschwindigkeiten und Straßenverläufen (Folgen: Kurvenunfälle, grobe Vorfahrtsverletzungen)."

www.fev-mpu.de (BAD-GmbH),
Zugriff: 30.07.2012

Kapitel 13
13.3. Wie viel darf ich trinken? - Berechnung
Wann darf ich wieder Auto fahren? – Restalkohol

Wie schon weiter oben beschrieben, muss der Autofahrer eine eventuelle „Alkoholzufuhr“ in Promille umrechnen können.

Dies gilt in entscheidendem Maße bei der MPU.

Auch wenn Sie dem Gutachter sagen, dass Sie keinen Alkohol mehr trinken, müssen Sie eine Berechnung durchführen können.

Die angeführten Mengen, die Sie trinken „dürfen“, um 0,3 oder 0,5 Promille zu erreichen, haben Sie ja schon im Kapitel 13.2 gelesen.

Dies reicht aber nicht. Jeder Mensch hat eine andere Körperkonstitution.
Sie müssen „Ihre spezielle Promillezahl“ ausrechnen können und auch wissen, wie viel Promille Sie in welcher Zeit abbauen.

Voraussetzung hierfür ist natürlich, dass die Leber - als "Entgiftungsfabrik" - noch vollkommen intakt ist.

Bei der Berechnung Ihrer Alkoholmenge sollten Sie bedenken, dass in der Bundesrepublik die 0,5 Promille–Grenze gilt. Wer unterhalb dieser Grenze liegt, ist aber nicht unbedingt fahrtüchtig!

Wer mit 0,3 Promille an einem Unfall beteiligt ist, muss in jedem Fall mit rechtlichen Konsequenzen rechnen – auch wenn er „eigentlich“ an dem Unfall nicht schuld ist.

Der Gesetzgeber geht davon aus, dass Sie, wenn Sie überhaupt keinen Alkohol getrunken hätten, besser und schneller reagiert und vielleicht dadurch den Unfall hätten verhindern können.

Die drei wichtigsten Faktoren für die Berechnung sind
a) der Alkoholgehalt der Getränke
b) die Menge der Getränke
c) das eigene Körpergewicht
d) der Zeitfaktor
e) das Resorptionsdefizit.

Keine Rolle bei der Berechnung spielt – obwohl die meisten es glauben – die Trinkfestigkeit oder ob man vorher was gegessen hat.

Die nachfolgende Aufstellung von der Bundesanstalt für Straßenwesen gibt anschaulich den Alkoholgehalt der einzelnen Getränke wieder:

Alkoholgehalt

1

1. Hier der Alkoholgehalt der verschiedenen Getränke in Volumen-Prozent.
(Es handelt sich jeweils um **Durchschnittswerte**.)

Bier	5 %
Starkbier	7 %
Wein	10 %
Schwerer Wein	15 %
Sekt	10 %
Portwein	20 %
Korn	35 %
Weinbrand	38 %
Whisky/Wodka	43 %
Rum	40-80 %

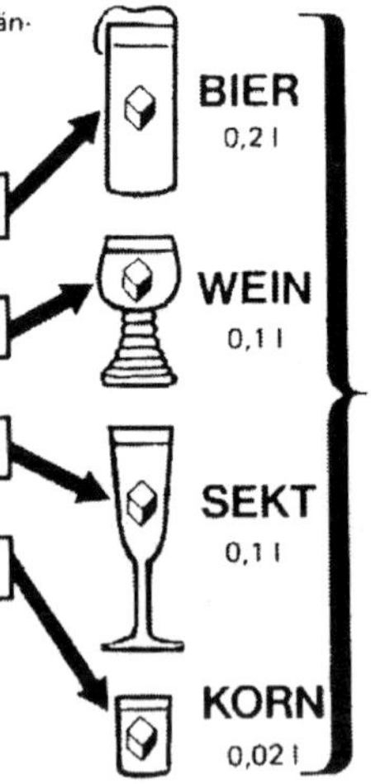

In jedem Glas sind ungefähr 10 Kubikzentimeter* Alkohol

Weil Alkohol leichter als Wasser ist (spezifisches Gewicht: 0,79), wiegen 10 Kubikzentimeter Alkohol nur 8 Gramm!

* Wenn der Korn genau bis zum Strich eingeschüttet wird, sind 7 Kubikzentimeter Alkohol in einem Glas! Aber meist wird es ja doch mehr!

Nun kennen wir den Alkoholgehalt der einzelnen Getränke.
Was wir nun brauchen, ist das eigene Körpergewicht für die individuelle Berechnung.
Am besten wieder in einer übersichtlichen Aufstellung – siehe nachfolgend – (aus: Bundesanstalt für Straßenwesen).

Bei der Berechnung ist zu beachten, dass der Alkohol sich nur im „wasserhaltigen Gewebe" eines Menschen verteilen bzw. binden kann.
In Übergewicht, also in Fettgewebe und auch in Knochen kann kein Alkohol eindringen.

Die Anteile des wasserhaltigen Gewebes entnehmen Sie bitte auch der Tabelle. Zu beachten ist dabei, dass bei Frauen (auch schlanken) naturbedingt weniger wasserhaltiges Gewebe vorhanden ist, ebenso wie bei (fett-) leibigen Männern.

Alles auf einen Blick

Aufbau und Abbau von 4 Gläsern Bier oder Wein oder Sekt oder Korn (32 Gramm Alkohol)

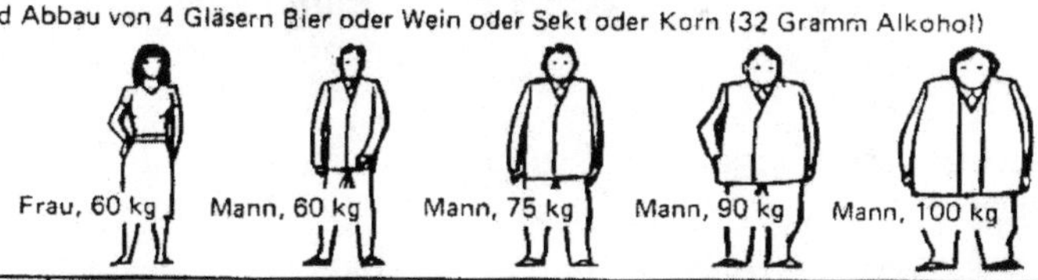

	Frau, 60 kg	Mann, 60 kg	Mann, 75 kg	Mann, 90 kg	Mann, 100 kg
Prozentanteil wasserhaltigen Gewebes.	55 %*	70 %	70 %	70 %	55 %*
Kilogramm wasserhaltigen Gewebes	33 kg	42 kg	52,5 kg	63 kg	55 kg
„Promille" bei 4 Gläsern (32 Gramm auf Gewebe aufgeteilt)	$\frac{32\ g}{33\ kg}$ = 0,97‰	$\frac{32\ g}{42\ kg}$ = 0,76‰	$\frac{32\ g}{52,5\ kg}$ ≙ 0,61‰	$\frac{32\ g}{63\ kg}$ = 0,51‰	$\frac{32\ g}{55\ kg}$ = 0,58‰
Abbau: Gramm pro Stunde	5 Gramm*/Std.	6 Gramm/Std.	7,5 Gramm/Std.	9 Gramm/Std.	8 Gramm*/Std.
Abbau: Promille pro Stunde, ungefähr	0,15 Promille/Std.	0,15 Promille/Std.	0,15 Promille/Std.	0,15 Promille/Std.	0,15 Promille/Std
Gesamtabbauzeit für 4 Gläser	ca. 6,5 Stunden	ca. 5 Stunden	ca. 4 Stunden	ca. 3,5 Stunden	ca. 4 Stunden

<u>Beispiel:</u> Frau Mustermann trinkt mit Herrn Mustermann zwei Halbe in kurzer Zeit
Dürfen sie noch Autofahren?
Frau Mustermann wiegt 60 kg, Herr Mustermann 90kg.

Bevor Sie weiterlesen, rechnen Sie selber!

<u>Berechnung</u>:

2 Halbe = 1 Liter = 5 kleine Bier = 40 Gramm Alkohol (0,2 l = 8 Gramm)

1. Bei Frau Mustermann mit 60 kg (33 kg wasserhaltiges Gewebe) sieht die Sache folgendermaßen aus:

$$\frac{40\text{ g}}{33\text{ kg}} = 1{,}21 \text{ Promille und damit absolut fahruntüchtig!}$$

1. Bei Herrn Mustermann mit 90 kg (63 kg) sieht die Sache so aus:

$$\frac{40\text{ g}}{63\text{ kg}} = 0{,}63 \text{ Promille und damit auch fahruntüchtig!}$$

Beide sind also über die 0,5 Promille Grenze gekommen.

Herr Mustermann müsste mindestens 1 Stunde warten, bis er vor dem Gesetz wieder Auto fahren dürfte.

Zur Sicherheit sollte ein Autofahrer aber, um auf der „sicheren Seite“ zu sein, nicht mit 0,15 Promille Abbau pro Stunde rechnen, sondern nur mit 0,1 Promille. Niemand weiß genau, wie viel er eigentlich abbaut.
Herr Mustermann sollte also mindestens 1,5 Stunden warten, bis er wieder nach dem Gesetz Auto fahren darf.

Ein verantwortungsvoller Autofahrer sollte aber nur mit 0,00 Promille fahren!

Nichts anderes akzeptiert auch der MPU-Gutachter!!
Herr Mustermann sollte also mindestens 6 Stunden nicht Auto fahren.

Frau Mustermann als verantwortungsvolle Autofahrerin müsste demnach mindestens 12 Stunden warten!

Setzen Sie sich selber Beispiele. Sie kennen ja Ihr Gewicht – und bedenken Sie, dass, wenn Sie etwas übergewichtig sind, Sie dies berücksichtigen.

Rechnen Sie aus, wie viel Sie trinken dürfen, wie viel Bier, wie viel Wein etc. Bedenken Sie aber - trinken Sie durcheinander, kann es vielleicht bei 0,5 Promille trotzdem schon zu verheerenden Wirkungen kommen!

Die Widmark-Formel

Jetzt wollen wir uns einer etwas anderen Art von Rechnung zuwenden, und zwar der Berechnung der Promille nach der bekannten „Widmark-Formel“. Sie lautet:

$$\text{Alkoholgehalt in Promille} = \frac{\text{Alkoholmenge in Gramm}}{\text{Körpergewicht x 0,7}}$$

Eigentlich die gleiche Rechnung wie oben, nur dass bei der Widmark-Formel das tatsächliche Körpergewicht eingesetzt wird, und dann mal 0,7 gerechnet wird.
0,7 weil das wasserhaltige Gewebe eines Menschen 70% beträgt.

Zu beachten ist bei dieser Formel, dass Frauen und übergewichtige Männer, statt 0,7 eigentlich 0,6 oder 0,5 einsetzen sollten.

Wenn man die Formel einmal kapiert hat, ist es gar nicht mehr so schwer. Rechnen Sie einfach mal ein paar Beispiele durch.

Zeitfaktor

Nun haben wir die ersten 3 Faktoren (a-c vgl. oben) für die Berechnung des Promillewertes in unserer Rechnung mit einbezogen. Sie erinnern sich?

Faktor „a“ ist der Alkoholgehalt der Getränke
Faktor „b“ ist die Menge der Getränke
Faktor „c“ ist das eigene Körpergewicht

Nun kommt der Faktor „d“, der Zeitfaktor hinzu.

Pro Stunde „bauen“ sich ca. 0,1 – 0,15 Promille ab, also etwa ein Glas Bier (keine Halbe!), und das schon ca. ¼ Stunde nach dem ersten Schluck.

Befindet sich im Magen z.B. eine dicke Schweinshaxe, kann sich der Abbau etwas verzögern, weil der Alkohol sich zuerst da „durchkämpfen“ muss.

Ein Irrtum ist es aber zu glauben, dass man, wenn man gut gegessen hat, mehr trinken kann, bzw. weniger Promille hat. Dies wäre ein gefährlicher Trugschluss!

Sobald der Alkohol also im Blutkreislauf ist, leistet die Leber ihr Bestes, um das Gift Alkohol so schnell wie möglich abzubauen; sie wartet nicht erst, bis man endgültig seinen „Durst“ gelöscht hat.

Trinkt jemand 4 Stunden, bauen sich in dieser Trinkzeit also schon ca. 4 Gläser Bier ab.
Zecht jemand die ganze Nacht durch, z.B. 10 Stunden, müssen wir folgerichtig 10 Gläser zu unserer Rechnung dazu rechnen.

Resorptionsdefizit

Noch nicht berücksichtigt haben wir bis jetzt unseren Faktor „e“, das Resorptionsdefizit.
Was ist denn das? – sagen Sie jetzt wahrscheinlich.

Mit dem Resorptionsdefizit bezeichnet man den Teil des getrunkenen Alkohols, der gar nicht in den Blutkreislauf gelangt und einfach „durchfließt" und sich demnach auch nicht auf eine messbare BAK (Blutalkoholkonzentration) auswirkt.

Das Resorptionsdefizit beträgt ca. 10 – 30 Prozent.

Leider weiß niemand von uns genau, wie hoch dies bei einem von uns selber ist. Jeder Mensch ist anders; der eine muss nur ein Schnitzel anschauen und nimmt schon zu, der andere kann essen was er will und bleibt schlank.

Also - bei den obigen Berechnungen (Tabelle von der Bundesanstalt für Straßenwesen, und Widmark-Formel) müssen noch der Zeitfaktor (Trinkzeit) dazugerechnet werden sowie das Resorptionsdefizit.

Ein Beispiel:

Ein Mann mit 90 kg – ohne Übergewicht -, hat 6 Stunden getrunken und ist dann mit 2 Promille erwischt worden. Wie viel muss er in etwa getrunken haben?

Die uns bekannten Werte setzen wir nun in die Widmark-Formel ein:

$$2 \text{ Promille} = \frac{\text{X Gramm Alkohol}}{90 \text{ kg} \times 0{,}7}$$

Wir möchten den Wert X wissen, also wie viel Gramm Alkohol der Mann getrunken haben muss.

Für alle, die schon ein bisschen länger aus der Schule sind, hier die Rechenwege

$$2 \text{ Promille} = \frac{X}{90 \times 0{,}7} \qquad 2 = \frac{X}{63}$$

Nun werden die 63 auf der anderen Seite des Gleichheitszeichens „hoch geworfen“

2 x 63 = X es folgt: 126 Gramm = X

Unser „Trinkfreund“ musste nach der Widmark-Formel 126 Gramm Alkohol aufgenommen haben, um 2 Promille zu erreichen.
Ein Glas Bier hat 8 Gramm Alkohol, er muss also fast 16 Gläser Bier trinken.

Noch nicht dazu gerechnet haben wir den Zeitfaktor und das Resorptionsdefizit.

Unser Trinkfreund hat 6 Stunden getrunken.
In 6 Stunden bauen sich ca. 6 Glas Bier ab, diese müssen wir jetzt hinzurechnen.

16 Glas Bier + 6 Glas Bier = 22 Glas Bier

Hinzu kommt jetzt noch das Resorptionsdefizit von 10 – 30 %.

Unser Trinkfreund hat also „locker“ seine 24 – 28 Glas Bier getrunken!
Eine ganze Menge nicht wahr?

Wenn Sie es nicht mehr wissen, rechnen Sie für sich aus, was Sie bei Ihrer alkoholisierten Fahrt getrunken haben müssen.

Sie sehen, man kann ganz gut ausrechnen, was jemand bei einer bestimmten BAK Blut-Alkohol-Konzentration) getrunken haben muss, anschwindeln kann man den MPU-Gutachter nicht, auch wenn die Versuchung groß ist, auf diesbezügliche Frage weniger anzugeben.

Geben Sie viel zu wenig an, wird es vom Gutachter sehr negativ gesehen!

Kapitel 13

13.4 Alkoholismus – Gruppen und Phasen der Alkoholkrankheit

Vielleicht fragen Sie sich, warum in diesem Beratungsprogramm ein Kapitel über Alkoholismus ist.

„Ich bin alkoholisiert Auto gefahren,
aber ich bin doch kein Alkoholiker!!“

Wenn Sie dieses Programm bis hierher aufmerksam durchgelesen haben, wissen Sie bereits, dass der MPU-Psychologe jemanden, der mit 2 Promille noch „gut“ und unauffällig fahren konnte, sehr leicht als Alkoholiker bezeichnet – und auch den, der des Öfteren mit über 0,5 Promille aufgefallen ist.

Also – was sind eigentlich Alkoholiker?

Die Grenzen sind hier sehr „schwammig“.

Bitte lesen Sie sich die nächsten 4 Seiten in Ruhe durch.

(Abdruck mit freundlicher Genehmigung des Blaukreuz-Verlages, Wuppertal aus „Handbuch für die Suchtkrankenhilfe“)

Auch dieses Wissen sollten Sie – zumindest als „Hintergrundwissen“ - mit zur MPU nehmen, denn je mehr Sie über Alkohol wissen, desto besser können Sie mit dem MPU-Gutachter reden und umso glaubhafter und überzeugender werden Sie, besonders, wenn Sie dieses Wissen wirklich verinnerlicht haben und es dadurch zu einer wirklichen Einstellungsänderung gekommen ist.

Der Alkoholismus (Fritz Katz)

Das Trinkverhalten in Kulturkreisen, in denen das Alkoholtrinken zu innerpsychischen und zwischenmenschlichen Alkoholismusproblemen geführt hat, dargestellt als „Phasen des Trinkverhaltens“ (in Anlehnung an wissenschaftlichen Arbeiten von E. M. Jellinek, H. Hoff, St. Wieser).

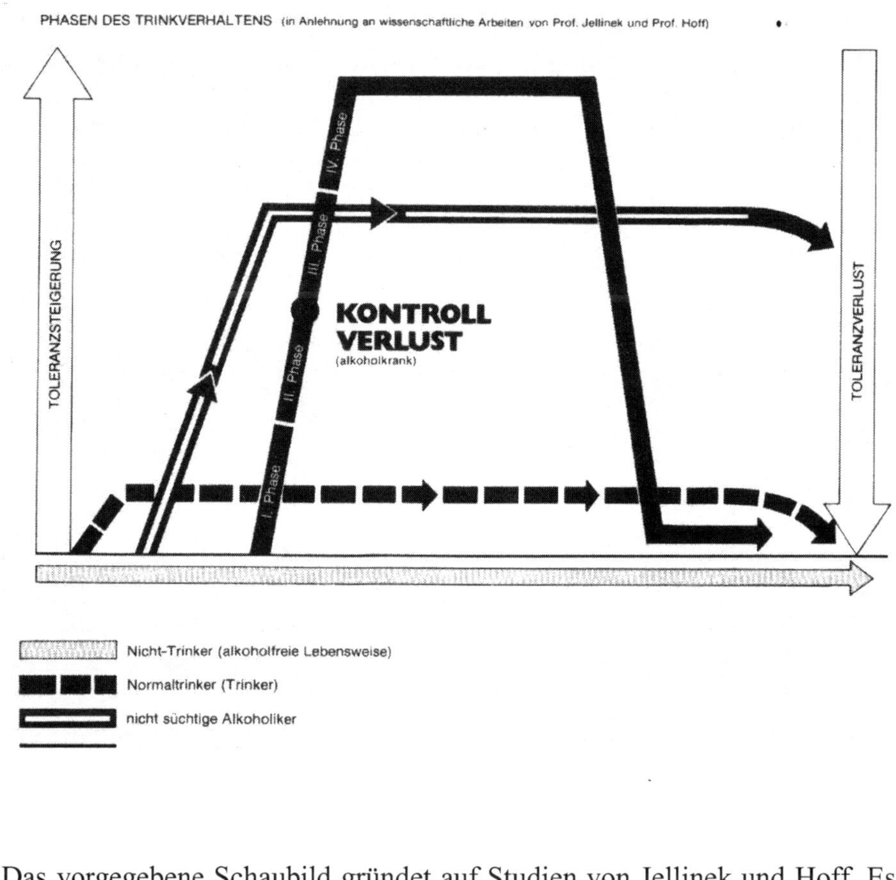

Das vorgegebene Schaubild gründet auf Studien von Jellinek und Hoff. Es wird ergänzt durch Angaben und Verhältniszahlen nach St. Wieser sowie nach einer Infrateststudie der Deutschen Hauptstelle gegen Suchtgefahren, durchgeführt vom Max-Planck-Institut, München.

Die Bevölkerung der Bundesrepublik Deutschland kann nach ihrem Trinkverhalten in folgende Gruppen eingeteilt werden:

1. Gruppe 1 „Nicht-Trinker“

Die aufgezeichneten Linien sind wie folgt zu verstehen: „Die unterste, horizontale Linie ist die Linie der „Nicht-Trinker“. Diese Linie weist die alkoholfreie Lebensführung aus. Sie beinhaltet deshalb keine Richtungsänderung, weil es für diesen Personenkreis keine Alkoholbeeinflussung gibt. „Nicht-Trinker“ aufgrund von Erziehung, Aufklärung und Entscheidung zur alkoholfreien Lebensweise gibt es in der Bundesrepublik nur 5 %.

2. Gruppe 2a und b „Normaltrinker“

Die zweitunterste Linie ist die Linie der „Normaltrinker“. Ihre ansteigende Linienführung ist zu verstehen als zunehmende Alkoholverträglichkeit (Toleranzsteigerung). Diese Alkoholverträglichkeit, und damit hier unsere Linienführung, verläuft an einer untersten Grenze und hat eine absteigende Tendenz mit zunehmendem Alter des „Normaltrinkers“.

- Gruppe 2a

„Normaltrinker“, die als seltenen Trinker und als gelegentliche Kompromisstrinker anzusehen sind, sind von den Bundesbürgern 20%.

- Gruppe 2 b „Normaltrinker“

Ebenfalls „Normaltrinker“, die relativ mäßig regelmäßig trinken und deshalb nicht ganz ungefährdet sind, sind von den Bundesbürgern 35 %.

Zu diesen weniger gefährdeten Personen gehören von den Bundesbürgern zusammen 55 %.

3. Gruppe 3 „nichtsüchtige Alkoholiker“

Die dritte Linie (sehr hoch aufsteigend) ist die Linie der „nichtsüchtigen Alkoholiker“. Diese trinken zu viel aus Gewohnheit, z.T. auch aufgrund von Konflikten. Die aufsteigende Linie deutet auf die zunehmende Gewöhnung und Toleranzsteigerung bei diesen Alkoholikern hin sowie auf ihre Verbrauchssteigerung durch gelegentliches oder häufiges Biertrinken. Sie könnten bei entsprechender Einsicht sofort mit dem Trinken aufhören. Sie haben die Fähigkeit, ihr Trinken kontrollieren zu können, noch nicht verloren. Der Verlauf der für sie aufgezeichneten Linie bleibt auf enormer Toleranzhöhe über lange Zeit konstant und fällt ebenfalls im vorgerückten Lebensalter langsam ab.

„Nichtsüchtige Alkoholiker“, die mehrfach wöchentlich pro Tag bis zu 100 g reinen Alkohol aufnehmen – viele unter ihnen trinken täglich 200 bis 300 g reinen Alkohol in Getränken – sind schwer gefährdet. „Nichtsüchtige Alkoholiker“ mit z.T. erheblichen Problemen stellen einen Anteil der Bevölkerung in der Bundesrepublik von 35 %.

Da die kritische Grenze der Alkoholgefährdung bei 60 g reinem Alkohol je Tag angesehen wird, sind diese 35 % der Bundesbürger absolut gefährdet. 69 g Alkohol sind = ca. 3 Flaschen Bier oder ca. 3/ 4 l Weißwein oder ca. 3 Whiskys.

Bei Jugendlichen liegt die kritische Grenze zwischen 20 und 40 g reinem Alkohol pro Tag.

4. Gruppe 4 „süchtige Alkoholiker“

Die am höchsten ansteigende Linie ist die Linie der „süchtigen Alkoholiker“, der Alkoholkranken. Diese Linie deutet genauso wie beim nichtsüchtigen Alkoholiker zunächst aufgrund einer zunehmenden Gewöhnung oder zunehmenden Konflikttrinkens auf eine steigende Alkoholverträglichkeit hin; ebenfalls auf eine Verbrauchssteigerung durch immer häufigeres Alkoholisieren bzw. Betrinken.

Bei ihnen entwickeln sich, entsprechend der angedeuteten Linie und Bezeichnungen, nacheinander vier Krankheitsphasen, die unter dem Thema: „Die Entwicklung der Alkoholkrankheit in 4 Phasen", nach E.M. Jellinek, näher beschrieben werden.

Etwa in der Mitte der aufsteigenden Linie ist das kritische Leitsymptom der Alkoholkrankheit als „Kontrollverlust" markiert.

Im letzten Abschnitt der Verbrauchssteigerung und Alkoholverträglichkeit ist die 4. und chronische Krankheitsphase angezeigt, die über einen gewissen Zeitraum – was die Alkoholverträglichkeit betrifft – horizontal verläuft, dann aber ganz plötzlich absinkt und aufweist, dass sich nie wieder eine höhere Alkoholverträglichkeit einstellt.

Für diese Personengruppe wie auch für die Personengruppe der „nichtsüchtigen Alkoholiker" gibt es nur eine vernünftige Haltung, wenn sie gesund leben oder wieder gesünder werden wollen, nämlich die der totalen Alkoholenthaltsamkeit.

Personen, die regelmäßig oder unregelmäßig zwischen 100 und 500g reinen Alkohol an ihren Trinktagen konsumieren, sind unter den Bundesbürgern ca. 2,5 %.

Zur Gruppe 3 der „nichtsüchtigen Alkoholiker" kommen diejenigen, die als gefährdete ebensoviel trinken wie süchtige. Es sind von den Bundesbürgern weitere ca. 2,5 %.

Alle, die in Deutschland am Tag mindestens 100 g reinen Alkohol trinken, gehören zu derjenigen Personengruppe, die insgesamt rund 36 % aller alkoholischen Getränke konsumieren (in der Bundesrepublik hergestellt, aus Eigenproduktion und Einfuhr).

Diejenigen Deutschen, die man zu den exzessiven Trinkern und zu den Alkoholkranken rechne muss, die täglich Alkoholisches in einer Menge von 200g oder mehr konsumieren, verbrauchen weitere rund 18 % sämtlichen Alkohols, der in der Bundesrepublik produziert wird.

Die nächsten 8 Seiten behandeln

„Die vier Phasen der Alkoholkrankheit“*

Überblättern Sie bitte diese Seiten nicht.

Überprüfen Sie in aller Ruhe, welche Punkte evtl. auf Sie zutreffen bzw. wo Sie sich einordnen könnten.

Es müssen nicht alle Punkte zutreffen. Seien Sie selbstkritisch.

Selbstverständlich brauchen Sie dem MPU-Gutachter nicht unbedingt sagen, in welcher Phase Sie sind bzw. waren; der Gutachter ist - so nett er auch sein mag - nicht Ihr Freund.

Sie sollen - evtl. – nur etwas nachdenklich werden und vor allem sich selbst nicht belügen.

Die darauffolgenden 8 Seiten behandeln

„Die fünf Grundformen des Alkoholismus“*

**Mit freundlicher Genehmigung des Blaukreuz-Verlag aus „Handbuch für die Suchtkrankenhilfe“*

Die vier Phasen der Alkoholkrankheit (Fritz Katz)

E.M. Jellinek hat im Auftrag der Weltgesundheitsorganisation aus mehr als 2000 Krankheitsgeschichten von Alkoholkranken die Phasen und Symptome aufgezeigt.
Der Krankheitsverlauf kann in folgenden „Phasen der Alkoholsucht" untergliedert werden.

Erste Phase – die voralkoholische, symptomatische Phase

In der voralkoholischen Phase ist das Trinken nur ein Symptom, das seelische Fehlhaltungen anzeigt. Ihre Erscheinungsformen sind:

Gelegentliches Erleichterungstrinken, um Kontakt zu bekommen, Spannungen zu lösen oder Unruhezustände zu dämpfen. In einem Zeitraum von wenigen Monaten bis zu zwei Jahren steigert sich dieses Verhalten bis zum täglichen Erleichterungstrinken. Gleichzeitig muss das Quantum des Suchtmittels stetig erhöht werden, um die gewünschte Erleichterung zu erzielen. Anfänglich schreibt der Alkoholiker seine Erleichterung eher den allgemeinen Umständen als dem Trinken zu. Er sucht Gelegenheiten, bei denen beiläufig getrunken wird. Früher oder später wird er sich natürlich des Zusammenhangs zwischen Erleichterung und Trinken bewusst.

Zweite Phase – die prodromale Phase (Vorläufer der Sucht)

1. Erinnerungslücken
Plötzlich treten Gedächtnislücken auf. Dabei braucht der Alkoholiker nicht mehr als 50 bis 60 g reinen Alkohol getrunken zu haben. Obwohl er in diesem Zustand vernünftige Unterhaltungen führte und schwierige Arbeiten verrichtete, kann er sich am nächsten Tag nicht mehr erinnern – bestenfalls an wenige Einzelheiten.

2. Heimliches Trinken
Der Alkoholiker empfindet, dass er anders trinkt als andere Leute.

Er fürchtet, falsch beurteilt zu werden, deshalb sucht er Gelegenheiten, bei denen sein Trinken nicht auffällt.

3. Dauerndes Denken an Alkohohl

Dieses dauernde Denken an Alkohol ist ein weiterer Beweis für seinen Bedarf.

4. Gieriges Trinken

Der Alkoholbedarf ist gestiegen. Jetzt beginnt das Hinunterkippen des ersten oder der beiden ersten Gläser; damit wird eine rasche Alkoholwirkung angestrebt.

5. Schuldgefühle

Da der Alkoholiker sich bewusst wird – wenn auch schwach -, dass sein Trinken ungewöhnlich ist, entwickeln sich bei ihm Schuldgefühle wegen seines Trinkverhaltens.

6. Anspielungen auf Alkohol werden vermieden

Gespräche um den Alkohol beginnen peinlich zu werden.

7. Zunehmende Häufigkeit alkoholbedingter Gedächtnislücken

Gehäufte Gedächtnislücken sind ein letztes Warnzeichen vor der Alkoholsucht. Der Verbrauch alkoholischer Getränke ist in der prodromalen Phase „hoch", fällt aber nicht auf, da er meist zu keinem deutlichen Rausch führt. Um den verhängnisvollen Verlauf der begonnenen Alkoholsucht zu stoppen, ist die völlige Alkoholabstinenz der einzig mögliche Weg für diesen Alkoholikertyp.

Dritte Phase – die kritische Phase

8. Kontrollverlust

Der Verlust der Selbstkontrolle oder Verlust der Fähigkeit, mit dem Trinken aufhören zu können, ist das kritische Symptom der Alkoholsucht. Dieses Symptom ist das deutliche Kennzeichen, dass der Alkoholiker süchtig geworden ist. In diesem Stadium ist die körperlich-seelische Schädigung so weit vorgeschritten, dass von einer Alkoholkrankheit gesprochen werden muss. Eine Heilung im Sinne einer Rückbildung zum unversehrten Ausgangspunkt ist nicht mehr möglich; das bedeutet, die frühere Fähigkeit, mäßig zu trinken, ging endgültig verloren. Jeder Versuch, mäßig trinken zu wollen – auch nach jahrelanger völlig alkoholfreier Lebensführung – endet früher oder später in der schädigenden Unmäßigkeit.

9. Erklärungsversuche zum Trinkverhalten
Der Süchtige findet in erster Linie für sich viele Erklärungen, die ihn davon überzeugen sollen, dass er die Kontrolle nicht verloren habe.

10. Soziale Belastungen
Jetzt treten auch Schwierigkeiten in der Familie und am Arbeitsplatz auf. Trotz aller Erklärungen besteht ein deutlicher Verlust an Selbstachtung.

11. Großspuriges Benehmen
Durch dieses Verhalten möchte er sich selbst davon überzeugen, dass er doch nicht so schlecht ist, wie er manchmal von sich gedacht hat.

12. Aggressives Verhalten
Schuld wird auf andere projiziert. Fehler werden bei den anderen und nicht bei sich selbst gesucht.

13. Dauernde Zerknirschung
Die zusätzlichen seelischen Belastungen werden zu Trinkanlässen.

14. Perioden völliger Alkoholabstinenz
Durch vorübergehende Abstinenz versucht der Abhängige sein Trinken unter Kontrolle zu bringen.

15. Das Trinksystem wird geändert
Es werden Regeln aufgestellt, nicht vor bestimmten Tageszeiten, nicht an bestimmten Orten oder nicht mehr die eine oder andere Alkoholsorte zu trinken. Dies ist ein weiterer Versuch, das Trinken unter Kontrolle zu bringen.

16. Freundschaften werden aufgegeben
Der Kampf um ein normales Trinken erscheint immer aussichtsloser, die Distanz zu den „Normaltrinkern“ wird immer größer. Es kommt zu Feindseligkeiten.

17. Arbeitsplätze werden aufgegeben
Weil durch das Trinken die berufliche Stellung bedroht ist, übernimmt der Süchtige meist frühzeitig selbst die Initiative und kündigt, damit ihm nicht gekündigt wird.

18. Das Benehmen ist auf Alkohol konzentriert
Der Süchtige überlegt nun, ob seine Arbeit ihn am Trinken hindern könnte, anstatt umgekehrt.

19. Verlust an äußeren Interessen
Ein immer stärkeres Um-sich-selbst-Drehen blockiert das Aufgeschlossensein gegenüber den allgemein interessierenden Vorgängen in seiner Umwelt.

20. Neuauslegung zwischenmenschlicher Beziehungen
Die Beziehung zum Du wird schwächer. Die zwischenmenschlichen Beziehungen werden immer negativ beurteilt.

21. Auffallendes Selbstmitleid
Der Kranke erlebt sich als das unglücklichste Geschöpf der Welt. Leider wird er in diesem Stadium auch von seiner Umwelt immer mehr in die Isolation abgedrängt.

22. Gedankliche und evtl. auch geographische Flucht
Dazu gehören nicht realisierbare Vorstellungen, aber auch Arbeitsplatz- und Wohnungswechsel.

23. Änderungen im Familienleben
Der Ehepartner und die Kinder ziehen sich nicht nur oft vom gesellschaftlichen Leben zurück, sondern auch von dem Kranken.

24. Grundloser Unwille
Der Süchtige hält die Reaktion seiner Nächsten für unbegründet. Daraus entsteht ein nicht gerechtfertigter Unwille.

25. Sichern des Alkoholvorrates
Aus Angst, der für sein Leben „wichtigen" Substanz beraubt zu werden, versteckt der Süchtige an den unvermutbarsten Stellen alkoholische Getränke.

26. Vernachlässigung angemessener Ernährung
Neben anderen Organschäden tritt vielfach eine Magenschleimhautentzündung auf. Immer mehr nimmt der Appetit auf Normalkost ab.

27. Erste Einweisung in ein Krankenhaus wegen alkoholbedingter Beschwerden
Bei Krankenhaus-Einweisungen wird allerdings oft die Ursache der Organschäden verschwiegen.

28. Abnahme des Sexualtriebes
Diese häufige organische Folge beim Alkoholsüchtigen führt zu vermehrten Spannungen im Eheleben.

29. Alkoholische Eifersucht
Aus verständlichen Gründen ziehen sich besonders die Ehefrauen von ihren süchtigen Partnern zurück. Dies erhöht jedoch die Feindschaft gegenüber der Ehefrau. Ihr Verhalten wird vom süchtigen Partner mit außerehelichem Geschlechtsverkehr erklärt.

30. Regelmäßiges morgendliches Trinken
Gewissensbisse, Unwille, Kampf zwischen Alkoholverlangen und Pflichten, Verlust der Selbstachtung, Zweifel und falsche Ermutigungen haben den Süchtigen so zerrüttet, dass er den Tag nicht beginnen kann, ohne sich gleich nach dem Aufstehen oder noch vorher mit Alkohol zu beruhigen. Nicht alle Süchtigen fallen während der III. Phase ihrer Umgebung auf. Trotzdem führen sie einen meist vergeblichen, heimlichen und verzweifelten Kampf gegen diese Entwicklung. Sie wissen es oft nicht und können es kaum glauben, dass sie keinen Tropfen Alkohol trinken

dürfen. Auch diese Phase dauert in der Regel mehrere Jahre.

Vierte Phase – die chronische Phase

31. Verlängerter Rausch
Er betrinkt sich nun auch am Tage und kann oft tagelang nichts anderes unternehmen.

32. Abbau ethischen Verhaltens

33. Beeinträchtigung des Denkens
Der Verlust ethischen Verhaltens ist auffällig. Die ausgedehnten Exzesse beeinträchtigen das logische Denken und die Konzentrationsfähigkeit, jedoch sind diese Folgen in der Regel durch Behandlung und Abstinenz aufhebbar.

34. Alkoholbedingte Geistesstörungen
Bei etwa 10 Prozent aller Süchtigen können jetzt auch echte „alkoholische Psychosen" auftreten.

35. Trinken mit Personen weit unter dem eigenen Niveau
Auch der Verlust moralischer Grundsätze ist hoch. Der Süchtige fragt in diesem Stadium vielfach nicht danach, wo und mit wem er trinkt.

36. Zuflucht zu technischen Produkten
Wenn nichts anderes vorhanden oder zu erwerben ist, wird manchmal auch minderwertiger Wermutwein, Haarwasser, Franzbranntwein und ähnliches getrunken.

37. Verlust der Alkoholtoleranz
Die Alkoholverträglichkeit nimmt plötzlich stark ab. Kleinere Mengen als früher reichen aus, um die typischen körperlichen und seelischen Ausfallerscheinungen herbeizuführen.

38. Unerklärbare Ängste

39. Zittern

40. Psychomotorische Hemmungen
Wenn der Süchtige nicht dauernd Alkohol im Blut hat, werden die zuletzt genannten Symptome (38-40) zur Dauererscheinung. Demzufolge hält er diese Symptome mit Alkohol unter Kontrolle. Unter psychomotorischen Hemmungen wird der Verlust von Fähigkeiten verstanden, wie z.B. das Aufziehen einer Uhr oder das Rasieren, d.h., einfache mechanische Vorgänge können nicht mehr ausgeübt werden.

41. Das Trinken nimmt den Charakter einer Besessenheit an
Das Trinken beherrscht nun den ganzen Menschen und wird zum absoluten Zwang.

42. Unbestimmte religiöse Wünsche
Diese entwickeln sich bei etwa 60 Prozent aller Süchtigen, während die Erklärungsversuche schwächer werden.

43. Das Erklärungssystem versagt
Obwohl der Süchtige seine verzweifelte Lage jetzt nicht mehr beschönigt, hält sein besessenes Trinken an. Da er keinen Ausweg mehr sieht, zeigt er sich jetzt für seine Behandlung aufgeschlossen.

44. Zusammenbrüche
Im Zustand des seelischen und körperlichen Zusammenbruchs kommt es oft zu Selbstmordversuchen.

45. Alkoholdelirium
Bei nicht wenigen stellen sich alkoholbedingte Geistesstörungen schwerster Art mit einer zeitlichen und örtlichen Desorientierung sowie Sinnestäuschungen ein. Viele Alkoholiker sterben an dieser Folge des jahrelangen Alkoholmissbrauchs.

Es muss nicht heißen: Endstation Alkohol-Delirium. Je früher die Hilfe einsetzt, desto besser. In der Praxis der Suchtkrankenhilfe zeigt es sich, dass diese Forschungsergebnisse für alle Beteiligten eine wesentliche Informationsquelle ist. Daher wird eine übersichtliche Darstellung dieser „Phasen“, sei es in Form einer Skizze oder in Form eines Fragebogens, auch von vielen Beratungsstellen und ehrenamtlichen Helfern verwandt, um damit zu brauchbaren Situations-Analysen zu kommen. Der Helfer lässt den Ratsuchenden selbst herausfinden, welche Symptome bei ihm bereits vorhanden sind, um dann gemeinsam mit dem Kranken die geeigneten Hilfsmöglichkeiten aufzugreifen.

Für die Alkoholiker selbst bedeutet es oft einen heilsamen Schock, wenn sie anhand dieser Aufzeichnungen feststellen, dass die Sucht bei ihnen schon recht weit fortgeschritten ist. Allerdings gibt es auch viele bereits ernstlich Suchtkranke, die sich nur nach langem und erheblichem Widerstand dazu bereit erklären, ihren wahren Zustand einzugestehen. Aber gerade bei diesem schwierigen Selbsterkennungs-Prozess bilden die „Phasen“ einen nicht zu unterschätzenden Leitfaden. Außerdem bedeuten diese „Phasen“ eine wesentliche Erleichterung, wenn es gilt, bei den Angehörigen des Suchtkranken, die aufgrund mangelnder Informationen oft voller Vorwürfe sind, Verständnis zu erwecken. Sie lernen anhand dieser Aufzeichnungen das bisher in vielen Dingen völlig unverständliche Verhalten ihres suchtkranken Familienmitgliedes als Anzeichen einer ernsthaften Erkrankung zu verstehen und können von daher die einzuleitenden Hilfsmaßnahmen besser unterstützen.

Diese wissenschaftlichen Erkenntnisse sind gute Hilfsmittel, um klare Diagnose zu stellen. Die Therapie hat bereits begonnen, wenn sich der Suchtkranke zu seiner Not bekennt und bereit wird, in einem langen Behandlungsprozess seine Gesamt-Persönlichkeit wandeln zu lassen. Um in Zukunft seine Lebensaufgabe ohne Alkohol bewältigen zu können, hat dabei die freiwillige Mitarbeit und Selbsterziehung des Alkoholkranken besondere Bedeutung.

Die fünf Grundformen des Alkoholismus (Fritz Katz)*

Der Sammelbegriff Alkoholismus beinhaltet vielfältige Zustände und Leiden. Differenzierungen sind für einen besseren Überblick hilfreich. Die Kenntnis einiger Grundformen, wie sie E.M. Jellinek herausgearbeitet hat, stellt für Fachkräfte und auch für ehrenamtliche Mitarbeiter der Suchtkrankenarbeit eine entscheidende Hilfe dar.

E.M. Jellinek verwendete zur Bezeichnung dieser Grundformen Buchstaben des griechischen Alphabets:

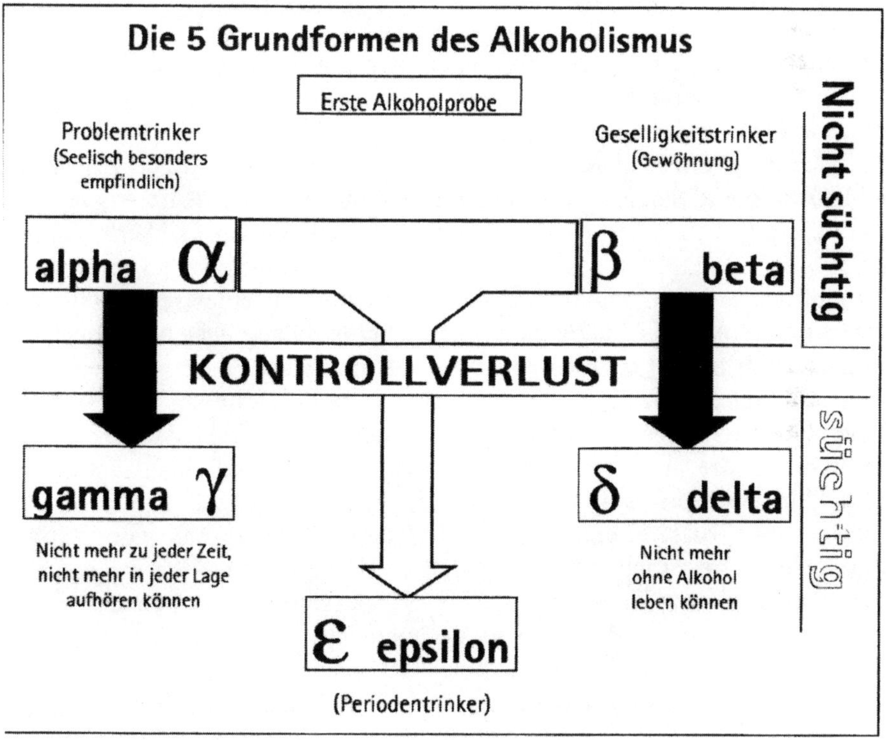

Mit freundlicher Genehmigung des Blaukreuz-Verlag, aus: "Handbuch für die Suchtkrankenhilfe"

1. Alpha-Alkoholismus
Alkoholiker dieser Gruppe leiden an seelischen und nervösen Störungen. Aufgrund von Angst, Gehemmtheit, seelischen Spannungszuständen, auch aufgrund körperlicher Leiden und des Gefühls, mancherlei Lebensanforderungen nicht gewachsen zu sein, suchen sie im Alkohol Erleichterung, Entspannung und Betäubung. Der Alkohol wird von ihnen als ein beruhigendes Medikament angesehen.

Damit, dass von Alpha-Alkoholikern eine Befreiung von seelischen Störungen oder von körperlichen Schmerzen angestrebt wird, ist ausgesagt, dass dieser anormale Gebrauch alkoholischer Getränke ein Zeichen für krankhafte Zustände ist, die er lindern soll.

Ein solches anormales Trinken finden wir bei Personen, die besonders empfindsam, gefühlsbetont, verführbar und starken Stimmungsschwankungen unterworfen sind, sowie bei seelisch abnorm Veranlagten. Ihr Trinken ist anormal in dem Sinne, dass es im Widerspruch zur Regel steht, über die sich die Gesellschaft stillschweigend einig ist – wie zum Beispiel Zeit, Anlass, Ort Menge, Motiv und Wirkung des Trinkens.

Ihr häufiges und oft regelmäßiges Trinken führt zu einer rein seelischen Abhängigkeit. Diese Abhängigkeit kann jahrzehntelang bestehen, ohne sich zu einer Sucht zu entwickeln. Alpha-Alkoholiker haben die Kontrollfähigkeit über ihr Trinken nicht verloren. Dennoch kann auf die Dauer durch diesen Alkoholmissbrauch die seelisch-körperliche Gesundheit, die Leistungsfähigkeit und die Persönlichkeitsentfaltung geschädigt werden. Alpha-Alkoholiker gefährden und belasten ihre Familie, ihre soziale und wirtschaftliche Stellung. Wenn von Alpha-Alkoholismus gesprochen wird, handelt es sich ausschließlich um die hier beschriebene Form. Es ist also nicht das Erleichterungstrinken des später beschriebenen Gamma-Alkoholismus gemeint.

Häufig entwickelt sich jedoch nach vielen Jahren aus einem Alpha-Alkoholismus ein Gamma-Alkoholismus, wie er nachfolgend beschrieben ist. In diesem Fall stellt der Alpha-Alkoholismus eine Entwicklungsstufe vor dem Gamma-Alkoholismus dar.

2. Beta-Alkoholismus

Beta-Alkoholiker sind meist seelisch normal veranlagte Personen. Durch ihren nach und nach vermehrten Alkoholkonsum und die gleichzeitig gemachten Ernährungsfehler wurden sie zu Alkoholikern. Bei ihnen treten neben anderen Störungen vorwiegend folgende körperliche Gesundheitsschäden auf:

Magenschleimhautentzündung, Polyneuritis (Erkrankung mehrerer peripherer Nerven, teils entzündlicher, teils degenerativer Art, besonders an den Armen und Beinen), Fettleber und Leberzirrhose sowie eine oft deutlich verkürzte Lebensdauer.

Ihr Alkoholmissbrauch liegt wesentlich mit darin begründet, dass sie sich ihrer trinkfreundlichen Umgebung angepasst haben, ohne zu merken, wie schädlich diese alkoholisierten Trinkgewohnheiten für sie sind. Andererseits haben sie getrunken und trinken weiter, weil sie oft beruflich viel Gelegenheit dazu haben und weil ihnen dieses Trinken gesellschaftliche Genüsse und gehobene Gemütszustände einbringt, auf die sie nicht verzichten wollen. Bei Beta-Alkoholikern hat sich weder eine körperliche noch eine seelische Abhängigkeit entwickelt; auch haben Beta-Alkoholiker die Kontrollfähigkeit über ihr Trinken nicht verloren. Da ihr regelmäßiger und meist beträchtlicher Alkoholkonsum selten zu eindeutigen Räuschen führt, ist es schwer, ihnen zu der Einsicht zu verhelfen, dass ihre gesundheitlichen, familiären, wirtschaftlichen und zum Teil auch sozialen Schwierigkeiten von ihrem Alkoholkonsum herrühren.
In vielen Fällen bleibt diese Alkoholismusform ohne besondere, auffällige Zeichen einer Verschlimmerung während eines ganzen Lebens bestehen.

Bei Alpha- und Beta-Alkoholikern treten nach plötzlichem Alkoholentzug keine Entzugserscheinungen (Unruhe, Angstzustände, Zittern, Schwitzen, Durchfall) auf.

Auch sind diese Alkoholiker nicht süchtig und nicht als alkoholkrank zu bezeichnen. Damit soll nicht gesagt werden, der nichtsüchtige Alkoholiker sei kein kranker Mensch. Sein Trinken ist ein Zeichen für eine tiefer liegende Problematik, meist einer seelischen Krankheit oder Fehlhaltung. Beta-Alkoholismus kann jedoch auch zu den beiden nachfolgend beschriebenen Formen des Gamma- oder Delta-Alkoholismus führen.

3. Gamma-Alkoholismus

Gamma-Alkoholiker unterliegen einem Krankheitsprozess, der im Anfangsstadium den Zustandsbildern des Alpha-Alkoholismus gleicht.

Durch vermehrtes Erleichterungstrinken und daraus resultierende Verminderung der seelischen Tragfähigkeit fällt es den Gamma-Alkoholikern immer schwerer, normale Belastungen angemessen durchzustehen und zu verarbeiten. Sie alkoholisieren sich immer stärker und häufiger. Bei Gamma-Alkoholikern gibt es ein deutliches Fortschreiten von der seelischen zur körperlichen Abhängigkeit und eindeutige Verhaltensänderungen. Bei ihnen treten folgende Entwicklungsstadien auf:

3.1. Eine erworbene und gesteigerte Gewebswiderstandsfähigkeit gegen Alkohol

3.2. Der Zellstoffwechsel entwickelt eine dem Alkoholkonsum entsprechende Anpassungsfähigkeit

3.3. Nach dem Trinken von Alkohol tritt ein „starkes Verlangen“ nach mehr Alkohol auf, d-h- es kommt zu der schon früher erworbenen seelischen Abhängigkeit, eine körperliche Abhängigkeit, hinzu. Aus diesem Grund treten auch nach plötzlichem Absetzen von Alkohol Entzugserscheinungen (Unruhe, Zittern, Schwitzen, Angstzustände usw.) auf.

3.4. Der Kontrollverlust tritt ein, d.h., nach dem Konsum kleinster Alkoholmengen treibt sie ein „starkes Verlangen“ zu weiterem Trinken von Alkohol, bis sie berauscht sind oder bis sie innere bzw. äußere Umstände zwingen, mit dem Trinken aufzuhören. Kontrollverlust bedeutet also nicht, dass jeder Alkoholgenuss bei den Betroffenen zwangsläufig mit einem Rausch endet, sondern zeigt an, dass die Fähigkeit verloren gegangen ist, zu jeder Zeit, an jedem Ort und in jeder Situation mit dem Trinken aufhören zu können.

Gamma-Alkoholiker können zwar unter bestimmten Umständen nach Zeiten des täglichen und unmäßigen Alkoholkonsums Zeiten völliger Alkoholenthaltsamkeit durchstehen, aber sobald sie auch nur eine kleine

Menge Alkohol trinken, geraten sie über kurz oder lang wieder in Perioden unmäßigen Trinkens. Sie können in ihrer abstinenten Zeit zwar entscheiden, ob sie anfangen wollen zu trinken oder nicht. Wenn sie jedoch zu trinken beginnen, zeigt es sich, dass sie meistens sehr bald wieder unmäßig trinken müssen. Der Kontrollverlust, wie er sich bei den Gamma-Alkoholikern besonders deutlich zeigt, ist das entscheidende Symptom der Alkoholabhängigkeit. Dieses Symptom ist auch das Zeichen dafür, dass ein Alkoholiker süchtig geworden ist. In diesem Stadium ist die körperlich-seelische Schädigung soweit vorgeschritten, dass von einer Alkoholkrankheit gesprochen werden muss.

Eine Heilung im Sinne einer Rückbildung zum unversehrten Ausgangspunkt ist nicht mehr möglich; das bedeutet: Die frühere Fähigkeit, mäßig trinken zu können, ging endgültig verloren.
Jeder Versuch, mäßig trinken zu wollen – auch nach jahrelanger völlig alkoholfreier Lebensführung -, endet früher oder später in der schädigenden Unmäßigkeit.

Die Form des Gamma-Alkoholismus ist in Deutschland am auffälligstem und am häufigsten anzutreffen. Diese Form verursacht auch die vielschichtigsten Schäden sowohl im leib-seelischen Bereich des Süchtigen als auch in allen zwischenmenschlichen, wirtschaftlichen und sozialen Bereichen.

4. Delta-Alkoholismus

Bei Delta-Alkoholikern liegt eine zweite, undeutlichere, aber nicht weniger problematische Form des Kontrollverlustes vor. Ihr Kontrollverlust besteht in der „Unfähigkeit zur Alkohol-Enthaltsamkeit“. Bei Delta-Alkoholismus zeigen sich die ersten drei Merkmale, die beim Gamma-Alkoholismus beschrieben wurden.

4.1. Erworbene und gesteigerte Gewebswiderstandsfähigkeit gegen Alkohol

4.2. Eine Anpassungsfähigkeit des Zellstoffwechsels an Alkohol

4.3. Entzugs-Symptome als Zeichen eines deutlichen Fortschreitens von der seelischen zur körperlichen Abhängigkeit

4.4. Das „Nicht-mehr-aufhören-können“ in abgewandelter Form wird als weiteres Merkmal erkennbar. Da bei dem Versuch, Trinkpausen einzulegen, bei Delta-Alkoholikern sofort Entzugserscheinungen auftreten, sehen sie sich genötigt, ständig für einen entsprechenden Alkohol-Spiegel zu sorgen. Im Gegensatz zu den Gamma-Alkoholiker verlieren sie nicht die Kontrolle darüber, wann und wie viel sie zu einem bestimmten Zeitpunkt trinken wollen. In der Regel können sie sich auch über Jahre den gegebenen Umständen anpassen, ohne grob auffällig zu werden.

Jedoch ist es ihnen wegen ihrer schweren Entzugserscheinungen nicht möglich, ohne fachgerechte Hilfe den Alkohol total abzusetzen. Der Delta-Alkoholismus hat die Eigenschaft, seine Opfer „schleichend“ zu schädigen. Delta-Alkoholiker haben sich durch ihren gewohnheitsmäßig hohen Alkoholkonsum oft über Jahrzehnte hin schwer vergiftet. Neben den schon beim Beta-Alkoholismus zum Teil erwähnten Organschäden treten häufig als Folge der Vergiftungen des Zentral-Nervensystems Abbauerscheinungen der Gesamtpersönlichkeit auf:

Charakterveränderungen, eingeengte Erlebnisfähigkeit, Verlust von geistigen Fähigkeiten bis hin zur Verblödung und zu Geistes- und Anfallskrankheiten. Ähnlich wie bei den Beta-Alkoholikern verdecken meist die Organschäden der Delta-Alkoholiker das wirkliche Krankheitsbild. Weil diese Süchtigen mit ihrem Versagen im zwischenmenschlichen und sozialen – seltener im wirtschaftlichen Bereich – erst sehr spät auffällig werden, gewinnen sie auch sehr spät – wenn überhaupt – eine Einsicht in ihre katastrophale Lage.

Um Heilungsprozesse einzuleiten, ist eine totale Alkohol-Enthaltsamkeit unumgänglich. Der Alkoholentzug sollte wegen der akuten Gefahr von körperlichen Zusammenbrüchen (besonders auch wegen des Delirium tremens) unter ärztliche Aufsicht gestellt werden.

5. Epsilon-Alkoholismus

Epsilon-Alkoholiker sind Personen, die periodisch von inneren Krisen (Unruhezuständen, grundlosen Verstimmungen) überfallen werden.

Vielfach werden sie Perioden-Trinker genannt. Durch wiederholtes Zufluchtnehmen zum Alkohol entwickelt sich auch bei ihnen eine Abhängigkeit. Unter den genannten Zuständen berauschen sie sich, wobei ein Kotrollverlust eintritt, in dessen Folge es zu ungewöhnlichen Ausschreitungen kommt.

Das Verlangen nach Berauschung tritt bei ihnen mit außergewöhnlicher Heftigkeit auf, so dass sie im Notfall auch zu den billigsten Alkoholsorten und zu technischen Produkten greifen.
Ihre Trinktouren dauern meist mehrere Tage an. Danach sind sie wieder in der Lage, sich zu mäßigen oder sich völlig des Alkohols zu enthalten.

Epsilon-Alkoholikern ist wesentlich geholfen, wenn sie darüber aufgeklärt werden, dass der Alkohol für die sie ungeeignetste Medizin ist und dass ihre Unruhe – gekoppelt mit dem Gift Alkohol – zwangsläufig zu den schweren Ausschreitungen führen muss.

Für Epsilon-Alkoholiker gibt es geeignetere Möglichkeiten, ihre Krisen abzufangen und durchzusetzen, als in den Alkoholrausch zu flüchten.

Ob Epsilon-Alkoholismus eine Krankheit oder nur ein Symptom einer zugrundeliegenden Krankheit ist, kann bei dem gegenwärtigen wissenschaftlichen Kenntnisstand nicht eindeutig festgestellt werden.

Helfer in der Suchtkrankenarbeit sollten Epsilon-Alkoholiker unbedingt auf die Möglichkeit einer psychiatrischen Beratung aufmerksam machen.

Aus der Praxis der Abstinenzverbände wissen wir, dass Alkoholiker aller Alkoholismusformen ambulant und stationär erfolgreich beraten und behandelt werden können.

Eine wesentliche Bedeutung kommt dabei einer person- und sachgerechten Aufklärung zu. Die totale Alkoholabstinenz ist bei jeder Alkoholismusform unbedingt anzustreben, da es ohne sie keinen dauerhaften Heilerfolg gibt. Darüber hinaus müssen Hilfen zur Lebensbewältigung angeboten werden.

(Mit freundlicher Genehmigung des Blaukreuz-Verlag, aus: „Handbuch für die Suchtkrankenhilfe“)

Kapitel 13
13.5 Welche körperlichen und geistigen Schäden kann der Alkohol verursachen?

„Im Becher ertrinken mehr als im Meer“
(Sprichwort)

Die körperlichen und geistigen Schäden, die der Alkohol verursacht, treten meist erst nach mehreren Jahren (in etwa 7 – 10 Jahren) auf.
Die Folgen des Alkoholmissbrauchs sind fast mit der Rate der Sterblichkeit „anderer“ Volkskrankheiten wie Herz-, Kreislauf- oder Krebserkrankungen vergleichbar.

Leider kann man nicht sagen, ab welcher Trinkmenge es für welchen Menschen schädlich wird. Jeder Mensch ist in der Konstitution und der Verträglichkeit anders.

Das Gefährlichste ist, dass fast jeder glaubt, er würde zu jenen gehören, die ohne Folgeschäden bleiben.
Dies ist ein großer Irrtum!
Jeden „erwischt“ es – den einen früher, den anderen später!

Auch den bekannten Volksschauspieler und Entertainer Harald Juhnke hat es letztendlich "erwischt". Er beendete sein Leben in einem Pflegeheim mit einer Alkoholpsychose (einer Geisteskrankheit - verursacht durch Alkoholmissbrauch).

Und – wenn die körperlichen und/oder geistigen Schäden plötzlich da sind – ist zu dem Problem Alkohol noch ein anderes hinzugekommen. Und bei so vielen Problemen wird dann das „Aufhören“ noch schwerer.

Auf den nächsten zehn Seiten *) befindet sich eine Übersicht über Folgeschäden bei Alkohol.

Bitte nicht überblättern!

**) mit freundlicher Genehmigung des Blaukreuz-Verlages Wuppertal, aus: „Handbuch für die Suchtkrankenhilfe“*

Welche körperlichen Schäden können auftreten?

Zu diesem Themenbereich liegen umfangreiche medizinische Erkenntnisse vor. Dem medizinischen Laien sind sie nur teilweise bekannt und selbst manche Ärzte vertreten Ansichten, die darauf schließen lassen, dass ihnen das Gefährdungspotential des Alkohols nicht umfassend bekannt ist.

1. Alkoholintoxikation (Alkoholvergiftung/ Alkoholrausch)/ Unfälle

Das Erscheinungsbild einer akuten Alkoholvergiftung ist sicher den meisten schon einmal begegnet. Die Symptome sind vielgestaltig; vorkommen können Gang- und Sprachstörungen („torkeln", „lallen"), Selbstüberschätzung, impulsives bis aggressives Verhalten, Orientierungsstörungen, Verkennung der Realität, Benommenheit, Schläfrigkeit bis hin zur unter Umständen tödlichen Bewusstlosigkeit. Körperliche Schäden resultieren hier häufig aus Unfällen; das Unfallrisiko ist im Vergiftungsstadium extrem hoch, da sich Gangstörungen, Selbstüberschätzung und impulsives Verhalten in unheilvoller Weise ergänzen. Hinzu kommt noch, dass selbst geringe Mengen Alkohol (z.B. ab 0,2 Promille) schon zu einer Verzögerung der Reaktionsgeschwindigkeit führen. Statistiken belegen: je schwerer ein Unfall, desto höher die Wahrscheinlichkeit, dass Alkohol mit „im Spiel" war.

2. Speiseröhre/ Magen/ Dünndarm

Alkoholschäden an den genannten Organen kommen relativ häufig vor, werden aber von den Betroffenen oft nicht mit Alkohol in Verbindung gebracht. Alkohol führt zunächst zu einer Entzündung der Schleimhäute in diesen Organen. Eine Magenschleimhautentzündung (Gastritis) kann sich mit Bauchschmerzen, Appetitlosigkeit, Würgen und Erbrechen äußern. Bei fortgesetzter Schädigung durch Alkohol können auch Schleimhautverletzungen entstehen, aus denen es lebensbedrohlich bluten kann. Ferner ist erwiesen, dass das Risiko der Entwicklung einer Krebserkrankung im Bereich der Verdauungsorgane bei Alkoholkonsumenten deutlich erhöht ist.

3. Bauchspeicheldrüse

Die Bauchspeicheldrüse ist ein Organ, das Verdauungssäfte und das blutzuckerregulierende Hormon Insulin produziert. Unter Alkoholeinfluss kann es an diesem Organ sowohl zu chronisch verlaufenden als auch zu akuten Entzündungen kommen. Die Beschwerden können je nach Verlauf sehr unterschiedlich sein, sie reichen von leichten Verdauungsbeschwerden bis hin zu heftigsten Bauchschmerzen. Eine akute Entzündung ist lebensbedrohlich, deshalb ist eine sofortige Krankenhausbehandlung erforderlich. Je nach dem Ausmaß der Organschädigung sind bestimmte Funktionseinbußen nicht mehr reparabel, so dass z.B. eine Zuckerkrankheit (Diabetes mellitus) hieraus resultieren kann.

4. Leber

Leberschädigungen unter Alkoholkonsum kommen sehr häufig vor und sind daher allgemein bekannt. Ähnlich wie bei der Bauchspeicheldrüse gibt es dabei aber unterschiedliche Verlaufsformen mit einem unterschiedlichen Ausmaß der daraus resultierenden Funktionseinschränkungen (z.B. Fettleber, Fettleberhepatitis, Leberzirrhose). Nicht mehr reparabel ist die schwerste Form der Leberschädigung, die Zirrhose. Das „tückische“ an der Leberschädigung ist, dass sie anfangs oft keine oder nur geringe Beschwerden bereitet und daher von den Betroffenen nicht bzw. zu spät bemerkt wird. Durch Blutuntersuchungen z.B. ist vom Arzt häufig aber schon eine Leberschädigung festzustellen, wenn der Betroffene hiervon noch gar nichts ahnt. Im Endstadium einer Leberschädigung kommt es allerdings durch den zunehmenden Funktionsausfall des Organs zu lebensbedrohlichen Stoffwechselentgleisungen, die medizinisch nur noch schwer „in den Griff“ zu bekommen sind.

5. Herz/ Kreislauf

Dass Alkohol den Herzmuskel (wie auch andere Muskulatur) schädigen kann, ist weniger bekannt. Im Falle einer Herzmuskelschädigung kann es zu Rhythmusstörungen und einer Herzschwäche kommen, diese wiederum macht sich durch Luftnot und unter Umständen auch Herzschmerzen bei körperlicher Belastung bemerkbar. Häufiger als zu einer Herzmuskelschädigung kommt es allerdings alkholbedingt zum Bluthochdruck, von dem die Betroffenen in der Regel jedoch nichts merken. Bekannt ist aber, dass Bluthochdruck ein Risikofaktor für Herzinfarkt und Schlaganfall ist.

Beim Thema alkoholbedingtes Herzinfarktrisiko hört man in den Medien - und zum Teil auch von Medizinern -, dass regelmäßiger (Rot-) Weinkonsum das Herzinfarktrisiko sogar senkt, was dann unreflektiert mit der Empfehlung verbunden wird, regelmäßig (Rot-) Wein zu trinken. Die Befunde zu dieser Frage sind allerdings noch sehr widersprüchlich und bedürfen weiterer Klärung. Offensichtlich scheint es aber so zu sein, dass z.B. Inhaltsstoffe bestimmter Rotweine (vermutlich Gerbstoffe) tatsächlich das Herzinfarktrisiko senken, nicht jedoch Alkohol selbst. Hieraus die Empfehlung abzuleiten, regelmäßig Rotwein zu trinken, um sein persönliches Herzinfarktrisiko zu senken, ist nicht nur unsachlich, sondern verantwortungslos, wenn nicht gleichzeitig auf die anderen zahlreichen alkoholbedingten Risiken hingewiesen wird.

6. Alkoholembryopathie

Unter dem Begriff Alkoholembryopathie versteht man die durch Alkoholkonsum in der Schwangerschaft entstandenen kindlichen Schäden. Hierzu zählen Minderbegabung, Fehlbildungen im Kopf- und Gesichtsbereich sowie an verschiedenen inneren Organen.

Wie schon angedeutet, reagiert der kindliche Organismus auf die schädigenden Alkoholeinwirkungen viel empfindlicher als der erwachsene Organismus. Noch empfindlicher reagiert allerdings der embryonale Organismus, der sich ja noch in der Phase der Organbildung und – Entwicklung befindet. Die Tatsache, dass durch Alkoholkonsum in der Schwangerschaft gravierende und bleibende körperlich-geistige Behinderungen entstehen können, lässt nur eine vernünftige Konsequenz zu: strikte Alkoholintoleranz (wörtlich: Sperrzeit; hier: Abstinenz) in der Schwangerschaft und Stillzeit, insbesondere in der Frühschwangerschaft und auch für Frauen, die eine Schwangerschaft erwarten.

7. Gehirn

Die Wirkungen des Alkohols auf das Gehirn und die Folgeschäden am Gehirn sind komplexer Natur. Vereinfacht kann man sich vorstellen, dass Alkohol (in höherer Dosis) wie ein Beruhigungsmittel wirkt. Bei mehr oder weniger regelmäßiger Alkoholzufuhr kommt es im Gehirn zu Anpassungsvorgängen, die der beruhigenden Alkoholeinwirkung entgegengesetzt sind. Es stellt sich ein neues Gleichgewicht zwischen „Beruhigung“ und „Erregung“ im Gehirn ein. Wenn in dieser Situation die regelmäßige Alkoholzufuhr unterbrochen wird, kommt es durch den Mangel an „Beruhigungsmitteln“ zu einem Überwiegen der „Erregung“.

Diese Situation ist im Entzug gegeben. Das Gehirn befindet sich wie in einer künstlich hergestellten Alarmbereitschaft. Typische Symptome sind: Herzrasen, Zittern, Schwitzen, Unruhe, Schlaflosigkeit, Ängstlichkeit oder Gereiztheit. Die überschießenden erregenden Impulse des Gehirns können bei schweren Entzündungen so sehr aus dem Gleichgewicht oder aus der Kontrolle geraten, dass es zu Krampfanfällen oder einem Delirium kommt.

Ein Krampfanfall zeigt sich in der Regel mit einem plötzlich auftretenden Bewusstseinsverlust sowie mit nicht willentlich beeinflussbaren krampfartigen, rhythmischen heftigen Bewegungen der Arme und Beine. Es besteht Verletzungsgefahr und die Gefahr eines Atemstillstandes.

Im Delirium ist der Betroffene meist noch wach und bei Bewusstsein, verkennt aber die Realität, hat unter Umständen Wahnvorstellungen (fühlt sich z.B. verfolgt) und Sinnestäuschungen (sieht z.B. kleine Tiere über die Wand krabbeln).

Krampfanfall und Delirium sind akute, lebensbedrohliche Komplikationen eines Entzugs, die einer sofortigen Krankenhausbehandlung bedürfen. Ein unbehandeltes Delirium kann durch Versagen der zentralnervösen Steuerung von Atem- und Kreislauffunktionen in bis zu 40 % der Fälle zum Tode führen. Bei Krampfanfällen resultiert die Lebensbedrohung eher aus einer möglichen Verlegung der Atemwege oder anderen verletzungsbedingten Komplikationen.
Darüber hinaus gibt es auch chronisch verlaufende Alkoholfolgeschäden am Gehirn, die sich durch Konzentrationsstörungen, Gedächtnisstörungen

und Orientierungsstörungen äußern („Korsakow–Syndrom"). Im fortgeschrittenen Stadium kann es sein, dass ein Betroffener durch das Ausmaß dieser Beeinträchtigung nicht mehr in der Lage ist, seinen Alltag eigenständig zu bewältigen, er braucht dann ständige Betreuung und Pflege.

Aber auch ähnliche Symptome wie die eines Deliriums können als eine chronische alkoholbedingte Folgeerkrankung auftreten (Alkoholhalluzinose, alkoholischer Eifersuchtswahn).

Auch Schäden mit mehr neurologischer Symptomatik sind als alkoholbedingte Folgeerkrankung des Gehirns bekannt. So gibt es z.B. isolierte Kleinhirnschädigungen durch Alkohol, die sich durch anhaltende starke Gehunsicherheit bis hin zur Gehunfähigkeit zeigen.

8. Peripheres Nervensystem

Die langen Nervenbahnen, die sich vom Gehirn und Rückenmark aus durch den gesamten Körper ziehen und Empfindungen und Bewegungen des Körpers möglich machen, können durch Alkohol ebenfalls geschädigt werden. Dieses Krankheitsbild nennt der Mediziner „Polyneuropathie". Es äußert sich anfangs meist durch Gefühlsstörungen in den Füßen (z.B. Taubheits- oder Kribbelgefühle), in fortgeschrittenen Fällen auch durch Muskelschwäche, die bis hin zur Gehunfähigkeit reichen kann.

9. Stoffwechsel/ Immunsystem

Zahlreiche andere Organsysteme und Stoffwechselvorgänge werden durch Alkohol gestört bzw. geschädigt. Beispielhaft seien hier der Fett- und Zuckerstoffwechsel, der Hormon- und Vitaminhaushalt sowie die allgemeine Abwehrfunktion genannt. Im Rahmen einer alkoholbedingt geschwächten Abwehrlage kommt es zu häufigeren und schwereren Infektionen (z.B. Bronchitis, Lungenentzündung, Grippe, Virushepatitis).

Für die meisten der durch Alkohol verursachten körperlichen Schäden gilt, dass, wenn sie nicht zu weit fortgeschritten sind, die geschädigten Organe durch körpereigene Wiederaufbauvorgänge regenerieren können. Daher ist die beste und wirksamste Therapie der bereits eingetretenen Schäden die Alkoholintoleranz (Abstinenz). Bestimmte Organschäden können aber auch zu chronischen Beschwerden oder Funktionseinbußen führen, z.B. Leberzirrhose oder chronische Pankreatitis (Entzündung der Bauchspeicheldrüse). Auch Schäden am Gehirn und am peripheren Nervensystem hinterlassen meist bleibende Einschränkungen, bzw. der Körper benötigt sehr viel Zeit (Monate bis Jahre) für deren Regeneration.

Seelische Auswirkungen schädigenden Alkoholkonsums

Zusammenfassung: *Aufbauend auf den vorangegangenen Beitrag (Körperliche Auswirkungen schädigenden Alkoholkonsums) werden hier seelische Auswirkungen schädigenden Alkoholkonsums benannt und beschrieben sowie deren Entstehung erklärt. Ferner geht es um die unterschiedlichen Möglichkeiten des Zusammenhangs zwischen körperlichen und seelischen Auswirkungen.*

Die Einteilung in körperliche und seelische Folgeschäden ist – wie gerade das neurologisch–psychiatrische Fachgebiet zeigt – eine künstliche. Tatsächlich wirken sich körperliche Schäden auch seelisch aus. Und seelische Störungen können durchaus körperlich bedingt sein, z.B. durch Veränderungen am Gehirn (siehe Beispiel von Entzug, Delirium, Alkoholhalluzinose u.ä. im vorangegangenen Beitrag). Wenn hier im Folgenden von seelischen Schäden die Rede ist, wird allerdings mehr an eine psychische Verursachung gedacht. Die Grenzen zwischen körperlicher und psychischer Verursachung sind und bleiben aber fließend.

1. Rückzug/ Isolation

Im Rahmen einer Entwicklung zur Alkoholabhängigkeit ziehen sich viele Betroffene zunächst kaum bemerkt, dann aber immer offensichtlicher aus ihrem gewohnten Umfeld zurück. Sonst übliche Kontakte werden gemieden, die Betroffenen verlassen immer seltener ihre Wohnung oder beschränken ihre Kontakte nur noch auf ganz bestimmte Kreise, die

Aktivitäten werden schrittweise reduziert. Bei dieser Entwicklung spielen häufig Scham- und Schuldgefühle eine wichtige Rolle. In einer verhängnisvollen Spirale rückt der Alkohol immer mehr ins Zentrum der Aufmerksamkeit, während andere Interessen und Aktivitäten erlahmen. Alkohol wird immer mehr zum Ersatz für menschliche Beziehungen. Am Ende dieser Entwicklung kann die totale Vereinsamung stehen.

2. Aggressivität/ Kriminalität

Aggressivität und Kriminalität unter Alkoholeinfluss ist ein häufig zu beobachtendes Phänomen. Oft sind hiervon gerade die Menschen betroffen, die ansonsten als ruhig und friedliebend und immer hilfsbereit erlebt werden („Wenn er nicht trinkt, ist er der liebste Mensch"). Bei ihnen führt die enthemmende Wirkung des Alkohols dazu, dass Gefühle und Persönlichkeitsanteile, die ansonsten eher verdeckt bleiben, dann zum Vorschein kommen.

Bei anderen Betroffenen ziehen sich Aggressivität, Gewalt und Kriminalität (mit und ohne Alkohol) allerdings wie ein roter Faden durch die ganze Lebensgeschichte. Ihre Geschichte fängt meist mit Schlägen, Gewalt und Alkoholabhängigkeit im Elternhaus an („broken home"). Bei ihnen muss die eigene Aggressivität und Kriminalität mehr im Sinne einer Überlebensstrategie und Selbstbehauptung verstanden werden.

3. Angst/ Hemmungen

Viele Menschen mit Alkoholproblemen klagen auch über verschiedenste Ängste, z.B. Angst vor anderen Menschen, Angst, sich zu blamieren oder vor anderen zu versagen, Angst, die Wohnung zu verlassen, Angst vor verschlossenen Räumen oder Angst vor freien Plätzen. Hemmungen bestehen häufig in der Form, dass sich die Betroffenen schwer tun, auf andere Menschen zuzugehen, frei zu reden, initiativ zu werden, mal im Mittelpunkt zu stehen oder die Aufmerksamkeit anderer auf sich zu ziehen. Ängste und Hemmungen sind häufig auch mit dem oben beschriebenen Phänomen des Rückzugs verknüpft. Manchmal bestanden Ängste und Hemmungen schon vor der Alkoholproblematik. Von diesen Personen wird

Alkohol oft mehr oder weniger bewusst eingesetzt, um ihre Ängste und Hemmungen zu überwinden. Dies gelingt – zumindest was die Hemmungen angeht – kurzfristig auch ganz gut, da Alkohol zunächst eine enthemmende Wirkung hat. Da der Erfolg nicht anhält, wird allerdings immer wieder neu die enthemmende Wirkung des Alkohols gesucht.

Andererseits können Ängste (und Rückzug) aber auch eine Folge der Alkoholproblematik sein. Hier spielen wiederum Scham- und Schuldgefühle eine bedeutende Rolle.

Das Selbstwertgefühl wird durch zunehmenden Alkoholkonsum schrittweise abgebaut und stattdessen treten Ängste, Hemmungen, Versagensgefühle und Rückzug immer mehr in den Vordergrund.

4. Depressionen

Depressionen können sich z.B. durch ein Stimmungstief, Antriebsmangel, Interessenlosigkeit, Schlafstörungen oder auch verschiedene körperliche Beschwerden äußern.
In einigen Fällen ist eindeutig nachzuvollziehen, dass die Alkoholproblematik zu Depressionen geführt hat, in anderen Fällen versuchten Menschen mit Alkohol ihre zuvor bestehende Depression zu überwinden.

Ähnlich wie bei dem Zusammenhang zwischen Angst und Alkohol ist häufig aber eine klare Ursache – Wirkung - Zuordnung gar nicht möglich, so dass die Feststellung bleibt: Depressionen und Alkoholprobleme gehen meist eine unheilvolle „Koalition“ ein und verstärken sich letztlich gegenseitig.

5. Schlafstörungen

Schlafstörungen können ein Symptom der Depression sein, können aber auch ganz isoliert auftreten. Häufig wird Alkohol als gut wirksames und „legitimes“ Schlafmittel erlebt. Tatsache ist aber, dass Alkohol den normalen Schlafrhythmus verändert und der Schlaf dadurch weniger erholsam ist. Das bedeutet, dass Schlafstörungen entgegen dem spontanen Empfinden der Betroffenen durch Alkohol sogar verstärkt werden. Bei schon bestehender Alkoholabhängigkeit können darüber hinaus nächtlich auftretende Entzugssymptome den Schlaf unterbrechen und so zu einer (weiteren) Schlafstörung führen.

6. Suizidalität (Gefahr der Selbsttötung)

Menschen mit Alkoholproblemen gelten als eine Hochrisikogruppe für Suizide und Suizidversuche.

Die besondere Gefährdung ergibt sich aus den z.T. massiven psychischen und sozialen Problemen, aus denen die Betroffenen manchmal keinen Ausweg mehr sehen. Das Leben wird dann als sinn- und hoffnungslos empfunden. Verstärkend kommt häufig noch das Gefühl der persönlichen Unzulänglichkeit und Wertlosigkeit hinzu. Die normalerweise bestehende natürliche Hemmung, sich das Leben zu nehmen, kann unter Alkoholeinfluss deutlich reduziert sein. So ist es zu verstehen, dass viele Suizide und Suizidversuche in alkoholisiertem Zustand geschehen.

Exzessives Trinken von Alkohol mit den daraus resultierenden massiven körperlich/psychischen Schäden kann auch als eine Form des Suizids verstanden werden. Manchmal wird dies von Betroffenen auch selbst so formuliert („Ich wollte mich tot saufen“).

7. Persönlichkeitsveränderung

Im Verlauf einer entstehenden Alkoholabhängigkeit kommt es – wie von Jellinek gut beschrieben – häufig zu spezifischen Einstellungs- und Verhaltensänderungen, die aus der psychischen Dynamik der Abhängigkeit heraus zu verstehen sind. Häufig spielen dabei Scham- und Schuldgefühle eine zentrale Rolle. Das Selbstbild einer souverän und autonom handelnden Persönlichkeit kann in Anbetracht der eingetretenen Abhängigkeit nicht mehr aufrechterhalten werde. Es kommt zu einer Verzerrung des Selbstbildes sowie der Realitätssicht, damit die subjektive Sicht des Betroffenen wieder „stimmig“ ist.

Dies äußert sich dann z.B. darin, dass die Betroffenen von dem Prozess der schon eingetretenen Abhängigkeit überhaupt nicht zu überzeugen sind, obwohl dieser für Außenstehende immer offensichtlicher wird. Auch andere Verhaltensweisen, die ansonsten für eine Person eher untypisch sind, können im Rahmen einer Abhängigkeitsentwicklung vor dem beschriebenen Hintergrund verständlich werden, wie z.B. heimliches Trinken, „Ausreden“ und Lügen, Prahlerei oder sich vor anderen immer nur „in gutem Licht“ darstellen.

Aber auch organische Hirnveränderungen können zu charakteristischen Veränderungen der Persönlichkeit führen. Dies kann sich – meist einhergehend mit einem starken sozialen Abstieg und Verwahrlosungstendenzen, einerseits durch einen Verlust ethisch–moralischer Vorstellungen - andererseits auch durch im vorangegangenen Beitrag beschriebenen Symptome einer alkoholbedingten Gehirnschädigung (z.B. alkoholischer Eifersuchtswahn) äußern.

Abdruck mit freundlicher Genehmigung des Blaukreuz-Verlags, Wuppertal, aus: „Handbuch für die Suchtkrankenhilfe“

Kapitel 14
Drogen – Allgemeines

Seit ca. 2 - 3 Jahrzehnten nimmt der Anteil derjenigen ständig zu, die wegen Drogenkonsums zu einer MPU müssen.

Der Grund liegt wohl nicht darin, dass heute mehr Drogen konsumiert werden wie früher, sondern dass

1. der Polizei bei Verkehrskontrollen heute Schnelltests für den Nachweis von Drogenkonsum zur Verfügung stehen
2. die Polizei besser geschult ist, Symptome bei Kraftfahrern unter Drogeneinfluss zu erkennen und
3. die Mobilität der jungen Leute – die ja vorwiegend Drogen konsumieren – größer geworden ist. Heute fahren mehr junge Leute mit dem Auto als früher.

Warum werden Drogen genommen?

„Drogen sind für viele Menschen die Sehnsucht nach einem Paradies“ oder wie manche sagen: „Drogen sind die Eintrittskarte des einfachen Mannes ins Schlaraffenland“, das ihm ansonsten verwehrt ist.

Für diese Suche nach „Glück“ (nach vermeintlichem Glück und Paradies) wird der Betroffene auch noch – wenn er erwischt wird – bestraft!

Strafe und Verbote sind keine wirklichen Lösungen dieses Problems, wie wir es bei der Prohibition (vgl. Kapitel 13.1., „Alkohol in unserer Kultur“) in den USA (1919 - 1933) gesehen haben.

Aufklärung sollte an erster Stelle stehen. Aufklärung über die Gefährlichkeit der Drogen (Alkohol und Nikotin schließe ich hier ausdrücklich ein) sollte schon in der Grundschule stattfinden.

Ist jemand schon drogenabhängig, steht nicht Strafe an erster Stelle, sondern Hilfe.

Ganz unakzeptabel und unvereinbar ist aber ein Drogenkonsum mit dem

Fahren im öffentlichen Straßenverkehr, also auch in Zusammenhang mit dem Führerschein.

Im Gegensatz zu Alkoholkonsumenten wird der Konsum von illegalen Drogen (vgl. Kapitel 15. „Drogen in der Rechtssprechung“) sofort als Ausschlusskriterium für die Fahreignung angesehen.

Ausnahmen gibt es bei sehr geringem Cannabiskonsum (vgl. Kapitel 15), wenn Fahren und Konsum getrennt werden können.

Aber – um das gleich hier zu sagen: Die Rechtssprechung der Gerichte liegen hier wohl mit dem „Denken“ der MPU-Gutachter weit auseinander. Sie werden kaum einen Gutachter bei der MPU finden, der einen derartigen Konsum positiv sieht!

Warum, könnten Sie sich nun fragen, darf derjenige, der Alkohol konsumiert, also kontrolliert Alkohol trinkt (vgl. Kapitel 11), den Führerschein behalten und ein Drogenkonsument nicht?!

Die Antwort ist einfach:
Von Drogen (Rauschdrogen) geht man von einer größeren Gefahr für den Straßenverkehr aus.

Drogen (illegale) haben einfach ein höheres Suchtpotential in sich; außerdem ist die Gefahr, dass es zu Fehldosierungen kommen kann, sehr groß.

Drogen, die auf der Straße gekauft werden, z.B. Ecstasy, sind zudem oft zusammengepanscht und mit anderen Drogen noch vermischt und können dadurch eine unvorhersehbare Wirkung haben.

Zu den Wirkungen und Gefahren der einzelnen Drogen (Cannabisprodukte, Kokain, LSD, Ecstasy etc.) bitte ich näheres den Kapiteln 17-19 zu entnehmen.

Kapitel 15
Drogen in der Rechtsprechung

- *Illegale Drogen - Nachweiszeiträume für Abstinenz*
- *Sonderfall Cannabis*
- *THC-Werte*

Illegale Drogen sind Stoffe, deren Besitz, Einnahme oder Handel nach dem Betäubungsmittelgesetz verboten sind.

Illegale Drogen sind z.B. Cannabisprodukte (Haschisch und Marihuana), Kokain, LSD, Ecstasy, verschiedene Pilze etc., die ich unter den Kapiteln 17 – 19 näher beschreiben werde.

Wer illegale Drogen konsumiert, kauft, herstellt, mit ihnen handelt oder weitergibt, handelt zwangsläufig kriminell und muss, wenn er eine Fahrerlaubnis besitzt, letztendlich meist zur MPU.

Sonderfall von Cannabisprodukten in der Rechtssprechung der Verwaltungsgerichte

Hier wird unterschieden zwischen Probierstadium (Experimenteller Konsum) – gelegentlichem und gewohnheitsmäßigem Konsum (Regelmäßigem Konsum).

Probierstadium oder experimenteller Konsum von Cannabis
Unter Probierstadium versteht man einen einmaligen, seltenen Konsum oder höchstens einmal im Monat.

Nach §14 Abs.1 der Fahrerlaubnis-Verordnung ordnet die Fahrerlaubnisbehörde (Führerscheinstelle) zwingend ein ärztliches Gutachten an – auch bei nur einmaligem Konsum!

Aber – im Rahmen der Verhältnismäßigkeit kann auch „nur“ ein ärztliches Gutachten in Form eines Drogenscreenings (vgl. Kapitel 9.1. „Die medizinische Untersuchung“ unter: „Drogenscreening") verlangt werden, also ein Haar- oder Urintest, mit dem festgestellt wird, ob und in welchem Umfang in der Vergangenheit Drogen konsumiert wurden.

Gelegentlicher Konsum von Cannabis
Gelegentlicher Konsum heißt hier mehrmals im Monat.

Hier kann bereits die Beibringung einer MPU verlangt werden, wenn anhand von konkreten Diagnosen Zweifel an der Eignung zum Führen eines Kraftfahrzeuges bestehen, z.B. keine Trennung von Konsum und Fahren.

Gewohnheitsmäßiger Konsum von Cannabis
Wenn der Konsum oft oder fast täglich erfolgt, ist die MPU zwingend notwendig!

Wie wird nun nach vorliegenden Meßwerten von THC – COOH – Werten ein Probierstadium – Gelegenheitsstadium – oder Regelmäßiger Konsum definiert?
Nach Daldrup/ Käferstein/ Köhler/ Maier/ Musshoff in der Fachzeitschrift „Blutalkohol 37,39 ff heißt es:

„…Somit kann bei Blutproben, die nur wenige Stunden nach dem letzten Konsum abgenommen wurden, ab einer THC – COOH – Konzentration von 150ng/ml ein regelmäßiger Konsum als gesichert angesehen werden. Wird die Blutprobe dagegen aufgrund der Aufforderung durch die Straßenverkehrsbehörde entnommen, so ist von regelmäßigem Konsum auszugehen, sobald eine Konzentration von mindestens 75 ng/ml THC – COOH im Blut nachgewiesen wird. Bei der Festlegung des Grenzwertes von 75 ng/ml wurde die Halbwertszeit dieses Metaboliten berücksichtigt und die Tatsache, dass die Betroffenen bis zu 8 Tage nach Aufforderung durch die Straßenverkehrsbehörde Zeit haben, sich einer Blutentnahme zu unterziehen. Während dieser Zeit hätten sie die Möglichkeit, ganz auf den Konsum von Cannabis zu verzichten. Legt man eine Halbwertszeit von rund 6 Tagen von THC – COOH zugrunde, so reichen bereits weniger als 3 Tage aus, bis die Konzentration von beispielsweise 100 ng/ml auf

75 ng/ml abfällt.“

Ein wenig übersichtlicher nachfolgend dargestellt:

THC – COOH – Wert	***Konsumform***
Wenige Stunden nach Kontrolle	
weniger als 5 ng/ml	Keine Aussage möglich -
5 – 10 ng/ml	Verdacht auf gelegentlichen Konsum
10 – 150 ng/ml	Gelegenheitskonsument
mehr als 150 ng/ml	Regelmäßiger Konsument
Nach Aufforderung z.B. der Fahrerlaubnisbehörde	
weniger als 5 ng/ml	Einmaliger Konsum, möglicher Verdacht auf gelegentlichen Konsum
5 bis 75 ng/ml	Gelegentlicher Konsum
mehr als 75 ng/ml	Regelmäßiger Konsum

- Alle Angaben ohne Gewähr –
Die Auslegung der Werte unterliegen oft Veränderungen

Vielleicht fragen Sie sich jetzt, warum wir bisher immer von THC–COOH gesprochen haben und nicht vom THC-Wert, den Sie vielleicht direkt nach der Polizeikontrolle hatten.

Unterschied zwischen THC und THC-COOH

Bei Kontrollen im Straßenverkehr ist der reine THC-Wert von Bedeutung.

Man geht davon aus, dass jemand, der hier mit einem Wert von mehr als 1ng/ml am Straßenverkehr teilnimmt, unter Rauschwirkung fährt.

Allerdings baut sich dieser THC-Wert – je nach Konsum – meist innerhalb von einem Tag ab.

Aus diesem Grunde ist bei einer späteren Untersuchung der THC-COOH Wert von Bedeutung, der nur eine Halbwertzeit von ca. 6 Tagen hat.

Wenn Sie jetzt vielleicht einwenden, dass Sie den Einfluss von Hasch / Marihuana bei 2ng/ml nicht gemerkt haben und bestimmt nicht unter Rauschwirkung gefahren sind, mag das sehr wohl Ihrem subjektiven Eindruck aus nach richtig sein - auch in der Fachliteratur gibt es Meinungsverschiedenheiten bei der Frage, wann ein Rausch zu Ende ist, aber: Es gibt hier einen Unterschied zwischen der Anflutung und der Abflutung. Bei der Anflutung, also wenn man zu konsumieren beginnt, wird man die Wirkung der Droge anders spüren als bei der Abflutung, also wenn man langsam wieder nüchtern wird. Die Folge: Man fühlt sich bei der Abflutung subjektiv nüchtern - ist es aber objektiv nicht!!

Nachweiszeiträume für Abstinenz

- THC-Wert von über 2 ng/ml mindestens 1 Jahr.
- THC-Wert zwischen 1 und 2 ng/ml und THC-COOH-Wert unter 100 ng/ml mindestens ein 1/2 Jahr.
- Wenn Hasch / Marihuana und Alkohol gleichzeitig konsumiert worden sind, mindestens 1 Jahr.
- Wenn Hasch / Marihuana konsumiert worden ist und man ist früher mit einem Promillewert über 1,1 aufgefallen, mindestens 1 Jahr.
- Alle anderen Drogen in der Regel mindestens 1 Jahr.

Alle Angaben ohne Gewähr, da die Nachweiszeiträume Veränderungen unterliegen können - auch wird / muss immer der Einzelfall beurteilt werden.

Kapitel 16
Klassifizierung nach "harten" und "weichen" Drogen?

Eine Unterteilung in harte und weiche Drogen ist mehr oder weniger willkürlich und wird oftmals zu Recht kritisiert.

Der Ursprung dieser Klassifizierung ist wohl in der Prohibition zu suchen. Es wurde angenommen, dass manche Drogen dem Menschen sehr schaden und ihn mehr oder weniger sofort abhängig machen und die anderen, die weichen Drogen, weniger gefährlich sind.

Zu den harten Drogen zählte man u.a. Heroin, Kokain, Crack, Amphetamine, Ecstasy, LSD und psychoaktive Pilze.

Zu den weichen Drogen Cannabis (Haschisch, Marihuana), Alkohol, Tabak etc..

Wie willkürlich und überholt diese Einteilung ist, sieht man an folgendem Beispiel: Zu den harten Drogen gehört LSD. Diese Droge macht aber - trotz aller Gefährlichkeit (vgl. Kapitel 19) - nicht körperlich abhängig.

Zu den weichen Drogen gehört z.B. Haschisch. Diese Droge macht bei längerem Konsum sowohl körperlich wie auch psychisch (geistig-seelisch) abhängig; natürlich bei weitem nicht in dem Maße wie z.B. Heroin.

Die sogenannten weichen und gesellschaftlich akzeptierten, nicht illegalen Drogen wie Alkohol und Nikotin fordern heute bei uns bei weitem die meisten Todesopfer!

Heute weiß man, dass keine Droge ungefährlich und harmlos ist; ob es sich nun um die illegalen Drogen wie Haschisch, LSD, Kokain etc. handelt – oder auf der anderen Seite um die erlaubten Drogen wie Alkohol, Nikotin oder auch Medikamente.

Drogen kannten wir Menschen schon vor tausenden von Jahren, z.B. vor ca. 6000 Jahren die Wirkung der Mohnblume (vgl. Kapitel 19), den Alkohol (vgl. Kapitel 13.1 „Alkohol in unserer Kultur").

Drogen wurden, und werden auch heute noch zur Realitätsflucht, zum Vergessen oder Zuschütten von Problemen, zum Spaß, in der Medizin zur Heilung, bei rituellen Handlungen, genommen - oder um Glücksgefühle zu bekommen, kontaktfreudiger zu werden etc.

Vielen Drogen wird auch Bewusstseinserweiterung* zugesprochen, wie etwa den Pilzen, Kakteen oder LSD. Viele glauben auch, Drogen können eine Abkürzung zur „Erleuchtung" sein und sie sich so viele Jahre oder Jahrzehnte „mühsame" Meditation ersparen.

Drogen sind meines Erachtens nach nicht bewusstseinserweiternd, sondern nur bewusstseinsverändernd!

Eine aktuellere Einteilung der Drogen, also die in „weiche" und „harte" Drogen, wäre z.B. eine Einteilung nach deren Wirkung, z.B. in:

- Stimulierende Drogen (z.B. Amphetamine, Weckamine)
- Beruhigende Drogen (z.B. Alkohol)
- Halluzinatorische Drogen (z.B. LSD, Kakteen (Meskalin, Peyote))
- Narkotisierende Drogen wie z.B. Heroin

In den folgenden Kapiteln möchte ich die Drogen so darstellen:

Kapitel 17 = Pflanzliche Drogen (Cannabis, Kokain, Kakteen)

Kapitel 18 = Pilzdrogen (Halluzinatorische Pilze)

Kapitel 19 = Synthetische und halbsynthetische Drogen (LSD, Ecstasy, Heroin)

Kapitel 20 = Medikamente (Amphetamine etc.)

---

* Zur Information über Bewusstseinserweiterung und Meditation:
Eising, Raimund, "Über 100 Techniken der Bewusstseinserweiterung - Ein Übungshandbuch aus allen Bereichen"
www.Meditations-Techniken.de

Kapitel 17
Pflanzliche Drogen

17.1 Cannabis (Haschisch, Marihuana)

Allgemeines
Cannabis ist der Oberbegriff für verschiedene Produkte aus der Hanfpflanze. In der Blüte des Hanfs befindet sich das Harz, dass durch Pressen gewonnen wird, das sogenannte Haschisch.
Marihuana wird aus Zermahlen der Blätter und Blüten gewonnen.
Haschisch ist wesentlich stärker in der Wirkung als Marihuana.

Herkunft
Cannabis stammt ursprünglich wahrscheinlich aus Zentralasien und ist von dort aus nach dem Mittleren und Nahen Osten gekommen.
Heute befinden sich die Anbaugebiete in Afrika, Amerika und Asien.

Wirkstoff
Wesentlicher Wirkstoff: Cannabidinol und Tetrahydrocannbinol (THC).

Art der Einnahme
Haschisch und Marihuana wird meist mit Tabak geraucht, seltener als Getränk oder als Tabletten etc. eingenommen oder als Plätzchen gebacken.

Wirkung
THC entfaltet seine Wirkung abhängig von der Grundstimmung des Konsumenten.
Cannabis führt zu Veränderungen, der Sinneswahrnehmungen, des Denkens, Zeit- und Raumgefühl verändern sich.
Cannabisprodukte werden vor allem genommen um sich zu entspannen, um die Alltagsprobleme zu vergessen oder zu lindern, um in eine gehobene Stimmung zu kommen und/oder die Kontaktfreudigkeit zu erhöhen.
Des weiteren um Hemmungen abzubauen, Dinge zu tun, die man sonst nicht tun oder sagen würde.
Oft gerät der Konsument auch in einen Zustand der Albernheit.

Langzeitfolgen und Gefahren
Cannabisprodukte beeinträchtigen die Leistungsfähigkeit.

Es kommt zu Gleichgültigkeit gegenüber der Schule, Familie, Freunden etc. (Die berühmte „Leck mich am A….-Einstellung“). Persönlichkeitsabbau.

Weiter kommt es zu Interessen- und Antriebslosigkeit, Sinnestäuschungen, Es kann zu Angst- und Panikattacken kommen.
In seltenen Fällen kann es zu „flash-backs“ (Echo-Rausch) kommen.

Abhängigkeit
Haschisch und Marihuana machen vor allem psychisch (geistig-seelisch) abhängig – bei längeren Konsum auch physisch (körperlich).

Aus meiner Erfahrung bzw. Gesprächen mit vielen Hunderten von Betroffenen, die wegen Konsum von Cannabisprodukten zur MPU mussten, möchte ich hier an dieser Stelle ausdrücklich betonen, dass es sich hier um keine leichte und ungefährliche Droge handelt. Es kommt vor allem, wie ich oben schon aufzeigte, oft zu Persönlichkeitsveränderungen und einer, um es noch einmal deutlich aber unschön auszudrücken, „Leck mich am A….“-Einstellung bei einem längeren Konsum und zu einer nicht zu unterschätzenden psychischen (geistig-seelischen) Abhängigkeit!!

Nachweisbarkeit / Abbauzeiten
Die Abbauprodukte THC lassen sich wie folgt nachweisen:

Im Urin:	Bei einmaliger Einnahme: 3 – 4 Tage
	Bei gelegentlichen Konsum: evtl. bis 20 Tage
	Bei Dauerkonsum: evtl. bis 2- 3 Monate
Im Blut:	Je nach Konsum: 12 Stunden bis zu mehreren Tagen
In den Haaren:	Abhängig von der Länge der Haare – Haarwachstum pro Monat ca. 1 cm.

Lt. den Professoren Dr. med. B. Madea und Dr. med. B. Brinkmann sind "*die Halbwertzeiten für das THC .. in den ersten 2-3 Stunden nach Konsumende mit 30-60 Minuten relativ kurz. Sie erhöhen sich aber auf Werte um die 24 Stunden, je länger der Konsum zurückliegt.*"
aus: "Handbuch gerichtliche Medizin", Seite 928.

So ist es also zu erklären, dass geringe THC-Werte auch noch nach einigen Tagen im Blut zu finden sind!

Zu Nachweiszeiten, Höhe der THC-COOH-Werten vgl. auch Kapitel 15 „Drogen in der Rechtsprechung“ !!

- Alle Angaben ohne Gewähr –

Auswirkungen auf die Verkehrstüchtigkeit
Cannabisprodukte (Haschisch, Marihuana) spielen neben Alkohol sehr oft eine bedeutende Rolle für das Fehlverhalten im Straßenverkehr.

Konzentrations- und Reaktionsvermögen sind herabgesetzt.
Die Fähigkeiten, Informationen zu verarbeiten, sind vermindert, ebenso wie die körperliche und geistige Leistungsfähigkeit.
Hör- und Sehvermögen sind herabgesetzt bzw. gestört.
Störungen des Zeitgefühls.
Cannabisprodukte bleiben sehr lange im Körper (etwa 2 Monate), man fühlt sich oft fahrtüchtig, lange bevor die Wirkung tatsächlich nachgelassen hat.

Kapitel 17
17.2 Kokain

Allgemeines
Kokain wird je nach Verarbeitung auch als Koks, Schnee, Coke, Crack oder als Rocks bezeichnet und galt lange Zeit als reine Droge der „Schickeria“.
Kokain – ein weißes, bitter schmeckendes Pulver – ist heute der wohl weltweit am häufigsten verbreiterte psychoaktive Pflanzenstoff.

Herkunft
Der Coca–Strauch ist in den südamerikanischen Regenwäldern der Anden heimisch, wo er wahrscheinlich schon 2500 v. Chr. als Kulturpflanze angebaut wurde. Coca = Baum in der Indianersprache der Aymara. Die Droge Coca findet bei den Indianern bei Schmerzen, Schwächezuständen, Ermüdung, Kulthandlungen etc. Anwendung.

Art der Einnahme
In Peru und Bolivien besitzt das Kauen der Kokablätter Tradition.
Im „Westen“ wird Kokain geschnupft oder im Wasser aufgelöst und gespritzt oder als Beimischung in Tabak geraucht oder als Getränk gemischt.

Wirkung
Kokain wirkt sowohl berauschend wie auch örtlich betäubend.
Führt zur (subjektiven) vorübergehenden Leistungssteigerung, zu Glücksgefühlen, Wohlbefinden, überhöhtem Selbstvertrauen – Selbstüberschätzung, verminderte Impulskontrolle – Aggressivität, Rede- und Bewegungsdrang.
Kokain bewirkt Halluzinationen, manchmal – vor allem bei Endkonsumenten – Angst- und Panikzustände.
Nach der Einnahme der Droge kommt zuerst das „Hoch“, dann aber schnell und heftig das „Tief“!

Langzeitfolgen/ Gefahren
Verwirrungszustände, krankhaftes Misstrauen, Verfolgungswahn, Krämpfe, Abmagerungen, Übelkeit, Kokain–Delirien, Aggressivität, Leistungsabfall, Atemstörungen, Herzschwäche, exzessive Hypertonie (Bluthochdruck), Tod, Selbstmordtendenzen, Antriebs- und Konzentrationsstörungen, kokaininduzierte Psychosen (Geisteskrankheiten), tiefe Depressionen, Leberschäden, Persönlichkeitsabbau, körperlicher Verfall, Impotenz, Schlaflosigkeit.

Abhängigkeit
Kokain führt schnell zur seelischen Abhängigkeit, vor allem zu einer psychischen (geistig-seelischen) Abhängigkeit. Um die gewünschte Wirkung zu erzielen, müssen immer höhere Dosen genommen werden.

Nachweisbarkeit/ Abbauzeiten
Im Blut: ca. 12 Stunden
Im Urin: 1 – 3 Tage – mit besonderen Testverfahren 4 – 6 Tage
In den Haaren: Abhängig von der Länge der Haare – Haarwachstum ca. 1 cm pro Monat

- Alle Angaben ohne Gewähr –

Auswirkungen auf die Verkehrstüchtigkeit
Einschränkung der Kritik- und Urteilsfähigkeit – durch Euphorie starke Risikobereitschaft, mangelnde Konzentration und Aufmerksamkeit, Halluzinationen, Abbau von Hemmungen, Verfolgungswahn.
Bei Nachlassen der Wirkung der Droge Kokain kommt das Tief, zur depressiven Stimmung Müdigkeit, Reizbarkeit, Ungeduld.

Mit Kokain ist man absolut fahruntüchtig!! Mit Alkohol zusammen erhöht sich das Risiko nochmals!!

Kapitel 17
17.3 Kakteen (Peyote, Meskalin)

Allgemeines
Schon vor 7000 Jahren nahmen die Ureinwohner aus Mittelamerika bei (meist) religiösen Riten Meskalin.
Sie gewannen das Meskalin aus dem ca. 20-30 Jahre alten Peyotekaktus.
Bekannt wurde bei uns Meskalin vor allem durch die Bücher des US-amerikanischen Anthropologen Carlos Castaneda, in denen er von seinen Erlebnissen mit seinem Lehrer und „Zauberer", dem Medizinmann Don Juan Matus, berichtet.

Herkunft
Der Peyotekaktus ist in Mittelamerika (Mexiko und Süden der USA) heimisch.

.
Wirkstoff
Der Peyotekaktus besitzt das halluzinogene Alkaloid Meskalin
(Meskalin = 3,4,5 – Trimethoxyphemyl – 2 – ethylamin)
Der Wirkstoff kann heute auch synthetisch hergestellt werden.

Art der Einnahme
Peyote wird frisch und getrocknet gegessen.
Durch Kochen der Peyote–„Knöpfe" kann auch Tee oder eine sirupähnliche Masse hergestellt und in Kapseln abgefüllt werden. Peyote (Knöpfe) können auch getrocknet und zu Pulver verarbeitet werden.

Wirkung
Vor dem Rausch tritt zunächst Übelkeit auf, häufig auch Erbrechen und Unruhe. Nach ca. einer guten Stunde treten intensives Farbensehen, halluzinatorische Visionen ohne Realitätsverlust sowie starke veränderte Persönlichkeitswahrnehmung ein. Die Wahrnehmung mit allen Sinnen ist deutlich geschärft. Visionen mit ekstatischen Glücksgefühlen bis hin zur „ozeanischen Ich-Auflösung" können eintreten: Veränderte Weltsicht! Die Wirkung ist ähnlich der von LSD.

Langzeitfolgen und Gefahren
Es können negativ besetzte Erinnerungen aus dem Unterbewusstsein

auftreten, die wenn sie nicht „verarbeitet“ werden, bei labilen Persönlichkeiten zu Angstneurosen oder sogar zu Psychosen führen können.
Erhöhung von Puls und Blutdruck, Schweißausbrüche, Kältegefühle, Zittern etc. Horrortrips, Angstzustände bis hin zur Todesangst, Leberschäden.

Abhängigkeit
Meskalin macht nicht körperlich abhängig.
Schnelle Toleranzentwicklung.
Eine psychische Abhängigkeit kann eintreten.

Nachweisbarkeit/ Abbauzeiten
Im Urin: 1 – 4 Tage
Im Haar: Je nach Haarlänge – Wachstum der Haare ca. 1 cm pro Monat

- Alle Angaben ohne Gewähr –

Auswirkungen auf die Verkehrstüchtigkeit
Während des Rausches absolute Verkehrsuntüchtigkeit!!
Nach Studien aus den USA treten bei ca. 20 – 28 % der Konsumenten sogenannte „flash-backs“ auf (vgl. Kapitel 19.1, LSD).
Eine Verkehrstüchtigkeit ist also auch nach dem Rausch absolut nicht gegeben.

Kapitel 18
Pilzdrogen (Magic Mushrooms)
- Halluzinogene Pilze -

Allgemeines:
Pilzdrogen mit psychoaktiven Wirkstoffen sind seit Jahrtausenden bekannt und werden vor allem bei rituellen Handlungen genommen. Oft galten solche Pilze als „Zauberdrogen". Südamerikanische Indianer glaubten auch, dass der Geist „Gottes" in den Pilzen wohne. Auch wenn es sich bei den Pilzen um Naturprodukte handelt, fallen diese unter das Betäubungsmittelgesetz und sind demnach illegale Drogen. Aktuell sind Pilze (Magic Mushrooms) auf der Partyszene und bei der New Age Bewegung beliebt.

Herkunft
Wälder und Felder auf der ganzen Welt

Wirkstoff:
Pilze haben eine Vielzahl von Wirkstoffen, abhängig von der Art.
„Halluzinatorische Pilze" haben den Wirkstoff Psilocin – in geringerer Konzentration ebenfalls enthalten z.B. bei der Gattung der „Kahlköpfe" (einheimische halluzinogene Pilzarten). Die weltweiten psychoaktiven Inhaltsstoffe sind heute noch nicht gänzlich bekannt. Man schätzt diese auf sehr viele Tausend. Die bekanntesten Wirkstoffe sind aber, wie oben das Psilocin, auch das Atropin, Musarin, Scopolamin, Ibotensäure.

Art der Einnahme
Pilze werden je nach Art frisch gegessen oder vorher getrocknet und dann gegessen, oder mit Tabak geraucht oder als Tee getrunken.

Wirkung
Die meisten halluzinatorisch wirkenden Pilze verursachen ähnliche Wirkungen wie LSD (vgl. Kapitel 19.1).

Die genaue Wirkung kann aber nicht vorhergesagt werden und hängt von der Verfassung des Konsumenten ab und der Qualität der Drogen.

Langzeitfolgen/ Gefahren
Bei psychisch nicht ganz stabilen Personen kann es zu schweren psychischen Krisen und Identitätsstörungen kommen.
Wie bei LSD sind hier auch „Horror Trips“ möglich, vor allem bei schlechter Stimmung / Verfassung; des Weiteren kann es zu Angst- und Panikanfällen kommen. Die Gefahr vor allem bei selbst gepflückten Pilzen besteht darin, auch wirklich giftige, tödliche Pilze zu konsumieren.

Abhängigkeit
Biogene Drogen wie Pilze führen zu keiner körperlichen Abhängigkeit. Die psychischen Folgen sind noch nicht endgültig erforscht.

Auswirkungen auf die Verkehrstüchtigkeit
vgl. bei LSD (Kapitel 19.1)

Kapitel 19
Synthetische und halbsynthetische Drogen

19.1 LSD

Allgemeines:
LSD ist ein Halluzinogen.
LSD, so sagen viele, fügt nichts hinzu, sondern nimmt was weg, nämlich den Filter in unserem Gehirn. Es kann oft (erschreckende) Wege in unserem Unterbewusstsein öffnen. Manche sprechen auch von einer künstlich erzeugten Psychose (Leuner). Richtig bekannt wurde LSD durch den Psychologen Prof. Timothy Leary (Harvard University) und durch die „68er Bewegung“ (Kult-Droge) des vorigen Jahrhunderts (Flower-Power-Bewegung).

Herkunft
LSD wird aus dem Mutterkorn eines Pilzes, der an Getreide schmarotzt, hergestellt. Der Schweizer Chemiker Albert Hofmann stellte das LSD bei Versuchen (1943) mit dem Mutterkorn zufällig her. Heute kann LSD vollsynthetisch hergestellt werden.

Wirkstoff:
LSD = Lysergsämrediäthylamid

Art der Einnahme
Als Flüssigkeit schlucken, auf Zuckerwürfel geträufelt (in Milligramm), als Tabletten oder Kapseln.

Wirkung
Synästhesien – Töne können „gesehen“ oder „gefühlt“ werden, Farben „gehört“ oder „geschmeckt“ werden. Angenehme Empfindungen können auch plötzlich in Angstgefühle umschlagen. Grundstimmungen werden verstärkt. Wer in einem negativen emotionalen Zustand LSD einnimmt, wird mit großer Wahrscheinlichkeit auch einen sehr unschönen "Trip"

erleben! – „Horror-Trip“!

Langzeitfolgen/ Gefahren
Charakter – Persönlichkeitsveränderungen, Gefahr des Ausbruchs einer Psychose (Geisteskrankheit), vor allem beim Vorliegen einer latenten Schizophrenie.
Gleichgültigkeit gegenüber Schule, Beruf, Familie etc.
Weltverbesserungsideen – aber ohne Handeln („heiße Luft“).

Abhängigkeit
Keine körperliche Abhängigkeit

Nachweisbarkeit/ Abbauzeiten
Blut: 6 – 12 Stunden, evtl. bis 3 Tage
Urin: bis zu 3 Tagen
Haare: Je nach Länge der Haare – Wachstum der Haare ca. 1 cm im Monat

- Alle Angaben ohne Gewähr –

Auswirkungen auf die Verkehrstüchtigkeit
LSD ist wohl das stärkste Rauschgift in der Gruppe der Halluzinogene.
Es kann noch sehr lange nach dem Konsum der Droge, manchmal sogar Monate danach, völlig überraschend zu „flash-backs“ (Rauscherlebnis ohne vorangegangenen LSD – Konsum, der sog. „Echo – Rausch“) führen. Oftmals wird dieser „Echo – Rausch“ auch als „Horror-Trip“ erlebt! (Hoffentlich dann nicht bei 180 km/h auf der Autobahn). Selbstüberschätzung; z.B. man glaubt, in seinem Kfz fliegen zu können. Völlige Verzerrung der Realität, vollkommene Fahruntüchtigkeit!! –auch nach dem Rausch wegen der Gefahr von „flash-backs“!

Kapitel 19
19.2 Heroin (Opium, Morphin)

Allgemeines:
Opium kannte man schon, wie man heute weiß, ca. 6000 Jahre v. Chr. Paracelsus entwickelte im 16. Jahrhundert aus Opium das Schmerzmittel Laudanum, welches bis ins 19. Jahrhundert verwendet wurde, bis aus Opium das Morphium entwickelt wurde.

Wirkstoff:
Opiate sind psychoaktive Substanzen und enthalten hauptsächlich das Morphin und das Codein.
Heroin ist ein halbsynthetisches Produkt.

Art der Einnahme
Opium kann gegessen, getrunken oder geraucht werden.
Heroin kann geraucht werden, wird aber meistens gespritzt und muss dazu vorher aufgelöst werden.

Wirkung
Heroinkonsumenten sprechen von sehr starken Glücksgefühlen, Losgelöstheit, Euphorie, „siebten Himmel“, schmerzstillend etc.
Es werden für diesen „Kick“ aber immer höhere Dosen benötigt.
Heroin macht praktisch sofort abhängig!

Langzeitfolgen/ Gefahren
Distanzierung gegenüber Anforderungen und Problemen.
Verfall von sozialen Beziehungen, Zerstörung der Persönlichkeit, Geisteskrankheiten, Niveauverlust, soziale Verelendung, körperlicher Verfall, Leberschäden, Magen- Darmstörungen, Erkrankung der Atemorgane, Herzentzündungen, Hirnkrämpfe, Potenzstörung bei Männern, bei Frauen Menstruationsstörungen, Lähmung des zentralen Nervensystems und Tod!!!

Abhängigkeit
Heroin führt sehr schnell zu einer psychischen (geistig-seelischen) und physischen (körperlichen) Abhängigkeit. Sehr viele Menschen, die diese Droge genommen haben, kommen nie mehr von ihr los!!!
Bei einer Heroinabhängigkeit steht nicht mehr die euphorisierende Wirkung der Droge im Vordergrund, sondern nur noch ein „Normalzustand“, um den schrecklichen Entzugssymptomen zu entgehen. Der Abhängige ist praktisch nur noch auf der Suche/ Beschaffung der Droge. Geldmittel hierfür werden sehr oft durch Straftaten (Einbrüche, Prostitution etc.) beschafft.

Nachweisbarkeit/ Abbauzeiten
Im Blut: bis 8 Stunden
Im Urin: 2 – 5 Tage
In den Haaren: Abhängig von der Haarlänge – Wachstum der Haare ca. 1 cm pro Monat

- Alle Angaben ohne Gewähr -

Auswirkungen auf die Verkehrstüchtigkeit
Psychomotorische Verlangsamung, fahriges unruhiges Verhalten, Ermüdung, Schlangenlinien fahren, Beeinträchtigung der Augenbewegungsfähigkeit etc.
Totale Verkehrsunfähigkeit!!!

Kapitel 19
19.3 Ecstasy (MDMA)

Allgemeines:
Ecstasy wird vor allem von Jugendlichen genommen, um auf Partys (Techno-Partys, Disco) gut drauf zu sein („Gute-Laune-Droge").

Herkunft
Ecstasy ist eine Sammelbezeichnung für stimulierende synthetische Drogen.
Ecstasy oder Englisch XTC wird in illegalen Laboren oder „Hexenküchen" hergestellt. Der Wirkstoff MDMA wurde von Chemikern der Fa. Merck (1912) entdeckt und zum Patent angemeldet, wurde aber nie als Medikament zugelassen.

Wirkstoff:
Bei der Droge handelt es sich um einen Amphetamin-Abkömmling. Zu den Amphetamin–Derivaten zählen auch Drogen, die unter folgenden Kürzeln bekannt sind: MDMA; MDA; MDEA; DOB; MBDB.
Wirkstoff von MDMA z.B. 3,4 Methylemdioxy-metamphetamin

Art der Einnahme
In Form von Kapseln oder Tabletten (bunte Pillen).

Wirkung
Die Wirkung der Droge beginnt etwa 20 – 60 Minuten nach der Einnahme und dauert meist 4 – 6 Stunden.
Ecstasy wirkt aufpuschend und stimulierend und setzt das Schlafbedürfnis herab. Gesteigertes Selbstbewusstsein, „offenes" Mitteilungsbedürfnis, Harmonie, soziale Liebe, Zärtlichkeit auch gegenüber dem anderen Geschlecht. Optische und akustische Halluzinationen sind nicht selten. Gefahr wie beim LSD von „Horror-Trips" – emotionale Unausgeglichenheit (Gereiztheit etc.). Bei dauerhafter Einnahme lassen die subjektiv empfundenen positiven Wirkungen stark nach.

Langzeitfolgen/ Gefahren

Ecstasy kann zum Ausbruch von Psychosen (Geisteskrankheiten) führen, bedrohliche Ängste und Panikattacken hervorrufen, Neigung zum Selbstmord steigern und zu Leber- und Nierenversagen führen. Bleibende Schäden am Nervensystem sind möglich.
Bei Versuchen mit Tieren sind bei erhöhten Dosen von MDMA schon bleibende Schäden festgestellt worden!!!! Die tödliche Dosis beim Menschen kann schon bei 120 – 200 mg liegen! Schon der Konsum von einigen Tabletten kann zu nicht mehr gut zu machenden Hirnschäden/ Gedächtnisstörungen führen.

Abhängigkeit
Amphetamine (Ecstasy) machen psychisch (geistig-seelisch) abhängig. Bei häufigem Konsum lässt die Wirkung nach, was eine gefährliche Dosissteigerung beim Konsumenten zur Folge hat, um die gleiche von ihm gewünschte Wirkung zu erzielen.

Nachweisbarkeit/ Abbauzeiten
Ecstasy enthalten oft nicht nur Amphetamine – Derivate, sondern es wird oft auch mit LSD, Coffein etc. gemischt – verpanscht!! Die Gefahr hier nicht berechenbar!
Nachweisbarkeit
Im Urin: 3 – 5 Tage
Im Blut: bis 34 Stunden
In den Haaren: Nach Länge der Haare – Wachstum pro Monat 1 cm

- Alle Angaben ohne Gewähr -

Auswirkungen auf die Verkehrstüchtigkeit
Es kann zu „flash-backs“ kommen (Rauscherlebnis ohne vorangegangenen Ecstasy Konsum). Allein diese Möglichkeit schließt eine Fahrerlaubnis aus. (vgl. hier auch LSD Kapitel 19.1)

Die Wahrnehmungs- und Koordinationsfähigkeiten sind deutlich vermindert.
Eine realistische Einschätzung der Verkehrssituation ist durch Selbstüberschätzung nicht mehr gegeben.

Kapitel 20
Medikamente
- Gebrauch – Missbrauch – Sucht -

Medikamente sind synthetische oder natürliche Stoffe, mit denen man den lebenden Organismus bzw. die Psyche (Geist) verändern kann.

Medikamentensucht wird oft bagatellisiert
Nach Schätzungen gibt es ca. 1,5 Millionen Medikamentenabhängige in Deutschland.

Vor allem Frauen (ca. 70 %) sind hiervon betroffen (vgl. hier auf Kapitel 32 „Frauen und die MPU“).
Frauen nehmen eher Medikamente ein als Alkohol, wie z.B. Männer, um die alltäglichen Probleme, Belastungen von Familie, Beruf etc. zu bewältigen – hier vor allem Beruhigungs- und Schlafmittel.

Auch Kinder und Jugendliche greifen immer öfter zu Schlaf- und Beruhigungsmittel und in stärkerem Maße noch zu Aufputsch-medikamenten.

Viele Fachleute vergleichen die Zahlen der Medikamentenabhängigen schon mit denen der Alkoholabhängigen.

Medikamente werden meist nicht illegal besorgt, sondern von Ärzten verschrieben.

Der erste Ansprechpartner bei Depressionen, Spannungszuständen, Nervosität, Schlaflosigkeit, Belastungen etc. ist meist der Hausarzt. Oft genug wird hier nicht nach den Ursachen geforscht, sondern nur die Symptome behandelt und es werden Medikamente zur Unterdrückung der Symptome, also der Nervosität, Schlaflosigkeit etc. verschrieben.

Gewohnheitsbelastung – Abhängigkeit
Manche Medikamente wirken wunderbar, wenn diese nur zur Überbrückung, z.B. eines schweren Schicksalsschlages genommen werden. Das wäre auch in Ordnung; aber nimmt man diese Medikamente auf längere Zeit ein, kommt es zur Abhängigkeit (weiter unten mehr über

abhängig machende Medikamente).

Nicht immer sind nur die Ärzte Schuld. Bekommt ein Patient bei seinem Arzt kein Medikament mehr verschrieben, so kann er einfach zu einem anderen gehen.

Manch ein Arzt hat mir auch schon erzählt, dass er regelrecht von Patienten „erpresst“ wurde, auch weiterhin (abhängig machende) Medikamente zu verschreiben.

Das Problem ist bei fast jeder Art von Sucht (Medikamente, Alkohol, Drogen etc), dass man, um die gleiche Wirkung zu erzielen, immer mehr von dem Suchtmittel braucht.

Ein Medikamentenmissbrauch oder/eine Sucht spielt sich meist im Verborgenem ab – man „riecht“ die Sucht nicht, wie bei der Sucht Alkohol. Man spricht nicht darüber. Eine Medikamentenabhängigkeit kann über lange Zeit unauffällig bleiben und ist von Außenstehenden kaum zu erkennen.

Auch von Medikamentenkonsumenten selber wird die Abhängigkeit erst spät erkannt. Die Sucht entwickelt sich meist schleichend.

Wird das Medikament abgesetzt, treten vielleicht Kopfschmerzen auf oder Unruhezustände, Schlaflosigkeit etc.
Die Folge ist, man greift wieder zu dem Medikament.
„Ohne kann ich gar nicht mehr schlafen!“

Etwa 5 – 6 % aller Medikamente besitzen ein Missbrauchspotenzial und können psychisch und auch physisch abhängig machen.

Zu den Medikamenten mit Abhängigkeitspotential gehören vor allem die Gruppen der Schlaf- und Beruhigungsmittel, der Schmerz- und Betäubungsmittel und der Anregungsmittel.

-Auswirkungen auf den Straßenverkehr-
Die Beeinträchtigung des Fahrverhaltens durch Medikamente ist den meisten Menschen nicht bewusst.

Vor allem Beruhigungsmittel stellen hier eine sehr große Gefahr für den Straßenverkehr dar – auch nach vielen Stunden der Einnahme. Bei Kombination von Medikamenten, vor allem bei den oben genannten Gruppen mit Alkohol, potenziert sich die Wirkung und somit die Gefahr im Straßenverkehr.

Verkehrsrelevante Wirkungen einiger ausgewählter Gruppen von Medikamenten

- Schlaf- und Beruhigungsmittel – Tranquilizer
  Erwünschte Wirkung: beruhigend, angstlösend, einschläfernd

  Auswirkungen auf den Straßenverkehr:
  Herabsetzung der Konzentration, Reaktion und Aufmerksamkeit

- Schmerzmittel – Analgetika
  Erwünschte Wirkung: Linderung der Schmerzen

  Auswirkungen auf den Straßenverkehr:
  Herabsetzung der Konzentration, Reaktion und Aufmerksamkeit, Unruhe

- Antidepressiva
  Erwünschte Wirkung: Linderung der Depression

  Auswirkungen auf den Straßenverkehr:
  Realität durch die „rosarote Brille“ sehen. Es kann zu unwillkürlichen Zitterbewegungen, Sehstörungen etc. kommen.

- Aufputschmittel = Psychostimulantien (Amphetamine)
  Erwünschte Wirkung: Erhöhte Leistung.

  Amphetamine waren in den 30ern des vorigen Jahrhunderts als Aufputschmittel sehr beliebt und noch frei verkäuflich.
  Mit dem Wissen der Gefährlichkeit fällt die Droge heute unter das Betäubungsmittelgesetz.
  Auf dem illegalen Markt ist diese Droge auch als „Speed“ bekannt.

Auswirkungen auf den Straßenverkehr:
Nach dem „Kick“ fühlt man sich schwach und ausgelaugt, oft für mehrere Tage.
Zur Gefährlichkeit der Droge im Straßenverkehr vgl. hier Kapitel 19.3 Ecstasy/ MDMA).

Kapitel 21
Wie sieht mich der MPU-Gutachter als Drogenkonsument?

Was verlangt der MPU-Gutachter von mir?

Zuerst einmal vollkommene Abstinenz von allen illegalen Drogen!!!
Hier gibt es nicht den „kontrollierten" Konsum wie beim Alkohol, sondern nur die Abstinenz, den völligen Verzicht!

vgl. hier auch: Kapitel 15 „Drogen in der Rechtssprechung – Sonderfall Cannabis".

Sie können davon ausgehen, dass die meisten MPU–Gutachter auch im „Sonderfall Cannabis" keinen gelegentlichen Konsum akzeptieren, auch wenn Sie beteuern und glaubhaft machen wollen, dass Sie sehr wohl in der Lage sind, Konsum und Fahren zu trennen!

„Wer illegale Drogen nimmt, darf keinen Führerschein haben" – so die Meinung und davon müssen Sie ausgehen.

Wie lange muss ich davon frei sein, bevor ich zur MPU kann?

Je länger jemand konsumiert, desto länger muss die Abstinenz sein.

Wie ich schon im Kapitel 10 bei Alkohol geschrieben habe, gewöhnt sich der Körper, der Geist, die Seele an das Gift Alkohol und weil das so ist, brauchen der Körper, der Geist und die Seele auch eine geraume Zeit, um sich vom Alkhohl zu entwöhnen.
Das gleiche – und im besonderen Maße - gilt auch hier für Drogen!!!

Was heißt hier aber: Eine geraume Zeit?

Bei Cannabisprodukten, wenn der Konsument noch nicht weit über das Probierstadium (vgl. Kapitel 15) hinausgekommen ist, kann dies einige wenige Monate bedeuten.

Bei regelmäßigem Konsum, also wenn der Konsument oft oder fast täglich konsumiert, mindestens 1 Jahr. – Ohne wenn und aber!! Abgesichert durch Drogenscreenings!

Wie sieht es nun bei anderen Drogen aus, z.B. bei Kokain (vgl. Kapitel 17.2), Ecstasy (vgl. Kapitel 19.3) oder bei der wohl gefährlichsten Droge Heroin (vgl. Kapitel 19.2)?

Bei diesen Drogen ist das Suchtpotential – also die Gefahr, schnell psychisch und/oder physisch abhängig zu werden - ungleich höher als bei den Cannabisprodukten Haschisch oder Marihuana. Demzufolge werden bei diesen Drogen noch strengere Maßstäbe angesetzt.

Zu den Nachweiszeiträumen für Abstinenz vgl. auch Kapitel 15!

Muss ich meine drogenfreie Zeit mit Drogenscreenings nachweisen?
Ja!
(vgl. hier auch Kapitel 9.1 „Die medizinische Untersuchung - Drogenscreenings“)

Zudem wird meist erwartet / verlangt, dass Sie eine Drogentherapie – je nach Droge und Abhängigkeit ambulant oder stationär – gemacht, eine Drogenberatungsstelle aufgesucht haben und/oder eine Selbsthilfegruppe.

Was ist bei der MPU wegen Drogen anders als bei der MPU wegen Alkohol?

Die Fragen sind bei Drogen ähnlich wie beim Alkohol. Es werden ähnliche Einstellungen, Problembewusstsein etc. erwartet wie bei der Droge Alkohol.

<u>Studieren Sie deshalb gründlich Kapitel 10, „Wie sieht mich der MPU–Gutachter als Alkoholsünder?“ und auch alle Mustergutachten (Kapitel 8a bis e).</u>

Fragebögen

Auch hier ähneln sich die Fragebögen mit den der Alkoholsünder (vgl. Kapitel 37 „MPU–Fragebögen“), ergänzt natürlich durch spezielle

Fragen zum Thema Drogen wie z.B.:

- In welchem Alter sind Sie erstmals mit Drogen in Berührung gekommen?
- Welche Drogen haben Sie genommen und wann war das?
- Welche Gefühle hatten Sie beim Drogenkonsum?
- Welche Erlebnisse hatten Sie beim Drogenkonsum?
- Welche Bedeutung haben (hatten) Drogen für Sie?
- Warum wollen Sie keine Drogen mehr nehmen?
- Wann haben sie das letzte Mal Drogen genommen?
- Haben Sie schon einmal eine Therapie gemacht?
- Haben Sie schon mal eine Selbsthilfegruppe besucht?

Schlussempfehlung

Bitte versuchen Sie nicht, den Gutachter zu „verulken“.

Stellen Sie sich nicht als jemand dar, der noch nicht aus dem Probierstadium herausgekommen ist, wenn z.B.

- die THC – Werte zu hoch sind (vgl. Kapitel 15 „Drogen in der Rechtssprechung“),
- Sie schon einmal wegen Drogen auffällig geworden sind,
- Sie schon einmal mit Drogen gehandelt haben und dies in Ihrer Akte steht,
- Sie schon einmal Heroin konsumiert haben (Heroinkonsumenten sind keine Anfänger!!),

- Sie wegen verschiedener Drogen, z.B. Hasch und LSD etc., zur MPU müssen.

Ihre Darstellung muss glaubhaft und nachvollziehbar sein

Ihre Darstellung muss glaubhaft und für den MPU–Gutachter nachvollziehbar sein und denken Sie daran, wichtig ist für den Gutachter nicht so sehr die Vergangenheit, sondern die Gegenwart, ob Sie Ihre Vergangenheit, Ihre Drogenproblematik aufgearbeitet und verarbeitet und durch diese Aufarbeitung (Therapie) heute eine andere Einstellung zu den Drogen, zu sich selber, zum Leben etc. haben und natürlich - ob Sie heute mit beiden Beinen fest auf dem Boden stehen, d.h. z.B., dass Sie Ihre evtl. früheren Probleme gelöst haben, feste Beziehungen eingegangen sind, eine Arbeit haben die Ihnen gefällt und insgesamt positiv in die Zukunft schauen (können).

Kapitel 22
Angst, Sucht und MPU

Man schätzt, dass etwa 10 – 12% aller Menschen an Angstzuständen leiden und behandlungsbedürftig sind.

Ca. 30% der Menschen mit Angstzuständen haben Probleme mit Alkohol.

Ca. 2 Millionen Bundesbürger sind Alkoholiker, ca. 3 Millionen betreiben einen Alkoholmissbrauch und ca. 10 Millionen Bundesbürger werden als riskante „Trinker" eingeschätzt.

Alkohol ist für viele ein vermeintliches Hilfsmittel, das ebenso wie Beruhigungsmittel, Psychopharmaka, Neuroleptika oder Antidepressiva große Gefahren in sich birgt und für längeren Konsum nicht geeignet ist und letztendlich zur psychischen (geistig/seelischen) wie auch physischen (körperlichen) Abhängigkeit führen kann.

Alkohol und Medikamente überdecken meist nur die psychische Störung (Angst), beseitigen diese aber nicht.

Ist eine Angststörung die Ursache des erhöhten Alkoholkonsums, müssen beide Ursachen bearbeitet werden – die Angststörung und das Alkoholproblem.

Manchmal ist es noch möglich, zum „Kontrollierten Trinken" zurückzukommen – vom „problematischen" Trinken zum „normalen" Trinken.

Wenn Sie überzeugt sind, dass es besser für Sie ist, ohne Alkohol auszukommen, ist völlige Abstinenz der richtige Weg für Sie.

Leicht ist dieser Schritt sicher nicht!

Als wenn es nicht schon schlimm genug wäre! von der Angst zum Alkohol kommen! und dann auch noch der Führerscheinverlust und die MPU!

Die Furcht vor bestimmten Dingen oder Situationen ist ganz normal. Eine gesunde Angst sichert uns zu überleben. Sie schützt vor Gefahren und erhöht unsere Aufmerksamkeit.

Im Alltagsleben beherrschen wir diese „normale“ Angst und müssen mit ihr leben.
Doch bei manchen von uns tritt die Angst ohne besonderen Grund auf – auch in ganz harmlosen Situationen.
So haben einige Angst vor der Höhe, Platzangst, Angst vor Spinnen, Insekten oder Schlangen und andere geraten in Panik, wenn sie einen Hund oder eine Katze nur von weitem sehen.

Wenn Ängste übermächtig werden oder unrealistisch, engen sie unseren Handlungsspielraum ein.
Manch einer traut sich nicht mehr aus dem Haus.

Wenn bei Ängsten die verhaltenssteuernde Funktion nicht mehr gegeben ist – wenn die Ängste sozusagen „entgleisen“ – sprechen wir von „Angststörung“ oder von „Angsterkrankung“.

Treten solche Ängste mit Vermeidungsstrategien (verbunden mit körperlichen Symptomen wie Herzrasen, Schwitzen, Zittern, Schwindelgefühlen oder Atemnot etc.) auf und es wird dadurch das Leben, der Alltag als belastend empfunden, sollte etwas dagegen getan werden – solche Angststörungen gelten als behandlungsbedürftig.

Bei fehlender Therapie wird diese Angst oft chronisch und führt zu sozialem Rückzug.

Der Verlauf dieser Krankheit kann sehr unterschiedlich sein – z.B. in Phasen.

Treten symptomfreie Zeiten auf, wird der Betroffene oft verunsichert – alles läuft normal, dann plötzlich wird man wieder von Ängsten überfallen.

Die Betroffen verlieren ihr Selbstvertrauen und fühlen sich den Ängsten hilflos ausgeliefert.

Wer körperlich sichtbar krank ist, kann zumeist mit viel Mitleid und Zuwendung von Seiten der Familie, Freunden und Bekannten rechnen. Seelisch Kranke haben es hier schwerer.

Obwohl jeder Mensch hin und wieder – mehr oder weniger – Angst hat, reagieren viele Mitmenschen beim Umgang mit Angsterkrankten hilflos und unsicher und ziehen sich oft sogar zurück.

Der Betroffene wird alleine gelassen!

Viele wagen es auch nicht, über ihre Ängste zu sprechen und glauben, nur sie alleine haben dieses Problem, und dass mit ihnen „etwas nicht stimmt“!

Damit Sie sehen, dass Sie mit Ihrer Angst nicht alleine sind, habe ich nachfolgend einige berühmte Angstpatienten aufgeführt, so z.B.

Johann Wolfgang von Goethe
er litt unter extremer Höhenangst – bekämpfte sie aber und besiegte seine Angst

Ernest Hemingway
er litt sein Leben lang an Todesängsten

Berthold Brecht
glaubte ständig, einer Herzattacke zu erliegen

Siegmund Freud
selbst Begründer der Psychoanalyse, war nicht frei von Panikanfällen.

Angsttheorien und Behandlungsmethoden

Bei der Behandlung von Angst- und Panikstörungen hat sich eine Kombination von folgenden Therapien/Behandlungsmethoden als besonders wirkungsvoll erwiesen:

1. Tiefenpsychologisches Verfahren
- die aufdeckende Methode -

2. *Kognitive Therapie*
   - die Korrigierung von Denkmustern -

3. *Verhaltenstherapie*
   - angstauslösende Situationen nicht mehr meiden -

4. *Kognitive Verhaltenstherapie*
   - die sinnvolle Methode -

5. *Pharmakologische Therapie*
   - die „schmerzfreie“ Methode -

6. *Entspannungsverfahren*
   - die spannungsfreie Methode -

7. *Hypnosetherapie*
   - die älteste Methode -

8. *Zusammenfassung*
   - „sinnvolle“ Kombinationen -

1. *Tiefenpsychologische Verfahren*

Bei der tiefenpsychologischen Methode oder speziell bei der Psychoanalyse geht es nicht vorrangig um die Beseitigung der Symptome, sondern es wird der Vergangenheit große Aufmerksamkeit geschenkt.

Verdecktes, Verdrängtes soll bewusst gemacht werden.

Durch das Bewusstwerden wird ein besseres Verständnis des Gesamtzusammenhangs erreicht. Symptomfreiheit ist praktisch ein „Nebeneffekt“ einer erfolgreichen Psychoanalyse.

Nachteil: Oft werden weit mehr als 100 Stunden und 1 – 2 Jahre oder länger für eine Analyse benötigt. Zudem sind m.E. nach die Gründe, die zu einem Symptom (Angst) geführt haben. dann oft gar nicht mehr aktuell.

Es bleibt aber sehr oft – auch wenn es die Gründe gar nicht mehr gibt – die „erlernte“ Angst.

2. Kognitive Therapie

Bei der kognitiven Therapiemethode wird versucht, Verhaltensweisen und Gefühle, die als problematisch eingestuft werden, zu beseitigen, indem die Denkmuster geändert werden – also die Denkmuster, die der Betroffene sich über die Welt, die Zukunft und von anderen gebildet hat.
Negative düstere Denkmuster sollen logisch als falsch entlarvt und durch eine positive Sichtweise ersetzt werden.

Wir sind das, was wir über uns selber denken und sagen!

Ein kleines Beispiel:
Jemand, der Prüfungsangst hat, sollte nicht denken: „Ich werde morgen durchfallen, versagen“ oder „das schaffe ich doch nie“ – sondern: “Ich werde diese Prüfung meistern, ich habe den Lernstoff gründlich gelernt…“.

Ziel der kognitiven Therapie ist es, Veränderungen der gestörten Gefühle und Verhaltensweisen durch Veränderung der Wahrnehmung und Gedanken des Betroffenen zu erreichen.

3. Verhaltenstherapie

Die Verhaltenstherapie entstand in den 50er Jahren des vorigen Jahrhunderts.
Sie wurde auf der Grundlage von lerntheoretischen Paradigmen (Beispiele, Muster) entwickelt.

Ziel der Verhaltenstherapie ist die Symptomfreiheit nach möglichst kurzer Zeit. Ein tieferes Verständnis oder eine Bewusstmachung wie in der Psychoanalyse ist hier von zweitrangiger Bedeutung. Die Verhaltenstherapie geht davon aus, dass meist die Gründe, die zu den Symptomen (Angst) geführt haben, oft gar nicht mehr bestehen und deshalb auch kein Bewusstmachen und Aufarbeiten vonnöten ist.

Die Symptome sind „gelernt“ und müssen wieder „verlernt“ werden.

Lernen und Verlernen geschieht durch einen Lernprozess.
Die Verhaltenstherapie geht davon aus, dass Menschen, die Störungen entwickeln, von außen falsch koordiniert sind.

Hier setzt die Kritik an der Verhaltenstherapie von manch anderen Therapieeinrichtungen an, z.B. der humanistischen Richtung, die sagt, dass die Verhaltenstherapie den Menschen von außen determiniert (bestimmt) sieht und das innere Wachstum, die persönliche Verantwortung, die Willensfreiheit geleugnet oder nicht beachtet wird.

Wichtig aber für den Betroffenen bei dieser Methode: Er verlernt sein angelerntes negatives Verhalten, seine (Angst-)Symptome, und das ist erst mal für die meisten Angstbetroffenen wohl das Wichtigste!

4. Kognitive Verhaltenstherapie

Die Kognitive Therapie und die Verhaltenstherapie ist eine sinnvolle Kombination zwischen der Kognitiven Therapie und der Verhaltenstherapie.

5. Pharmakologische Therapie

Eine Therapie mit Psychopharmaka, also mit Medikamenten, ist eigentlich gar keine Therapie im Sinne der Psychotherapie.
Oft wird diese „Therapie“ vom Therapeuten (meist Hausärzte etc.) benutzt, um eine Milderung der Symptome zu erreichen; z.B. bei Angstsymptomen, Panikattacken oder Depressionen.
Aber anstatt sie stützend und ergänzend zu einer Psychotherapie zu verschreiben, bleibt es oft nur bei den Medikamenten, um die Symptome zu bekämpfen.
Die Ursache der Angst -. also auch die Angst selbst – bleibt meist und wird nur überdeckt.
Medikamente allein helfen weder die Vergangenheit aufzuarbeiten noch Zukunfts- und Lösungsstrategien zu entwickeln.

Bei Langzeitanwendung besteht die Gefahr der Abhängigkeit – außerdem können Nebenwirkungen auftreten (vgl. Kapitel 20, „Medikamente“)

6. Entspannungsverfahren

Bei der Therapie von Angststörungen nehmen Entspannungsverfahren als Unterstützung dieser Therapie eine große Rolle ein.

Zu den bekanntesten Entspannungsverfahren zählen:
Autogenes Training (AT), Progressive Muskelentspannung nach Jacobsen, Atementspannungsübungen, Yoga, Zen, Imagination (Gedankenreisen), Transzendentale Meditation (TM), Biofeedback usw.

Fast alle Entspannungsverfahren haben ihren Ursprung mehr oder weniger im indischen Yoga und seinen vielseitigen Meditationsmethoden.

Zur Information über Bewusstseinserweiterung und Meditation können Sie sich auch in meinem Buch
"Über 100 Techniken der Bewusstseinserweiterung - Ein Übungshandbuch aus allen Bereichen"
umfassend informieren (www.Meditationstechniken.de).

7. Hypnosetherapie

Hypnose wird manchmal als die älteste Methode der Psychotherapie bezeichnet; sie war schon bei den alten Sumerern und Ägyptern bekannt gewesen und wurde zur Heilung von Körper und Seele eingesetzt.

Hypnose ermöglicht es, einen natürlichen Zugang zu den eigenen Heilkräften zu bekommen.

In der Hypnosetherapie gelangt man in Trance zu verschütteten und verdrängten Erinnerungen – und diese können wieder bewusst gemacht und somit auch verarbeitet und aufgelöst werden.

8. Zusammenfassung

Viele Therapien unterscheiden sich stark voneinander. Das kommt daher, dass es verschiedene Richtungen / Schulen in der Psychologie gibt, die jeweils von anderen Grundsätzen und Menschenbildern ausgehen.

Gemeinsames Ziel aller Richtungen
Ziel aller Richtungen ist es aber, die Störungen (Angststörungen) zu beseitigen und stattdessen eine stabile Gesundheit mit guten Bewältigungsstrategien zu ermöglichen.

Jeder Mensch ist einzigartig
Wichtig ist meines Erachtens, dass jeder Mensch einzigartig ist. Jede Angststörung, auch wenn sie sich von ihrer Symptomatik her ähnelt und auch in ihrer Entstehung Gemeinsamkeiten aufweist, muss individuell behandelt werden.
Jede Behandlung/Therapie muss individuell abgestimmt werden.

Angst, Sucht und MPU
Wie ich schon in vorigen Kapiteln geschrieben habe, ist eine ganz wichtige Frage bei der MPU: „Warum haben Sie soviel getrunken?“ – „Wie sind Sie zum Alkohol gekommen?“

Ist eine Angststörung der Grund gewesen, in bestimmten Situationen verstärkt Alkohol zu trinken und hat sich dadurch ein Alkoholproblem entwickelt, möchte der MPU-Gutachter – wie ich schon Anfangs in diesem Kapitel geschrieben habe – dass Sie nicht nur Ihr Alkoholproblem aufgearbeitet, sondern auch die Ursache hierfür, nämlich die Angststörung, überwunden bzw. therapiert haben.

Möchten Sie mehr über Angst-Panik-Phobien wissen, gehen Sie einfach auf meine Homepage www.Angst-besiegen.de

Kapitel 23
Thema „Rückfall“

- Sie sind von Alkohol / Drogen weg – sind Sie trotzdem noch rückfallgefährdet? – Wie sieht das der MPU-Gutachter? -

Der Psychologe/Gutachter fordert immer häufiger (vgl. Kapitel 10), dass jemand, der seinen Führerschein zurückhaben möchte, gänzlich alkoholabstinent ist, und das über eine längere Zeit.

Wie schon besprochen, nimmt Ihnen der Gutachter das nur ab, wenn Sie „Überzeugungsarbeit“ leisten bzw. geleistet haben.

Und dann kommt die Frage: „Glauben Sie, dass Sie für alle Zeiten Alkoholabstinent (Drogenabstinent) bleiben werden?“

Bei der MPU ist dies eine sehr wichtige Frage!!

Sie werden natürlich im ersten Augenblick versucht sein, die Frage mit „ja, natürlich werde ich das“ zu beantworten.
Jede andere Antwort wäre ja falsch, könnten Sie meinen. Erst überzeuge ich den Gutachter, dass ich monatelang abstinent gewesen bin und dann soll ich ihm vielleicht noch zur Antwort geben, dass ich es für die Zukunft nicht weiß?!

Was ist nun richtig?

Die richtige Antwort könnte sein:
„Ich glaube nicht, dass ich wieder Alkohol trinken werde (Drogen) konsumiere), aber niemand kann davor sicher sein, in alte Gewohnheiten zurückzufallen.
Ich weiß auch nicht, was in meinem Leben noch alles passiert. Wie reagiere / fühle ich zum Beispiel, wenn ich irgendwann einmal im Rollstuhl sitzen würde, nicht mehr alleine auf das WC könnte etc.?
Ich glaube zwar, dass ich auch dann nicht rückfällig werden würde - aber ich weiß es nicht.
Mir ist aber klar (bewusst), dass ich weiterhin an mir und meinem Leben arbeiten muss, damit ich nicht rückfällig werde!"

Bei der Antwort nach der Rückfallgefahr muss aber immer der Einzelfall gesehen werden.

Der Alkoholabhängige, bzw. derjenige, der ein Alkoholproblem gehabt hat, spricht nicht gerne über einen „Rückfall“, auch nicht über die Möglichkeit, rückfällig zu werden.

Oft hat dies mit Angstgefühlen zu tun, mit Schwäche oder Versagen.

Wer nicht zumindest die Möglichkeit einbezieht, rückfällig zu werden, hat kein Problembewusstsein entwickelt

Absolute Sicherheit vor dem Rückfall gibt es nicht – je realistischer der „Ehemalige“ dies sieht, desto geringer ist die Gefahr, rückfällig zu werden!

Nochmals: Die Konsequenz aus dieser Tatsache ist die, dass man ständig an sich arbeiten muss, an sich selbst und an seinem Leben.

Das gilt natürlich für jeden anderen Menschen auch – insbesondere aber für Menschen mit mehr oder weniger großen Alkoholproblemen. Wer „wackelig“ im Leben steht, bekommt nur schwerlich seinen Führerschein zurück. Die Rückfallwahrscheinlichkeit ist dann noch zu hoch. Wer zur MPU geht, muss seine Probleme schon im Vorfeld gelöst haben und "stabil mit beiden Beinen auf dem Boden stehen"!

Die nächsten Seiten behandeln noch das gleiche Thema, den „Rückfall“.
aus „Handbuch für die Suchtkrankenhilfe“, Blaukreuz Verlag, Wuppertal

Lesen Sie sich die einzelnen Argumente in Ruhe durch und machen Sie sich Ihre Gedanken. Sehr wichtig ist auch der letzte Abschnitt des Kapitels!

Rückfall und Umgang mit Rückfall bei Alkoholabhängigkeit

Zusammenfassung: Rückfälle können als sinnhafte Verhaltensweisen des Alkoholabhängigen angesehen werden. Sie stehen im Interesse des eigenen Wohles und des Wohles des sozialen Umfeldes, wenn sie ein Lösungsversuch für eine schwierige Lebenssituation sind. In diesem Sinne

sind Rückfälle nutzbar zu machen, um weiteren Rückfällen vorzubeugen. Geduld und Gelassenheit sind im Umgang mit Rückfälligkeit unabdingbar, denn Entwicklungsprozesse brauchen Zeit.

1. Der Vorfall „Rückfall

Allgemein sprechen wir von einem Rückfall, wenn jemand eine schlechte Angewohnheit abgelegt oder eine bestimmte Krankheit überwunden hatte, aber nach kürzerer oder längerer Zeit doch die alten Gewohnheiten oder Verhaltensweisen wieder aufnimmt oder die Krankheit erneut ausbricht. Aus vielen Lebensbereichen ist bekannt, dass Veränderungs- oder Genesungsprozesse nicht immer geradlinig sind, sondern vielfach mit „Auf und Ab", mit Umwegen und Rückschritten einhergehen.

Nicht anders ist es beim Genesungsverlauf bei vielen Alkoholabhängigen. Sowohl aus den statistischen Erhebungen der Fachkliniken als auch aus den alltäglichen Erfahrungen der Suchtkrankenhilfe ist bekannt, dass ungefähr die Hälfte der Alkoholabhängigen innerhalb von vier Jahren nach einer stationären Therapie rückfällig geworden sind.

Jeder Rückfall dürfte von dem Betroffenen als eine Niederlage erlebt werden. Dieses Versagensgefühl kann zur Resignation und zum fortwährenden Trinken beitragen. Deshalb ist es wichtig, nicht von einer Katastrophe zu sprechen, sondern von der Möglichkeit, diese neue Krisensituation angemessen zu verarbeiten und dadurch für sich zu nutzen: „Niemand braucht einen Rückfall! Aber jeder Rückfällige kann den Rückfall für sich gebrauchen!"

Da jeder Mensch als Geschöpf Gottes einzigartig ist, auch in seiner Krankheit, gibt es nicht den Rückfall schlechthin. Rückfälle dauern unterschiedlich lange oder verlaufen unterschiedlich schwer. So können beispielhaft einige Rückfallsituationen voneinander unterschieden werden:

Kurzzeitiger Rückfall

Es kommt zum einmaligen oder eintätigen Trinken. Es bleibt beim

Anfangsstadium des Trinkens, meistens kommt es folglich auch nicht zu Trunkenheit oder Entzugserscheinungen. Der Schreck über das eigene Verhalten und die Angst vor weiterem Trinken trägt dazu bei, dass der Betreffende über seinen Rückfall spricht, ihn nicht bagatellisiert durch irgendwelche Ausreden und sich damit auseinander setzt, welche Faktoren zum Rückfall beigetragen haben.

Episodischer Rückfall

Es kommt in mehr oder weniger festgelegten Abständen wiederholt zum Trinken einer bestimmten (d.h. sich bewusst vorgenommenen) Alkoholmenge. Es ist häufig der Versuch zu beweisen, dass man nicht mehr abhängig ist, dass es doch gelingt, „kontrolliert zu trinken", dass man trinken kann wie ein Nichtabhängiger.

Doch solche Versuche scheitern. Der Gedanke, ob nicht doch ein zweites oder drittes Glas auch noch geht, lässt nicht lange auf sich warten. Manche schaffen es, solch ein Trinkverhalten über Monate aufrechtzuerhalten, viele sind schneller wieder bei ihrer alten Trinkmenge, als sie es selbst für möglich halten.

Anhaltender Rückfall

Nach einer Zeit der völligen Abstinenz kommt es wieder zu exzessivem, unkontrolliertem Trinken bis zum Vollrausch oder zum täglichen Trinken „seiner" Alkoholmenge wie in „alten" Zeiten. Ein Ausstieg aus einem anhaltenden Rückfall erfordert aufgrund des Auftretens körperlicher Entzugserscheinungen (Zittern, Unruhe, Schweißausbrüche usw.) fast immer medizinische Hilfe.

Abhängige erleben also ihren Rückfall, die Ursachen und Auslöser dafür, die Phase vor dem eigentlichen Wiedertrinken, den Rückfall selbst und dessen Aufarbeitung sehr unterschiedlich. Um Rückfälle vermeiden zu können und mit Rückfällen umzugehen und sie zu verstehen, ist es notwendig, sich mit den Entstehungsbedingungen und Verläufen zu befassen.

2. Rückfallerklärungen

2.1 Wenig hilfreiche Rückfallerklärungen

„Alkoholiker sind willensschwach."
Leider herrscht noch vielfach die Meinung vor, dass Rückfälle Ausdruck von Willensschwäche, Charakterschwäche, Gleichgültigkeit und Unwilligkeit sind. Es wird unterstellt, dass der Rückfällige böswillig und unmoralisch handelt.

„Alkoholiker sind uneinsichtig."
Den Rückfälligen wird unterstellt, dass er sich nicht mit seiner Alkoholproblematik auseinander setzt, dass er unmotiviert und abstinenzunwillig ist.

„Alkoholiker können eben nicht anders."
Der Abhängige wird als krank, nicht selbstverantwortlich und passiv leidend angesehen. Ein unwiderstehliches Verlangen („Suchtdruck") bringt ihn zum Rückfall.

Solche Rückfallerklärungen sind wenig hilfreich, weil sie Menschen abwerten und dazu beitragen, dass Abstinenzmotivation und Behandlungsbereitschaft sich verringern. „Warum soll ich mich bemühen, wenn ich sowieso nicht anders kann."

Solche Bewertungen von Rückfällen lassen bereits erreichte positive Veränderungen außer Acht und tragen dazu bei, dass Rückfälle in Katastrophen enden anstatt aufgefangen und bearbeitet zu werden. Welcher Rückfällige, der sich schämt und als Versager fühlt, sucht schon Hilfe und Unterstützung bei Menschen, von denen er hören wird: „Du bist uneinsichtig und ein hoffnungsloser Fall!" Genauso gut oder schlecht kann er weiter trinken.

2.2 Hilfreiche Rückfallerklärungen

„Rückfälle werden als beeinflussbares Phänomen angesehen."
Risikoreiche Situationen und belastende Lebensereignisse (Arbeitsplatzverlust, Beziehungsprobleme, schwere Erkrankungen) können

die Abstinenz gefährden, wenn keine anderen geeigneten Lösungswege gefunden werden. Ungünstige gedankliche und emotionale Prozesse fördern die Bereitschaft, wieder zum Alkohol zu greifen, z.B. Selbstvorwürfe oder Unzufriedenheit mit der Abstinenz.

„Rückfälle werden als ´Schutzversuche´ angesehen“. Abstinenz bedeutet für viele Abhängige auch den schmerzhaften Verzicht auf eine Substanz, die bisher geholfen hat, sich vor Kränkungen, vor Resignation und vor anderen unerträglichen Leiden zumindest zeitweise zu schützen. In solchen Situationen ist für Abhängige der Rückfall oft ein Kompromiss zwischen einer unlösbar erscheinenden Belastung und deren Scheinlösung im erneuten Alkoholkonsum. Direkte Auslöser des Rückfalles können kleine, unbedeutende Ereignisse sein, der eigentliche Hintergrund für den Rückfall ist z.B. die empfundene Kränkung, d.h. die tief greifende Störung des Selbstwertgefühls.

„Rückfälle werden als systemerhaltende Versuche angesehen.“
Die Abstinenz stellt für das Zusammenleben mancher Familien dann eine Bedrohung dar, wenn alte, verdeckte und in der Phase des massiven Trinkens zurückgestellte Konflikte wieder in den Vordergrund rücken.

Ein Rückfall in solch einer Konfliktsituation ist der Versuch, das phantasierte bzw. befürchtete Auseinanderbrechen der Familie durch das erneute Trinken abzuwenden. Rückfälle können einen Widerstand gegen zu viele oder zu schnelle Veränderungen ausdrücken.

3. Rückfallbewältigung

Wie schon einige Male betont, sollte ein Rückfall nicht verteufelt oder der Rückfällige abgewertet werden. Ein Rückfall kann als Ausgangspunkt für eine aufrichtige Auseinandersetzung mit der Wirklichkeit von Nutzen sein.

Auf den ersten Blick erscheinen Rückfälle häufig als unsinnige oder krankhafte Entgleisungen. Daher ist es schon erforderlich, genauer hinzusehen. Rückfälle können z.B. helfen, die Aufmerksamkeit auf die Dinge zu richten, mit denen man in seinem Leben schlecht zurechtkommt, wie etwa der nicht überwundene Tod einer nahe stehenden Person, permanente Selbstüberforderung am Arbeitsplatz oder eine zerrüttete Ehe.

Rückfälle sind häufig ein Ausdruck von Unzufriedenheit darüber, dass es mit dem Weglassen des Alkohols häufig nicht getan ist.

Es ist keineswegs leicht, eingetretene Rückfälle zu bewältigen; daher sollte so schnell als möglich Hilfe in Anspruch genommen werden, d.h. in einer Selbsthilfegruppe über seinen Rückfall reden, mit einem Arzt abklären, inwieweit eine Entgiftung notwendig ist, mit einem Suchtberater die Hintergründe besprechen.

Angehörige können eine Beendigung von Rückfällen begünstigen, indem sie Rückfälle nicht „decken", bagatellisieren oder tolerieren. Rückfälle, die durch frühes Erkennen und durch das Aufarbeiten der anstehenden Problematik vermieden wurden, sind Mut machende Erfolge - sowohl für den Betroffenen als auch für Helfer und Angehörige.

4. Rückfallvorbeugung

Jeder Rückfall kann zu einer massiven und nicht umkehrbaren Verschlechterung im physischen, psychischen und sozialen Bereich des Rückfälligen und seiner Angehörigen führen. Deshalb ist es allemal am besten, wenn es erst gar nicht zu einem Rückfall kommt. Was kann also dazu beitragen, Rückfälle zu vermeiden?

4.1 Gespräche in Selbsthilfegruppen

Selbst seit Jahren abstinent lebende Alkoholabhängige sehnen sich in kritischen Situationen in den Rausch zurück, empfinden das Verlangen, Alkohol zu trinken.

Menschen, die sich überwinden und über ihre Alkoholgedanken reden, sind weniger gefährdet, tatsächlich rückfällig zu werden. „Rückfälle" in Ängste, Depressionen oder Selbstüberschätzung und andere Warnzeichen (Vorboten eines Rückfalles) wie aggressive Unzufriedenheit können von Gruppenmitgliedern schneller erkannt werden, als vom Betroffenen selbst. So kann die Gruppe eine wesentliche Hilfe zur Rückfallvorbeugung sein.

4.2 Abstinenzentscheidungen als lohnender Verzicht

Viele Alkoholabhängige fühlen sich in Gesellschaft anderer als Außenseiter mit der Haltung: „Wer keinen Alkohol trinkt, ist ein Versager.“ Mit dieser Sichtweise bedeutet Abstinenz Unfreiheit und die Angst vor Konsequenzen lässt einen krampfhaft „trocken“ sein.

Es kann einem Alkoholabhängigen erst dann besser gehen, wenn er allmählich erkennt und in sich aufnimmt, dass Abstinenz weder ein unmöglicher Verzicht noch ein Gebot ist, das andere über ihn verhängt haben, sondern dass er selbst Abstinenz als notwendige Voraussetzung des liebevollen Umgangs mit sich selber und mit andern wertschätzen lernt.

Eine klare und ehrliche Abstinenzentscheidung ist eine weitere Hilfe zur Rückfallvorbeugung.

4.3 Eigene Bedürfnisse kennen lernen

Rückfälle lassen sich vermeiden, wenn der Alkoholanhängige lernt, eigene Bedürfnisse wahrzunehmen. Vielen fällt der Umgang mit den eigenen Gefühlen schwer, man hat sich angewöhnt, nur nach den vorgestellten Bedürfnissen der anderen, die das, wie man meint, zu leben: Rückfallvorbeugung heißt, dies zu verändern, lernen für sich zu sorgen und über die gegenseitigen Wünsche und Erwartungen zu sprechen. Dazu gehört auch, dass ein wieder gefundener oder neuer Sinn im Leben (Glaube, Gottesbeziehung) ein wichtiger Stützpfeiler für eine dauerhafte Abstinenz ist.

4.4 Versuchungssituationen meiden

Eine Reihe von Rückfällen entsteht durch Leichtsinn und Überforderung. Besonders in der Anfangszeit der Abstinenz ist die Frage wichtig, ob es sinnvoll ist, sich Situationen (z.B. Feten, auf denen viel Alkohol getrunken wird) auszusetzen, die einen gefährden bzw. überfordern. Es ist jedoch ein Zeichen von Stärke, sich dem dann zu entziehen und zu Trinkangeboten nein zu sagen.

Abdruck mit freundlicher Genehmigung des Blaukreuz Verlag, Wuppertal; Aus: „Handbuch für die Suchtkrankenhilfe“.

Bei der MPU möchte der Gutachter nun herausfinden, ob die Rückfallgefahr bei Ihnen erhöht ist. Er will herausfinden - wie oben schon gesagt - ob Sie "wackelig" oder mit beiden Beinen fest auf dem Boden stehen.

Nur wer sein Leben "im Griff" hat bzw. bekommen hat, hat auch eine Chance, ein positives Gutachten zu bekommen!
Um das herauszufinden, fragt der Gutachter nun, ob Sie mit Ihrem Beruf zufrieden sind, ob Sie gesundheitliche, finanzielle oder partnerschaftliche Probleme haben. Weiter möchte er von Ihnen wissen, wie sie Ihre Freizeit verbringen, welche Hobbys Sie haben etc.

Wer sich hier positiv darstellen kann, ist nicht erhöht rückfallgefährdet in den Augen des MPU-Gutachters!

Kapitel 24
Die Bedeutung des Suchtgedächtnisses bei Rückfällen

Haben wir ein Suchtgedächtnis?

Seit einigen Jahren wird immer öfter von einem Suchtgedächtnis gesprochen. Ist das Suchtgedächtnis vielleicht Schuld an Rückfällen? Also an Rückfällen in alte Trinkgewohnheiten oder Drogenkonsum?

Die Wissenschaft glaubt heute, dass der chronische Missbrauch eines Suchtmittels (Drogen wie Heroin etc.), aber auch Alkohol, charakteristische Veränderungen im Gehirn auslösen.

Unser Gehirn produziert beim Konsum von Drogen – dazu gehört auch Alkohol – körpereigene Opiate, die Endorphine (biochemische Prozesse). Diese können auch als „Glückshormone" bezeichnet werden.

Je öfter man Drogen (Alkohol) konsumiert, umso mehr steigt der Wunsch nach Wiederholung.

Irgendwann fällt es dem Konsumenten dann immer schwerer, auf die Drogen zu verzichten.
Der Wunsch nach Ausschüttung des Glückshormons „Endorphine" wird immer stärker.

Es kommt zu einem „Suchtgedächtnis" – dieses bleibt bestehen – bis zum Lebensende!!

Vollkommene Abstinenz ist angesagt. Jeder Konsum von Drogen / Alkohol löst das Verlangen nach der Ausschüttung der Endorphine wieder aus.
Trinken wird mit dem Erlebnis „gutes Gefühl" gleichgesetzt.

Kann das „Suchtgedächtnis" auch wieder gelöscht werden?

Nein, bisher ist dies leider nicht möglich.

Versuche mit Ratten haben aber ergeben, dass dieser „Lernprozess" evtl.

wieder umkehrbar gemacht werden, nicht gelöscht aber überschrieben werden kann (leider bisher nur bei Tierversuchen).

In Versuchen hat man heroinabhängige Ratten die Erfahrung machen lassen, dass die Droge nicht mit Lustgewinn gleich zu setzen ist, sondern mit negativen Gefühlen, mit Last und Qual.

Man verabreichte ihnen das Hormon Corticosteran und setzte die Ratten dadurch unter starken Stress. Die Drogen erzeugten so keine angenehme Wirkung mehr.

Man hofft nun, dass diese Ergebnisse irgendwann auch auf den Menschen übertragbar sind, also, dass das Suchtgedächtnis zwar nicht „gelöscht" werden kann aber durch neue Verknüpfungen überschrieben und im Gehirn die Sucht dadurch vergessen lassen werden kann.
So Prof. Dr. Jochen Wolfgramm und sein Mitarbeiter von "Medimod" in Reutlingen.

Ähnlicher Meinung ist auch Prof. Dr. Jobst Böning, Leiter der Klinischen Suchtmedizin an der Psychiatrischen Klinik der Universität Würzburg. "Man kann das Suchtgedächtnis nicht löschen, allenfalls überschreiben. Mit einem süchtigen Gehirn kann eine Droge nicht mehr kontrolliert werden."
aus: Artikel der Otto Friedrich-Universität Bamberg: "Die Wucht der Sucht"
www.uni-bamberg.de/kommunikation/news/artikel/die-wucht - Zugriff:22.07.2012

Durch das Suchtgedächtnis kann selbst nach jahrelanger Abstinenz wieder ein Rückfall ausgelöst werden!

Ob und wann und überhaupt diese Methode aber auf den Menschen übertragen werden kann, ist zumindest fraglich.

Wirkt das Suchtgedächtnis nur bei körperlicher Abhängigkeit?
Nein, leider nicht.
Der körperliche Entzug ist unter ärztlicher Aufsucht eine Sache von ein paar Tagen.

Die psychische Abhängigkeit ist das eigentliche Problem. Hier geht es um Gefühle.

Das Gehirn möchte sein Gift Alkohol (Drogen) wieder haben, den Kick, den Reiz, die Glückshormone, das Belohnungssystem.

Also - dass Gehirn ist auch nach einem körperlichen Entzug noch nicht von der Sucht befreit.
Nach jedem neuen Konsum - auch wenn viele Monate oder Jahre dazwischen lagen - erinnert sich das Suchtgedächtnis und möchte wieder mehr von dem Gift Alkohol (Drogen) bekommen. Unabhängig davon, ob man körperlich abhängig gewesen ist oder nicht!

Das Suchtgedächtnis kennt nicht die Gnade des Vergessens!

Schon ein Gläserklirren kann alte Gefühle wieder wecken!
Das Gehirn hat gelernt, Trinken mit dem Erlebnis "Gutes Gefühl" gleichzusetzen. Auch Bilder und Gerüche alkoholischer Getränke führt zu einer verstärkten Aktivierung von Regionen des Aufmerksamkeitssystem und anderen Arialen im Gehirn - die Gefahr eines Rückfalls steigt dadurch!

Über 80% aller Entgifteten (ehemals körperlich und psychisch Alkoholiker) werden wieder rückfällig.

"Kontrolliertes Trinken" (vgl. Kapitel 11, "Kontrolliertes Trinken" - ein Wunschtraum?) ermöglicht es meist nur kurzfristig auf dieser Art zu trinken Nutzen ziehen.

Alkoholiker sollten also - trotz aller aktuell medienwirksamen positiven (aber meines Erachtens nach falschen Berichten) über das "Kontrollierte Trinken" für sich akzeptieren, dass sie bis zum Lebensende auf Alkohol verzichten müssen. Nicht nur der MPU wegen, sondern auch um ihr Leben nicht zu ruinieren. Bei Alkoholikern gibt es ansonsten nur einen Weg: Bergab!

Das gleiche gilt bei Drogenkonsumenten: Abstinenz bis zum Lebensende!

Aber: Nicht nur Drogenkonsumenten und Alkoholiker bilden ein

Suchtgedächtnis aus, sondern auch diejenigen, die eine gewisse Grenze bei Alkohol überschritten haben und "nur" ein Alkoholproblem haben!

Beachtenswert ist auch, dass es bei zu hohem Alkoholkonsum zu einem Gehirnschwund kommt und zwar umso mehr - lt. Prof. Dr. Jörg Wolstein, Inhaber der Professur für Pathopsychologie der Universität Bamberg - je früher (an Jahren) der Beginn der Abhängigkeit einsetzt.

Die gute Nachricht: Bei Abstinenz bildet sich das Gehirn nach ein paar Monaten wieder zurück.

Kapitel 25
Selbsthilfegruppen

Eine der häufigsten Empfehlungen der MPU–Gutachter bei negativen Gutachten bzw. negativer Empfehlung gegenüber der Führerscheinbehörde ist die, dass der Betroffene fachliche Hilfe in Anspruch nehmen soll, also etwa die therapeutische Hilfe einer Beratungsstelle, die Hilfe eines niedergelassenen Therapeuten in einer Einzelpraxis und/oder die Hilfe einer Selbsthilfegruppe wie z.B. eine Gruppe abstinent lebender (ehemaliger) Alkoholiker, z.B. die „Anonymen Alkoholiker" etc.

Natürlich ist es auch möglich, dass Sie Ihren Führerschein wieder bekommen mit der Empfehlung, sich einer Gruppe anzuschließen bzw. weiterhin eine Gruppe zu besuchen, um in Krisenzeiten eine Stütze zu haben und eine dauerhafte Abstinenz zu erhalten.

Aus diesem Grund auf den nächsten Seiten* die Beschreibung einzelner Gruppen bzw. Anlaufstellen, und zwar folgende

- Blaues Kreuz in Deutschland e.V. (BKD)

- Blaues Kreuz in der Evangelischen Kirche, Bundesverband e.V.

- Freundeskreis für Suchtkrankenhilfe

- Der Kreuzbund

- Guttempler in Deutschland

- Anonyme Alkoholiker (AA)

**Abdruck mit freundlicher Genehmigung des Blaukreuz – Verlages, Wuppertal aus „Handbuch für die Suchtkrankenhilfe"*

Blaues Kreuz in Deutschland e.V. (BKD)

Das Blaue Kreuz wurde 1877 in Genf durch Pfarrer Louis Luien Rochat (1849-1917) zur Bekämpfung des Alkoholismus gegründet. Erste deutsche Vereine entstanden 1884/85 im Elsaß, im Vogtland und in Hagen (Westf.). Bahnbrecher für die Arbeit in Deutschland waren der Berner Pfarrer Arnold Bovet (1843 – 1903) und der preußische Offizier Curt von Knobelsdorff (1839 – 1904).

In Anlehnung an das Rote Kreuz wurde 1881 das Blaue Kreuz auf weißem Grund als Zeichen gewählt, beeinflusst durch die angelsächsische Abstinenzbewegung, die ein blaues Band trug.

Als Dachverband der Blaukreuz – Vereine entstand 1892 das Blaue Kreuz in Deutschland e.V. (damals Deutscher Hauptverein des Blauen Kreuzes), von dem sich 1902 das Blaue Kreuz in der Evangelischen Kirche trennte. Seine größte Ausdehnung hatte das BKD 1914 mit 45.000 Mitgliedern in 800 Vereinen.

Auf der Grundlage biblischer Seelsorge bietet das Blaue Kreuz suchtgefährdeten und suchtkranken Menschen sowie deren Angehörigen Beratung und Begleitung an.

Zum Behandlungsverbund des BKD gehören Beratungsstellen, Fachkliniken, Rehabilitationseinrichtungen, präventive Jugend- und Kinderarbeit und die ehrenamtlich geführte Vereins- und Gruppenarbeit. In eigener Verlag bietet Literatur zur Glaubens- und Lebenshilfe an sowie vielfältige Informations- und Arbeitsmaterialien.

Zum BKD Selbsthilfe- und Abstinenzverband gehören rund 10.000 Mitglieder und zur Abstinenz verpflichtete Freunde in 430 Blaukreuz – Vereinen und Selbständigen Begegnungsgruppen. Wöchentlich kommen in 1200 Gruppen 22.500 Menschen zusammen.

Das BKD ist Mitglied im Internationalen Bund des Blauen Kreuzes, dem weltweit Verbände in über 40 Ländern in Europa, Asien, Afrika und Südamerika angehören. Es ist ebenfalls Mitglied im Gesamtverband für Suchtkrankenhilfe im Diakonischen Werk der Evangelischen Kirche in

Deutschland e.V. (GVS) und der Deutschen Hauptstelle für Suchtfragen e.V.

Anschrift: Blaues Kreuz in Deutschland e.V.
Freiligrathstr. 27
42289 Wuppertal
Tel: 02 02/ 620 03 -0
Fax: 02 02/ 620 03 -81
Internet: www.blaues-kreuz.de
E-Mail: bkd@blaues-kreuz.de

Horst Westmeier

Blaues Kreuz in der Evangelischen Kirche, Bundesverband e.V.

Das Blaue Kreuz wurde 1877 durch Pfarrer Louis Lucien Rochat gemeinsam mit anderen Christen in Genf gegründet. Rasch entstanden in der Schweiz viele Vereine. Bereits 1884 entstanden erste Vereine in Deutschland und im Jahre 1885 gründete Pfarrer Arnold Bovet den Blaukreuz – Verein in Hagen (Westfalen).

Kirchenpolitische und theologische Kontroversen führten schon bald zu einer Spaltung der Blaukreuz – Arbeit in Deutschland. So gründeten 1902 vier Landesverbände in Soest (Westfalen) den „Deutschen Bund evangelisch-kirchlicher Blaukreuz – Verbände“, der sich seit dem 04.11.1964 „Blaues Kreuz in der Evangelischen Kirche“ (BKE) nennt.

War die Arbeit des BKE anfänglich noch überwiegend von alkoholabstinent lebenden Kirchengruppen geprägt, entwickelte sich das BKE immer mehr zu einem Selbsthilfeverband Betroffener und Mitbetroffener. Seit 1992 hat sich der Bundesverband des BKE mit einer Satzungsänderung offiziell auch den Menschen geöffnet, die von einem anderen Suchtmittel als dem Alkohol abhängig sind. Sie können im

Verband mitarbeiten und Mitglied werden, wenn sie von ihrem Suchtmittel oder dem des Partner bzw. der Partnerin abstinent leben. Zwischen den Blaukreuzlern besteht die Vereinbarung einer Solidarabstinenz bei Blaukreuz – Veranstaltungen.

Das BKE ist eine Organisation in der Suchtkrankenhilfe. Es ist geprägt durch das Prinzip der Selbsthilfe. Das BKE lebt durch die ehrenamtliche Mitarbeit der suchtkranken Frauen und Männer und deren Angehörige. Die Blaukreuzler arbeiten in der Gruppengemeinschaft an der Lösung von Problemen, die sich aus dem Missbrauch von Alkohol und andern Suchtmittel für die Betroffenen und deren Angehörige ergeben haben. Unterstütz werden die Blaukreuzler von hauptamtlichen Mitarbeitern und Mitarbeiterinnen.

Der über dem BKE stehende gemeinsame Sinn der Blaukreuzler lautet: „In der Gemeinschaft autonom eine zufriedene Abstinenz und Selbsthilfe leben."

Unter diesem gemeinsamen Sinn können sich alle Blaukreuzler unabhängig von ihrem Suchtmittel wiederfinden Er enthält das Streben nach

- einer zufriedenen Abstinenz,
- Lebendigkeit
- Gesundheit und
- dem BKE – Motto: „Nicht einsam – gemeinsam."

Die Bedingungen für ein lebendiges BKE sind

- die (Weiter-) Entwicklung der Selbsthilfe,
- die Förderung der Persönlichkeitsbildung und Selbsterfahrung und
- die Pflege des Gemeinsinns.

Alle Bereiche stehen gleichgewichtig und dynamisch nebeneinander.

Das BKE ist in folgenden Bundesländern vertreten:

- Schleswig – Holstein
- Mecklenburg – Vorpommern
- Bremen
- Niedersachsen
- Sachsen
- Brandenburg
- Sachsen – Anhalt
- Nordrhein – Westfalen
- Saarland
- Baden – Württemberg
- Rheinland – Pfalz.

Zur Zeit der letzten statistischen Erhebung gehörten dem Bundesverband 268 Gruppen mit 2465 statistisch gemeldeten Mitgliedern an. Insgesamt nahmen 4624 Menschen an den Gruppen des BKE teil. Zusätzlich betreute das BKE 3109 Menschen in Einzelgesprächen, Hausbesuchen und während einzelner Gruppenabende zu Beginn ihrer Abstinenz.

Anschrift: Blaues Kreuz in der Evangelischen Kirche
Bundesverband e.V.
Julius – Vogel – Str. 44
44149 Dortmund
Tel. & Fax: 0231/ 586 41 32
E-Mail: bke@blaues-kreuz.org
Internet – URL: www.blaues-kreuz.org.

Organisation des BKE

Das BKE ist neben Fachkliniken, Beratungsstellen und anderen Selbsthilfe- und Abstinenzverbänden eingebunden in die Suchtkrankenhilfe. Im Organigramm dargestellt sind die unterschiedlichen Ebenen des BKE.

Der äußere Ring steht für die gesamte Suchtkrankenhilfe, in die das BKE eingebunden ist. Hierin finden sich alle Ebenen wieder, dargestellt in der Gleichung:

- Mensch (M) + M = Gruppe (G),
- G + G bilden die Vereine (V)
- V + V ergeben die Landesverbände (LV) und
- LV + LV bilden den Bundesverband (BV).

Ganz wichtig bei dieser Analogie des BKE ist, dass der Mensch immer wieder Ausgangs- und Mittelpunkt allen Interesses und aller Aktionen ist. Von daher steht hinter dem BV wieder ein M, den letztlich besteht auch der Bundesverband aus einer Ansammlung von Menschen.

Alle Ebenen des BKE stehen wechselseitig miteinander in Verbindung. Das bedeutet, dass alle Ebenen, alle Funktionen und Funktionsträger miteinander im Austausch sind uns aufeinander wirken. Sie gehören zusammen und können voneinander profitieren. Die Größe und Möglichkeiten des Menschen, der im Mittelpunkt steht, nehmen dadurch zu. Er kann durch das Aufgehobensein in immer größeren Zusammenhängen, erst in der Gruppe, dann im Verein und Landesverband und schließlich im Bundesverband und der gesamten Suchtkrankenhilfe gewinnen und sich weiterentwickeln.

Das BKE ist mehr, als die Selbsthilfegruppe vor Ort, rein formal und auch inhaltlich. „Eine Gruppe ist mehr als die Summe ihrer Teile“, das trifft auch auf das Leben im BKE zu. Das BKE ist mehr als das bloße zusammenzählen der Mitglieder. Das „Mehr“ ist das Leben, welches im BKE stattfindet. Durch die gegenseitige Wirkung der Ebenen aufeinander werden sowohl die Menschen in de Gruppen bereichert (z.B. durch Seminare oder Unterstützung der Gruppenarbeit), als auch die gesamte Suchtkrankenhilfe. Denn sie lebt von dem oder durch die Menschen an der Basis, den Gruppen vor Ort.

Auf Bundesebene arbeitet das BKE schon seit längerem kooperativ und erfolgreich mit dem Blauen Kreuz in Deutschland e.V., den Freundeskreisen für Suchtkrankenhilfe – Bundesverband e.V., dem Deutschen Guttempler – Orden (I.O.G.T) e.V. und dem Kreuzbund e.V.

zusammen. Regelmäßige Treffen und Sitzungen finden mit den Vertretern der drei evangelischen Abstinenz- und Selbsthilfeverbänden im Gesamtverband für Suchkrankenhilfe (GVS) und der fünf Verbände in der Deutschen Hauptstelle für Suchtfragen (DHS) statt.

Gemeinschaftsunternehmungen wie Projekte, Veröffentlichungen, Gremienarbeit und Schulungen kennzeichnen die Zusammenarbeit auf Bundes-, Landes- und Ortsebene.

Claudia Kornwald
©Blaukreuz – Verlag Wuppertal

Freundeskreise für Suchtkrankenhilfe

Die Entwicklung der Freundeskreise begann in Baden – Württemberg, als 1956 ehemalige Patienten aus Fachkrankenhäusern der Diakonie erste „Freundeskreise“ als Selbsthilfegruppen für Alkoholkranke gründeten. Ihre Idee war, dass persönliche Begegnungen und Freundschaften zur Stabilisierung der eigenen Persönlichkeit beitragen und damit die Grundlage zur Erlangung einer dauerhaften Abstinenz geschaffen werden kann. Von Anfang an wurden auch Angehörige mit in die Gruppenarbeit einbezogen, da von einer Suchtkrankheit die ganze Familie betroffen ist. Ab 1967 entstanden Landesverbände der Freundeskreise, 1978 der Bundesverband mit Sitz in Kassel.

Die Freundeskreise kennen keine schriftliche Verpflichtung zur Abstinenz. Sie sind nicht konfessionell gebunden, richten sich aber an christlichen Grundwerten aus.

Der Name "Freundeskreis“ (wörtlich: ein Kreis von Freunden) kennzeichnet die Gruppe als Gemeinschaft: „Ein Freund ist ein Mensch, der mich versteht, mich annimmt und mich nicht gleich bewertet. Zwischen Freunden besteht das Gesetz von Leistungen und Gegenleistungen nicht. Unter Freunden kennzeichnen offene Zuwendung, gegenseitige Wertschätzung und wirkliches Ernstnehmen die Atmosphäre.“

Die Freundeskreis – Mitglieder treffen sich nicht nur zu den Gruppenstunden, sie verbringen auch einen Teil ihrer Freizeit gemeinsam in alkoholfreier Geselligkeit.

Zum Bundesverband gehören 15 Landesverbände, denen 860 Gruppen mit 16.000 Gruppenteilnehmern (einschließlich 9.000 satzungsgemäßen Mitgliedern) angehören.

Der Bundesverband der Freundeskreise ist ein eingetragener Verein. Er ist Mitglied im Gesamtverband für Suchtkrankenhilfe im Diakonischen Werk der Evangelischen Kirche in Deutschland e.V. (Kassel) und Mitglied in der Deutschen Hauptstelle für Suchtfragen (Hamm).

Wesentliche Aufgaben des Bundesverbandes sind: Vertretung der Interessen der Freundeskreise auf Bundesebene, Öffentlichkeitsarbeit, Förderung des Erfahrungsaustausches unter den Freundeskreisen, Zusammenarbeit mit anderen Selbsthilfe- und Abstinenzverbänden, Durchführung von Fortbildungsseminaren für Gruppenleiter von Freundeskreisen, Einberufung von Arbeitskreisen zu aktuellen Themen der Suchtkrankenhilfe und die Bereitstellung von Medienangeboten.

Anschrift: Freundeskreise für Suchtkrankenhilfe
Bundesverband e.V.
Untere Königsstr. 86
34117 Kassel
Tel: 0561/ 78 04 13
Fax: 0561/ 71 12 82
E-Mail: mail@freundeskreise-sucht.de
Internet: www.freundeskreise-sucht.de

Käthe Körtel

Der Kreuzbund
Selbsthilfe- und Helfergemeinschaft

Der Kreuzbund ist die katholische Selbsthilfe- und Helfergemeinschaft für Suchtkranke und deren Angehörige. Er ist Fachverband des Deutschen Caritasverbandes und (Gründungs-) Mitglied der Deutschen Hauptstelle gegen die Suchtgefahren (DHS) in Hamm.

In bundesweit 1540 Gruppen treffen sich wöchentlich ca. 24.500 Menschen, um sich mit ihrer Suchtkrankheit (vor allem Alkohol- und Medikamentenabhängigkeit) auseinander zu setzen. Jahrelange Erfahrungen und statistische Erhebungen haben gezeigt, dass der Erfolg jeglicher Behandlung (stationär oder ambulant) vom Besuch einer Selbsthilfegruppe positiv beeinflusst wird. Das Rückfallrisiko sinkt beim regelmäßigen Besuch einer Gruppe erheblich. Mittlerweile kommen immer mehr Menschen ohne vorherige ambulante oder stationäre Therapie in die Gruppen, It. Statistik des Kreuzbundes von 1998/ 99 sind dies inzwischen 30 Prozent.

Durch Gruppenarbeit wird es den Einzelnen möglich, ihre Probleme zu lösen, eine bejahende Lebenseinstellung zu erreichen und sich in der Realität des Alltags zurechtzufinden. Die Gruppenarbeit ist auf die Bedürfnisse der Betroffenen zugeschnitten und bietet Hilfe zur Selbsthilfe durch Gleichgesinnte und gleichermaßen betroffene.

Neben der Gruppenarbeit fördert und praktiziert der Kreuzbund eine sinnvolle Freizeitgestaltung und alkoholfreie Geselligkeit.

Nachsorge gehört ebenso zu den Leistungen des Verbandes wie Prävention, Motivation, Information und begleitende Hilfe während der Behandlung.

Besondere Merkmale des Kreuzbundes sind das öffentliche Bekenntnis der Mitglieder zu ihrer Krankheit und die Einbeziehung der Angehörigen in die Arbeit.

In sozial- und gesundheitspolitischen Fragen versteht sich der Kreuzbund als Anwalt und Sprachrohr alkohol- und medikamentenabhängiger Frauen und Männer. Aufklärung, besonders an Schulen und am Arbeitsplatz, sind Schwerpunkte der Kreuzbundarbeit.

Der Bundesverband gliedert sich in Diözesanverbände, in denen die Kreis- und Stadtverbände zusammengeschlossen sin. Grundlage des gesamten Verbandes bilden die Gruppen.

Ein Zusatzangebot für die weiblichen Mitlieder im Kreuzbund sind Frauengesprächskreise.
Durch sie wird die Frauenarbeit im Verband unterstützt.

Anschrift: Kreuzbund e.V.
Postfach 18 67
59008 Hamm
Tel: 023 81/ 6 72 72 -0
Fax: 023 81/ 6 72 72 -33
E-Mail: info@kreuzbund.de
Internet: www.kreuzbund.de

Judith Hüsken

Guttempler in Deutschland

Die Organisation der Guttempler in Deutschland (Deutscher-Guttempler-Orden [I.O.G.T] e.V., gegründet 1889) ist ein selbständiger Teil der I.O.G.T – International Organization of Good Templars, gegründet 1851. In Deutschland sind die Guttempler als gemeinnützige und mildtätige Organisation anerkannt und als Verein eingetragen. In allen Bundes- und Landesverbänden, in den Guttempler-Gemeinschaften /–Gesprächsgruppen und auch in den Vorständen der angegliederten Einrichtungen wird die Arbeit überwiegend ehrenamtlich geleistet.

Ziele der Guttempler

Guttempler sind politisch ungebunden, es gelten weder religiöse noch weltanschauliche Schranken. Als eine der ersten Organisationen traten die Guttempler bereits im vergangenen Jahrhundert für die Gleichberechtigung der Rassen und Geschlechter ein. Auf dieser „Grundidee“ und den menschlichen und demokratischen Grundrechten sind die Prinzipien „Enthaltsamkeit – Brüderlichkeit – Frieden“ aufgebaut. Aus diesen Prinzipien leiten sich die Ziele ab:

Guttempler streben nach Frieden durch die Förderung menschlicher Entwicklung und Würde, Demokratie, Toleranz, Gleichheit und Gerechtigkeit. Weiterhin befürworten Guttempler die friedliche Lösung von Konflikten zwischen Individuen oder Gruppen. Die Mitglieder werden ermutigt, den Frieden zwischen den Nationen zu sichern.

Guttempler haben erkannt, dass Alkohol und andere Drogen eine ernste Bedrohung für die Würde und Freiheit vieler Menschen und ihrer Gesellschaft bedeuten. Guttempler haben sich entschieden, frei von diesen Substanzen zu leben.

Guttempler entwickeln umfassende Programme zur Suchtvorbeugung, zur Senkung des Verbrauchs von Suchmitteln, zur Schulung und Bildung sowie zur Hilfe und Nachsorge für Abhängige und deren Angehörige.

Guttempler – Gemeinschaften

Sie werden durch die Mitglieder gebildet. Voraussetzung für die Mitgliedschaft ist eine Lebensweise frei von Alkohol und anderen Drogen. Neben der Betreuung der Gesprächsgruppen wird hier aktives Gemeinschaftsleben ohne Alkohol gepflegt. Guttempler-Gemeinschaften treffen sich in der Regel einmal wöchentlich. Sie sind organisatorisch den Landesverbänden (Distrikten) zugeordnet.

Guttempler – Gesprächsgruppen

Sie bieten Rat, Hilfe und Begleitung bei Suchtproblemen. Sie arbeiten im Sinne der „Hilfe zur Selbsthilfe“ und werden von Guttemplern – Frauen und/ oder Männern – betreut. In den Gesprächsgruppen ist Vertraulichkeit oberstes Gebot. Guttempler helfen nicht nur den unmittelbar Betroffenen, sondern auch deren Angehörigen und Freunden. Gesprächsgruppen treffen sich in der Regel einmal wöchentlich. Die Zugehörigkeit zu einer Gesprächsgruppe bedeutet noch keine Mitgliedschaft.

Kinder- und Jugendgruppen

Sie sind Treffpunkte für Kinder, Jugendliche und junge Erwachsene um Alter von 6 bis 25 Jahren. Hier können junge Menschen erleben, dass die suchmittelfreie Lebensweise viel Sinn und Spaß machen kann. Diese Gruppen tragen dazu bei, einer Sucht vorzubeugen. Sie arbeiten erlebnis- und erfahrungsorientiert.

Guttempler – kurz gefasst:

Guttempler sind bewusst alkoholfrei lebende Menschen.

Guttempler informieren und helfen bei Alkohol-, Medikamenten- oder andern Suchtproblemen. Dabei ist Vertraulichkeit oberstes Gebot. Guttempler helfen sowohl den Betroffenen als auch deren Angehörigen und Freunden.

Guttempler verfolgen darüber hinaus kulturelle, soziale und gesundheitspolitische Ziele.

Guttempler treten für die Gleichberechtigung und für ein friedliches Miteinander aller Menschen ein.

Guttempler – Gruppen gibt es (fast) überall in Deutschland.

Zahlen, Daten, Fakten

- Guttempler in Deutschland
  (Deutscher Guttempler – Orden [I.O.G.T.])
  Bundesgeschäftsstelle
  Adenauerallee 45; 20097 Hamburg
  Tel: 040/ 24 58 80
  Fax: 040/ 24 13 40
  E-Mail: guttempler@t-online.de
  Internet: www.guttempler.de

- 11 Landesverbände (e.V.) mit insgesamt ca. 9000 Mitgliedern
- 450 Guttempler – Gemeinschaften
- 400 Guttempler – Gesprächsgruppen
- und Kinder- und Jugendgruppen

Anonyme Alkoholiker (AA)

Die Präambel der Anonymen Alkoholiker

„Anonyme Alkoholiker sind eine Gemeinschaft von Männern und Frauen, die miteinander ihre Erfahrung, Kraft und Hoffnung teilen, um ihr gemeinsames Problem zu lösen und anderen zur Genesung vom Alkoholismus zu verhelfen.

Die einzige Voraussetzung für die Zugehörigkeit ist der Wunsch, mit dem Trinken aufzuhören.

Die Gemeinschaft kennt keine Mitgliedsbeiträge oder Gebühren, sie erhält sich durch eigene Spenden.

Die Gemeinschaft AA ist mit keiner Sekte, Konfession, Partei, Organisation oder Institutionen verbunden; sie will sich weder an öffentlichen Debatten beteiligen, noch zu irgendwelchen Streitfragen Stellung nehmen.

Unser Hauptzweck ist, nüchtern zu bleiben und anderen Alkoholikern zur Nüchternheit zu verhelfen.“ *Copyright © by A. A. Grapevine, INC.*

Die zwölf Schritte der AA

Wesentliche Arbeitsgrundlagen, der AA sind die zwölf Schritte:

1. Wir gaben zu, dass wir dem Alkohol gegenüber machtlos sind – und unser Leben nicht mehr meistern konnten.

2. Wir kamen zu dem Glauben, dass eine Macht, größer als wir selbst, uns unsere geistige Gesundheit wiedergeben kann.

3. Wir fassten den Entschluss, unseren Willen und unser Leben der Sorge Gottes – wie wir Ihn verstanden – anzuvertrauen.

4. Wir machten eine gründliche und fruchtlose Inventur in unserem Inneren.

5. Wir gaben Gott, uns selbst und einem anderen Menschen gegenüber unverhüllt unsere Fehler zu.

6. Wir waren völlig bereit, all diese Charakterfehler von Gott beseitigen zu lassen.

7. Demütig baten wir Ihn, unsere Mängel von uns zu nehmen.

8. Wir machten eine Liste aller Personen, denen wir Schaden zugefügt hatten und wurden willig, ihn bei allen wieder gutzumachen.

9. Wir machten bei diesen Menschen alles wieder gut – wo immer es möglich war –, es sei denn, wir hätten dadurch sie oder andere verletzt.

10. Wir setzen die Inventur bei uns fort, und wenn wir Unrecht hatten, gaben wir es sofort zu.

11. Wir suchten durch Gebet und Besinnung die bewusste Verbindung zu Gott – wie wir Ihn verstanden – zu vertiefen. Wir baten Ihn nur, uns Seinen Willen erkennbar werden zu lassen und uns de Kraft zu geben, ihn auszuführen.

12. Nachdem wir durch diese Schritte ein spirituelles Erwachen erlebt hatten, versuchten wir, diese Botschaft an Alkoholiker weiterzugeben und unser tägliches Leben nach diesen Grundsätzen auszurichten.

AA – Dienststruktur im deutschsprachigen Raum
einschließlich Österreich, Südtirol und deutschsprachige Schweiz

Die Gemeinschaft der AA entstand 1935 in Ohio und hat sich seitdem weltweit verbreitet. Zurzeit gibt es in 144 Ländern der Erde 90000 Gruppen mit insgesamt über 2 Millionen Mitgliedern. In Deutschland arbeiten die AA seit 1953 und erlebten ihren größten Aufschwung seit den sechziger Jahren.

Weitere Informationen erteilt das Gemeinsame Dienstbüro:

Anonyme Alkoholiker, Gemeinsames Dienstbüro
Postfach 46 02 27; D-80910 München
Internet: www.anonyme-alkoholiker.de
E-Mail: kontakt@anonyme-alkoholiker.de

Außerdem sind über 50 Kontaktstellen der AA bundesweit unter der einheitlichen Rufnummer (Vorwahl) 1 92 95 zu erreichen.

Angehörige und Kinder von alkoholkranken Menschen finden Hilfe bei den Al-Anon/ Alateen Familiengruppen unter der Anschrift:

Al-Anon Familiengruppen, Emilienstr. 4
45128 Essen

Internet: www.al-anon-alateen.org.de
E-Mail: al-anon.zdb@t-online.de

Kapitel 26
Wie sieht mich der MPU-Gutachter als „Punktesammler“?

- Warum es Punktesammler bei der MPU so schwer haben -

Das deutsche Sündenregister für Kraftfahrer in Flensburg ist wohl eines der größten Sammelstellen von Daten auf der Welt.

Hier werden Daten über zugelassene Autos, Halter, Führerscheininhaber und alle Verkehrsverstöße gesammelt, für die es Punkte zu verteilen gibt.

Jede Datei ein Schicksal – niemandem sind Punkte in Flensburg gleichgültig – und: Wer 18 Punkte hat, muss zu einer MPU!

Achtung:
Der aktuelle Bundesminister für Verkehr, Bau und Stadtentwicklung Dr. Peter Ramsaucr plant für 2013 eine Reform des Punktesystems.
Die Bewertung des neu geplanten Punktesystem ist bei Redaktionsschluss der Neuauflage dieses Buches noch nicht abgeschlossen. Deutlich wird allerdings, dass es hier noch viel Klärungsbedarf gibt.
Problemfelder juristischer, fachlicher und ökonomischer Art vermischen sich hier.
Den aktuellen Stand mit den geplanten Änderungen zum Zeitpunkt des Redaktionsschluss im Oktober 2012 habe ich im Anhang ausführlich dargestellt.

18 Punkte, das sind eine ganze Menge, da muss schon viel passiert sein.

Über 50 % aller Fahrer gaben bei einer Untersuchung/Befragung der Bundesanstalt für Straßenverkehrswesen (BASE) an, schon einmal „Aggressionen oft oder sehr oft“ im Straßenverkehr erlebt zu haben (BASE – Bericht M 151, 2003).

„Vor allem Männer und Fahrer höherklassiger Fahrzeuge fallen in diesem Zusammenhang negativ im Straßenverkehr auf.
Über 80 Prozent der Fahrer halten die Wahrscheinlichkeit, dass ein Drängeln der Fahrer von der Polizei entdeckt wird, für gering oder sehr gering.“ (BASE – Bericht M 151, 2003).

Trotz dieser Ergebnisse bei der Befragung über erlebte Aggressionen im Straßenverkehr sind „Punktesammler“ mit 18 Punkten prozentual gesehen nur eine sehr kleine Gruppe in der Flensburger Sündenkartei.

Von ca. 50 Millionen Kraftfahrern in Deutschland sind etwa „nur“ 13 % überhaupt in diesem „Sündenregister“ mit aktiven Punkten registriert!
-also ca. 6,5 Millionen-.

Und – von diesen 6,5 Millionen haben nur sehr, sehr wenige Kraftfahrer 14 oder mehr Punkte: gerade einmal ca. 66.000 oder 0,7%!!

Der Anteil der Frauen bei Punkten wegen zu schnellen Fahrens, Nötigung, Rotlichtfahrens etc. ist hierbei sehr gering, anders bei Punkten wegen Alkohol, Drogen, Medikamentenmissbrauch etc – hier holen Frauen auf. (vgl. auch Kapitel 32 „Frauen bei der MPU“)

Im Übrigen: Der TÜV-Süd hat ausgerechnet, dass, wer den Führerschein wegen Punkte verliert, auf dem Weg zurück zum Führerschein im Durchschnitt 7.500 Euro ausgeben muss. Mehr als diejenigen, die ihren Führerschein wegen Alkohol oder Drogen verloren haben.

Die Summe enthält Geldstrafen, Verdienstausfall, Kosten für den Anwalt und die MPU; es liegt wohl daran, so der TÜV-Süd, dass es hier meist Vielfahrer trifft, die oft einen hohen Verdienstausfall haben, wenn sie nicht mehr hinters Steuer dürfen.

Warum werden nun „Punktesammler“ vom MPU–Gutachter so kritisch gesehen?

- „Punktesammler“ stellen ihre Sache sehr oft über die Sache der Allgemeinheit

- auch setzen „Punktesammler“ ihre Aggressionen (schnelles Fahren etc.) als völlig normales Mittel ein, um persönlich „erfolgreich“ zu sein und sich durchzusetzen

- das verkehrsauffällige Verhalten im Straßenverkehr ist so eingeschliffen, zur festen Gewohnheit geworden, dass dieses Verhalten nur schwer zu ändern bzw. abzulegen ist.

Ein Beispiel:
Herr Schnell ist in den letzten 3 Jahren 6 mal von der Polizei wegen zu schnellen Fahrens, zu dichtem Auffahrens auf der Autobahn und Überholens im Überholverbot erwischt worden.

Wird der MPU–Gutachter Herrn Schnell glauben, dass er sich „nur“ 6-mal verkehrsauffällig verhalten hat? – NEIN!!, mit Sicherheit nicht!

Für den MPU–Psychologen ist es klar, dass Herr Schnell in den letzten 3 Jahren mehr oder weniger immer gegen Verkehrsregeln verstoßen hat.

In den Kapiteln über Alkohol habe ich schon geschrieben, dass man laut Statistik z.B. 6 – 700 mal alkoholisiert Auto fahren „kann“, bevor man ein einziges Mal erwischt wird. Natürlich kann man auch bei der ersten alkoholisierten Fahrt erwischt werden, aber das ist wohl selten.

Was glauben Sie, wie oft man zu schnell mit dem Auto fahren kann, bevor man einmal erwischt wird?

Manche Fachleute schätzen diesen Anteil von entdeckten zu unentdeckten Geschwindigkeitsüberschreitungen auf 1 : 10.000 !!

Sie können jetzt wahrscheinlich nachvollziehen, wie der MPU–Gutachter Sie als „Punktesammler“ sieht.
Das unangepasste Fahren, dass zu schnelle, risikoreiche und/oder das aggressive Fahren hat sich meist über Jahre verfestigt und ist zur Gewohnheit geworden – und: Gewohnheiten sind nur schwer abzulegen – das weiß auch der MPU–Gutachter.

Des weiteren: Der „Punktesammler“ wird meist als unbelehrbar angesehen. – Warum?

Ein weiteres Beispiel:

Herr Eilig ist bei überhöhter Geschwindigkeit geblitzt worden und wird mit Punkten und einer Geldstrafe bestraft.

Was soll nun die Strafe bei Herrn Eilig bewirken?

Natürlich soll sie erst einmal „weh tun“. Sie soll abschreckend wirken und auf der anderen Seite soll Strafe bewirken, über sich selbst nachzudenken, über das Verhalten im Straßenverkehr, damit so etwas in Zukunft nicht mehr passiert.

Herr Eilig hat diese Chance zum Nachdenken nicht wahrgenommen, er hat nichts gelernt und fährt weiter wie bisher.

Dann kommt die nächste Strafe.
Herr Eilig denkt wieder nicht über sein verkehrsauffälliges Verhalten nach und hat wieder nichts gelernt!
So geht es vielleicht 4- 5 mal weiter, bis die 18 Punkte voll sind.

Nun, was denken Sie, wie wird Herr Eilig vom MPU–Gutachter gesehen?

Richtig! Als unbelehrbar! Der Psychologe schließt nun daraus, dass evtl. ein charakterlicher Mangel bei Herrn Eilig besteht.

Herr Eilig muss nun den MPU–Gutachter davon überzeugen, dass er jetzt – endlich – über sein Verhalten nachgedacht hat und seine Einstellung etc. eine andere geworden ist.

Die Vergangenheit ist vorbei.

Es nutzt bei der MPU nichts, die Vergangenheit zu beschönigen. Der Psychologe will wissen, ob Sie Ihre Vergangenheit, Ihr verkehrsauffälliges Verhalten aufgearbeitet haben und durch diese Aufarbeitung heute anders denken als in der Vergangenheit und eine andere Einstellung bekommen haben. Das ist eigentlich auch schon alles!

Leicht ist dies aber sicher aber nicht!

Kapitel 27
Wie Sie als „Punktesammler“ mit Sicherheit ein negatives Gutachten bekommen

Seit 1991 führe ich nun MPU-Beratungen und Therapie für verkehrsauffällig gewordene Kraftfahrer durch.
In dieser Zeit habe ich viele Begründungen für verkehrswidriges Verhalten gehört, die Sie bei der MPU auf gar keinen Fall dem Gutachter gegenüber verwenden sollten.

Vielleicht finden Sie sich ja selbst in der einen oder anderen Argumentation für Ihre („zu vielen“) Punkte wieder.

- Machen Sie andere für Ihr verkehrswidriges Fahrverhalten verantwortlich, z.B. sagen Sie, dass Sie ja überholen mussten, weil vor Ihnen eine Schlafmütze gefahren ist oder eine Oma, oder ein Mann mit Hut und einer Toilettenrolle auf der Hutablage.

- Sagen Sie, dass Sie das Rotlicht nicht gesehen haben, weil die Sonne Sie blendete.

- Sagen Sie, dass die breite, große Straße Schuld an Ihrer überhöhten Geschwindigkeit hatte.

- Sagen Sie, dass der Chef oder der Disponent in der Spedition Sie unter Zeitdruck gesetzt hat und deshalb Schuld daran gewesen ist, dass Sie die Fahrzeit überschritten haben.

- Sagen Sie, dass Ihr Tacho kaputt gewesen ist, Sie hätten ja aus diesem Grund die Geschwindigkeit gar nicht richtig einschätzen können.

- Sagen Sie, dass die Schilderaufsteller Schuld wären, weil sie unnütze Schilder aufgestellt hätten oder Schilder, die man nicht sehen konnte.

- Sagen Sie, dass Geschwindigkeitskontrollen nur eine reine Abzockerei sei, weil der Staat pleite wäre.

- Sagen Sie, Sie hätten die Geschwindigkeit Ihres Autos am Ortsschild nur „ausrollen“ lassen wollen, der Umwelt zuliebe.

- Sagen Sie, dass Sie nur darum so dicht aufgefahren sind, dass niemand sich vor Sie „reindrängen“ konnte.

- Sagen Sie, dass doch alle zu schnell fahren würden, nur Sie hätte man immer erwischt – sagen Sie, Sie seien einfach ein Pechvogel.

- Sagen Sie, Sie hätten ein Auto gefahren, bei dem man gar nicht merken würde, wie schnell man eigentlich fahre.

- Sagen Sie, dass – wer viel fährt, auch viele Punkte bekommt.

- Sagen Sie, dass Sie einfach ein guter Autofahrer wären, der sehr wohl schneller fahren kann und auch darf als andere.

- Sagen Sie, dass Sie einfach so schnell fahren mussten, weil Sie wieder so viele Außentermine hatten.

- Sagen Sie, dass Sie so dicht aufgefahren sind und die Lichthupe benutzen mussten, weil Ihr Vordermann einfach nicht schneller fahren wollte.

- Sagen Sie, dass Sie Ihren Kontrahenten beim Überholen geschnitten haben, weil der Sie lange genug geärgert hat.

Kapitel 28
Einteilung der Punktesammler in Gruppen
- Die Suche nach den Gründen -

Das Thema „verkehrsauffällig gewordene Kraftfahrer“ ist vielschichtig und schwierig zu behandeln und deshalb nicht leicht, in einem Buch darzustellen.

Die Gründe des Fehlverhaltens im Straßenverkehr sind doch sehr verschieden.

Die Verkehrspsychologen haben sich natürlich Gedanken darüber gemacht, warum immer wieder einige Verkehrsteilnehmer gegen Verkehrsregeln verstoßen.

Ich möchte hier einfach einmal versuchen, „verkehrsauffällige Kraftfahrer“ in Gruppen einzuteilen. Natürlich ist mir bewusst, dass man eine solche Aufteilung leicht als „Schubladeneinteilung“ oder „Schubladendenken“ ansehen kann – aber es hilft beim Nachdenken; beim Nachdenken darüber, warum Sie - als Leser dieses Kapitels - vielleicht immer wieder gegen verkehrsrechtliche Bestimmungen verstoßen haben.

- Gruppe der jungen Kraftfahrer
  - eigene Grenzen werden erprobt
  - von außen gesetzte Normen werden abgelehnt
  - sind noch in der „Sturm und Drang-Zeit“
  - Auto als Identität
  - Auto wertet das „Ich“ auf

- Gruppe der erfolgreichen Geschäftsleute
  - sie glauben, Gesetze gelten nicht mehr für sie

- Gruppe der „guten“ Autofahrer
  - Verkehrsregeln für die breite Masse gedacht – aber wenn man gut Auto fahren kann….

- Gruppe der Fahrer, die sich etwas beweisen wollen
  - Minderwertigkeitsgefühle
  - berufliches Versagen oder berufliche Unzufriedenheit
  - stark sein wollen, Auto als Waffe

- Gruppe der aggressiven Autofahrer
  - die ihre Wut, Aggression, Hass etc. mit dem Auto ausleben

- Gruppe der Leute, die im Stress sind
  - die ihre Zeit, Termine nicht richtig planen
  - die sich zuviel vornehmen

- Gruppe der Menschen mit Leistungsmängeln
  - die nicht (mehr) die notwendige Intelligenz besitzen
  - die nicht (mehr) die notwendige Belastbarkeit haben
  - die nicht (mehr) das notwendige Reaktions- und/ oder Wahrnehmungsvermögen haben
  - die körperliche Beeinträchtigungen haben und so nicht mehr schnell genug in jeder Situation reagieren und handeln können

Nun, in welcher Gruppe könnten Sie sich einordnen – oder kommen mehrere Gruppen in Frage? –Vielleicht liegen auch ganz andere Gründe vor?

Eine der wichtigsten Fragen bei der MPU sind:

- „Warum sind Sie zu schnell gefahren?“ („... bei Rot über die Ampel?“)

- „Warum sind Sie <u>immer wieder</u> zu schnell gefahren?“ (...im Überholverbot überholt?“)

- „Wie wollen Sie es erreichen, dass Sie in Zukunft nicht mehr zu schnell fahren?“ (...verkehrsauffällig fahren?“)

Kapitel 29
Das Gespräch als "Punktesammler" mit dem MPU-Gutachter
- Viele Fragen -

Im Kapitel 26 habe ich bereits geschrieben, wie Sie der MPU–Gutachter als „Punktesammler“ sieht und warum „Punktesammler“ es so schwer haben.

Sie haben nachvollziehen können, dass eingeschliffene Verhaltensweisen nur sehr schwer zu ändern sind; das gilt nicht nur für das gezeigte Fehlverhalten im Straßenverkehr (z.B. schnelles und aggressives Fahren) sondern auch für viele andere Gewohnheiten, die man sich so zugelegt hat – z.B. auch fürs Rauchen.

Im Kapitel 28 haben wir Gründe für das Fehlverhalten gesucht. Der Psychologe möchte wissen, ob Sie Ihre Vergangenheit aufgearbeitet haben. Nur wer weiß, warum er „irgend etwas“ gemacht hat, kann sein Verhalten – wenn es in der Vergangenheit nicht in Ordnung war – ändern.

Eine ganz wichtige Frage, die der MPU–Gutachter stellt:
„Warum haben Sie immer wieder gegen Verkehrsregeln (schnelles Fahren, aggressives Fahren etc.) verstoßen.“

Wer hier als Antwort nur mit den Schultern zuckt, hat schon verloren!

„Dann kommen Sie mal wieder (zur MPU), wenn Sie es wissen“, - möchte der MPU–Gutachter darauf eigentlich sagen. Ein negatives Gutachten schreibt er, wenn Sie auf die Frage nicht ausreichend antworten können, auf jeden Fall.

Studieren Sie also vielleicht noch mal das vorherige Kapitel 28 „Einteilung der Punktesammler in Gruppen – Die Suche nach den Gründen“.

Hier, in diesem Kapitel, möchte ich Ihnen zeigen, mit welchen Fragen der MPU–Gutachter herausfinden will, ob Sie sich genügend mit sich, mit der Vergangenheit, mit Ihrem Fehlverhalten im Straßenverkehr auseinandergesetzt und all dies aufgearbeitet haben.

Noch einmal – wie in diesem Buch schon viele Male beschrieben – der Psychologe will wissen, ob Sie durch diese Aufarbeitung heute anders denken, heute eine andere Einstellung bekommen haben als in der Vergangenheit.

Die Vergangenheit „schön darzustellen“ bringt gar nichts. Es gibt nichts „schön“ darzustellen, wenigstens im Bereich Ihres früheren Verkehrverhaltens (Punkte) nicht.

Der Psychologe will wissen, was heute ist.

<u>So, wie Sie heute denken, so werden Sie auch morgen handeln!</u>

und diese Frage muss der MPU– Gutachter beantworten, wenn er sie von der Fahrerlaubnisbehörde gestellt bekommt, nämlich, ob Sie als Punktesammler zukünftig weiter gegen Verkehrsregeln verstoßen werden. Die Frage kann der Gutachter nur beantworten, wenn er weiß, wie Sie heute denken, was Sie heute für eine Einstellung haben – das ist alles!

Nun zu ein paar Fragen, die der Psychologe stellen könnte. Nachfolgend eine kleine Auswahl.

Vielleicht stellen Sie sich bei jeder Frage vor, Sie wären schon bei der MPU im Gespräch mit dem Psychologen.
Wie würde(n) dann Ihre Antwort(en) aussehen?

- *Wie ist es zu den einzelnen Verstößen im Straßenverkehr gekommen?*
  - Was haben Sie falsch gemacht?
  - Was haben Sie daraus gelernt?
  - Wie wollen Sie es in Zukunft besser machen?

- *Was bedeutet das Autofahren für Sie – Symbolik des Autos?*

- *Warum wollen Sie in Zukunft nicht mehr so schnell, aggressiv etc. Auto fahren?*

- *Sehen Sie im Nachhinein das schnelle Auto fahren etc. als gefährlich an?*

- *Haben Sie Ihre Bußgelder/ Punkte nicht ernst genommen? Wenn ja, warum nicht?*

- *Halten Sie es für richtig, dass jemand seinen Führerschein zurück bekommt, der das Leben anderer in der Vergangenheit gefährdet oder sogar verletzt hat?*

- *Wie wollen Sie erreichen, dass Sie in Zukunft angepasst fahren?*

Wohl einige der wichtigsten Fragen bei der MPU für Punktesammler. Aus diesem Grunde möchte ich hier auf diese näher eingehen.

Der MPU-Gutachter möchte hier ganz genau wissen, welche Strategie Sie bereits entwickelt haben, damit Sie in Zukunft nicht erneut im Straßenverkehr negativ auffallen und eine Gefahr für andere Verkehrsteilnehmer und sich selber sind.

Dahin gesagte Versprechen, wie: „Kommt bestimmt nicht wieder vor“, reichen bei weitem nicht aus.

Der Psychologe möchte hier Konkretes von Ihnen hören, was Sie in Zukunft ändern wollen; bzw. am „liebsten“ hören, was Sie schon geändert haben!

Hier einige Beispiele:

Ein Geschäftsmann oder Handelsvertreter plant zu viele Termine an einem Tag und „muss“ dadurch von einem Termin zum anderen hetzen.

Nachvollziehbar ist, dass dieser Geschäftsmann bei diesem - selbst–verschuldeten - Stress sich wohl kaum an die Verkehrsregeln halten wird und so fleißig Punkte einsammelt.

Ich hatte einmal einen Klienten (welcher sich vor kurzem selbstständig machte), der an einem Tag kreuz und quer Termine an ganz verschiedenen

Orten in halb Deutschland vereinbarte, um ja nur jeden Kunden sofort zufrieden zu stellen, anstatt Termine an einem Tag in einem ganz bestimmten Gebiet abzuarbeiten.

Ein anderer Klient akzeptierte als angestellter LKW-Fahrer in einer Spedition stillschweigend, ohne zu murren, immer wieder die Planung seines Disponenten, obwohl diese Vorgabe ohne Geschwindigkeits- und Lenkzeitüberschreitungen einfach nicht zu schaffen war. So blieb nicht aus, dass er durch zu viele Punkte den Führerschein verlor.

Dieser LKW-Fahrer musste lernen, „Nein-sagen“ sagen zu können und dem Disponenten gegenüber die Grenzen des Machbaren aufzuzeigen.

Wenn eine diesbezügliche Lösung im Einzelfall nicht machbar ist - weil von Seiten des Arbeitgebers zu sehr die Profitgier im Vordergrund steht – muss auch über einen Wechsel des Arbeitsplatzes nachgedacht werden.
Durch übermäßigen Druck des Arbeitgebers darf keinesfalls ein anderer Verkehrsteilnehmer in Gefahr gebracht werden und letztendlich auch nicht das eigene Leben – und auch nicht der Führerschein.

Manch ein Punktesammler muss sich vielleicht fragen, ob seine Aggression die er im Straßenverkehr zeigt, aus einem nicht intakten Privatleben herrührt.
Hier muss überlegt werden, wie der Betroffene in Zukunft, bzw. schon lange vor der MPU mit dieser Aggression umgeht. Wie ist es überhaupt zu dieser übermäßigen Reagieren gekommen? Was muss der Betroffene in seinem Privatleben in Ordnung bringen?

Manch einer hat vielleicht früher gedacht, dass alle Autofahrer zu schnell fahren und jetzt erst, als Beifahrer, gemerkt, dass dies nicht der Fall ist und wie angenehm es ist, defensiv zu fahren oder gefahren zu werden, ohne Angst haben zu müssen.

Vielleicht können Sie auch dem MPU-Gutachter erklären, dass Sie als Beifahrer sehr sorgfältig die Fahrweisen anderer Verkehrsteilnehmer beobachtet haben und wie unangenehm und sogar bedrohlich es gewesen ist, wenn jemand zu dicht auffuhr, die Lichthupe immer wieder betätigt oder riskant überholt hat.

Vielleicht haben Sie in solchen Situationen daran gedacht, dass Sie früher – als Sie den Führerschein noch hatten – genauso rücksichtslos gefahren sind und andere Verkehrsteilnehmer in Gefahr gebracht und in Angst und Schrecken versetzt haben.

Vielleicht können Sie dem MPU-Gutachter auch erzählen, dass Sie mit dem Führerscheinentzug erstmals richtig über Ihr Leben nachgedacht haben – wie Sie bisher gelebt haben.
Wie Sie vielleicht immer gegen die Zeit gearbeitet haben, bzw. gefahren sind, mit ständig steigenden Blutdruck, Stress etc. – und: Wie Sie jetzt Ihr Leben geändert, anders eingerichtet haben.

Vielleicht wollten Sie früher alles selber und alles auf einmal machen, um Geld zu sparen oder weil Sie vielleicht dachten, dass nur Sie das und das selber machen können.

Vielleicht haben Sie – als Selbstständiger – jemand zur Entlastung eingestellt, Arbeit delegiert, einen oder sogar zwei Gänge zurückgeschaltet.

Vielleicht können Sie dem MPU-Gutachter auch erzählen, wie sich über diese Änderungen Ihre Familie, Ihre Frau und Ihre Kinder gefreut haben, dass Sie mehr Zeit für sie haben, dass sich Ihr Blutdruck wieder normalisiert hat, dass Sie sich wieder mehr Zeit nehmen für Ihre Hobbys, dass Sie sich wieder des Lebens erfreuen können etc.

Vielleicht haben Sie während der führerscheinlosen Zeit auch das Bahnfahren schätzen gelernt, besonders über weite Strecken und möchten dieses stressfreie Fahren und Reisen – vielleicht auch als Geschäftsmann – auch in Zukunft, wenn Sie den Führerschein wieder erhalten haben, beibehalten.

Wie angenehm kann es doch sein, ausgeruht zum Termin zu kommen. Vielleicht während der Bahnfahrt sich auf den Geschäftstermin vorzubereiten und sich einzustimmen, und sich dann auf der Rückfahrt über vielleicht einen schönen Geschäftsabschluss zu freuen, ohne auf den Verkehr achten zu müssen, vielleicht können auch schon ein paar Pläne für weitere Geschäfte „geschmiedet“ werden.

Diese angeführten Beispiele könnten sicher endlos weitergeführt werden. Aber ich glaube, Sie haben nachvollziehen können, was der MPU-Gutachter von Ihnen möchte und erwartet. Dass Sie aufzeigen können, was sich bei Ihnen alles geändert hat und durch diese Änderungen nicht mehr zu erwarten ist, dass Sie nochmals negativ im Straßenverkehr auffallen.

Kapitel 30
Einzelne Verkehrsdelikte

- Natürlich ist jeder von uns schon einmal etwas zu schnell gefahren. Vielleicht denkt manch einer auch: „Der Tacho zeigt sowieso etwas zu wenig an“ – „Zehn Prozent ist ja Toleranz – das geht in Ordnung, dafür gibt es ja keine Punkte“. Okay, warum sammeln sich dann bei einigen Verkehrsteilnehmern so viele an?

Wenn Sie von einem oder mehreren der unten aufgeführten Punkte betroffen sind bzw. waren, denken Sie nach, warum es passiert ist.

➢ *Unfallflucht*
Warum bin ich geflüchtet? – weil ich
  - alkoholisiert war?
  - in Panik geraten bin?
  - die Folgen nicht ertragen wollte?
  - schon zu viele Punkte hatte?
  - weil ich zu feige war?

➢ *Zu schnell gefahren*
Warum bin ich zu schnell gefahren?
  - Zeitdruck? –schlechte Terminplanung?
  - Spaß gemacht? – Ich brauchte den „Kick“!
  - übermütig geworden?
  - den anderen zeigen wollte, was für ein Kerl ich bin?
  - Wut abbauen? – Ärger mit z.B. Chef, Frau?
  - sich cool finden? – Ich bin der Größte?

➢ *Rotlicht*
Warum bin ich bei Rot über die Ampel gefahren?
  - nicht angepasst gefahren?
  - wollte Bremsen schonen?
  - zu schnell gefahren – konnte nicht mehr bremsen?
  - keine Lust gehabt zu bremsen – Kreuzung war ja frei!?
  - wenn ich gebremst hätte, wäre meine Ladung umgefallen?
  - keine Zeit gehabt - war in Eile?

- *Nötigung*

  Ich bin zu dicht aufgefahren weil:
  - der vor mir zu langsam war.
  - der vor mir mich geärgert hat.
  - ich einfach schneller fahren wollte.
  - ich aggressiv war.
  - wenn ich komme, haben die anderen Platz zu machen.

- *Schwarz gefahren*

  Warum bin ich schwarz gefahren? - weil ich
  - zu faul zum Laufen war?
  - es mich nicht interessiert hat, dass ich ohne Versicherungsschutz gefahren bin?
  - zur Arbeit kommen musste, mein Kumpel, der mich sonst mitgenommen hat, war plötzlich krank geworden.
  - „die“ selber Schuld sind, dass ich schwarz gefahren bin, hätten die mir den Führerschein nicht abgenommen.
  - ich gedacht habe: „Ich werde nicht erwischt.“
  - sonst Ärger mit meinem Chef bekommen hätte, wenn ich ihm gesagt hätte, dass ich keinen Führerschein mehr habe.
  - keine Lust hatte, mich einer MPU zu stellen.
  - weil ich schon 80 Jahre alt bin und die Tests bei der MPU wohl nicht mehr geschafft hätte.

Natürlich kann man - wie oben aufgeführt - jeden Punkt einzeln versuchen zu erklären. Gut, aber: Warum, so sollten Sie sich fragen – und das tut auch der MPU–Gutachter – sind Sie oft so schnell, aggressiv etc. gefahren?

Wie schon im Kapitel 26 („Wie sieht mich der MPU–Gutachter als Punktesammler“) dargestellt, ist man nicht nur *einmal* zu schnell gefahren, nicht nur *einmal* bei Rot über die Ampel gefahren etc. – auch wenn man nur *einmal* deswegen erwischt worden ist.

Wer 18 Punkte in Flensburg aufweist, hat sich einen ganz bestimmten Fahrstil angeeignet; hierfür möchte der Psychologe eine Erklärung – also, er möchte, dass Sie nicht nur zu den einzelnen Punkten Stellung nehmen, sondern für die gesamte Zeit, in denen Sie diese Punkte gesammelt haben.

Bitte lesen Sie noch mal die vergangenen Kapitel 26 – 29, damit es Ihnen wirklich klar wird.

Von einem „Punktesammler“ wird bei der MPU einiges verlangt!

Kapitel 31
Straftäter und MPU

Warum müssen Straftäter zur MPU?
Die Begründung hierfür steht in der Fahrerlaubnis-Verordnung (FeV). Dort heißt es unter § 11 Eignung, Abs.3

> „Die Beibringung eines Gutachtens einer amtlich anerkannten Begutachtungsstelle für Fahreignung (medizinisch-psychologisches Gutachten) kann zur Klärung von Eignungszweifeln für die Zwecke nach Absatz 2 angeordnet werden.“

und weiter dort unter den Punkten 5 - 7

5. bei einer erheblichen Straftat, die im Zusammenhang mit dem Straßenverkehr steht oder bei Straftaten, die im Zusammenhang mit dem Straßenverkehr stehen,

6. bei einer erheblichen Straftat, die im Zusammenhang mit der Kraftfahreignung steht, insbesondere wenn Anhaltspunkte für ein hohes Aggressionspotential bestehen oder die erhebliche Straftat unter Nutzung eines Fahrzeugs begangen wurde.

7. bei Straftaten, die im Zusammenhang mit der Kraftfahreignung stehen, insbesondere wenn Anhaltspunkte für ein hohes Aggressionspotential bestehen,

Den vollständigen Gesetzestext können Sie im Kapitel 3.1 „Die Fahrerlaubnis-Verordnung“ nachlesen.

Wie sind diese Punkte 5 - 7 nun zu verstehen?

Beispiele:

- Jemand verübt einen Bankraub und transportiert das Diebesgut mit dem Auto ab, benutzt dieses also als Fluchtfahrzeug
- Jemand entführt mit dem Auto einen Menschen
- Jemand vergewaltigt im Auto einen anderen Menschen

- Jemand handelt mit illegalen Drogen und transportiert die Drogen im Auto.

Bei allen diesen Beispielen wird das Auto zu kriminellen Zwecken benutzt und die Fahrerlaubnis missbraucht. Die Fahrerlaubnisbehörde geht dann davon aus, dass Zweifel an der Fahreignung gegeben sind und kann eine MPU anordnen.

Aber auch wenn jemand wegen zu hoher Aggression auffällig wird, kann der § 11 Anwendung finden.
Unter den Punkten 6 und 7 steht, dass eine MPU angeordnet werden kann, wenn bei Personen

> *„...Anhaltspunkte für ein hohes Aggressionspotential bestehen."*

Beispiele für erhöhte Aggression

- Schlägereien
- Bedrohung von Menschen mit körperlicher Gewalt
- Hausfriedensbruch
- Nötigung
- Mord / Totschlag
- Vergewaltigung
- Raub

Solche Straftaten zeugen von planvoller, bedenkenloser Durchsetzung von eigenen Interessen ohne Rücksicht auf andere zu nehmen.

Diese aggressiven Verhaltensweisen können sich auch im Straßenverkehr auswirken und es ist zu vermuten, bzw. es besteht eine hohe Wahrscheinlichkeit, dass auch beim Führen eines Fahrzeugs, aggressive Verhaltensweisen ausgelebt werden.

Was erwartet der MPU–Gutachter jetzt von mir als Straftäter?
Das Sie über Ihre Vergangenheit, Ihre Straftaten nachgedacht haben und wissen, aus welchen Gründen Sie diese verübt haben.

Es muss eine Auseinandersetzung zur Klärung der Ursachen stattgefunden haben und es müssen Vorsätze vorhanden sein, mit denen angepasste Verhaltensweisen in Zukunft zu erwarten sind.

Man wird nicht als Krimineller auf dieser Welt geboren. „Kriminelle Energie" wird nicht vererbt.

Die Gründe für Straftaten sind vielfältig.

Es reicht nicht, dem MPU–Gutachter zu sagen: „Es tut mir leid, kommt nicht wieder vor".
Der Gutachter möchte, dass Sie Ihre Vergangenheit aufgearbeitet haben (vgl. hier auch die Kapitel über „Punktesammler" Kapitel Nr. 26–30), durch diese Aufarbeitung heute eine andere Einstellung darüber haben, und dass es bei Ihnen zu einer Verhaltensänderung gekommen ist.

Weiter: Dass Sie erkannt haben, welche Schäden Sie durch Ihre erhöhte Aggression angerichtet oder/und welches Leid Sie anderen angetan haben und die Verantwortung dafür heute bereit sind zu übernehmen und nicht auf andere abzuschieben oder die Sache verharmlosen zu wollen.

Natürlich möchte auch der Psychologe wissen, warum es bei Ihnen zu diesem Fehlverhalten gekommen ist, durch welche Umstände; lagen vielleicht die Gründe in Ihrer Vergangenheit, in Ihrer Kindheit, vielleicht an Ihrem Umgang?

Was ist in Ihrer Vergangenheit, in Ihrem Leben passiert und warum, dass es zu einem Fehlverhalten kam?

Wie wollen Sie verhindern, dass solches Fehlverhalten in Zukunft nicht mehr bei Ihnen auftritt?

Der MPU-Gutachter möchte wissen, ob Sie sich zum Positiven hin verändert haben; ob Sie noch rückfallgefährdet sind und was Sie in Zukunft gedenken zu tun, um neue Straftaten zu verhindern (Vermeidungsplanung)

Bei der Aufarbeitung dieser Fragen ist vielleicht Ihr Bewährungshelfer – falls vorhanden – Ihr erster Ansprechpartner oder fragen Sie Ihre

Führerscheinstelle nach einem seriösen Berater/Therapeuten.

Wichtig ist hier zu wissen: Der MPU-Gutachter verurteilt Sie nicht!

Noch einmal: Der Gutachter möchte "nur" nachvollziehen können, wie es zu Ihrem Fehlverhalten gekommen ist, ob Sie aus Ihrer Vergangenheit gelernt haben und sich zum Positiven geändert haben und so weitere Straftaten ausgeschlossen werden können!

Kapitel 32
Frauen und die MPU
- Werden Frauen bei der MPU anders gesehen? -

Frauen fahren (meistens) besonnener und mit weniger Aggression als Männer.

Im Flensburger Punkteregister (Zentralregister) macht der Anteil der Frauen nur etwas mehr als 20 % aus.

Wegen zuviel Punkten (überhöhte Geschwindigkeit, zu dichtes Auffahren etc.) müssen Frauen selten zur MPU.

Anders bei Alkoholdelikten. Natürlich sind auch hier die Männer weit vorne, aber die Frauen holen auf.

Die Rolle der Frau in unserer Gesellschaft hat sich in den letzten Jahrzehnten gewandelt. Die alte Rollenverteilung gibt es nur noch selten.
Frauen sind zunehmend dem gleichen Stress und den selben Belastungen ausgesetzt wie Männer; oft genug sogar einer doppelten Belastung (Beruf und Haushalt, Kinder etc.), und das wirkt sich auf das Verhalten im Straßenverkehr und auf den Alkoholkonsum aus.

Wird nun die Frau bei der MPU gleich behandelt?

Sehr oft nicht!
Trotz der o.a. dargestellten Veränderung wird eine Frau bei der MPU oft kritischer gesehen.

Woher kommt das?

Es ist in unserer Gesellschaft immer noch mehr oder weniger ein „Privileg" der Männer, Alkohol zu trinken. „Männer trinken eben!"

Trinkende Frauen werden in unserer Gesellschaft oft heftig verurteilt und sehr kritisch gesehen; das gilt auch für die MPU – man fragt genauer nach, warum sie so viel getrunken hat – und: der MPU–Gutachter fragt mehr nach tiefer liegenden Gründen.

Spezifische Suchtentwicklung bei Frauen*

Zusammenfassung
Sucht bei Frauen ist ein kurzfristig stabilisierendes, langfristig selbstschädigendes Konflikt- und Bewältigungshandeln, eine Reaktion auf belastende, weibliche Lebensbedingungen. Die Sucht bedeutet sowohl Anpassung an schwierige Bedingungen, enthält jedoch auch einen auflehnenden widerständigen Aspekt, indem enge weibliche Verhaltensgrenzen übertreten werden.

Wie viele Frauen haben Suchtprobleme?
Ein Drittel aller alkoholabhängigen Menschen in Deutschland sind Frauen, davon besteht bei etwa einem Drittel zusätzlich eine polytoxikomane Problematik. Zwei Drittel aller Medikamente mit Abhängigkeitspotential werden Frauen verordnet. Neunzig Prozent aller Essgestörten sind Frauen. Zusätzlich entwickeln viele essgestörte Frauen Abhängigkeiten von Alkohol und Medikamenten. Etwa fünfzig Prozent der Abhängigen von illegalen Drogen sind Frauen. Viele prostituieren sich, um ihren Drogenkonsum zu finanzieren. Bei allen Zahlen können wir von einer hohen Dunkelziffer ausgehen.

Was kennzeichnet Sucht bei Frauen?
Da trinkende Frauen, besonders trinkende Mütter, gesellschaftlich heftig verurteilt werden, verwenden Frauen trotz schwerer Schuldgefühle viel Energie darauf, ihr Trinken zu verheimlichen. Frauen versuchen lange, sozial unauffällig zu bleiben. Zu den besonderen Hilfeeinrichtungen bekommen sie relativ spät Kontakt. Nehmen sie Hilfe in Anspruch, verfolgen Frauen dann oft nicht in erster Linie ihre eigene Genesung, sondern übernehmen die Erwartung ihres Umfeldes, in möglichst kurzer Zeit z.B. wieder als Mütter, Partnerin und/oder Arbeitnehmerin zu fungieren.

Das Suchtverhalten ist oft die einzige Art und Weise, wie Frauen sich wehren gegen unangenehme Gefühle, Benachteiligungen und eine als fordernde und nicht gebend erlebte Umwelt. Der Alkohol verstrickt die

---

**aus: „Handbuch für die Suchtkrankenhilfe", mit freundlicher Genehmigung des Blaukreuz – Verlag; Wuppertal*

Frauen jedoch immer weiter in die Abhängigkeit.

Mit der Suchtmittelabhängigkeit einher geht in der Regel eine starke emotionale Abhängigkeit in Beziehungen zu Partner bzw. Partnerin.

Die Verhaltenswesen co-abhängiger Frauen entsprechen den gängigen Verhaltensweisen und Lebensmustern, die gesellschaftlich von Frauen erwartet und positiv bewertet werden.

Frauen von suchmittelabhängigen Partnern konzentrieren sich oft so auf ihre Männer, dass sie ihre eigenen Wünsche und Bedürfnisse nicht mehr wahrnehmen können. Sie konsumieren häufig Medikamente, um ihre destruktiven Beziehungen auszuhalten, entwickeln für sich selbst allerdings kein Problembewusstsein.

Süchtige, co-abhängige und nicht süchtige Frauen unterscheiden sich nicht durch ihre Sozialisation als Frau. Süchtige Frauen haben jedoch meist massive schädigende Erfahrungen machen müssen (s. u. Ursachen für die Suchtentwicklung).

Was heißt frauenspezifischer Hintergrund?
Während Jungen eher zu Autonomie erzogen werden, steht die Entwicklung weiblicher Identität in enger Beziehung zu Abhängigkeit. Eigenschaften wie Emotionalität, Anpassungsfähigkeit, Fürsorglichkeit und Harmoniestreben bilden die Grundlage der Erziehung von Mädchen. Mädchen lernen, sich eher an den Erwartungen anderer zu orientieren und eigene Bedürfnisse zurückzustellen. Sie leben so in Abhängigkeit von der Anerkennung anderer und entwickeln leicht nur ein geringes Selbstwertgefühl.
Hinzu kommt, dass typisch weibliche Arbeiten wie die der Hausfrau und Mutter, aber auch die typischen „Frauenberufe", gesellschaftlich eher gering geschätzt werden.

Das äußert sich auch in schlechterer Bezahlung im Vergleich zu „Männerberufen".

Berufstätigen Frauen (in männlich dominierten Arbeitsfeldern) werden immer noch nicht die gleichen Chancen wie den Männern eingeräumt.

Bei Doppelbelastungen durch Haushalt und Beruf erleben Frauen extreme psychische und physische Anforderungen, zumal noch immer die Auffassung weit verbreitet ist, dass sich Mutter- und Berufsrolle gegenseitig ausschließen. Oft entsteht hieraus das Gefühl, in beiden Rollen versagt zu haben.

Psychosomatische Erkrankungen, Gemütsschwankungen und Ängste werden oft nicht als normale Reaktionen auf die beschriebenen belastenden Lebensumstände gedeutet, sondern als individuelles Problem behandelt. Frauen sehen ihre Befindlichkeit oft nicht im Zusammenhang mit ihren Lebensumständen. Sie gestalten ihr Leben nur selten aktiv nach ihren eigenen Bedürfnissen, sondern meist in Bezug auf andere.

Wo liegen die Ursachen für weibliche Suchtentwicklung?
Experten schätzen, dass zwischen 70 und 90 % aller suchmittelabhängigen Frauen sexuelle Übergriffe, sexuellen Missbrauch, Gewalt und/oder emotionale Vernachlässigung erlebt haben.

Oft waren bzw. sind die Frauen ständigen negativen Milieus, Atmosphären und Beziehungen ausgesetzt.

Neben anderen Überlebensstrategien haben Frauen früh angefangen, sich gegen nicht aushaltbare Gefühle und Situationen zu schützen, indem sie Suchtmittel konsumiert haben. Je früher eine Schädigung bzw. Traumatisierung erfahren wurde, umso nachhaltiger wirkt sie.

Aber auch Frauen, die ganz normale, alltägliche Konsummuster haben, können durch eine krisenhafte Zuspitzung ihrer Lebenssituation in die Sucht geraten.

Viele Frauen benutzen in ihrem Alltag Suchtmittel, um z.B. nach Haus-, Berufs- und Kinderarbeit zu entspannen, oder in Konfliktsituationen, um wieder zur Ruhe zu kommen, oder in Gruppen, um leichter Kontakt zu finden. Dieses „Benutzen“ kann sich einschleifen, sich verselbständigen und eine Eigendynamik entwickeln.

Hinter einer manchmal lange unauffälligen Fassade ist häufig unendlich viel Schmerz, Leid, Unordnung und Chaos verborgen.

Viele Frauen leiden unter Befindlichkeitsstörungen wie Hitzewallungen, Kopfschmerzen, Menstruationsbeschwerden, Ängsten, Schwindelgefühlen, Schlaflosigkeit usw. Ärzte behandeln diese häufig ausschließlich mit Medikamenten. (Zwei Drittel aller Medikamente werden Frauen verordnet). Die Lebenssituation und die Beziehungen der Frauen werden nicht einbezogen. Die Befindlichkeitsstörungen werden nicht als Notsignale des Körpers gedeutet.

von Birgit Rodemund

**aus: „Handbuch für die Suchtkrankenhilfe, mit freundlicher Genehmigung des Blaukreuz – Verlages; Wuppertal*

Tipp:
Wenn Sie als Frau denken, dass bei der MPU eine Frau als Gutachterin Sie besser verstehen bzw. nachvollziehen kann, warum Sie getrunken haben, sollten Sie bei bzw. vor der MPU bitten, dass Sie eine Frau als Gutachterin möchten!

Selbstverständlich ist dies nicht für alle Frauen die Ideallösung. Mindestens die Hälfte der Frauen, die bei mir eine MPU–Beratung in Anspruch genommen oder eine Therapie gemacht haben, sagten zu mir, dass sie lieber keine Frau als Gutachterin haben möchten.

Natürlich ist hierbei zu berücksichtigen, dass diese Frauen auch bei der MPU–Vorbereitung / Therapie vielleicht schon bei mir, als Mann, eine Vorauswahl getroffen haben, andere Frauen aber auch bei einer Vorbereitung oder Therapie lieber zu einer Frau gehen.

Kapitel 33
Senioren und die MPU

Die Senioren von heute sind nicht mehr die Senioren von gestern!

Wenn ein Mensch noch vor ein paar Jahrzehnten mit 65 – 70 Jahren schon als „alt“ bezeichnet wurde, ist die heutige Generation der „Alten“ geistig und körperlich wesentlich fitter und nimmt voll am gesellschaftlichen Leben teil.
Das Durchschnittsalter der Führerscheinbesitzer steigt; aber steigen dadurch auch die Unfallgefahr bzw. die Verkehrsunfälle mit der Beteiligung älterer Kraftfahrer?

Der Psychologe Prof. Bernhard Schlay sagte einmal:

„Ältere Menschen fahren besser als die meisten Verkehrsteilnehmer befürchten; sie fahren aber nicht so vorbildlich, wie sie selber glauben.“

Demnach überschätzen sich viele Senioren.

Die Leistungsfähigkeit lässt mit zunehmendem Alter häufig nach. Das Reaktionsvermögen zum Beispiel oder das Sehvermögen ist vielleicht noch ausreichend, aber sicher nicht mehr so, wie es einmal war.

Senioren müssen dies für sich akzeptieren und ihre Fahrweise entsprechend anpassen.

Sind die „Mindestleistungen“, die von jedem Kraftfahrer gefordert sind, nicht mehr gewährleistet, ist es sicher besser, den Führerschein freiwillig abzugeben.

Gerade zu einer Unart ist es aber geworden, ältere Kraftfahrer bei kleinsten Unsicherheiten, die vielleicht jedem von uns einmal passieren können oder schon passiert sind, der Fahrerlaubnisbehörde zu melden, die dann gegebenenfalls eine medizinisch-psychologische Überprüfung z.B. beim Gesundheitsamt oder bei einer Begutachtungsstelle für Fahreignung veranlassen kann.

Steht eine solche Untersuchung an, sollte sich der ältere Kraftfahrer darauf gut vorbereiten – aber dazu später mehr.

Natürlich können sich ab dem 70 – 75 Lebensjahr folgende Faktoren ungünstig auf die Fahrtüchtigkeit auswirken:

- Leistungsfähigkeit lässt nach:
  z.B. schnelleres Ermüden, Abnahme der Reaktionsgeschwindigkeit, Abnahme des Hör- und Sehvermögens etc.

- Selbstüberschätzung der eigenen Leistungsfähigkeit

- Leistungsminderung durch Medikamenteneinnahme

- Alterskrankheiten wie Demenzerkrankungen (Alzheimer), Bluthochdruck, Diabetes etc.

- Altersstarrsinn

Bei solchen alters- und/oder krankheitsbedingten Leistungsminderungen ist vor allem der Hausarzt als unmittelbarer Ansprechpartner für den älteren Menschen gefragt, um diesen auf evtl. Leistungsdefizite anzusprechen.

Von Erfolg sind solche Gespräche schon, wenn die älteren Menschen über sich und ihre Leistungsfähigkeit und Fahrtüchtigkeit nachdenken und sich fragen:

- Wie schnell reagiere ich überhaupt noch?

- Kann ich komplizierte und/oder gefährliche Verkehrssituationen noch schnell genug erkennen und richtig entscheiden?

- Wie lange kann ich noch ermüdungsfrei zu fahren?

- Sollte ich besser die Zeiten des Berufsverkehrs, der „Rushhour“ meiden?

- Welche Fahrstrecken kann ich mir noch zutrauen – wie viele Pausen oder evtl. Übernachtungen sollte ich bei längeren Fahrten einplanen?
- Sollte ich vielleicht nur noch mir bekannte Strecken fahren?
- Sollte ich lieber nicht mehr bei Eis und Schnee, Nebel und Regen fahren?
- Sollte ich nur noch tagsüber fahren und nicht mehr in der Dämmerung und nachts?
- Sollte ich mal wieder zum Augenarzt gehen und mein Sehvermögen testen lassen?
- Sollte ich im Zweifelsfall mit meinem Hausarzt über meine Leistungsfähigkeit/ Fahrtüchtigkeit sprechen?

Diese und ähnliche Fragen stellt Ihnen auch der Arzt und/oder Psychologe bei der Untersuchung beim Gesundheitsamt oder bei der MPU.

Der Gutachter möchte von Ihnen auch wissen, ob Sie Ihre aktuelle Leistungsfähigkeit realistisch einschätzen können und diese, falls Leistungsdefizite vorhanden sind, akzeptieren und dann entsprechend auch handeln können, z.B. nicht mehr so schnell Auto fahren, nicht mehr in der Dunkelheit fahren, Pausen einlegen etc.

Was passiert denn noch bei dem ärztlichen Gutachten oder bei der MPU?

Eigentlich läuft die Untersuchung mehr oder weniger genauso ab wie bei anderen Untersuchungsanlässen.

Natürlich wird bei der medizinischen Untersuchung (vgl. Kapitel 9.1) der Senior meist gründlicher untersucht.

Die Testverfahren (vgl. Kapitel 9.2.3), die manchmal nur aus dem Reaktionstest bestehen, werden beim Senior mit Sicherheit durch andere Tests ergänzt, z.B. durch den „LVT“ oder „d2“ – Test etc. (vgl. Kapitel 9.2.3).

Vor einer evtl. Untersuchung sollte sich der Senior ehrlich fragen, ob er mit gutem und ruhigem Gewissen noch aktiv am Straßenverkehr als Kraftfahrer teilnehmen kann.

Warnzeichen für eine evtl. zu große Leistungsminderung könnten z.B. sein, dass

- andere Verkehrsteilnehmer einem häufig Warnzeichen geben
- man aufgrund von zu niedriger Geschwindigkeit oder Unsicherheiten häufiger ein Verkehrshindernis für den übrigen Verkehr darstellt
- des Öfteren von Freunden, Familie, Hausarzt darauf angesprochen worden ist, ob man den Führerschein nicht freiwillig abgeben möchte
- man Angst vor dem Fahren hat

usw.

Wenn Sie nach reiflicher Überlegung solche oder ähnliche Warnzeichen/ Bedenken ausschließen können, gehen Sie selbstbewusst und aufrecht in die Untersuchung – aber lassen Sie sich vorher vielleicht noch von einem Fachmann beraten.

Kapitel 34
Noch ein paar Tipps zur MPU

Wartezeit

Bleiben Sie gelassen – auch nach längerer Wartezeit.
Denken Sie nicht unbedingt, dass man Sie „weich kochen“ will; vielleicht ist ja nur ein Psychologe krank.

Vermeiden Sie Gespräche mit Wartenden – meist macht man sich nur gegenseitig „verrückt“, die allerletzten Tipps werden ausgetauscht, die garantiert falsch sind.

Kleidung

Denken Sie an das Sprichwort: „Kleider machen Leute!“

Kommen Sie sauber und gepflegt zur Untersuchung. Sie sollten einen seriösen Eindruck machen. Erscheinen Sie in abgewetzten Jeans und alten Turnschuhen, kann der Gutachter – auch ungewollt – evtl. negativ auf Ihren Charakter schließen.

Das gleiche gilt für das Gegenteil.

Jeder sollte aber das anziehen, worin er sich wohl fühlt. Ein Rechtsanwalt vielleicht in seinem Anzug, ein Student in seiner Jeans. Die Kleidung muss zu Ihnen passen.

Seien Sie pünktlich

Die Empfehlung ist eigentlich überflüssig. Kommen Sie aber ausgeruht. Nehmen Sie sich den ganzen Tag frei.

Kommen Sie von weiter her, oder sind Sie auf komplizierte Verkehrsverbindungen angewiesen, überlegen Sie, ob eine Übernachtung „vor Ort“ nicht sinnvoll wäre.

Gesprächsführung

Die Gesprächsführung obliegt natürlich dem MPU-Gutachter. Er stellt seine Fragen.

Trotzdem, wenn Sie sich bei einem Thema sicher fühlen, erzählen Sie ruhig etwas ausführlicher – wenn Sie nicht gerade über Fußballergebnisse reden, wird er Ihnen wahrscheinlich zuhören.

Und das wichtigste: *Seien Sie selbstkritisch!*

Verniedlichung von Alkohol

Vermeiden Sie Wörter wie „Bierle" oder „Bierchen", „Fläschchen" usw., der Gutachter schließt daraus, dass Sie den Alkohol heute noch lieben und ihm liebevolle Zuneigung entgegen bringen.

Alkohol / Beruhigungsmittel

Wie schon erwähnt, müssen Sie immer mit einer Blutprobe rechnen.
Trinken Sie auf keinen Fall vorher Alkohol. Wenn Sie nach Alkohol riechen, ist der Test schon so gut wie gelaufen.
Beruhigungsmittel können Ihre Testergebnisse (Reaktionstestgerät etc.) negativ verändern. Sie sollten darauf verzichten.

Nichts vergessen

Bitte vergessen Sie nicht, falls erforderlich, Ihre Brille mitzunehmen, des weiteren nicht Ihren Personalausweis und evtl. Leberwerte, Krankheitsberichte etc.

Dolmetscher

Wenn Sie ausländischer Mitbürger sind und Deutsch noch nicht so richtig sprechen, verstehen oder schreiben können, müssen/sollten Sie einen vereidigten Dolmetscher in Anspruch nehmen.

Die Begutachtungsstelle nennt Ihnen entsprechend Adressen

Nicht alles glauben

Glauben Sie nicht alles, was über die MPU erzählt wird.
Manche wollen einem sogar glauben machen, dass man bei der MPU Eier übereinander stapeln müsse oder Bilder malen.

„Gute Tipps“ von Bekannten sind meistens falsch.
Gerade „Ehemalige“, die schon ein oder mehrmals bei der MPU durchgefallen sind, erzählen oft „schreckliche Sachen“ über die MPU.

Wenn Sie noch Zeit haben

Wenn Sie bis zur MPU noch Zeit haben, nutzen Sie Ihre Sperrzeit, um Ihre Vergangenheit etc. aufzuarbeiten.

Auch der MPU-Gutachter sieht es sehr positiv, wenn Sie ihm aufzeigen können, welche Schritte Sie unternommen haben. Er möchte nachvollziehen können, wie Sie sich verändert haben.

Wenn Sie nicht mehr viel Zeit haben, nehmen Sie unbedingt die Hilfe eines Fachmannes in Anspruch – dann geht es mit der Aufarbeitung schneller und effektiver.

Vorbereitungskurse durch kompetente Fachleute

Vorbereitungskurse sind durchaus legitim. Sie dienen auch der Beseitigung irrationaler und deshalb hemmender Ängste der Betroffenen vor der MPU – und sind so auch eine Vorbeugungsmaßnahme im Sinne einer seriösen Vorbereitung auf die Begutachtung.

Kompetente Fachberater sind nicht Fahrschulen, so genannte MPU-Berater, selbsternannte Verkehrspädagogen oder MPU-Vorbereiter ohne einen akademischen Hintergrund, sondern kompetente Fachberater sind: Dipl. Sozialarbeiter, Dipl. Sozialpädagoge oder Dipl. Psychologen mit mehrjähriger Berufserfahrung auf dem Gebiet der Verkehrspsychologie.

Fragen Sie Ihren Sachbearbeiter bei der Fahrerlaubnisbehörde nach einen seriösen Fachmann!

Näheres können Sie auch meiner Homepage

www.MPU-Beratung-Eising.de

entnehmen, oder rufen Sie mich einfach unter 04646 / 990 408 an.

Kapitel 35
Prüfungsangst

Zwei Menschen sitzen sich gegenüber, der eine der Prüfer (MPU-Gutachter), der andere der Prüfling.

Dieser sitzt recht unfreiwillig auf seinem Stuhl und „nur“ deshalb, weil er seinen Führerschein wieder haben will.

Der Test ist die Hürde auf dem Weg zur Wiedererlangung des Führerscheines. Was von ihm verlangt wird, was er sagen muss oder soll, weiß der Prüfling oft nicht. Die Karten bei diesem Frage- und Antwortspiel mischt ein anderer – der Prüfer (Psychologe).

Er, der Prüfling, soll getestet werden, begutachtet;
eine sehr ungleiche Lage für ihn, dieses Gefälle von Macht, ja, es könnte schon Angst machen.

Die Schule – vielleicht auch das Studium – liegen schon lange zurück, man ist es nicht mehr gewohnt, Klassenarbeiten, Klausuren oder mündliche Prüfungen zu machen. Mancher von uns ist auch nie ein „Prüfungsmensch“ gewesen.

Dieses Beratungsprogramm wurde auch deshalb geschrieben, um Ängste abzubauen.

Wenn man erst einmal weiß, was und worauf es ankommt, ist die Angst nur noch halb so groß.

Vielleicht haben Sie auch schon aus dem Freundes- oder Bekanntenkreis gehört, wie schrecklich dieser MPU-Test gewesen ist. Oft wird dabei maßlos übertrieben. Die Schwierigkeiten, die Hürden beim Test werden gewaltig dargestellt, um so das eigene Versagen beim Test zu entschuldigen oder, wenn der Test bestanden wurde, diesen Erfolg noch zu erhöhen.

Lassen Sie sich keine Angst machen! Sie wissen durch dieses Beratungsprogramm, worauf es ankommt und was verlangt wird.

Und noch eines: Sehen Sie die MPU nicht als einen Test an, der nur unter dem Druck äußerer Umstände und „unfreiwillig“ absolviert werden muss; erhöhen Sie Ihre Motivation für den Test – Sie wollen den Führerschein wieder haben – Sie machen die MPU freiwillig – Sie wollen die MPU so gut wie möglich machen – diese Einstellung aktiviert Ihre Kräfte!!

Testangst

Spielen Sie in Gedanken die MPU durch – am besten in einem entspannten Zustand.
Wie Sie hereinkommen, im Wartezimmer auf die medizinische Untersuchung warten, später die Tests machen, das Gespräch mit dem Psychologen...

Sie wissen, bei der medizinischen Untersuchung fällt kaum jemand durch (vgl. Kapitel 9.1). Auch die psychologischen Tests sind selten die Begründung dafür, dass jemand durchfällt (vgl. Kapitel 9.2.3)

Worauf es am meisten ankommt, ist das Gespräch mit dem Psychologen. Aber auf dieses können Sie sich gut vorbereiten.

Stellen Sie sich selber die Fragen, die der Psychologe Ihnen stellen könnte. Beantworten Sie diese laut und stellen Sie sich vor, der Psychologe würde Ihnen gegenübersitzen und zuhören.
Machen Sie sich Gedanken über das, was Sie antworten und versuchen Sie, die Antworten zu verbessern (vgl. z.B. als Alkoholsünder hierzu nochmals Kapitel 10, Strategien).

Sie werden sehen, Sie bekommen ein Gefühl der Sicherheit.

Wem die MPU trotzdem immer noch auf den Magen schlägt und noch etwas Zeit hat, dem empfehle ich das „Autogene Training“.

Autogenes Training.

Das Autogenes Training gehört wohl zu den bewährtesten Anti-Angstmittel

Leider dauert es einige Zeit, bis man diese Technik einigermaßen beherrscht. Ein paar Wochen sollten Sie schon Zeit haben. Ich empfehle hierzu das Buch „Autogenes Training – Schritt für Schritt" von Dipl. Psychologen Brenner, H. Humboldt-Taschenbücher – oder noch besser: gleich einen Kurs bei der VHS belegen.

Eine andere Methode, die ich Ihnen noch empfehlen kann, ist die

Paradoxe Intention.

Was ist das denn?

Am besten wird es an einem Beispiel erklärt:
Man kann abends nicht einschlafen; willentlich versucht man, sich zum Einschlafen zu zwingen; es klappt nicht, meist tritt das Gegenteil ein, man wird hellwach.

Genau umgekehrt läuft es ab, wenn man willentlich versucht, wach zu bleiben. Irgendwann wird man unversehens vom Schlaf übermannt.

Paradox, nicht wahr? – Aber genau so ist es.

Der Wille versagt, weil durch die Anspannung innere Widerstände aktiviert werden, die dem Willen gegenüber stehen, ihn neutralisieren, also ausschalten bzw. ihn ins Gegenteil verkehren.

Auf die MPU angewandt, heißt dies:
Sobald Angst auftaucht, strengt man sich mit aller Willenskraft an, diese Angst zu verstärken – sie bricht dann meist schlagartig zusammen.

Diese Technik ist jederzeit wiederholbar.

Am besten, man probiert es im Alltag einmal aus – vielleicht vor dem nächsten Zahnarzttermin? – oder bevor Sie zum Chef gehen und um eine Lohnerhöhung nachfragen.

Sie werden sehen, es klappt!

Und wenn alle guten Ratschläge nichts nützen, dann haben Sie halt Angst!

Der Psychologe reißt Ihnen nicht den Kopf ab. Er weiß ganz genau, dass nicht jeder ein „Prüfungsmensch“ ist.

Oft höre ich von meinen Klienten, „bei der MPU stottere ich ganz bestimmt“.
Meine Antwort darauf: „Dann stottern Sie halt, der MPU-Psychologe hört trotzdem heraus, was Sie denken bzw. was für eine Einstellung Sie haben!“- und nur darauf kommt es an!

Kapitel 36
Häufig gestellte Fragen zur MPU

1. Ich soll zu einer MPU – ist sie wirklich Pflicht? – Kann ich mich weigern?

Natürlich können Sie sich weigern, niemand wird gezwungen, eine MPU zu machen. Leider erhalten Sie dann auch den Führerschein nicht wieder. Wenn die Behörde zu dem Schluss gekommen ist, dass Sie die Eignung zum Führen eines Kraftfahrzeuges nicht besitzen, müssen Sie vor Wiedererteilung der Fahrerlaubnis den Nachweis führen, dass Sie wieder uneingeschränkt geeignet sind.
Das geht leider nur, wenn dies durch ein medizinisch-psychologisches Gutachten, also durch die MPU, bestätigt wird.

2. Muss ich zu einer bestimmten Gutachterstelle?

Nein, Sie können zu jeder Gutachterstelle, die amtlich zugelassen ist, also zum TÜV, zur AVUS oder einer anderen Institution, z.B. in Hamburg, München, Stuttgart oder Berlin – egal, wo Sie wohnen.

3. Kann ich mich auch bei einem niedergelassenen Psychologen begutachten lassen?

Ja, aber die Führerscheinstelle akzeptiert nur ein Gutachten von einer amtlich anerkannten Begutachtungsstelle.

4. Welche Chancen habe ich, die MPU zu bestehen?

Entscheidend ist, ob Sie den Psychologen davon überzeugen können, dass Sie Ihr Problem (Alkohol, Drogen, Fahrverhalten) gelöst haben und sich die Auffälligkeiten im Straßenverkehr nicht wiederholen.

Ohne eine gute Vorbereitung und Aufarbeitung stehen die Chancen sehr schlecht. Positiv betrachtet: Bei einer sehr guten Vorbereitung und Aufarbeitung stehen die Chancen sehr gut!

5. Meine Leberwerte waren super! Trotzdem bin ich durchgefallen – warum?

Leberwerte allein sind nicht ausschlaggebend.
Gute Werte sind „nur“ die Grundvoraussetzung für ein positives Gutachten.

6. Bei mir wird es eng – ich habe schon fast 2 Jahre keinen Führerschein mehr - muss ich denn wirklich den Führerschein neu machen?

Nach der neuen Fahrerlaubnis-Verordnung (2008) kann eine Fahrerlaubnis auch dann Prüfungsfrei (nach der MPU) erteilt werden, wenn seit der Entziehung ein Zeitraum von mehr als zwei Jahren vergangen ist.
Vorraussetzung dafür ist, dass die zuständige Behörde der Auffassung ist, dass die erforderlich Kenntnisse und Fähigkeiten noch vorhanden sind.

7. Ich muss zum 2. Mal zur MPU – ist diese anders und/oder billiger?

Nein! Ablauf und Kosten sind die gleichen wie beim 1. Mal.

8. Mein Gutachten ist negativ – wann kann ich wieder zur MPU?

In der Regel etwa 6 Monate nach dem letzten Gutachten.

9. Muss ich mein altes, negatives Gutachten bei der Führerscheinstelle abgeben?

Nein, manchmal ist es besser, es abzugeben und manchmal, es nicht zu tun! Falls Sie eine Telefonberatung gewählt haben, sprechen Sie mich daraufhin an oder führen Sie ein persönliches Gespräch mit mir.

10. Was soll ich nach einem negativen Gutachten tun?

Wenn Sie noch kein negatives Gutachten haben, sollten Sie solch einen Fall vermeiden, indem Sie sich wirklich sehr gut auf die MPU vorbereiten!

Lesen Sie hier vielleicht noch einmal das Kapitel 7 ("Ihre 15 Schritte zurück zum Führerschein").
Leider haben viele der Leser - bevor Sie dieses Buch gekauft haben - schon ein negatives Gutachten bekommen. Hier heißt es erst einmal die Ruhe bewahren!
Versuchen Sie Ihre Gefühle (Wut, Ärger, Verzweiflung etc.) in den Griff zu bekommen und einen klaren Kopf zu bewahren. Auf keinen Fall sollten Sie Ihre Enttäuschung mit Alkohol oder anderen Drogen betäuben.
Setzen Sie sich danach gründlich mit dem MPU-Gutachten auseinander - am besten mit fachlicher Hilfe – und bereiten sich dann gut auf die nächste MPU vor. Falls Sie Zweifel an der Richtigkeit des Gutachtens haben, können Sie auch meinen Rat einholen.

11. Wie oft kann ich die MPU wiederholen?

Normalerweise so oft Sie wollen – oder so lange, bis Ihnen das Geld ausgegangen ist!

12. Was soll ich mit meinem negativen Gutachten nur machen?

Nachdem Sie es vielleicht in die nächste Ecke geworfen und kräftig über die MPU selbst, deren Gutachter und die ganze Welt geschimpft haben, auf jeden Fall aufbewahren, auch wenn Sie es nicht bei der Behörde abgeben wollen.
Am besten ist es, sich mit dem Gutachten (evtl. mit fachlicher Hilfe) auseinander zu setzen und daraus zu lernen, um es das nächste Mal besser zu machen.

13. Warum fallen so viele Menschen bei der MPU durch?

Sehr viele denken, die MPU sei ein „Idiotentest“ – wie sie ja auch volkstümlich genannt wird.
Dass dies nicht so ist, wissen Sie, wenn Sie mein Beratungsprogramm genau studiert haben. Die Hürde für ein Bestehen ist hoch angelegt. Es hat nur jemand eine Chance, die MPU zu bestehen, der sich wirklich gut vorbereitet

hat. Mit einer guten Vorbereitung sparen Sie viel Zeit, Geld, Ärger und im Endeffekt auch noch Nerven.

14. Ich möchte eine Therapie machen. Ist kontrolliertes Trinken das richtige für mich oder soll ich lieber abstinent leben?

Diese Frage ist von großer Bedeutung!
Zuerst muss geklärt werden, ob und wenn in welcher Form eine Abhängigkeit vorliegt.
Kommt zu einer seelischen (psychischen) Abhängigkeit noch eine körperliche (physische) Abhängigkeit, muss auch noch geklärt werden, ob eine klinische ärztliche Entziehungsbehandlung vonnöten ist.
Danach kann entschieden werden, ob Schritt für Schritt an einem kontrollierten Trinken gearbeitet werden kann, oder das Ziel der Abstinenz verfolgt werden sollte.

15. Was erwartet der Gutachter bei der MPU von mir? Dass ich überhaupt keinen Alkohol mehr trinke oder kontrolliert trinke?

Das hängt von verschiedenen Faktoren ab:
Auf die Höhe der Promille, die Sie gehabt haben, auf Ihren Zustand dabei, wie lange Sie schon so viel getrunken haben usw. Eine allgemeingültige Antwort kann hier nicht gegeben werden (vgl. hier Kapitel 11, „Kontrolliertes Trinken" - ein Wunschtraum?“).

16. Ich leide seit Jahren an einer so genannten „Generalisierten Angst“, also Alltagsangst – stimmt es, dass auch viele andere Betroffene so zum Alkohol gekommen sind?

Ja! Man schätzt, dass etwa 10 – 12 % aller Menschen an Angstzuständen leiden und behandlungsbedürftig sind – ca. 30 % dieser Menschen haben Probleme mit Alkohol (vgl. hier auch Kapitel 22, "Angst, Sucht und MPU").
Für viele ist Alkohol ein vermeintliches Hilfsmittel, das ebenso wie Beruhigungsmittel, Psychopharmaka, Neuroleptika oder Antidepressiva große Gefahren in sich birgt, nicht zu längerem Konsum oder Gebrauch über

längere Zeit geeignet ist und letztendlich zu einer psychischen (geistig/seelischen) wie auch physischen (körperlichen) Abhängigkeit führen kann.
Alkohol und Medikamente überdecken meist nur eine psychische Störung (Angst), beseitigen diese aber nicht. Ist eine Angststörung die Ursache des erhöhten Alkoholkonsums, müssen beide Probleme bearbeitet werden – die Angststörung und das Alkoholproblem. Wenn Sie näheres über Angststörungen erfahren möchten, gehen Sie auf meine Angsthomepage www.Angst-besiegen.de.

17. Ich habe eine Straftat begangen – wieso muss ich zur MPU?

Straftäter benutzen sehr oft zur Durchführung ihrer Straftaten ein Kraftfahrzeug, z.B. als Fluchtauto bei einem Bankraub, bei einem Einbruch zum Abtransport von Diebesgut oder um Drogen zu transportieren. Auch kann im Auto eine Straftat passieren, z.B. eine Vergewaltigung.
Die Führerscheinstelle bzw. der Gesetzgeber gehen nun davon aus, dass – wenn zur Ausübung einer Straftat die Fahrerlaubnis missbraucht wird - Zweifel an der Fahreignung gegeben sind
Aber auch wenn jemand wegen zu hoher Aggression auffällig wird, muss dieser sich einer MPU stellen. Beispiele für erhöhte Aggression sind Schlägereien, Bedrohung von Menschen mit körperlicher Gewalt, Hausfriedensbruch, Nötigung usw.
Solche Straftaten zeugen von planvoller, bedenkenloser Durchsetzung von eigenen Interessen, ohne Rücksicht auf andere zu nehmen.
Diese aggressiven Verhaltensweisen können sich auch im Straßenverkehr auswirken und es ist zu vermuten bzw. es besteht eine hohe Wahrscheinlichkeit, dass auch beim Führen eines Fahrzeugs aggressive Verhaltensweisen ausgelebt werden.
(vgl. Kapitel 31, „Straftäter und MPU“).

18. Der TÜV, AVUS, DEKRA bieten ein „Vorgespräch“ an. Soll ich das Angebot annehmen? Was bringt mir das?

Die meisten meiner Klienten, die zu mir kommen und vorher bei solch einem Vorgespräch waren, waren davon enttäuscht.

Der hier zuständige Psychologe hätte ihnen kaum gesagt, auf was sie bei dem MPU-Gespräch achten sollten!
Dies ist auch nicht der Sinn des Vorgespräches, sondern man sagt Ihnen, was von Ihnen (wahrscheinlich) verlangt wird - also z.B. Leberwerte sammeln, EtG oder Haaranalysen machen lassen; weiter gibt der Psychologe Ihnen den Rat, einen bestimmten Kurs zu belegen, eine Therapie zu machen oder eine Selbsthilfegruppe zu besuchen.
Selbstverständlich können Sie genauso gut zu einem seriösen freiberuflichen MPU-Fachmann gehen.
Es bleibt bei einer oberflächlichen Information – und – Ihren späteren Gutachter werden Sie wohl nicht kennen lernen – man achtet darauf, dass das eigentliche Gutachten jemand anderes macht.
Natürlich gilt auch hier: Man kann nicht alle Institute, alle MPU-Gutachter über einen "Kamm scheren".
Die Gefahr bei einem Vorgespräch ist aber, dass der Psychologe sich Notizen, einen Bericht macht (der oft genug negativ ist), und sich dieser Bericht dann evtl. bei dem eigentlichen Gutachter wieder findet. Selbstverständlich ist dies rechtlich nicht erlaubt, die Weitergabe verstößt gegen die gesetzliche Schweigepflicht - aber...

19. Ich habe viele tausend Euro bei jemandem gezahlt, der mir versprochen hat, mein Geld zurück zu zahlen, wenn ich bei der MPU durchfalle. Ich bin durchgefallen – habe aber mein Geld nicht zurück bekommen!

Solche Klagen höre ich leider sehr oft. Diese meist unseriösen Anbieter berufen sich hier auf das „Kleingedruckte". Darin heißt es z.B., dass man erst dann zur MPU zu gehen hat, wenn man sein Problem erkannt und es gelöst hat.
Bekommen Sie jetzt ein negatives Gutachten, steht in diesem meist, dass Sie Ihr Problem noch nicht gelöst haben – also kein Geld zurück!

20. Was ist von Versprechen zu halten „Festpreis bis zum positiven Gutachten, ohne Mehrkosten"?

Auf den ersten Blick ein faires Angebot. Nur wird gleich am Anfang eine sehr hohe Summe fällig und: fällt man bei der MPU durch, werden Sie meist in irgendeine Gruppe gesetzt, in der man sich nicht viel weiter um Sie kümmert, bis Sie irgendwann die Lust verlieren und von selber aufhören.

21. Ich möchte gerne objektiv wissen, ob ich tatsächlich Probleme mit dem Alkohol habe – gibt es da einen Test, bei dem ich sehen kann, wo ich tatsächlich stehe?

Ja, den gibt es – z.B. den „Trierer Alkoholismusinventar-Test“.
Er gibt Auskunft über den früheren oder aktuellen Stand der Verhaltenskontrolle in Bezug Alkohol, über den Grund des Trinkens, süchtiges Trinken, über die Trinkmotive, also warum man trinkt, über evtl. schon bereits vorhandene Schädigungen etc. (vgl. hier im Anhang „Leistungsübersicht über Testverfahren“).

22. Ich leide an Fahrangst – also an einer Angst vor dem Autofahren. Können Sie mir da auch helfen?

Lt. ADAC gibt es allein in Deutschland etwa eine Million Menschen, die im Besitz des Führerscheins sind, aber nicht Auto fahren.
Viele von ihnen trauen sich nicht mehr ans Steuer. Sie haben eine Fahrangst. Manchmal reichen ein paar Fahrstunden mit einem vertrauten Menschen aus, um die alte Selbstsicherheit zu bekommen. Doch oft genug liegen die Gründe tiefer.
Der einzige Weg, die Fahrangst zu beseitigen, besteht darin, sie zu besiegen!
Wenn Sie näheres erfahren möchten, gehen Sie auf meine Angsthomepage www.Angst-besiegen.de.

23. Ein Bekannter von mir hatte auch Führerscheinprobleme wegen Alkohol – Meditation half ihm dabei, vom Alkohol wegzukommen – was meinen Sie dazu?

Es gibt viele Meditationsformen und Entspannungstechniken, die dabei helfen können.
Meditation verhilft zur inneren Ruhe und Gleichgewicht. Meditation ändert unser Leben – nicht sofort – aber mit fortschreitender Übung immer mehr.

Näheres zu Meditation finden Sie auch in meinem Buch:
"Über 100 Techniken der Bewusstseinserweiterung - Ein Übungshandbuch aus allen Bereichen."
www.Meditations-Techniken.de

24. Ich habe gehört, dass man mir als Punktesammler eine gewisse Aggressivität unterstellt und dass es zur Messung der Aggressivität einen Test geben soll?

Oft genug wird vermutet, dass ein erhöhtes Aggressionspotential zur Häufung der Verkehrsdelikte geführt hat.
Hier gibt es so genannte Fragebögen zur Erfassung von Aggressivitätsfaktoren. (vgl. Kapitel 9.2.3 "Die Testverfahren")
„Punktesammler“ haben es oft schwer, darzustellen, warum immer wieder neue Verkehrsverstöße hinzukommen.
Die Gründe hierfür – denkt der MPU-Gutachter – müssen also tiefer liegen. Eine Vermutung dahingehend liegt in der Annahme eines erhöhten Aggressionspotentials.

25. Stimmt es, dass ältere Verkehrsteilnehmer bei auffälligem Verkehrsververhalten auch mit einer MPU, einem so genannten Seniorentest, rechnen müssen? Wenn ja, warum?

Lt. Statistik nimmt die Unfallhäufigkeit im Alter zu. Positiv ist aber zu sehen, dass hierbei die allermeisten Unfälle keine schweren sind.
Im Rahmen der EU-Gesetze wird es wohl bald dazu kommen, dass ein Senioren-Eignungstest Europaweit ab dem 75. Lebensjahr eingeführt wird. Es wird geprüft werden, ob der Betroffene in der Lage ist, altersbedingte Mängel auszugleichen. Wenn dies nicht der Fall ist, wird der Führerschein entzogen.
Natürlich geben heute schon viele ältere Verkehrsteilnehmer freiwillig ihren Führerschein ab, wenn aus ihrer Sicht die Zeit gekommen ist oder fahren zum Beispiel nur noch auf ihnen gut bekannten Strecken.
Das Alter allein ist aber kein Ausschließungsgrund für das Fahren. Manchmal wird heute schon von älteren Verkehrsteilnehmer gefordert, einen Eignungstest zu machen. Manches Mal zu Recht - manchmal aber auch zu

Unrecht.
Gerade Polizeibeamte regen öfters in ihren Berichten eine Eignungsuntersuchung an, wenn sich ein älterer Verkehrsteilnehmer in einer bestimmten Situation unsicher gezeigt hat oder ein „störrisches" Verhalten an den Tag legt.
Bevor Sie zu einem Seniorentest gehen – lassen Sie sich beraten!
(vgl. hier Kapitel 33, „Senioren und die MPU")

26. Ich habe gehört, dass der Gutachter bei der MPU eine Lebenslauferforschung macht – was ist das eigentlich?

Der Gutachter interessiert sich hier für die Ereignisse aus Ihrem Lebenslauf, die mit Ihrer Verkehrsvorgeschichte im Zusammenhang stehen.
Wichtige biographische Daten liegen dem Psychologen/Gutachter schon aus Ihrer Führerscheinakte vor. Hinzu kommen bei der MPU schriftliche und mündliche Fragen zu Ihrem Lebenslauf.
Daraus entsteht dann die so genannte Anamnese.
Nun prüft der Gutachter, ob und inwieweit sich aus der Lebens- und Verkehrsvorgeschichte Verhaltensauffälligkeiten etc. ergeben haben.

27. Wann verjähren eigentlich meine alten Sachen? Was kann aus meiner Führerscheinakte herausgenommen werden?

Verkehrsordnungswidrigkeiten verjähren nach 2 – 5 Jahren und sind in der Regel nicht mehr verwertbar.
Trunkenheitsfahrten bleiben in der Regel 10 bis 15 Jahre in der Akte.
Im Einzelfall fragen Sie bitte immer Ihren Rechtsanwalt oder Ihren Sachbearbeiter bei der Führerscheinstelle (Fahrerlaubnisbehörde).

28. Was ist eigentlich der Unterschied zwischen einem Fahrverbot und einem Fahrerlaubnisentzug?

Bei Fahrverboten muss der Betroffene seinen Führerschein für ein bis drei Monate bei der Fahrerlaubnisbehörde hinterlegen und darf in dieser Zeit kein Kraftfahrzeug im Straßenverkehr bewegen.

Fahrerlaubnisentzüge folgen häufiger nach Begehen von Straftaten. Die Fahrerlaubnis erlischt. Die Dauer der Führerscheinentzugs, die so genannte Sperrzeit, bestimmt das Gericht.
Zur Wiedererlangung der Fahrerlaubnis muss ein Antrag bei der zuständigen Fahrerlaubnisbehörde gestellt werden.

Welche Unterlagen benötige ich, wenn ich die Wiedererteilung meiner Fahrerlaubnis beantrage?

In jedem Fall:

- Ausweis oder Reispass mit aktueller Meldebestätigung
- Sehtest oder augenärztliche Bescheinigung / Gutachten
- Passbild
- Nachweis über einen "Erste-Hilfe" Kurs oder über "Sofortmaßnahmen am Unfallort".

Fragen Sie auf jeden Fall Ihren Sachbearbeiter bei der Führerscheinstelle!!
Evtl. benötigen sie noch

- eine ärztliche Bescheinigung über Ihre körperliche und geistige Eignung (FeV 5 Nr. 1)
- ein fachärztliches Gutachten oder medizinisch-psychologisches Gutachten
- ein Führungszeugnis der Belegart O (erweitertes Führungszeugnis)

29. Wie schnell baut sich eigentlich der Alkohol ab? Ich habe gehört, dass der Alkohol sich bei Menschen unterschiedlich abbaut.

Ja, dass stimmt. Im Durchschnitt baut sich der Alkohol mit durchschnittlich 0,15 Promille pro Stunde ab. Allerdings bauen manche nur 0,1 Promille ab, andere wiederum 0,2 Promille und mehr.
Ein verantwortungsvoller Autofahrer sollte aber immer nur mit 0,1 Promille rechnen, damit er dann auch auf der sicheren Seite ist! Niemand weiß ja wirklich, wie viel er abbaut.

30. Warum ist der Blutalkoholwert eigentlich höher als der Atem-alkoholwert?

Bei einer Polizeikontrolle wird in der Regel ein Atemalkoholgerät eingesetzt. Die Alkoholkonzentration in der Atemluft ist sehr viel niedriger als im Blut und muss deshalb umgerechnet werden. Eine Atemalkoholkonzentration von zum Beispiel 0,4 mg/l entspricht einer Promille von 0,8!

31. Gibt es eigentlich alkoholfreies Bier?

Sie müssen damit rechnen, dass selbst die so genannten alkoholfreien Biere und Weine noch geringe Anteile Alkohol enthalten. Als alkoholfrei dürfen Getränke bezeichnet werden, wenn sie weniger als 0,5 % Alkohol enthalten.

Kapitel 37
MPU-Fragebögen

37.1 Fragebogen zur persönlichen Situation

Warum muss sehr oft ein solcher Fragebogen ausgefüllt werden?

Wichtige biographische Daten liegen dem Psychologen/Gutachter schon vor der Untersuchung vor. Er erhält diese aus den ihm vorliegenden Akten. Die Aktenanalyse ist also schon der erste Untersuchungsschritt zur Vorbereitung auf die Begutachtung.

Der psychologische Zusammenhang, in dem die in den Akten enthaltenen Daten stehen, gibt die Anamnese (Gesamtheit der Informationen, die über eine Person, über deren Lebenslauf gesammelt werden).

Der Gutachter prüft, ob und inwieweit sich aus der Lebens- und Verkehrsgeschichte Verhaltensauffälligkeiten, Einstellungen etc. ergeben haben.

In der psychologischen Untersuchung klärt der Gutachter ab, ob die Bedingungen, die zu diesem Fehlverhalten (hier verkehrsauffälliges Verhalten, Alkohol etc.) geführt haben, noch bestehen oder nicht, und ob der Prüfling Mittel und Wege gefunden hat, um für sich ein entsprechendes Verhalten in Zukunft mit großer Wahrscheinlichkeit zu vermeiden.

Hieraus ergibt sich dann seine Prognose, also seine Einschätzung für das weitere Verhalten des Prüflings.

Der persönliche Fragebogen ist also ein wichtiger Bestandteil der MPU, aus dem sich der Gutachter ein „rundes“ Bild vom Prüfling machen kann.

Auf der nächsten Seite, ein

„Fragebogen zur persönlichen Situation“

wie er aussehen könnte, und den man sehr oft bei der MPU ausfüllen muss – möglichst mit exakten Daten und auswendig!

Von manchen Instituten wird solch ein Fragebogen auch schon vor der MPU dem Antragsteller nach Hause zugesandt (vgl. Kapitel 37.1 Original-AVUS Fragebögen).

Muster eines
Fragenbogen zur persönlichen Situation für die MPU

Allgemeines:

Name Vorname Geb. Datum

___

Wohnort Strasse

___

Art des Schulabschlusses (bitte ankreuzen):

o	Hauptschule	von	bis
o	Realschule	von	bis
o	Gymnasium	von	bis
o	___________	von	bis

Erlernter Beruf: ______________________________

____

____

Familienstand: ____
(Bindungen,
Kinder etc.) ____

Bitte schildern Sie, wie Sie einen normalen Wochentag (Arbeit, Freizeit) und wie Sie gewöhnlich Ihr Wochenende (freie Tage) verbringen.

____

____

____

____

Angaben zur Beschäftigung:

beschäftigt als: ____

wenn arbeitslos, seit wann? ________________________________

Tätigkeiten in chronologischer (zeitlicher) Reihenfolge

____

____

____

____

____

Befriedigt Sie Ihre Arbeit / Tätigkeit, die Sie zurzeit ausüben?

Was sind Ihre Berufsziele?

Gesundheitliches Befinden:

Gesundheitszustand während der Kindheit: ______________________

Welche Krankheiten hatten Sie während der Kindheit? ______________

Gesundheitszustand während des Heranwachsens: _________________

Ihre Größe: ________________ Ihr Gewicht: ________________

Welche Operationen hatten Sie? (bitte mit Altersangabe): ______________

____

Welche Unfälle hatten Sie? Bleibende Beeinträchtigungen? ____________

____

Sind Sie körperbehindert? ______________________________________

____

Befinden Sie sich zurzeit in ärztlicher Behandlung? Weswegen?

____

____

Welche Medikamente nehmen Sie ein?

____

Kennen Sie Ihre Leberwerte? – Wenn ja, wie hoch sind diese?

____

Freizeitinteressen:

Interessen und Hobbys während der Kindheit / Jugend: ______________

____

Aktuelle Hobbys: ____

Konsum von Genussmittel:

Wie viel Zigaretten rauchen Sie im Durchschnitt täglich? ______________

Haben Sie früher mehr, gleichviel oder weniger geraucht? ______________

Wie viel Kaffe trinken Sie pro Tag? ______________________________

Wie viel Alkohol trinken Sie im Durchschnitt täglich?

____

Wie viel Alkohol trinken Sie im Durchschnitt in der Woche?

____

Konnten Sie früher oder heute mehr Alkohol vertragen? ______________

____

Welche Alkoholsorten trinken Sie? (bitte ankreuzen):

o Bier	o Wein	o Sekt
o Schnaps	o Whisky	o Vodka
o Liqueur	o Cognac	o ....

Haben Sie schon einmal Drogen genommen? – Wenn ja, welche?

____

____

Warum trinken Sie Alkohol?

____

____

____

Wenn Sie keinen Alkohol trinken – oder nicht mehr – warum nicht?

____

____

____

____

____

____

Haben Sie schon einmal eine Alkoholtherapie gemacht?

o	ambulant	von	bis
o	stationär	von	bis

____

Besuchen Sie eine Selbsthilfegruppe? ______________________

____

Welche Erfahrungen haben Sie in dieser Gruppe gemacht?

____

____

____

Fahrerlaubnis / Führerschein

Wann haben Sie das erste Mal Ihren Führerschein gemacht?

Jahr ……   Klasse ……..

Wie oft haben Sie schon ein Fahrverbot bekommen? Wenn ja, warum?

____

____

Ist Ihnen schon einmal der Führerschein entzogen worden? Wenn ja, warum?

____

____

Sie haben alkoholisiert ein Kraftfahrzeug gefahren

Wann war das? ______________________________

Wie viel Promille hatten Sie? ____________________

Wie viel haben Sie vor dieser Fahrt getrunken? __________

____

Wie weit wollten Sie fahren? ____________________

Wie weit sind Sie gekommen? ____________________

Ist die Fahrt durch einen Unfall beendet worden? ________

____

Wie war Ihr Zustand? ________________________

____

Waren Sie noch fahrtüchtig? ____________________

____

Beschreiben Sie bitte Ihren Fahrstiel in der Vergangenheit

____

____

____

Wie möchten Sie sich in Zukunft im Straßenverkehr verhalten?

____

____

____

Haben Sie sich auf die MPU vorbereitet?

Waren Sie früher schon einmal bei einer MPU?
Wenn ja, wann und mit welchem Ergebnis?

Kapitel 37

37.2 Original AVUS-Fragebögen

Auf den nächsten 10 Seiten ist ein Original-AVUS-Fragebogen abgedruckt.

Falls Sie als Untersuchungsstelle die AVUS gewählt haben, wird dieser Fragebogen, nachdem Ihre Führerscheinakte dort eingegangen ist, zu Ihnen nach Hause gesandt.

Dort können Sie den Fragebogen dann in Ruhe ausfüllen.

Unterteilt ist dieser Fragebogen in

- Persönliche Vorgeschichte
- Gesundheitsvorgeschichte
- Fahrerlaubnis und Verkehrsverhalten
- Alkohol im Straßenverkehr

Nehmen Sie sich Zeit und schreiben Sie „vor“, bevor Sie ins „Reine“ schreiben.

Bitte bedenken Sie, dass die Fragebögen ein wichtiger Bestandteil der MPU sind.
Hier können Sie schon im „Vorfeld“ Punkte gut machen, wenn Sie den Fragebogen, den Sie schon vorab zugesandt bekamen, mit Bedacht ausgefüllt haben.

Abdruckerlaubnis mit freundlicher Genehmigung der AVUS Hamburg.

Gleich nach diesen 10 Seiten kommt ein weiterer AVUS-Fragebogen.
Unterteilt ist dieser Fragebogen (4 Seiten) in

- Persönliche Vorgeschichte
- Gesundheitsvorgeschichte

Abschrift
Stand: 10.03.2003

Avus

Gesellschaft für Arbeit-, Verkehrs-
und Umweltsicherheit MBH

MPU

Fragenheft 1

Bitte füllen Sie nun die nachstehend angekreuzten Fragebögen sorgfältig und in aller Ruhe aus, und bringen Sie bitte das vollständig ausgefüllte Fragenheft mit zu Ihrer Untersuchung.

- o Persönliche Vorgeschichte
- o Gesundheitsvorgeschichte
- o Fahrerlaubnis und Verkehrsverhalten
- o Alkohol im Straßenverkehr

Die Begutachtung Ihrer Fahreignung erfolgt nicht allein durch die nachfolgenden Fragen, sondern umfasst im weiteren eine ärztliche und eine psychologische Untersuchung. Im Regelfall werden auch Leistungstests durchgeführt.
Unterstützen Sie bitte Ihre Begutachtung, indem Sie die Fragen wahrgemäß und nach besten Wissen und Gewissen beantworten.
Bitte bestätigen Sie durch Ihre Unterschrift,

- dass Sie alle Angaben wahrheitsgemäß gemacht haben und
- dass Sie die Ihnen übersandten Auftrags- und Zahlungsbedingungen akzeptieren.

______________________________, den __________________20______

____
Unterschrift

Persönliche Vorgeschichte

Schulverlauf (Abschluss? Stärken und Schwächen?

Ausbildung (Lehre? Studium? Abschluss?)

Beruflicher Werdegang

Derzeit ausgeübte Tätigkeit

Wenn arbeitslos, seit wann?

Bindung und Beziehung
(Familie, Eheschließung, Scheidung, Kinder)

Bitte schildern Sie mit eigenen Worten, wie Sie einen normalen Wochentag verbringen (Beruf und Freizeit) und wie Sie in der Regel Ihr Wochenende verbringen:

Gesundheitsvorgeschichte (Anamnese)

	Ja	Nein
Leiden oder litten Sie an einer der folgenden Krankheiten oder Gesundheitsstörungen?		
Häufige Erkältungskrankheiten	O	O
Häufige Kopfschmerzen	O	O
Magen-Darm-Erkrankungen oder Beschwerden (z.B. Entzündungen oder Geschwüre)		
Lebererkrankungen (z.B. Entzündungen, Gelbsucht, Blutgerinnungsstörungen)	O	O
erhöhter Blutdruck	O	O
Herzschmerzen	O	O
Rückenbeschwerden	O	O
sonstige Erkrankungen (z.B. Rheuma, Gicht, Nerven-, Lungen- oder Nierenerkrankungen, Blutarmut, Zuckerkrankheit)	O	O
Sind Ihre Blutfettwerte erhöht?	O	O
Sind Ihre Leberwerte erhöht?	O	O
Können Sie Kopf, Arme und Beine frei bewegen	O	O
Können Sie ungehindert gehen?	O	O
Ist Ihr Hörvermögen eingeschränkt?	O	O
Ist Ihre Sehfähigkeit behindert (z.B. durch Schielen, Hornhautverletzungen, Einäugigkeit, Farbsinnstörungen)?	O	O

	Ja	Nein
Benutzen Sie eine Sehhilfe zum Autofahren? Wenn ja, seit wann? Seit: ______________________________	O	O
Haben Sie durch einen Unfall oder Krankheit eine bleibend gesundheitlicheliche Schädigung erlitten? Welche? ____	O	O
Sind Sie körperbehindert? Wenn ja, weshalb? ____ Wenn ja, seit wann? Seit ________________ Grad der Behinderung ____________ %	O	O
Befinden Sie sich in regelmäßiger Behandlung? Wenn ja, warum? ____ Wenn nein, wann waren Sie zuletzt in ärztlicher Behandlung? ________________________________	O	O
Nehmen Sie regelmäßig Medikamente ein? Wenn ja, welche? ____	O	O
Nehmen Sie derzeit vorübergehend Medikamente ein? Wenn ja, welche? ____ letzte Einnahme? ______________ Dosis/wie viel? ___________	O	O
Haben Sie innerhalb von sechs Monaten ein Schmerzmittel eingenommen? Warum? ____ Welches? ____	O	O
Haben Sie innerhalb der letzten zwölf Monate ein Schlaf-, Beruhigungs- oder Aufputschmittel genommen? Wenn ja, welches? ____	O	O

	Ja	Nein
Haben Sie jemals illegale Rauschmittel (Drogen) eingenommen?	O	O
Wenn ja, welche? ________________		
Wann? ________________		
Arbeiten Sie mit gesundheitlichen Stoffen (Chemikalien) oder unter gesundheitsbelastenden Umständen?	O	O
Wenn ja, mit bzw. unter welchen? ________________		

Genussmittelkonsum

Trinken Sie regelmäßig koffeinhaltigen Kaffe?	O	O
Wenn ja, wie viel Tassen täglich? _____ Tassen		
Rauchen Sie?	O	O
Wenn ja:		

O Zigaretten __________ Stück/Tag
O Zigarren __________ Stück/Tag
O Pfeife __________ Pfeifen/Tag

Trinken Sie alkoholische Getränke?	O	O

Wenn ja,
O Bier
O Wein/Sekt
O Branntwein (Schnaps und ähnliches)
O Sonstiges ________________

Regelmäßig (öfter als viermal pro Woche)?	O	O

Wieviel Alkohol trinken Sie
täglich (Durchschnitt) ________________

Ja Nein

Wieviel Alkohol trinken Sie
wöchentlich (Durchschnitt) ______________________________

Warum trinken Sie Alkohol / keinen Alkohol?

____

Fahrerlaubnis und Trinkverhalten

Wann haben Sie erstmals einen Führerschein erworben?

19 ________ Klasse _______________

Wurden Sie bereits ein oder mehrere Male mit einem Fahrverbot belegt?* O O
Wenn ja, wann und warum? _____________________________
____
____

Sind Sie zur Zeit im Besitz einer Fahrerlaubnis? O O
Welche Klassen? ________________

Wurde Ihnen nach Entzug der Fahrerlaubnis diese neu erteilt? O O
Wenn ja, wann? ________________

Wieviele Kilometer sind Sie in den letzten zwölf Monaten (ggf. in den letzten zwölf Monaten vor Entzug der Fahrerlaubnis) gefahren? ca. km ________________

Waren Sie als Fahrzeugführer (auch Fahrrad oder Moped) in Verkehrsunfälle verwickelt?
Wenn ja, wann? ______________________________________
Standen Sie dabei unter Alkoholeinfluss? O O

*Sofern es sich dabei um Delikte handelt, die dem Verwertungsverbot unterliegen, ist eine Angabe entbehrlich.

	Ja	Nein
Wurden Sie in der Vergangenheit mit Geldbußen belegt oder gerichtlich bestraft?* Wenn ja, wegen:	O	O

O Trunkenheit am Steuer
O Fahren ohne Fahrerlaubnis
O Verkehrsunfallflucht
O zu schnelles Fahren
O Vorfahrtsverletzung
O Nichtbeachten von Rotlicht
O Mängeln am Fahrzeug
O Verstoß gegen das Pflichtversicherungsgesetz

Sonstige Verkehrsverstöße?*	O	O

Wenn ja, welche?____

____

____

Andere Straftaten?*	O	O

Wenn ja, welche? ____

Sind zur Zeit verkehrs- oder strafrechtliche Verfahren gegen Sie anhängig oder in den letzten drei Monaten abgeschlossen worden?	O	O

Wenn ja, welche? ____

____

____

____

*Sofern es sich dabei um Delikte handelt, die dem Verwertungsverbot unterliegen, ist eine Angabe entbehrlich.

	Ja	Nein
Sind Sie früher schon einmal in einer amtlich anerkannten Begutachtungsstelle für Fahreignung begutachtet worden? Wenn ja, wann, wo und mit welchem Ergebnis?	O	O

____

____

Beschreiben Sie Ihr Verhalten im Straßenverkehr und Ihren Fahrstil in der Vergangenheit.

____

____

____

____

____

____

Wie wollen Sie sich künftig im Straßenverkehr verhalten?

____

____

____

____

____

____

Alkohol im Straßenverkehr

Ja Nein

Um Missverständnisse aufgrund unklarer Angaben zu vermeiden haben wir die Einheit Glas Alkohol als 0,2 l Bier, 0,1 l Wein/Sekt sowie 0,02 l Schnaps festgelegt.

Sie haben unter Alkohol ein Fahrzeug im Straßenverkehr geführt. Wieviel Glas Alkohol hatten Sie getrunken? _______________

Fühlten Sie sich in der Führung Ihres Kraftfahrzeuges beeinträchtigt? Wenn ja, können Sie bitte beschreiben, wie? O O

____

____

____

Wieviel Kilometer fuhren Sie, bis Sie aufgefallen sind? _____ km

Wieviel Kilometer wollten Sie bis zum Fahrtziel fahren? _____km

Wie hoch war Ihr Promillegehalt? _________0/oo

Wurde die Fahrt durch einen Unfall beendet? O O

Haben Sie bei anderen Gelegenheiten im Straßenverkehr bereits unter Alkoholeinfluss gestanden und sind aufgefallen?* O O
Wenn ja, wann?____________________ Promille ______ O/oo
_______________________________ Promille ______ O/oo

Waren Sie schon einmal in einer Fachklinik zu einer stationären Alkoholentwöhnungskur oder einer Entgiftung? O O
Wenn ja,
Wo?____
von ___________________ bis ________________________

*Sofern es sich dabei um Delikte handelt, die dem Verwertungsverbot unterliegen, ist eine Angabe entbehrlich.

A b s c h r i f t

Avus Fragebogen – Stand 24.02.2005

M P U

Fragenheft 1

Sehr geehrte Kundin,
sehr geehrter Kunde,

die medizinisch-psychologische Begutachtung Ihrer Fahreignung besteht aus einer ärztlichen Untersuchung und einem psychologischen Gespräch. In der Regel erfolgt auch ein Reaktionstest am Computer.
Dieses Frageheft dient zur Vorbereitung des Gesprächs mit dem Arzt in der medizinischen Untersuchung und zur Vorbereitung des Gesprächs mit dem psychologischen Gutachter.
Bitte füllen Sie das Frageheft sorgfältig und in aller Ruhe aus, und bringen Sie das vollständig ausgefüllte Frageheft mit zu Ihrer Untersuchung.
Unterstützen Sie bitte Ihre Begutachtung, indem Sie die Fragen wahrheitsgemäß nach besten Wissen und Gewissen beantworten. Bitte bestätigen Sie dies durch Ihre Unterschrift,

- dass Sie alle Angaben wahrheitsgemäß gemacht haben und
- dass Sie die Ihnen übersandten Auftrags- und Zahlungsbedingungen akzeptieren

______________________________, den__________ 20 _________

____
Unterschrift

Wir haben uns verpflichtet, unsere Tätigkeit durch wissenschaftliche Untersuchungen begleiten zu lassen. Die Ergebnisse der wissenschaftlichen Begleitung sind zudem für unsere Qualitätssicherung notwendig. Die Daten werden nur anonymisiert weiterverarbeitet, so dass kein Rückschluss auf Personen mehr möglich ist. Gleichzeitig werden unsere Daten vertraulich behandelt. Wir möchten Sie daher bitten, unsere wissenschaftliche Arbeit durch Ihr Einverständnis zu unterstützen.
Hiermit erkläre ich mich mit der wissenschaftlichen Auswertung der bei der Untersuchung erhobenen Daten in anonymisierter Form durch Mitarbeiter der AVUS einverstanden.

______________________________, den __________ 20 ________

____
Unterschrift

Persönliche Vorgeschichte

Schulverlauf und –abschluss, Ausbildung (Lehre? Studium? Abschluss?)

____

____

____

Derzeit ausgeübte Tätigkeit:

____

____

Wenn arbeitslos, seit wann?

____

Bindung und Beziehung
(Familie, Eheschließung, Scheidung, Kinder)

____

____

____

____

Freizeit und Hobbys

____

____

____

Ja Nein

Gesundheitsvorgeschichte

Befinden Sie sich in regelmäßiger ärztlicher Behandlung? O O

Wenn ja, warum?

____

Befinden Sie sich derzeit in ärztlicher Behandlung? O O

Wenn ja, warum?

____

Wenn nein, wann waren Sie zuletzt in ärztlicher Behandlung?

____

Nehmen Sie regelmäßig Medikamente ein? O O

____

Wenn ja, welche?

____

Nehmen Sie derzeit vorübergehend Medikamente ein? O O

Wenn ja, welche?

____

letzte Einnahme? ________________ Dosis/ wie viel? ____________

Haben Sie innerhalb der letzten zwölf Monate ein Schmerzmittel oder ähnliche Medikamente eingenommen? O O

Warum?

____

Welches?

____

Ja Nein

Gesundheitsvorgeschichte

Arbeiten Sie mit gesundheitsschädigenden Stoffen (Chemikalien) oder unter gesundheitsbelastenden Umständen? O O
Falls ja, mit bzw. unter welchen?

___

Sind zurzeit verkehrs- oder strafrechtliche Verfahren gegen Sie anhängig oder in den letzten drei Monaten abgeschlossen worden? O O
Wenn ja, welche?

___

Wurden Sie früher schon einmal in einer amtlich anerkannten Begutachtungsstelle für Fahreignung begutachtet? O O
Wenn ja, wann, wo und mit welchem Ergebnis?

___

___

Haben Sie für die Vorbereitung auf die medizinisch-psychologische Untersuchung fachliche Unterstützung z.B. von Verkehrstherapeuten in Anspruch genommen? O O

Wenn ja, welche und in welchem Zeitraum?

___

Ist bei Ihnen schon einmal eine Entgiftungsbehandlung oder eine Entwöhnungsbehandlung durchgeführt worden? O O

Wenn ja,
Wo (Bitte Name und Anschrift der Einrichtung angeben)

___

___

Zeitraum (von – bis) ___

Schlusswort

Wenn Sie dieses Beratungsprogramm bis hierher „durchgeackert“ haben, wissen Sie jetzt, dass die MPU kein „Idiotentest“ ist, auch wenn sie volkstümlich so genannt wird.

Mit diesem Beratungsprogramm soll Ihnen nicht der Weg gezeigt werden, wie man „ganz einfach und lässig“ nach dem Führerscheinentzug den MPU-Test besteht und dann wieder – ebenso lässig – in die alten Fahrwasser tritt, sprich wieder die gleichen „Fehler“ macht, sondern Sie sollen merken, dass Sie in Ihrer – begreiflichen - „Angst“ vor dem Ungewissen, also vor dem Test, nicht alleine gelassen sind, dass aber letztendlich Sie selbst es sind, der diesem Test ganz gelassen und ruhig entgegen sehen kann.

Nur – Sie sollten mit und durch dieses Buch und letztendlich durch Ihre Aufarbeitung der Vergangenheit lernen, ein verantwortungsvoller Straßenverkehrsteilnehmer zu werden.

Ganz drastisch ausgedrückt: Keiner – weder der Gesetzgeber noch Ihre Mit-Straßenverkehrsteilnehmer - sind wild auf „notorische“ alkoholisierte Autofahrer oder „Rowdys am Steuer“.
Ich sage dies so hart, weil es wirklich eine große Verantwortungslosigkeit und Gefährlichkeit ist, wenn man betrunken oder unter Drogen Auto fährt oder sein Fahrzeug gar als „Waffe“ benutzt, um vielleicht irgendwelche Aggressionen loszuwerden.

Das Risiko, an einem Unfall beteiligt zu sein, liegt bei einem Alkoholgehalt von 0,5 Promille 8 x höher, bei 0,8 Promille 34 x höher und bei 1,5 Promille sogar 115 x höher als bei einem nüchternen Fahrer (vgl. Kapitel 13).

Die MPU-Gutachten sind umstritten.

Der Prüfling wird aufgrund der Aktenanalyse vorab manchmal schon in einem negativen Bild gesehen. Wenn er nicht vorbereitet ist und nicht weiß, um was es überhaupt geht, hat er wenig Chancen, dieses negative Bild in der relativ kurzen Zeit (40 - 60 Minuten) richtig zu stellen und zu korrigieren.

Die Wiedererlangung des Führerscheins kann und darf nicht durch den Zufall bestimmt sein.

Allein deshalb ist es meines Erachtens nach legitim, sich auf die MPU so gut als möglich vorzubereiten – oder besser ausgedrückt – durch die Aufarbeitung der Vergangenheit, durch die Aufarbeitung des früheren verkehrsauffälligen Verhaltens zu einer anderen Einstellung zu kommen – und – das ist es ja, was der MPU-Gutachter möchte!

Er möchte keine negativen Gutachten schreiben – leider muss er es manchmal.

Für die MPU und Ihr weiteres Leben wünsche ich Ihnen alles Gute!

Weitere Informationen über die MPU - und darüber hinaus

- *MPU – Hilfe*
  Basisberatung – Gutachtenanalyse – Intensivvorbereitung – Abschlusstraining –Wiederholungsgespräche – Therapie für verkehrsauffällig geworden Kraftfahrer (Alkoholsünder, Punktesammler, Drogenkonsumenten, Straftäter)
  Hausbesuche - Telefonische MPU-Beratung
  www.MPU-Beratung-Eising.de

- *Untersuchungsstellen**
  www.TÜV-Nord.de
  www.TÜV-Süd.de
  www.AVUS.de
  www.DEKRA.de
  www.BAD.de (fev.mpu.de)

- *MPU-Film*
  Der Film zeigt eine ganze (gekürzte) MPU in Aufbau und Ablauf - sehr zu empfehlen!
  www.tuev-sued.de/mpu-film

- *Selbsthilfegruppen**
  www.Anonyme-Alkoholiker.de
  www.Blaues-Kreuz.de

- *Weitere Infos über die MPU**
  www.ADAC.de (Stichwort MPU)
  www.KBA.de (Kraftfahrt-Bundesamt – Infos über Punkte und Verkehrssicherheit)

*Kein Anspruch auf Vollständigkeit

- *Aufführung von fast allen deutschen Gesetzen*
  (aufgeführt z.B. Strafgesetzbuch, Straßenverkehrsordnung, Straßenverkehrsgesetz, Fahrerlaubnisverordnung, Betäubungsmittelgesetz)
  www.bundesrecht.juris.de

- *Infos zum Punktesystem und zum Verkehrszentralregister*
  zentraler Informationsdienstleister rund um das Kraftfahrzeug und seine Nutzer
  www.Kba.de (Kraftfahrt-Bundesamt)

- *Informationen rund um das Fahrerlaubnisrecht*
  www.fahrerlaubnisrecht.de

- *Deutsche Hauptstelle für Suchtgefahren e.V.*
  www.dhs.de

- *Bund gegen Alkohol und Drogen im Straßenverkehr*
  www.bads.de

- *Homepage der Bundesanstalt für das Straßenwesen*
  www.bast.de

- *Infos zum kontrollierten Trinken - 10-Schritte-Programm*
  www.kontrolliertes-trinken.de

- *Hilfe bei Angst*
  Hilfe bei Ängsten, Panik und Phobien
  Grundformen der Angst, Entstehung, Behandlung, Angst und Sucht
  www.Angst-besiegen.de

- *Meditationsübungshandbuch*
  "Über 100 Techniken der Bewusstseinserweiterung - Ein Übungshandbuch aus allen Bereichen"
  Dieses Buch ist eine Fundgrube an alten und neuen Meditations-Techniken zur Bewusstseinserweiterung.
  www.Meditations-Techniken.de

Weitere Informationen über EtG und Kreatinin

Die folgenden Informationen vertiefen die Informationen / Erklärungen zum neuen Verfahren (EtG) der Labordiagnostik, mit denen Sie Ihre Alkoholabstinenz nachweisen können.

Bitte lesen Sie vorab das Kapitel 9 "Die medizinische Untersuchung".

Urinuntersuchung auf Etylglucoronid (EtG)

< 0,1 mg / l = Ein Alkoholkonsum die letzten 1-3 Tagen kann sicher ausgeschlossen werden.

> 0,1 mg / l = Ein Alkoholkonsum in den letzten 1-3 Tagen ist nachgewiesen.

Vgl. Laborinformation: Labor Dr. Gärtner, www.labor-gaertner.de
Zugriff: 03.08.2012

Bei Alkoholikern kann ein Wert von 130 mg/l EtG gefunden werden. Aber bereits ein Wert von 5 mg / l setzt eine hohe Alkoholgewöhnung voraus!

Haaruntersuchung auf Etylglucoronid (EtG)

> 25 pg/mg = chronisch exzessiver Alkoholmissbrauch
8 - 25 pg/mg = moderater Alkoholkonsum - aber ein chronischer Missbrauch kann nicht ausgeschlossen werden.
< 8 pg/mg = geringer Alkoholkonsum oder Alkoholabstinenz

Kreatinin-Wert bei Urinuntersuchung (Alkohol und Drogen)

Um Manipulationen durch Verdünnung zu erkennen, wird gleichzeitig zum EtG auch der Kreatiningehalt des Urins bestimmt.

Kreatinin ist die Ausscheidungsform von Kreatin und wird durch die Nieren ausgeschieden.

Ist der Kreatinin-Wert zu niedrig, wird davon ausgegangen, dass der Urin stark verdünnt worden ist. Eine EtG-Bestimmung ist somit nicht möglich und das Ergebnis nicht anerkannt!

Dies gilt bei einer Urinuntersuchung bei Alkohol wie bei Drogen.

Der Kreatinin-Wert sollte mindestens über 200 mg/l (0,2 g/l) liegen. Auch ein Wert von 400 mg/l (0,4 g/l) ist bereits ein niedriger Wert.

Verzichten Sie deshalb in Ihrem eigenen Interesse auf viel Flüssigkeit vor der Kontrolle und auf harntreibende Getränke wie Kaffe oder Cola!!

- alle Angaben ohne Gewähr -

Neues (geplantes) Punktesystem

Ab 2013 will der Verkehrminister ein einfacheres, gerechteres und transparenteres System zur Erfassung von Verkehrssündern einführen.

Bevor ich auf einzelne Punkte eingehe, möchte ich den Bundesverkehrsminister für Verkehr zu Wort kommen lassen:

"Eckpunkte für die Neuregelungen des geplanten Fahreignungs-registers im Überblick

Mehr Sicherheit auf den Straßen

Mit dem geplanten "Fahreignungsregister" (FAER) soll das Verkehrszentralregister und mit dem "Fahreignungs-Bewertungssystem" das das "Mehrfach-Punktesystem" abgelöst werden.

Bundesminister Dr. Peter Ramsauer

"Richtschnur aller verkehrspolitischen Entscheidungen muss ein Höchstmaß an Verkehrssicherheit sein. Ein klares und nachvollziehbares Regelwerk ist Grundlage für ein geordnetes Miteinander im Straßenverkehr. Sinn dieses Regelwerks ist es, im Sinne der Verkehrssicherheit auf die Verkehrsteilnehmer einzuwirken. Das gilt auch für das geplante "Fahreignungsregister" (FAER) und das neue "Fahreignungs-Bewertungssystem", mit dem wir das mittlerweile mehr als 50 Jahre alte Flensburger Verkehrszentralregister und das alte "Punktesystem" ablösen wollen.

Einfacher, gerechter, transparenter – das sind die Kernansätze einer Reform, deren Eckpunkte wir jetzt vorlegen. Wir starten damit in die Debatte um ein neues System, mit dem wir die Akzeptanz der Vorschriften erhöhen und zugleich einen Beitrag für mehr Sicherheit im Straßenverkehr leisten wollen.

In den vergangenen Monaten diskutierten wir mit Vertretern von Bund und

Ländern sowie einer Vielzahl an Experten über die Inhalte des von uns vorgeschlagenen Fahreignungsregisters und des dazugehörenden Fahreignungs-Bewertungssystems. Wichtig war uns, auch mit den Bürgerinnen und Bürgern über die Neuregelungen ins Gespräch zu kommen. Ziel dieses Prozesses war es, das geplante Fahreignungsregister schon im Vorfeld des eigentlichen Gesetzgebungsverfahrens so gut wie möglich an den Anforderungen der Praxis zu messen. Die vorliegende Übersicht informiert Sie über die Eckpunkte des neuen Systems."

Geplantes Fahreignungsregister

Das geplante Fahreignungsregister (FAER) steht für:

Einfacher

- Drei Maßnahmen Stufen: Beim Punktestand von 0 bis 2 soll die Vormerkung ohne weitere Maßnahme erfolgen. Wer 3 bis 5 Punkte erreicht (1. Stufe/gelb), würde dann eine Ermahnung und eine Information über das Fahreignungs-Bewertungssystem erhalten. Beim Punktestand von 6 oder 7 (2. Stufe/rot) soll eine Verwarnung und eine Anordnung zur Teilnahme an einem Fahreignungsseminar erfolgen. Das Erreichen von 8 Punkten oder mehr (3. Stufe/schwarz) würde zur Entziehung der Fahrerlaubnis führen.
- Von sieben auf drei Kategorien: Künftig soll nur zwischen schweren und besonders schweren Verstößen sowie Straftaten unterschieden werden, die mit einem bzw. mit zwei oder drei Punkten bewertet werden. Zuvor war vorgeschlagen worden, diese Differenzierung sogar nur auf zwei Punkte zu begrenzen. Aufgrund der Bürgerwünsche wird nun aber ein 3-Punkte-System vorgeschlagen.
- "Schwere" und "besonders schwere" Verstöße sowie Straftaten: Ordnungswidrigkeiten mit bisher 1 bis 4 Punkten ohne Regelfahrverbot sollen als "schwere" Verstöße, Ordnungswidrigkeiten mit 3 oder 4 Punkten und einem Regelfahrverbot sollen als "besonders schwere" Verstöße eingestuft werden. Die Straftaten sind eine eigene Kategorie, die zukünftig mit drei Punkten bewertet

werden soll.

- Tilgungshemmung und Überliegefrist sollen entfallen: Jede Tat verfällt nach ihrer Tilgungsfrist. Schwere Ordnungswidrigkeiten nach 2,5 Jahren, besonders schwere Ordnungswidrigkeiten nach 5 Jahren und Straftaten generell nach 10 Jahren. Ein neuer Verstoß während dieser Zeit soll nicht mehr dazu führen, dass eine alte Tat länger im System gespeichert bleibt.

Gerechter

- Fahrverhalten muss sich ändern: Ein Abbau von Punkten durch eine freiwillige Teilnahme an Seminaren soll künftig ausgeschlossen werden. Keine Rabatte für notorische Verkehrsrowdys!
- Einheitliche Fahreignungsseminare: Zusammen mit der Verwarnung soll ein Fahreignungsseminar angeordnet werden, das innerhalb von drei Monaten absolviert werden muss. Dieses wird von der Bundesanstalt für Straßenwesen konzipiert. Das Ziel: Geeignetere Seminare im Sinne der Verkehrssicherheit.
- Fahreignung steht im Mittelpunkt: Durch die neuen Regelungen würden voraussichtlich rund eine Million Personen, die zwar für die Verkehrssicherheit relevante, aber leichtere Verstöße begangen haben, nicht mehr im Register erfasst werden. Demgegenüber würde es jährlich bei rund 500 Personen mehr zum Entzug der Fahrerlaubnis kommen.

Transparenter

- Konzentration auf Verkehrssicherheit: Erfasst werden sollen nur die verkehrssicherheitsrelevanten Verstöße. Auf die Erfassung von Verstößen, die keinen direkten Einfluss auf die Verkehrssicherheit haben, kann verzichtet werden, z. B. das Fahren in der Umweltzone und Straftaten wie z. B. den Kennzeichenmissbrauch.
- Rechtskraft der Entscheidung: Nicht der Tag des Verstoßes soll mehr ausschlaggebend für die Fristberechnung im Fahreignungsregister und die Maßnahmen nach dem

"Fahreignungs-Bewertungssystem" sein. Entscheidend wäre dann die Rechtskraft der Entscheidung.

- Information steht obenan: Verkehrsteilnehmer sollen ab der Ermahnung beim Erreichen jeder weiteren Stufe informiert werden. Es ist bereits heute möglich, im Internet mittels des neuen Personalausweises einen Antrag auf Auskunft zum Punktestand zu stellen".

Bundesministerium für Verkehr, Bau und Stadtentwicklung
www.bmvbs.de - Stichpunkt: FAER
Zugriff 03.08.2012

Soweit also die Planung des Bundesverkehrsministers Dr. Peter Ramsauer.

Er will also das Kraftfahrt-Bundesamt, das es seit 1958 gibt und das Punktesystem, das es seit 1974 gibt, entrümpeln und auf gänzlich "neue Beine" stellen.

Der wohl gravierendste Unterschied ist, dass bei statt 18 Punkte in Zukunft schon bei 8 Punkten der Führerscheinentzug droht. Im Gegenzug gibt es für einzelne Verstöße weniger Punkte.

Was geschieht nun mit den alten Punkten?
Sie werden im Verhältnis umgewandelt. Acht bis zehn Punkten sollen zum Beispiel in vier Punkte umgewandelt werden.
Niemand soll mit der Umstellung schlechter oder besser gestellt wird. Eine Amnestie lehnt der Bundesminister ab!

Wie verjähren die Punkte?
Hier können die Autofahrer wohl eine Besserung erwarten. Jeder Verstoß soll für sich verjähren, egal, ob neue dazu kommen oder nicht!

Wie soll das neue Verkehrszentralregister (VZR) heißen?
Der Minister möchte das derzeitige Verkehrszentralregister in Fahreignungsregister (FAER) umbenennen.

Kommen Rowdys zu gut weg? fragt der ADAC den Minister?
"Nein. Wir spülen das System nicht weich. Entscheidend für das Ablesen der Fahreignung ist nicht so sehr die Differenzierung in sieben Punkte-Kategorien, sondern die Zahl der Eintragungen im Register. Wir unterscheiden künftig zwischen schweren Verstößen. Die bauen sich erst nach fünf Jahren ab, derzeit bereits nach zwei Jahren."
aus: ADAC Motorwelt 3/2012, Seite 30

Kann ich wie bisher mit Seminaren Punkte abbauen?
"Die Möglichkeit Punkte abzubauen, sich also von Verkehrsdelikten freizukaufen, soll entfallen. Es gibt keinen statistischen Nachweis darüber, dass der freiwillige Besuch das Fahrverhalten von notorischen Verkehrsrowdys verbessert. Wir lassen gerade ein neues Fahreignungsseminar entwickeln".
aus: ADAC Motorwelt 3/2012, Seite 30

Eine weitere Neuerung soll sein, dass es in Zukunft nur noch Punkte für Delikte geben soll, bei denen die Verkehrssicherheit gefährdet wird. Die Einfahrt in Umweltzonen ohne Plakette bleibt daher zum Beispiel punktefrei.

MPU-Gebühren

Nach der Gebührenordnung für Maßnahmen im Straßenverkehr (GebOSt) sind nach dem Institut für "Beratung - Begutachtung - Kraftfahrereignung GmbH - Begutachtungsstellen für Fahreignung" aktuell folgende Gebühren (incl. 19 % MwSt.) zu entrichten:

Für die Höhe der Gebühr kommt es auf die Fragestellung der Behörde an:

Laborleistungen	Summe brutto in Euro
Drogenscreening im Urin	113,05
Etg im Urin	77,35
Haaranalyse auf Drogen	220,15
Etg aus Haaren	214,20

Gebühren für das medizinisch-psychologisches Gutachten

Fragestellung der Behörde nach	Summe brutto in Euro
Alkohol	402,22
Verkehrsauffälligkeiten (Punkte) oder (Verkehrs-) Straftaten	347,48
Alkohol - Punkte u./ o. (Verkehrs-) Straftaten	575,96
Punkte - (Verkehrs) Straftaten	521,22
BTM Medikamente	554,54
Alkohol - Betäubungsmittel u. / o. Punkte/(Verkehrs) Straftaten	755,65

Betäubungsmittel Punkte u./o. (Verkehrs) Straftaten	728,28

aus: www.ibbk-gmbh.de/preisliste.html
Institut für Beratung - Begutachtung - Kraftfahrereignung GmbH
Begutachtungsstelle für Fahreignung
Zugriff: 03.08.2012

Anhang
Formular für Selbstauskunft beim Kraftfahrt-Bundesamt

(nach dem Muster des Kraftfahrt-Bundesamtes)

Kraftfahrt-Bundesamt
24932 Flensburg

Antrag auf Auskunft aus dem Verkehrszentralregister

☐ Ich beantrage, mir Auskunft über die zu meiner Person im Verkehrszentralregister gespeicherten Entscheidungen(en) zu erteilen. **Eine Kopie der Vorder- und Rückseite meines gültigen Personalausweises oder gültigen Reisepasses füge ich bei.**

☐ Ich beantrage, mir Auskunft über die zu meiner Person im Verkehrszentralregister gespeicherten Entscheidung(en) zu erteilen. **Meine Unterschrift habe ich auf dem Antrag amtlich beglaubigen lassen.**

Geburtsdatum	
Geburtsame	
Familienname	
Sämtliche Vornamen	
Geburtsort	

Postleitzahl und Wohnort	
Straße und Hausnummer	

Beglaubigungsvermerk einer siegelführenden Stelle
(entfällt bei Vorlage der Kopie des Ausweises/ Passes)

____

Die eigenhändige Unterschrift des Antragstellers/ der Antragsstellerin wird beglaubigt.

________________________	________________________
Datum, Unterschrift des Antragsstellers/ der Antragsstellerin	Name der Behörde, Ort, Datum und Unterschrift

Mein Angebot zur Vorbereitung auf die MPU

- Telefonische MPU-Beratung
- MPU-Intensivberatung
- MPU-Hausbesuche

Dieses Beratungsprogramm ist für die Selbstvorbereitung auf die MPU konzipiert und soll Ihnen sowohl mit sachlichen als auch transparenten Informationen helfen, damit Sie schnellstmöglich Ihren Führerschein zurückerlangen - und Ihnen auch ein wenig die Angst vor der MPU – die sicherlich kein „Idiotentest" ist – nehmen.

Haben Sie das Gefühl, dennoch nicht richtig weiter zu kommen, oder es bleiben Unsicherheiten, sollten Sie auf jeden Fall einen kompetenten MPU-Berater aufsuchen.

Hier ist die Fahrerlaubnisbehörde (Führerscheinstelle) vielleicht Ihr erster Ansprechpartner.

Gerne können Sie auch meine Hilfe in Anspruch nehmen.

Telefonische MPU-Beratung

Telefonberatung biete ich für diejenigen an, die aus Zeit- oder aus Entfernungsgründen nicht zu mir kommen können oder wollen; und auch für Leute die glauben, dass ihr „Fall" gar nicht so schlimm ist, aber trotzdem auf „Nummer sicher gehen" wollen.

Die Telefonberatung: Die schnelle Hilfe – sofortiger Rat!

Die Vorteile einer Telefonberatung liegen auf der Hand:

- Sofortiger Rat / Hilfe
- Sie müssen sich nicht lange um einen Termin bemühen, wenn Ihnen Fragen „unter den Nägeln brennen"
- Bequem von zu Hause aus
- Zeitgenaue Abrechnung
- Unabhängig vom Wohnort

In einem gut vorbereiteten Telefongespräch lässt sich fast alles besprechen.

Für komplizierte Sachverhalte sollten Sie mir vorab etwas über Ihre „Vorgeschichte“ zusenden, zum Beispiel Schreiben vom Gericht, von Ihrem Rechtsanwalt, von der Fahrerlaubnisbehörde oder - ganz wichtig - Ihre evtl. vorhandenen alten MPU-Gutachten.

Meine Kontaktdaten:

MPU-Beratung Raimund Eising
Mühlenstr. 12, 24405 Mohrkirch
Telefon: 04646 / 990 408
Fax: 04646 / 990 411
Mail: Raimund.Eising@web.de

Selbstverständlich wird alles absolut vertraulich behandelt!

Nach § 203 Strafgesetzbuch unterliege ich mit meiner Ausbildung der **Schweigepflicht.** Persönliche Daten werden nicht weitergegeben und absolut vertraulich behandelt!

Terminvereinbarung:

Zur Terminvereinbarung rufen Sie mich einfach unter der Rufnummer 04646 / 990 408 an. Ich stehe Ihnen auch – nach Vereinbarung – frühmorgens, spätabends oder samstagvormittags zu Verfügung für eine telefonischen MPU-Beratung zur Verfügung.

Näheres auch unter meiner Homepage: **www.MPU-Beratung-Eising.de**

Kosten:

Die Kosten für eine telefonische MPU-Beratung belaufen sich auf 90,- Euro pro Stunde incl. 19% Mehrwertsteuer. Es wird minutengenau abgerechnet und dabei auch nicht aufgerundet.

Zahlungsmöglichkeiten:

Per Überweisung auf folgendes Konto:
Raimund Eising
Kto. Nr. 907 80
Kreissparkasse Biberach
BLZ 654 500 70

Per Barzahlung
Bei Zusendung von Bargeld achten Sie bitte darauf, dass Sie das Geld gut einschlagen, so dass es von außen nicht sichtbar ist – und am besten per Einschreiben.

Nichtverbrauchte Kosten erstatte ich Ihnen selbstverständlich zurück!

Hausbesuche

Fast alle meine Klienten haben keinen Führerschein mehr und dadurch Mobilitätsprobleme. Deshalb komme ich gerne zu ihnen nach Hause.

Vielen kommt es auch entgegen, in ihrer gewohnten Umgebung zu bleiben oder sie können wegen zeitaufwändiger Verkehrsverbindungen nicht zu mir kommen.

Bitte haben Sie aber dafür Verständnis, dass ich erst ab 3 Stunden Hausbesuche machen kann (Einzelstunde 90,- Euro incl. 19 % Mehrwertsteuer).

Hausbesuche führe ich speziell in ganz Schleswig-Holstein und Hamburg durch:
Nach Absprache auch weiter.
Eine günstige Fahrtkostenpauschale erhebe ich für Schleswig-Holstein und Hamburg, so z.B. für:

Bad Segeberg	100 Euro	Hamburg	170 Euro	Husum	60 Euro	Kiel 60 Euro
Schleswig	40 Euro	Lübeck	160 Euro	Heide	90 Euro	

Für andere Bereiche (Niedersachsen, Bremen etc.) berechne ich für jeden Entfernungskilometer 1,00 Euro, so zum Beispiel für Bremen 270 Euro, Hannover 310 Euro.

Bei Interesse eines Hausbesuches rufen Sie mich einfach unter meiner Telefonnummer 046 46 / 990 408 an.

Therapie

Oft ist es sinnvoll, die Zeit bis zur MPU zu nutzen und eine erweiterte Beratung oder Therapie zu machen.

Ein negatives Gutachten zu bekommen, ist in jedem Fall teurer, als sich bestmöglich vorzubereiten – von der verlorenen Zeit bei einer negativen MPU bis zur nächsten einmal ganz abgesehen.

Der Führerscheinverlust ist ein harter Einschnitt in Ihrem Leben. Viele haben deswegen einen langen „Leidensweg“ hinter sich. Trotzdem – die Zeit sollten Sie nicht vordergründig als Strafe betrachten, sondern als Chance zur Veränderung nutzen, oft auch als Chance, das Leben „anders“ einzurichten.

Wenn Sie die Zeit bis zur MPU sinnvoll nutzen, haben Sie eine wesentlich größere Chance, den Führerschein wieder zu bekommen.

Auch erkennt der MPU-Gutachter, dass Sie gewillt sind, Ihr Verhalten zu ändern.

Für eine sinnvolle Therapie zur Erkennung der Hintergrundbedingungen, die zur Alkoholproblematik, zum verkehrsauffällig gewordenen Verhalten geführt haben, ist oft schon eine Zeit von 8-12 Stunden ausreichend.

Leistungsübersicht über Testverfahren

„Die Selbsterkenntnis ist eine Tugend, die von den Menschen am schwersten erkämpft werden muss“. (Fernöstliche Weisheit)

- *Wie gut kennen Sie sich?* -

Über dem Portal des Apollotempels in Delphi steht folgende Inschrift:

„Erkenne Dich selbst“

Über welche geistigen Fähigkeiten, Fertigkeiten, Begabungen, Eigenschaften verfüge ich eigentlich – kenne ich sie?
Welche Wünsche, Ziele, Ängste, Befürchtungen habe ich?
Bin ich mit mir selbst im Reinen?

Wir sind nicht immer in Kontakt mit unseren eigenen Gefühlen. Vieles sehen wir verzerrt oder ungenau.

- *Tests können helfen, uns besser kennen zu lernen und zu verstehen* -

Psychologische Tests sind objektive Messinstrumente, die uns helfen, uns besser mit uns selbst auseinander zu setzen und über uns klarer zu werden.

Diese Tests sind keinesfalls mit den oberflächlichen Tests in irgendwelchen Illustrierten zu vergleichen. Standarisierte psychologische Testverfahren müssen strengen Gütekriterien entsprechen.

<u>Tests – anfordern – auswerten – besprechen</u>

Nachfolgend aufgeführte Tests können Sie bei mir anfordern und dann in aller Ruhe und ohne Lampenfieber und Prüfungsstress zu Hause ausfüllen.

Danach senden Sie mir die ausgefüllten Testunterlagen wieder zu, damit ich diese für Sie auswerten kann.

Wir können den Test ausführlich bei einem Telefongespräch besprechen oder Sie bekommen einen schriftlichen Auswertungsbericht zugesandt.

1. Alkoholismustest

Hier kann ersehen werden, wo der Einzelne in Bezug Alkohol steht bzw. bei Abstinenz, wo er früher stand.
Meines Erachtens nach der beste Test für Alkohol, den es aktuell gibt.

Der Test gibt Auskunft über den früheren oder aktuellen Stand der Verhaltenskontrolle beim Trinken, über den Grund des Trinkens – soziales Trinken, süchtiges Trinken – über die Trinkmotive, über evtl. Schädigungen etc.

- 90 Fragen zum Ankreuzen

2. Persönlichkeitstests

Dieser Test gibt Auskunft über folgende psychodiagnostische Fragen:

a) Nervosität – spontane Aggressivität – Depressivität – Erregbarkeit - Geselligkeit – Gelassenheit – reaktive Aggressivität und Dominanzstreben - Gehemmtheit – Offenheit – Extraversion/ Introversion – emotionale Labilität - Maskulinität / Femininität

b) Lebenszufriedenheit – Soziale Orientierung - Leistungsorientierung - Gehemmtheit – Erregbarkeit – Aggressivität – Beanspruchung – körperliche Beschwerden – Gesundheitsorgan – Offenheit – Extravertiertheit - Introvertiertheit – Emotionalität

- 138 Fragen zum Ankreuzen

3. Persönlichkeits- und Interessentest

Der Test liefert ein Persönlichkeitsprofil und ein Interessenprofil. Neben der Erfassung der Persönlichkeit steht vor allem der Interessenteil: Vorliebe für Land- oder Stadtleben – Handwerk – Wissenschaft – Verwaltung – Sprache/ Literatur – Musik – soziale Berufe

214 Fragen zum Ankreuzen

4. Erfassung der Lebensziele und Lebenszufriedenheit

Der Test gibt Auskunft über wesentliche Aspekte des Selbst- und Weltbildes, die motivationale Basis des aktuellen Handelns, langfristige Lebensplanung und Sinngebung des Lebens, die Selbstcharakterisierung nach Ziel- und Wertpräferenzen, die Einschätzung der Realität und Zukunft, die Lebenszufriedenheit, soziale und materielle Interessenlagen, Erwartungen an persönliche Beziehungen, Ziele von privater und beruflicher Entfaltung und Selbstentwicklung.

- Fragen zum Ankreuzen

5. Angstfragebogen

Ein Fragebogen zur Angstmessung – Angstzustände, zur Messung globaler Angstneigung wie auch von Angstlisten.

Der Test erfasst folgende Bereiche:
Angst vor physischer Verletzung – vor Auftritten – vor Normüberschreitung – vor Erkrankungen und ärztlicher Behandlung – vor Selbstbehauptung – vor Abwertung und Unterlegenheit usw.

- 55 Fragen zum Ankreuzen

6. Unsicherheitstest

Zeigt evtl. problematische Einstellungen und Verhaltensweisen beim Menschen mit Störungen des Selbstwertgefühls oder sozialer Kompetenz.

Er gibt Auskunft über:
Fehlschlag- und Kritikangst – Kontaktangst – Angst, bei der sozialen Fertigkeit „Fordern zu können“ nicht „nein sagen“ zu können – Schuldgefühle u.a.

- 65 Fragen zum Ankreuzen

Kosten

Die Auswertungsgebühr + Zusendung wird mit 70 EURO pro Test veranschlagt.

Sehr empfehlenswert ist eine telefonische Beratung zu den Tests. Die Stunde berechne ich mit 90 EURO, eine halbe Stunde mit 45 EURO. Es wird minutengenau abgerechnet - es wird also nicht aufgerundet.

Bei Interesse bitte ich um schriftliche oder telefonische Anforderung, welche Testunterlagen ich Ihnen zusenden soll.

Bezahlung

1. Sie können den Betrag auf folgendes Konto überweisen
Raimund Eising
Konto Nr. 907 80
Kreissparkasse Biberach
BLZ 654 500 70

2. oder von mir eine Rechnung bekommen

MPU–Beratung Eising
Mühlenstr. 12
24405 Mohrkich

ANFORDERUNGSBLATT

Ich bitte mir nachfolgende angekreuzte Testunterlagen zuzusenden:

O 1. Alkoholismustest

O 2. Persönlichkeitstest

O 3. Persönlichkeitstest- und Interessentest

O 4. Erfassung der Lebensziele und Lebenszufriedenheit

O 5. Angstfragebogen

O 6. Unsicherheitstest

Kosten: Auswertungsgebühr pro Test: 70 EURO

Bezahlung: O Überweisung auf folgendes Konto:
Raimund Eising, Kto. Nr. 907 80
Kreissparkasse Biberach BLZ 654 500 70

O mit beiliegendem Scheck

O per Rechnung

O Ich bitte um Zusendung der o.a. Testunterlagen (entsprechendes ankreuzen)

O Ich möchte eine telefonische Beratung

____________________ ____________________
Name Vorname

____________________ ____________________
Straße Wohnort

____________________ ____________________
Datum Unterschrift

Übersicht über das 10-Schritte-Programm zum selbständigen Erlernens des "Kontrollierten Trinkens" nach Prof. Dr. Körtel

Prof. Dr. Joachim Körkel antwortet auf die Frage was "Kontrolliertes Trinken" (KT) bedeutet - in einem Interview von "Psychologie Heute" - im Juli 2000 folgendes:

"Der Begriff des kontrollierten Trinkens meint nicht einfach, normal oder moderat zu trinken. Man muss strengere Maßstäbe anlegen: Von kontrolliertem Trinken ist dann zu sprechen, wenn man sich bei absolutem Vermeiden von "Rauschtrinken" an einen definierten, verbindlichen Trinkplan hält - etwa pro Tag nie mehr als zwei Flaschen Bier trinken, sich in der Woche auf maximal vier Liter beschränken und einen oder zwei alkoholfreie Tage einlegen.

Bei der Menge kann man sich an internationalen Standards über nicht schädliche Alkoholmengen orientieren - demnach sollten Männer täglich nicht mehr als 30 bis 40 Gramm Alkohol konsumieren, Frauen nicht mehr als 20 Gramm, was etwa einem 0,2- Liter-Glas-Wein oder einer 0,5-Liter-Flasche Bier entspricht.

"Normales Trinken" meint dagegen, dass jemand ohne Trinkplan aus der Situation heraus entscheidet, ob er Alkohol weiter konsumiert oder nicht. Auf Dauer ist kontrolliertes Trinken keineswegs einfacher als der gänzliche Verzicht auf Alkohol, da es viel Selbstdisziplin erfordert.

In therapeutischen Programmen lernen die Patienten daher auch, dass die verbreitete Vorstellung unrealistisch ist, alleine durch eine Trinkkontrolle mit dem Leben besser zurechtzukommen - obwohl dies natürlich eine wesentliche Hilfe sein kann."

Hier möchte ich kurz auf die o.a. Aussage von Körkel, dass "kontrolliertes Trinken keineswegs einfacher als der gänzliche Verzicht" ist, eingehen!

Wer sich also für das kontrollierte Trinken entschließt, sollte sich dessen sehr bewusst sein!
Leider kenne ich eine Anzahl von Fällen, die nach einer erfolgreich bestan-

denen MPU vom kontrollierten Trinken wieder ins unkontrollierte Trinken abgerutscht sind, wieder mit Trunkenheit am Steuer "erwischt" worden sind und sich nochmals einer MPU unterziehen mussten! Selbstverständlich wurde vom MPU-Gutachter dann verlangt, dass sie vollkommene Abstinenz (meist dann 12 Monate!!) nachweisen müssen.

Wer trotzdem überlegt, ob für ihn das kontrollierte Trinken in Frage kommt, sollte dies auf jeden Fall auch unter dem Aspekt der evtl. bevorstehenden MPU tun. Nicht immer akzeptiert der MPU-Gutachter, dass man noch Alkohol konsumiert!! Vgl. hier u.a. Kapitel 11 dieses Beratungsprogramms.

Aus meiner nun jahrzehntelangen Erfahrung auf diesem Gebiet bin ich absolut nicht der Ansicht von Körkel, dass (fast) jeder zum kontrollierten Trinken zurückkehren kann!! Der sichere Weg - auch für die MPU - ist meistens die absolute Abstinenz!!

Auch sind die "strengen Maßstäbe" die Herr Dr. Körtel anlegt (vgl. oben) für die MPU wohl zu "lasch" (vgl. hier mein Kapitel "Kontrolliertes Trinken - Ein Wunschtraum?)

Trotzdem hier, für diejenigen, die sich für das kontrollierte Trinken entscheiden wollen, eine Übersicht des Programms nach Körkel

Das 10-Schritte-Programm baut aufeinander (Schritt für Schritt) auf und hat eine systematische Veränderung des Alkoholkonsums zur Folge - wenn die Schritte konsequent ausgeführt werden.

Schritt 1
Herstellung günstiger Rahmenbedingungen zum Erlernen des kontrollierten Trinkens.

Schritt 2
Führen des Trink-Tagebuchs

Schritt 3
Bilanzierung der positiven und negativen Seiten des bisherigen Alkoholkonsums

Schritt 4
Aneignung wichtiger Informationen über das Thema "Alkohol"

Schritt 5
Festlegung von Strategien für kontrolliertes Trinken

Schritt 6
Identifizierung von Risikosituationen für Zuviel-Trinken

Schritt 7
Festlegung von Strategien zum Erreichen der Ziele

Schritt 8
Freizeitgestaltung

Schritt 9
Umgang mit Belastungen

Schritt 10
Stabilisierung und Weiterführung der erreichten Veränderungen

aus: Körkel, Joachim, "10-Schritte-Programm zum selbständigen Erlernen des `Kontrollierten Trinkens'".

Alle 10 Kapitel sollen in der genannten Reihenfolge nacheinander bearbeitet werden. Zur Bearbeitung werden pro Kapitel, so Körkel, zwischen 30 und 120 Minuten benötigt. Für die praktische Umsetzung gibt er etwa einen Zeitraum von 3 Monaten an.

Wer sich hierfür näher interessiert: www.kontrolliertes-Trinken.de
Das Programm kann selbständig bearbeitet werden oder mit einem Fachmann.

MPU Begutachtungsstellen

Im Folgenden finden Sie eine Liste der amtlich anerkannten Untersuchungsstellen in Deutschland, geordnet nach Postleitzahlen.

Die Angaben sind ohne Gewähr und ohne Garantie der Vollständigkeit.
Stand: Erscheinungsdatum 06.07 2012 Quelle: www.bast.de
Zugriff: 13.08.2012

01069 Dresden
Wiener Platz 6, Tel.: 0351–43834812 *TÜV Süd*

01159 Dresden
Kesseldorfersraße 2-6, Tel: 0351-4820796, *ABV*

01239 Dresden
Köhlerstr. 18, Tel.: 0351–2855-183,-0, *DEKRA*

01662 Meißen
Brauhausstr. 12, Tel.: 03521-727572,*DEKRA*

01662 Meißen
Dresdner Str. 42, Tel.: 0151-11315145*, TÜV Süd*

02625 Bautzen
Wallstr. 14, Tel.: 03591–42456, *TÜV Süd*

02625 Bautzen
Löbauer Str. 75, Tel.: 03591–27819, *DEKRA*

03044 Cottbus
Gewerbeweg 7, Tel.: 0355–8773256, *DEKRA*

03048 Cottbus
Vetschauer Str. 17, Tel.: 0355-25241, *ABV*

04103 Leipzig
Büttnerstr. 10, Tel.: 0341-2118160, *TÜV Süd*

041103 Leipzig
Gutenbergplatz 1d, Tel.: 0341-22287810, *TÜV Thüringen*

04317 Leipzig
Prager Str. 60, Tel.: 0341-2254500, *ABV*

04347 Leipzig
Torgauer Str. 235, Tel.: 0341-2593966 D*EKRA*

04552 Borna
Bahnhostr. 451, Tel.: 03433-248527, *TÜV Thüringen*

04720 Döbeln
Bahnhofstr. 31, Tel.: 03431-607956,*TÜV Thüringen*

04860 Torgau
Gewebering 8, Tel.:03421-72780, *DEKRA*

04910 Elsterwerda
Elsterstr. 21, Tel.: 0353-3488428, *DEKRA*

06110 Halle
Georg-Schumann-Platz 9, Tel.: 0345-2029101, *TÜV Nord*

06112 Halle
Ernst-Kamieth-Str. 11, Tel.: 0345-20932380, *PIMA-MPU*

06126 Halle
Schieferstr. 2, Tel.: 0345-6914151, *DEKRA*

06526 Sangerhausen
Göpenstr. 27, Tel.: 0345-2029101, T*ÜV Nord*

06847 Dessau
Ernst-Zindel-Str. 8, Tel.: 0340-55234, D*EKRA*.

06886 Wittenberg
Dessauer Str. 267, Tel.: 03491 - 429651, *DEKRA*

07545 Gera
Kepplerstr.40, Tel.: 0365-7351250, *TÜV Thüringen*

07552 Gera
Heinrich-Hertz-Str. 6, Tel.: 0365-43744418, *DEKRA*

07743 Jena
Steinweg 24, Tel.: 03641-219335, *DEKRA*

07745 Jena
Rudolstädter Str. 41, Tel.: 03641 - 399752, *TÜV Thüringen*

07973 **Greiz,**
Brückenstr. 15-17, Tel.: 0365-7351250, *TÜV Thüringen*

08056 Zwickau
Bahnhofstr. 68-70, Tel.: 0375-282507, *TÜV Süd*

08060 Zwickau
Olzmannstr. 22, Tel.: 0375-5083133, *DEKRA*

08523 Plauen
Klostermarkt 1, Tel.: 03741-280290, *TÜV Süd*

08529 Plauen
Hammer Str. 66, Tel.: 03741-452130, *DEKRA*

09111 Chemnitz
Bahnhofstr. 12, Tel.: 0371-675270, *TÜV Süd*

09129 Chemnitz
Neefestr. 131, Tel.: 0371-3513233, *DEKRA*

10178 Berlin
Alexanderstr. 6, Tel.: 030-2475780, *ABV*

10243 Berlin
Warschauer Str. 32, Tel.: 030-20053813*, DEKRA*

10407 Berlin
Landsberger Alle 117, Tel.: 030-453056790, *Pima-MPU*

10439 Berlin
Wichartstr. 14a, Tel.: 030-2091680, *TÜV Nord*

10623 Berlin
Carmerstr. 1, Tel.: 030-4372723, *AVUS*

10713 Berlin
Hohenzollerndamm 28a, Tel.: 030-209168-0, *TÜV Nord*

10969 Berlin
Ritterstr. 3, Tel.: 030-69569080, *PIMA*

12159 Berlin
Rheinstr. 16, Tel.: 030 851027611, *IAS*

12681 Berlin
Alle der Kosmonauten 47, Tel.: 030-54783-197, *IAS*

13158 Berlin
Frühlingstr. 8, Tel.: 030-98193126*, AVUS*

13405 Berlin
Kurt-Schumacher-Damm 28, Tel.: 030 - 9860982800, *DEKRA*

14467 Potsdam
Yorckstr. 22, Tel.: 0331-2308970, *PIMA*

14473 Potsdamm
Friedrich-Engels-Str. 99, Tel.: 0331-2000500, *ABV*

14478 Potsdamm
Verkehrshof 11, Tel.: 0331-8886016, *DEKRA*

14772 Brandenburg
Am Industriegelände 2a, Tel.: 03381 - 769215, *DEKRA*

15234 Frankfurt/Oder
Friedrich-Ebert-Str. 52, Tel.: 0355-25241, *ABV*

16515 Oranienburg
Walther-Bothe-Straße 75 , Tel.: 03301-606283, *DEKRA*

16909 Wittstock
Kettenstr. 48, Tel.: 03394-403063, *ABV*

17033 Neubrandenburg
Fritz-Reuter-Str.1a, Tel.: 0395-4214-112, *TÜV Nord*

17109 Demmin
Clara-Zetkin-Str. 8, Tel.: 03998-258485, *BAD*

17291 Prenzlau
Stettiner Str. 25, Tel.: 03984-718539, *DEKRA*

17291 Prenzlau
Uckerpromenadendade 17, Tel.: 03984-804408, *PIMA*

17489 Greifswald
Grimmerstr. 4-6, Tel.: 03834-501343, *TÜV Nord*

18059 Rostock
Charles-Darwin-Ring 7, Tel.: 0381-4054644, *DEKRA*

18059 Rostock
Platz der Freundschaft 1, Tel.: 0381-12837710, *TÜV Nord*

18435 Stralsund
Rotdornweg 12, Tel.:038-3135569049, *DEKRA*

19053 Schwerin
Dr. Külz-Str. 20, Tel.: 0385-7582100, *TÜV Nord Gruppe*

19053 Schwerin
Arsenalstr. 7, 0385 - 59187998, *PIMA-MPU*

20095 Hamburg
Lilienstr. 19 / Spitalerstr. 14, Tel.: 040-30382727, *Pima-MPU*

20097 Hamburg
Wandalenweg 10, Tel.: 040-23603720, *DEKRA*

20099 Hamburg
Steindamm 9. Tel.: 040-3899010, AVUS

21073 Hamburg-Harburg
Schlossmühlendamm 4, Tel.: 040-7662270, *AVUS*

21073 Hamburg-Harburg
Lüneburger Str. 25, Tel.: 040-4230200, TÜV-Nord

21335 Lüneburg
Salzstr. 21, Tel.: 040-4230200, *TÜV Nord*

22085 Hamburg
Winterhuder Weg 29, Tel.: 22942810, *BAD*

22767 Hamburg
Schillerstr. 44, Tel.: 040-3899010, *AVUS*

23554 Lübeck
Königstr. 101 - 105, Tel.: 0451 -39689989, *PIMA-MPU*

23554 Lübeck
Werner-Kock-Str. 4, Tel.: 6666860, *TÜV Nord*

24103 Kiel
EKZ Sophienhof / Sophienblatt 30, Tel.:6666860, *TÜV Nord*

24103 Kiel
Sophienblatt 46, Tel.: 0431-66846880 *PIMA-MPU*

25421 Pinneberg
Friedrich-Ebert-Str. 5, Tel.: 040-4230200, *TÜV Nord*

25746 Heide
Esmarchstr. 50, Tel.: 0431-6666860, *TÜV Nord*

25813 Husum
Theodor-Storm-Str. 2, Tel.: 0431-6666860, *TÜV Nord*

26122 Oldenburg
Wallstr. 11, Tel.: 0441-2182954, *TÜV Nord*

26789 Leer
Mühlenstr. 157, Tel.: 0421-334955, *TÜV Nord*

27570 Bremerhaven
Elbestr. 30, Tel.: 0421-334955, *TÜV Nord*

28195 Bremen
Bahnhofstr. 28-31, Tel.: 0421-43483690, *Pima-MPU*

28195 Bremen
Schüsselkorb 26 / 27, Tel.: 0421-334955, *TÜV Nord*

28719 Bremen
Steindamm 44, Tel.: 0421-63929890, *DEKRA*

29225 Celle
Ludwig-Hölty-Str. 8, Tel.: 0511-76350630,*TÜV Nord*

30159 Hannover
Georgstr. 13, Tel.: 0511-12312618, *PIMA-MPU*

30519 Hannover
Ernst-August-Platz 3A, Tel.: 0511-76350630, *TÜV Nord*

30159 Hannover
Bahnhofstr. 4, Tel.: 0511-7122644, *TÜV Hessen*

30159 Hannover
Georgstr. 11, Tel.: 0531 - 889233, *Akademie Sicherheit & Verkehr*

31134 Hildesheim
Hannoversche Str. 36, Tel.: 05121-1021990, *TÜV Nord*

31134 Hildesheim
Bernwardstr. 11, Tel.: 0180-2883860*, TÜV Hessen*

32423 Minden
Markt 28, Tel.: 0521-9892940, *TÜV Nord*

32423 Minden
Simeonsplatz 17, Tel.: 0180 - 2883890, *TÜV Hessen*

32756 Detmold
Lange Str. 79, Tel.: 05231-302570, *DEKRA*

32576 Detmold
Paulinestr. 71A, Tel.: 01802883890, TÜV Hessen

33104 Paderborn
An der Talle 7, Tel.: 05251-141151, *TÜV Nord*

33602 Bielefeld
Herforder Str. 74, Tel.: 0521-9892940, *TÜV Nord*

33602 Bielefeld
Feilenstr. 1, Tel.: 0521-3291162, *TÜV Hessen*

34117 Kassel
Kurfürstenstr. 10-12, Tel.: 0561-8167677, *AVUS*

34117 Kassel
Werner-Hilpert-Str. 25-27, Tel.: 0561-97915140*, TÜV Hessen*

34497 Korbach
Kirchstr. 7, Tel.: 0641-97915140, *TÜV Hessen*

35039 Marburg
In der Badestube 60, Tel.: 069-2578130, *TÜV Nord*

35043 Marburg
Dietersdorfer Weg 2, Tel.: 0641-982290, TÜV Hessen

35390 Gießen
Bahnhofstr. 79, Tel.: 0641-96618866, *Akademie Sicherheit & Verkehr*

35390 Gießen
Alicenstr. 4a, Tel.: 0641-982290, *TÜV Hessen*

35576 Wetzlar
Bahnhofstr. 18, Tel.: 06441-2090924, *TÜV Nord*

35576 Wetzlar
Eduard-Kaiser-Str. 8, Tel.: 0641-982290, TÜV Hessen

35745 Herborn
Schloßstr. 20, Tel.: 0641-982290, *TÜV Hessen*

36037 Fulda
Bahnhofstr. 26, Tel.:0641-982290, TÜV H*essen*

36251 Bad Hersfeld
Bahnhofstr. 20, Tel.: 0561 - 97915140, *TÜV Hessen*

36251 Bad Hersfeld
Dudenstr. 26, Tel.: 06621-7991200, *TÜV Thüringen*

37073 Göttingen
Weender Landstr. 3, Tel.: 0551-49567810, *TÜV Nord*

37073 Göttingen
Platz der Göttinger Sieben 4 b, Tel.: 0561-97915142*, TÜV Hessen*

38100 Braunschweig
Friedrich-Wilhelm-Str. 51, Tel.: 0531-8892333, *Akademie Sicherheit & V.*

38100 Braunschweig
An der Martinikirch 3, Tel.: 0531 - 1205842, *PIMA-MPU*

38102 Braunschweig
Kurt-Schumacher-Str. 21, Tel.: 0531-707333, *TÜV Nord*

38226 Salzgitter
Creteilpassage 4, Tel.: 0511 - 7122644, *TÜV Hessen*

38440 Wolfsburg
Porschestr. 78, Tel.: 05361 - 6093930, *TÜV Nord*

38640 Goslar
Klubgartenstr. 3, Tel.: 0531-8892333, *Akademie Sicherheit & Verkehr*

38640 Goslar
Geheimrat-Ebert-Str. 3, Tel.: 0511-76350630, *TÜV-Nord*

38820 Halberstadt
Am Sülzegraben 15, Tel.: 03941-681730, DEKRA

39104 Magdeburg
Walter-Rathenau-Str. 60, Tel.: 0391-597480, *TÜV Nord*

39130 Magdeburg
Am Großen Silberberg 5, Tel.: 0391-53282-3, *DEKRA*

39576 Stendal
Clausewitzstr. 3, Tel.: 03931-701523, *DEKRA*

40210 Düsseldorf
Konrad-Adenauer-Platz 10, Tel.: 0211-1711950, *ABV*

40210 Düsseldorf
Friedrich-Ebert-Str. 32, Tel.: 0211-17930280, *AVUS*

40210 Düsseldorf
Konrad-Adenauer-Platz 12, Tel.: 0211-9365437, *PIMA-MPU*

40210 Düsseldorf
Konrad-Adenauer-Platz 11, Tel.: 0211-9365670, *TÜV Nord*

41061 Mönchengladbach
Hindenburgstr. 140, Tel.: 02161-827830, *PIMA-MPU*

41065 Mönchengladbach
Theodor-Heuss-Str. 93-95, Tel: 02161-822137, *ABV*

42103 Wuppertal
Schloßbleiche 42, Tel.: 0202-2549936, *ABV*

42853 Remscheid
Bismarckstr. 55-57, Tel.: 0231-91443034, *TÜV Nord*

44137 Dortmund
Martinstr. 1, Tel.: 0231-91443034, *AVUS*

44137 Dortmund
Hansastr. 7 – 11, Tel.: 0231-9144304, *TÜV Nord*

44787 Bochum
Gerberstr. 2-20, Tel.: 0234-6105350, *PIMA-MPU*

44787 Bochum
Kurt-Schumacher-Platz 9, Tel.: 0234-2987557, *TÜV Nord*

44789 Bochum
Waldring 43-47, Tel.: 0234 - 9325822, *Akademie Sicherheit & Verkehr*

45137 Essen
Lindenalle 10, Tel.: 0201-2698163, *ABV*

45138 Essen
Kurfürstenstr. 27, Tel.: 0201- 8301919, *TÜV Nord*

45657 Recklinghausen
Münsterstr. 13-15, Tel.: 02361-302960, *Pima-MPU*

45657 Recklinghausen
Springstr. 12, Tel.: 02361-902077, *TÜV Nord*

46395 Bocholt
Schaffeldstr. 1, Tel.: 02871 - 23906200, *DEKRA*

47051 Duisburg
Schwanenstr. 19, Tel.: 0203-2808817, *ABV*

47058 Duisburg
Hansastr. 1-3, Tel.: 0203-3635390, *TÜV Nord*

47441 Moers
Carl-Pescken-Str. 15, Tel.: 02841-914200*, DEKRA*

47608 Geldern
Am Bückelewall 92a, Tel.: 02831-923490, *TÜV Nord*

47798 Krefeld
Ostwall 32-34, Tel.: 02151-1504418, *PIMA*

47800 Krefeld
Elbestrasse 7, Tel.: 02151-441448, *ABV*

48143 Münster
Hötteweg 8, Tel.: 0251-4828593, *PIMA-MPU*

48143 Münster
Berliner Platz 30, Tel.: 0251-4143212, *TÜV Nord*

49044 Osnabrück
Heinrich-Heine-Str. 3c, Tel.: 0180-2883890, *TÜV Hessen*

49074 Osnabrück
Niedersachsenstr. 15a, Tel.: 0541 - 3358760, *DEKRA*

49084 Osnabrück
Rheinische Str.15, Tel.: 0541 - 5823402, *TÜV Nord*

49377 Vechta
An der Gräfte 22, Tel.: 04441-999050, *DEKRA*

49377 Vechta
Große Str. 86-88, Tel.: 0421-334955, *TÜV Nord*

50667 Köln
Hohe Str. 69-71, Tel.: 0221-2589244, *PIMA*

50667 Köln
Hohe Str. 111, Tel.: 0221-2724290,TÜV Nord

50668 Köln
Hohe Str. 160-168, Tel.: 0221-91284710, *ABV*

50668 Köln
Marzellenstr. 23, Tel.: 0221-9228875, *IBBK*

50829 Köln
Hugo-Eckener-Str. 26, Tel.: 0221 - 1795877, *DEKRA*

52066 Aachen
Kleinmaschierstr. 40-46, Tel.: 0241-4017450, *ABV*

52062 Aachen
Theaterstr. 54-56, Tel.: 0241-16035880, *Pima-MPU*

52070 Aachen
Warmweiherstr. 38, Tel.: 0241-4099290, *TÜV Nord*

53111 Bonn
Maximilianstr. 20, Tel.: 0228-3728320, *Pima-MPU*

53111 Bonn
Berliner Freiheit 36, Tel.: 0228-90243550, *TÜV Nord*

53123 Bonn
An der Burg Medinhoven , Tel.: 0228-6480351,

54292 Trier
Bahnhofplatz 8, Tel.: 0651-1462190, *ABV*

54292 Trier
Theodor-Heuss-Alle 22, Tel.: 0651-1704990, *TÜV Süd*

54634 Bitburg
Industriestr. 16, Tel.: 0651-1462190*, ABV*

55116 Mainz
Münsterplatz 1, Tel.: 06131-2131090, *AVUS*

55116 Mainz
Umbach 8, Tel.: 06131-1449970, *Pima-MPU*

55118 Mainz
Kaiser-Wilhelm-Ring 6, Tel.: 06131-965050, *ABV*

55765 Birkenfeld
Feckweiler Haide 15, Tel.:06782-993114, *ABV*

56068 Koblenz
Bahnhofplatz 6, Tel.: 0180-2883850, *TÜV Hessen*

56070 Koblenz
Friedrich-Ebert-Ring 53, Tel.: 0261-9215680, *ABV*

57072 Siegen
Hindenburgstr. 6, Tel.: 0271-2382191, TÜV Nord

57518 Betzdorf
Wilhelmstr. 122, Tel.; 02741-937930, *PIMA-MPU*

58097 Hagen
Feithstraße 188, Tel.: 02331-803228, *TÜV Nord*

58511 Lüdenscheid
Sauerfelder Str. 11, Tel.: 02351-661867*, Pima-MPU*

59065 Hamm
Westring 2, Tel.: 02381 - 3046585, *TÜV Nord*

59065 Hamm
Bahnhofstr. 4, Tel.: 0180 - 2883890, *TÜV Hessen*

59423 Unna
Bahnhofstr. 74-78, Tel.: 02303-490014, *TÜV Nord*

59555 Lippstadt
Blumenstr. 10, Tel.: 02941-202942, *Pima-MPU*

59821 Arnsberg
Clemens-August-Straße 16, Tel.: 02931-788616, *TÜV Nord*

60311 Frankfurt/a.Main
Am Salzhaus 4, Tel.: 069-133887-0, *AVUS*

60329 Frankfurt/a.Main
Am Hauptbahnhof 8, Tel: 069-27135641, *Pima-MPU*

60329 Frankfurt
Kaiserstr. 42, Tel.: 069 - 26095031, *ProSecur*

60329 Frankfurt/a.Main
Karlstr. 12, Tel.: 069-2578130, *TÜV Nord*

60329 Frankfurt/a.Main
Kaiserstr. 72, Tel.: 069-9788240, *TÜV Hessen*

60388 Frankfurt/a.Main
Borsigalle 24b, Tel.: 069 - 42083250, *DEKRA*

63065 Offenbach
Kaiserstr. 53, Tel.:069-2578130, *TÜV Nord*

63069 Offenbach
Starkenburgring 66, Tel.: 0180 - 2883850, *TÜV Hessen*

63450 Hanau
Daimlerstr. 5, Tel.: 0180-2883850, *TÜV Hessen*

63739 Aschaffenburg
Weißenburger Str. 38, Tel.: 06021-30940, *TÜV Süd*

64283 Darmstadt
Adelungstr. 23, Tel.: 06151-859393, *TÜV Hessen*

65189 Wiesbaden
Konradinerallee 25, Tel.: 0611 - 1888528, *TÜV Hessen*

66111 Saarbrücken
Reichsstr. 16, Tel.: 0681-9602020, ProSecur

66111 Saarbrücken
Dudweilerstr. 2a, Tel.: 0681-379740, *TÜV Süd*

67059 Ludwigshafen
Ludwigstr. 67-69, Tel.: 0621-581721, *ABV*

67061 Ludwigshafen
Mundenheimer Str. 131, Tel.: 0621-581721, *ABV*

67547 Worms
August-Horch-Str. 14, Tel: 06241-9202221, *ABV*

67665 Kaiserslautern
Bahnhofsstr. 28, Tel.: 0631-30327602, *ABV*

67655 Kaiserslautern
Bahnhofstr. 22, Tel.: 0631-30394-0, *TÜV Süd*

68161 Mannheim
Willy-Brandt-Platz 6, Tel.: 4006640, *Pima-MPU*

68161 Mannheim
Kaiserring 14-16.: 0621-1260720, *TÜV Süd*

68165 Mannheim
Augustaanlage 7-11, Tel.: 0621-71880840, *IAS*

69115 Heidelberg
Voßstr. 2, Tel.: 06221-568951, *UKH*

69115 Heidelberg
Sophienstr. 6-10, Tel.: 06221-3383690, *ABV*

69115 Heidelberg
Voßstr. 2, Tel.: 06221 -568951, Tel.: 06221 -568951, *Universitätsklinikum*

70173 Stuttgart
Königstr. 20, Tel.: 0711-6744009, PIMA-MPU

70173 Stuttgart
Königstr. 4, Tel.: 0711-9978855, *IBBK*

70173 Stuttgart
Arnulf-Klett-Platz 3, Tel.: 0711-90711810, *TÜV Süd*

70178 Stuttgart
Böblinger Str. 8, Tel.: 0711-6744009, *PIMA-MPU*

71638 Ludwigsburg
Marktplatz 5, Tel.: 07131-2045433, *Akademie Sicherheit & Verkehr*

72072 Tübingen
Europaplatz 5, Tel: 07071-942583, *TÜV Süd*

72336 Balingen
Karlstr. 19, Tel.: 07433 - 96820, *TÜV Süd*

73430 Aalen
Stuttgarter Str. 6, Tel.: 07361-66430, *TÜV Süd*

73728 Esslingen
Berliner Str. 4, Tel.: 0711-3969270, *TÜV Süd*

74072 Heilbronn
Kaiserstr. 30, Tel.: 07131-9199670, *Pima-MPU*

74072 Heilbronn
Bahnhofstr. 19 – 23, Tel.: 07131-591220, *TÜV Süd*

74072 Heilbronn
Allee 39, Tel.: 0731 - 2045433, *Akademie Sicherheit & Verkehr*

74821 Mosbach
Anton-Gmeinder-Str. 29, Tel.: 06261-928961, *TÜV Süd*

76135 Karlsruhe
Steinhäuserstr. 19, Tel.: 0721-82040, *IAS*

76199 Karlsruhe
Am Rüppurrer Schloß 1, Tel.: 0721 - 91379310, *TÜV Süd*

76829 Landau/Pfalz
Ostbahnstr. 26, Tel.: 06341-558670, AVB

77652 Offenburg
Okenstr. 18, Tel.: 0781-289380, *TÜV Süd*

78224 Singen
Erzbergerstr. 2, Tel.: 07731-996360, *TÜV Süd*

79098 Freiburg
Bismarckallee 71, Tel: 0761-387710, TÜV Süd

79106 Freiburg
Wentzinger Str. 7a, Tel: 0761-2088831, *IAS*

80331 München
Sendlinger Str. 24, Tel.: 089-32166760, *Pima-MPU*

80335 München
Bayerstr. 15, Tel.: 089-54479380, *DEKRA*

80336 München
Goethestr. 4, Tel.: 089-54542830, *TÜV Süd*

80797 München
Lothstr. 19, Tel: 089-121146170, *IAS*

80809 München
Moosacher Str. 56-58, Tel.: 089 - 37428131, *ABV*

81543 München
Candidplatz 9, Tel.: 089-65308547, *PIMA-MPU*

81667 München
Weißenburger Str. 43, Tel.: 089-4895660, *AVUS.*

83022 Rosenheim
Münchener Straße 27, Tel.: 08031-382067, *TÜV Süd*

84028 Landshut
Altstadt 362, Tel.: 0871-923640, *TÜV Süd*

84453 Mühldorf
Birkenstr. 10, Tel.: *1847463, BAD*

85049 Ingolstadt
Pfarrgasse 6, Tel.: 0841-8813570, *TÜV Süd*

86150 Augsburg
Schaetzlerstr. 2, Tel.: 0821-2461636, *Pima-MPU*

86150 Augsburg
Halderstr. 23, Tel.: 0821-343290, *TÜV Süd*

86807 Buchloe
Hindenburgstr. 2b, Tel.: 08241 - 9600242, *AVUS*

87435 Kempten
Bodmannstr. 4, Tel.: 0831 - 521540, *TÜV Süd*

87700 Memmingen
Donaustr. 1, Tel.: 08331-9250850, *TÜV Süd*

88212 Ravensburg
Friedhofstr. 9, Tel.: 0751-359480, *TÜV Süd*

89073 Ulm
Neue Str. 22, Tel.: 0731 - 1537573, *PIMA-MPU*

89073 Ulm
Hirschstr. 22, Tel.: 0731-619851, *TÜV Süd*

90402 Nürnberg
Königstorgraben 7, Tel.: 0911-944670, *TÜV Süd*

90443 Nürnberg
Tafelfeldstr. 3, Tel.: 0911-4319803, *PIMA-MPU*

90459 Nürnberg
Ritter-von-Schuh- Platz 3, Tel.: 0911-9944007, *AVUS*

90459 Nürnberg
Pillenreuther Str. 14, Tel.: 0911-4392747, *IBBK*

92637 Weiden i.d.Oberpfalz
Schillerstr. 13, Tel.: 0961-4163110, *TÜV Süd*

93053 Regensburg
Paracelsusstr. 1, Tel: 0941-3820384, Tel.:0941-3830384, *Pima-MPU*

93047 Regensburg
Bahnhofstr. 1, Tel.: 0941- 5867710, TÜV-Süd

94032 Passau
Ludwigstraße 15, Tel.: 0851-931380, *TÜV Süd*

94469 Deggendorf
Ulrichsberger Str. 17, Tel.: 0991-36281061, *BAD*

94469 Deggendorf
Zieglerstr. 2b, Tel.: 0911-29799165, TÜV Süd

95032 Hof
Erlhoferstr. 75, Tel.: 09281-52068, *TÜV Süd*

95444 Bayreuth
Wittelsbacherring 10, Tel.: 0921-7599551, *TÜV Süd*

95445 Bayreuth
Kulmbacher Str. 11, Tel.: 0921-7598620, *BAD*

96052 Bamberg
Ludwigstr. 25, Tel.: 0951-29605980, *TÜV Süd*

96450 Coburg
Löwenstr. 13, Tel.: 09561 - 23113731, *TÜV Thüringen*

96515 Sonneberg
Neustadter Str. 115, Tel.: 03675-756123, *DEKRA*

97070 Würzburg
Haugerring 6, Tel.: 0931-3532299, Pima-MPU

97070 Würzburg
Bahnhofstr. 11, Tel.: 0931-321360, *TÜV Süd*

97421 Schweinfurt
Fischerrain 2, Tel.: 09721-541530, *TÜV Süd*

97424 Schweinfurt
Bahnhofplatz 1, Tel.: 09721-452644, *TÜV Thüringen*

97980 Bad Mergentheim
Daimlerstr. 7, Tel.: 07931-98830, *TÜV Süd*

98544 Zella-Mehlis
Industriestr. 13, Tel.: 03681-462656, *TÜV Thüringen*

99084 Erfurt
Anger 43, Tel.: 036-6026801, Pima-MPU

99084 Erfurt
Anger 74, Tel.: 0361-6461031, *TÜV Thüringen*

99092 Erfurt
St.-Christophorus-Str. 3, Tel.: 0361-7432470, *DEKRA*

99423 Weimar
Fuldaer Str. 189, Tel.: 03643-4946280, *Pima-MPU*

99734 Nordhausen
Alte Leipziger Str. 50, Tel.: 03631-630448, *TÜV Thüringen*

99817 Eisenach
Bahnhofstr. 31, Tel.: 03691-724890, *TÜV Süd*

99817 Eisenach
Bahnhofstr. 6, Tel.: 03691-882314, *TÜV Thüringen*

Literaturverzeichnis

A.A. World Service, INC.
Die zwölf Schritte der AA
in: "Handbuch für Suchtkrankenhilfe“
Blaukreuz-Verlag, Wuppertal 1988, 2004

AVUS
„MPU-Fragenhefte“, AVUS GmbH, Hamburg, 2003, 2005

AVUS Hamburg
"Informationen zu Ihrer Drogenabstinenz bei der AVUS"
www.fev-mpu.de, Zugriff: 01.08.2012

B.A.D.
"Welche Alkoholwirkungen sind beim Autofahren besonders gefährlich?
www.bad-gmbh.de

Bode / Winkler
„Fahrerlaubnis, Eignung – Entzug – Wiedererteilung“
Deutscher Anwalts-Verlag, 2005

Brenner, H.
"Autogenes Training - Schritt für Schritt", Humbold Taschenbücher

Brinkmann, Prof. Dr. med. B.
"Handbuch gerichtliche Medizin", Springer-Verlag Berlin Heidelberg New York 2003

Bundesanstalt für Straßenwesen,
„BASE-Bericht M 151“, 2003

Bundesanstalt für Straßenwesen
"Begutachtungsstellen für Fahreignung geordnet nach Postleitzahlen"
Internetseite: www.bast.de, Erscheinungsseite 06.07.2012
Zugriff: 13.08.2012

Bundesministerium der Justiz
„Verordnung über die Zulassung von Personen zum Straßenverkehr“ (Fahrerlaubnis-Verordnung – FeV.), Ausfertigungsdatum 18.08.1998 - in der Fassung vom 01.01.2011

Daltrup / Käferstein / Köhler / Maier / Musshoff
THC-COOH-Werte, in Zeitschrift „Blutalkohol 37"
Steintor-Verlag Lübeck

Eising, Raimund
„Alkoholsünder? – MPU? – Verkehrspsychologisches Beratungsprogramm zur Vorbereitung auf die MPU“
MPU Beratung Eising, Mohrkirch 2008

Eising, Raimund
"Angst besiegen"
Homepage: www.Angst-besiegen.de, 2012

Eising, Raimund
"MPU-Beratung Eising", 2012
Homepage: www.MPU-Beratung-Eising.de

Eising, Raimund
"Selbsthypnose und Hypnose"
Raimund Eising - Fachschriften, Mohrkirch 2011

Eising, Raimund
"Über 100 Techniken der Bewusstseinserweiterung". Ein Übungshandbuch aus allen Bereichen - praxisorientiert und nachvollziehbar erklärt.
Raimund Eising - Fachschriften, Mohrkirch 2011
www.Meditations-Techniken.de

Fahrenberg / Hampel / Selg.
"Das Freiburger Persönlichkeitsinventar (FPI)"
Göttingen 6. Auflage 1994

Funke, W. u.a.
"Trier Alkoholismusinventar" (TAI), Göttingen 1987

Gesamtverband für Suchtkrankenhilfe im Diakonischen Werk der EKD (Herausgeber)
"Handbuch für Suchtkrankenhilfe“
Blaukreuz-Verlag, Wuppertal 1988, 2004

Hampel, R. und Serg, H.
"Fragebogen zur Erfassung von Aggressivitätsfaktoren (FAF)"
Göttingen 1975

Himmelreich / Janker
„MPU-Begutachtung – Ein juristischer Leitfaden zur psychologischen Beurteilung der Fahreignung“, Werner Verlag

Hüsken, Judith
"Der Kreuzbund - Selbsthilfe- und Helfergemeinschaft"
in: "Handbuch für Suchtkrankenhilfe“
Blaukreuz-Verlag, Wuppertal 1988, 2004

ibbk-gmbh
Institut für Beratung - Begutachtung - Kraftfahrereignung GmbH
Begutachtungsstelle für Fahreignung
Preisliste für Untersuchungsgebühren (MPU)
www.ibbk-gmbh.de/preisliste.html, Zugriff: 03.08.2012

Katz, Fritz
"Der Alkoholismus"
in: "Handbuch für Suchtkrankenhilfe“
Blaukreuz-Verlag, Wuppertal 1988, 2004

Katz, Fritz
"Die vier Phasen der Alkoholkrankheit!
in: "Handbuch für Suchtkrankenhilfe“
Blaukreuz-Verlag, Wuppertal 1988, 2004

Kornwald, Claudia
"Blaues Kreuz in der Evangelischen Kirche, Bundesverband e.V.
in: "Handbuch für Suchtkrankenhilfe“
Blaukreuz-Verlag, Wuppertal 1988, 2004

Körkel, J.
"10-Schritte-Programm zum selbständigen Erlernen des kontrollierten Trinkens", Heidelberg, 2. Auflage 2003

Körkel, J., Interview mit Prof. Dr. Körkel, in: "Psychologie heute", 7 / 2000

Körtel, Käthe
"Freundeskreis für Suchtkrankenhilfe"
in: "Handbuch für Suchtkrankenhilfe“
Blaukreuz-Verlag, Wuppertal 1988, 2004

Labor Dr. Gärtner
"Laborinformationen"
www.labor-gaertner.de, Zugriff: 02.08.2012

Landratsamt Augsburg
Internetseite: „Obergutachtenstellen – Auszug“
www.Landkreis-Augsburg.de, Zugriff: 01.08.2012

Madea, B. Prof. Dr. med. B.
"Handbuch gerichtliche Medizin", Springer-Verlag Berlin Heidelberg New York 2003

Otto Friedrich-Universität Bamberg
"Die Wucht der Sucht"
www.uni-bamberg.de/kommunikation/news/artikel/die-wucht - Zugriff: 22.07.2012

Polizei Schleswig-Holstein
Internetseite "Polizeikontrolle: "Wir bitten um Ihre Aufmerksamkeit: So kontrolliert die Polizei"
www.Polizei.Schleswig-Holstein.de, Zugriff: 15.04.2011

Ramsauer, Dr. Peter, Bundesminister für Verkehr
Interview mit Bundesverkehrsminister Peter Ramsauer
in: ADAC Motorwelt 3/2012, Seite 30

Raven, J.C.
"Progressive Matrices", Oxford 1994

Rodemund, Birgit
"Spezifische Suchtentwicklung bei Frauen"
in: "Handbuch für Suchtkrankenhilfe“
Blaukreuz-Verlag, Wuppertal 1988, 2004

Straßenverkehrsamt
"Maßnahmen nach dem Mehrfachtäter-Punktesystem"
www.Strassenverkehrsamt.net, Zugriff: 29.04.2011

TÜV-Süd AG
Internetseite „Alkohol und Straßenverkehr Unfallgefährdung durch Promille"
www.TÜV-Süd.de, 2008

Westmeier, Horst
"Blaues Kreuz in Deutschland e.V. (BKD)"
in: "Handbuch für Suchtkrankenhilfe“
Blaukreuz-Verlag, Wuppertal 1988, 2004

Erklärung von Abkürzungen

AAK	Atemalkohol-Konzentration Alkoholkonzentration (in mg/l gerechnet)
ABV	Gesellschaft für Angewandte Betriebspsychologie und Verkehrssicherheit mbH
AG	Amtsgericht
AVUS	Gesellschaft für Arbeits-, Verkehrs- und Umweltsicherheits-technik (MBH) mit MPI
BAD	Gesundheits- und Sicherheits-technik GmbH (mit MPI)
BAK	Blutalkoholkonzentration
BASt	Bundesanstalt für Straßenwesen
BfF	Begutachtungsstelle für Fahreignung
BGB	Bürgerliches Gesetzbuch
BLzK	Begutachtungs-Leitlinien zur Kraftfahreignung
BtMG	Betäubungsmittelgesetz
BVerwG	Bundesverwaltungsgericht
BZR	Bundeszentralregiste

CDT	Kohlehydratdefizientes Transferrin (Alkoholmissbrauchsmarker)
DEKRA	Dienstleistungsunternehmen (mit MPI)
EtG	Ethylglucuronid = direktes Abbauprodukt von Alkohol im Urin. (Alkohol-Abstinenz-Check)
FAER	Fahreignungsregister geplant ab 2013
FAF	Fragebogen zur Erfassung von Aggressivitätsfaktoren
FE	Fahrerlaubnis
FeV	Fahrerlaubnisverordnung
FPI	Freiburger Persönlichkeitsinventar
Gamma-GT	Gamma-Glutamat-Transpeptidase (Leberwert)
GebOSt	Gebührenordnung für Maßnahmen im Straßenverkehr
GOT	Glutamat-Oxalaceta-Transaminase (Leberwert)
GPT	Glutamat-Pyrurat-Transaminase (Leberwert)
KBA	Kraftfahrt Bundesamt
Kfz	Kraftfahrzeug

KT	Kontrolliertes -Trinken
LSD	Lysergsäurediäthylamid (Halluzinogen)
LVD	Linienverfolgungstest
MCV	Mittleres Corpuskulöres Volumen (so etwas ähnliches wie ein Leberwert)
MDMA	Methylendioxy-Metamphetamin (Ecstasy) - gehört strukturell zur Gruppe der Amphetamine
mg/l	Maßeinheit für Atemalkohol-konzentration (multipliziert x 2 = BAK)
ng	Nanogramm
MPI	Medizinisch-Psychologisches Institut
MPU	Medizinisch-Psychologische Untersuchung
MwSt.	Mehrwertsteuer
OVG	Oberverwaltungsgericht
PIMA	Arbeits- und Umweltmedizin GmbH
StGB	Strafgesetzbuch
StVG	Straßenverkehrsgesetz

StVZO	Straßenverkehrszulassungs-verordnung
TAVT	Tachiskopische Auffassungs-Verkehr-Test
THC	Tetrahydrocannabinol (Wirkstoff der Cannabispflanze)
TÜV	Technischer Überwachungsverein
VG	Verwaltungsgericht
VVT	Verkehrs-Verständnis-Test
VZR	Verkehrszentralregister
WHO	Weltgesundheitsorganisation
0/oo	Promille = 1:1000 (bei Alkohol: Mischungsverhältnis Blut – Alkohol 1:1000)

Raimund Eising

Über 100 Techniken zur Bewusstseinserweiterung

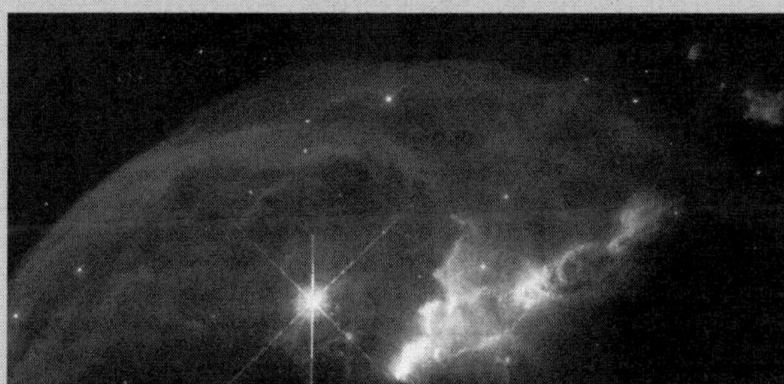

Ein Übungshandbuch mit Techniken aus allen Bereichen,
zum Beispiel aus
dem Tao, Zen, Kriya-, Kundalini-Yoga, Schamanismus,
der Hemi-Sync-Meditation, des Astralreisens,
der Selbsthypnose, des Luziden Träumens,
dem Tantra und der Dunkel-Meditation.

- praxisorientiert und nachvollziehbar erklärt -

1. Auflage 2011
ISBN 978-3-00-032885-5
Fachschriften Eising